W0344156

ESV

GRUNDLAGEN DER GERMANISTIK

Herausgegeben von Werner Besch und Hartmut Steinecke

35

Germanistische Mediävistik

Eine Einführung

von

Thomas Bein

2., überarbeitete und erweiterte Auflage

ERICH SCHMIDT VERLAG

Bibliografische Information der Deutschen Bibliothek
Die Deutsche Bibliothek verzeichnet diese Publikation in der Deutschen Nationalbibliografie; detaillierte bibliografische Daten sind im Internet über dnb.ddb.de abrufbar.

Weitere Informationen zu diesem Titel finden Sie im Internet unter
ESV.info/3 503 07960 2

1. Auflage 1998
2. Auflage 2005

ISBN-13: 978 3 503 07960 5
ISBN-10: 3 503 07960 2

Alle Rechte vorbehalten
© Erich Schmidt Verlag GmbH & Co., Berlin 2005
www.ESV.info

Dieses Papier erfüllt die Frankfurter Forderungen der Deutschen Bibliothek und der Gesellschaft für das Buch bezüglich der Alterungsbeständigkeit und entspricht sowohl den strengen Bestimmungen der US Norm Ansi/Niso Z 39.48-1992 als auch der ISO-Norm 9706.

Druck und Bindung: Danuvia Druckhaus, Neuburg

Inhalt

Vorwort zur zweiten Auflage

Vor etwa sieben Jahren war die erste Auflage der ‚Einführung' erschienen. Dass sie eine zweite, überarbeitete und erweiterte Auflage erleben darf, zeigt, dass das Konzept von der Fachkritik und von den anvisierten Nutzern positiv aufgenommen worden ist.

Es sind eine ganze Reihe von Besprechungen erschienen[1]; darin enthaltene konstruktive Kritik wurde dankbar für die Überarbeitung dieser zweiten Auflage berücksichtigt (besonders dankbar bin ich Daniel Rocher und Udo Gerdes für Hinweise auf kleinere Versehen, die immer etwas ärgerlich sind, wenn man sie erst nach der Drucklegung entdeckt). Alternativvorschläge, die mehr die Grundanlage des Buches betrafen, habe ich nicht aufgenommen. Das betraf insbesondere die literaturgeschichtlichen Kapitel. Es versteht sich von selbst, dass bei einer exemplarischen Auswahl von literarischen Werken dem einen ein bestimmtes Werk fehlt, dem anderen hingegen ein Text obsolet zu sein scheint. Man wird niemals alle Interessen treffen können. Ich habe allerdings den Abschnitt über die Metrik etwas erweitert und an einigen Stellen – hoffentlich – noch verständlicher gemacht. Das Lyrik-Kapitel wurde um ein konkretes Textbeispiel und um eine Art kurze ‚Musterinterpretation' erweitert, denn Lyrik wird doch zunehmend Gegenstand des akademischen Unterrichts und auch Examensthemen werden gerne aus dem Bereich der Lyrik (des Minnesangs) gewählt, sodass ich dem Wunsch nach etwas mehr Interpretationspraxis gerne nachgekommen bin. Die ‚praktischen Hinweise' am Ende des Buches wurden um einige Bemerkungen zur Präsenz der Älteren Germanistik im Internet erweitert.
Neben den Verbesserungen von Versehen und den genannten Erweiterungen wurden alle Kapitel einer gründlichen Revision unterzogen; teilweise konnte leicht gekürzt werden, teilweise wurden, wo es sinnvoll schien, erläuternde Sätze hinzugefügt, vor allem um die Benutzerfreundlichkeit weiter zu erhöhen und das Verständnis für komplexe Sachverhalte noch weiter zu verbessern.

---

1 Hier die wichtigsten Besprechungen: Hartmut Freytag, in: Arbitrium 2, 2000, S. 150-155 (bes. 151-153), Heiko Hartmann, in: Wissenschaftlicher Literaturanzeiger 40 (2), 2000, Udo Gerdes, in: ZfdA 130, 2001, S. 205-208, Daniel Rocher, in: Germanistik 42, 2001, H. 1/2, S. 3f., Mathias Herweg, in: Archiv für das Studium der neueren Sprachen und Literaturen 154, Nr. 239, 2002, S. 394f., Mónica Rodriguez Gijón, in: Estudios Filológicos Alemanes. Revista del Grupo de Investigación. Filología Alemana. Volumen 7, Sevilla 2005, S. 394f.

Das Seitenlayout wurde ein wenig den aktuellen Tendenzen angepasst: Zur schnelleren Orientierung habe ich Randglossen eingefügt. Ferner sind einige Grafiken und Bilder überarbeitet worden.
Auch die Bibliographie hat eine Revision erfahren: Um das Volumen insgesamt nicht stark zu erhöhen, wurden einige Titel herausgenommen und durch andere, aktuelle ersetzt.

Ich hoffe, dass auch die zweite Auflage ihren wesentlichen Zweck erfüllt: Studierende der Älteren Germanistik für dieses Teilfach zu interessieren und ihnen über die ersten Schwierigkeiten hinwegzuhelfen.
Unser Fach steht vor großen Problemen und Herausforderungen: Die bald überall eingerichteten kurzen Bachelor-Studiengänge sowie die verkürzten Lehramtsstudiengänge drängen die Ältere Germanistik immer weiter zurück. Dieser Tendenz muss entgegengesteuert werden. Auch wenn die Studienzeiten immer kürzer werden, darf das Fach nicht allzu sehr an Substanz verlieren. Der Vermittlung des Gegenstandes, der Hochschuldidaktik, kommt eine immer größere Bedeutung zu; gleichermaßen aber auch der Eigeninitiative der Studierenden.
Dieses Lehrbuch möge dabei eine Hilfe sein.

Am Ende dieses Vorwortes möchte ich Dank aussprechen:
Werner Besch ermunterte mich vor fast zehn Jahren zum Projekt dieser Einführung, nahm sie in die von ihm betreute Verlagsreihe auf und stand bei der ersten Auflage mit konstruktiver Kritik zur Seite. Carina Lehnen vom Erich Schmidt Verlag war schon damals eine unschätzbare Hilfe bei allen redaktionellen Problemen, die zu bewältigen waren – und sie ist es bis heute geblieben. Mit meinen Studierenden konnte ich didaktische Konzepte erproben und diskutieren; gerade Kritik aus ihren Reihen dürfte auch der zweiten Auflage zugute gekommen sein.
Bei der ersten Auflage hatten Antje Bolte und Andrea Schallenberg (Bonn), bei der zweiten Auflage haben Ellen Uherek und Esther Ehlen (Aachen) wertvolle Hilfestellungen geleistet. Allen ein herzliches Dankeschön!

Thomas Bein
Aachen, im Juni 2005

Zur Anlage des Buches, Hinweise zur Benutzung

Diese Einführung richtet sich vornehmlich an Studierende des Grundstudiums der ‚älteren' Germanistik, heute meist ‚germanistische Mediävistik' genannt, in den neuen Bachelorstudiengängen zuweilen auch in neuen Fächern wie ‚Cultural Studies' oder ‚Medieval Studies' versteckt. Der oder dem Studierenden wird mit diesem Buch zum einen die Möglichkeit eröffnet, sich in Form eines Selbststudiums auf Inhalte und Methoden der Disziplin vorzubereiten, zum anderen kann das Buch auch als Begleitung von fachspezifischen Lehrveranstaltungen Verwendung finden.

Grundsätzlich empfiehlt sich eine Lektüre von vorn nach hinten, denn der relativ begrenzte Umfang dieser Einführung macht es nötig, auf Wiederholungen weitgehend zu verzichten und statt dessen eine Reihe von Querverweisen anzubringen. In jedem Fall ist es angeraten, mit dem Kapitel 2: ‚Texte als Herausforderung' zu beginnen. Es wird hier der Versuch unternommen, einen Anfänger unmittelbar mit dem Gegenstand, mit deutschen mittelalterlichen Texten, zu konfrontieren und ihm Schritt für Schritt nahe zu bringen, was zu tun ist, um solche Texte zu ‚verstehen', darin eingeschlossen die Diskussion, wie weit überhaupt ein Verstehen möglich ist. Wer diesen ersten Sprung ins kalte Wasser mitgemacht hat, wird die folgenden Kapitel in ihrer Systematik besser begreifen können.

Das Studium der (deutschen) Literatur des Mittelalters hat etwas Faszinierendes an sich und sollte auch all jenen ans Herz gelegt werden, die den Lehrer(innen)-Beruf anstreben und später (leider) nur wenig Mittelalterliches im Unterricht vermitteln werden. Gerade als Lehrer(in) hat man aber die Pflicht, über Wege und Umwege kultureller Tradition informiert zu sein und Schülern deutlich zu machen, dass ihre eigene soziale, mentale und kulturelle Situation nur als Teil und als Ergebnis eines viele Jahrhunderte währenden Kontinuums adäquat zu begreifen ist.[2]

Zugegeben: Ein Gedicht von Goethe und eine Kurzgeschichte von Heinrich Böll erschließen sich spontan schneller als ein Lied Walthers von der Vogelweide oder der ‚Parzival' Wolframs von Eschenbach. Wer aber Interesse an Sprachkultur hat, an dieser einzigartigen menschlichen und zivilisatori-

---

2 Hingewiesen sei auf eine Reihe von einschlägigen Aufsätzen zum Thema ‚Walther von der Vogelweide im Schulunterricht' in: Thomas Bein (Hrsg.): Walther verstehen – Walther vermitteln. Neue Lektüren und didaktische Überlegungen. Frankfurt/M. 2004. Eine recht umfangreiche Bibliographie zu ‚Schule und Literatur des Mittelalters' kann auf meiner Homepage eingesehen werden: http://www.thomas-bein.privat.t-online.de [Mai 2005]

schen Form von Kommunikation, der wird, wenn er oder sie nicht zu schnell vor Anfangsschwierigkeiten kapituliert, reich belohnt werden: Das Studium der germanistischen Mediävistik wird ihn oder sie mit den Wurzeln deutscher (Schrift-) Sprachlichkeit vertraut machen, mit primären Techniken der Kommunikation und den Anfängen einer Konservierung von Kultur im Medium der Schrift.

Vor allem im 14. Jahrhundert wurden große Sammelhandschriften angelegt mit dem Bestreben, alte Texte für die Nachwelt zu bewahren. Diese Medien haben viele Jahrhunderte überlebt, sodass wir ihren Inhalt nun wissenschaftlich erforschen können. Heute müssen wir mit chemischen Methoden Papier einigermaßen haltbar machen, und mehr und mehr speichern wir Texte auf CD-ROM oder DVD und sind stolz auf den technischen Fortschritt. Ob aber selbst in naher Zukunft die gespeicherten Texte noch lesbar sein werden, vermag niemand verlässlich zu sagen.

Die Bemerkung soll auf eines aufmerksam machen: Das Studium der germanistischen Mediävistik erschöpft sich nicht im Versezählen, im Betrachten rhetorischer Figuren oder in der Analyse historischer Phonemspaltungen. Das gehört dazu, aber die Quellen, die mediävistischer Forschung zugrunde liegen, haben sehr viel mehr und Wesentlicheres zu bieten: Sie sind Dokumente einer vergangenen Kultur, mit der wir mehr zu tun haben, als man gemeinhin denken mag. Die Probleme der Gegenwart begreifen und über Lösungen nachdenken kann nur, wer sich mit der Vergangenheit beschäftigt. Ein großer Teil dieser Vergangenheit, die Welt und Kultur des Mittelalters, ist uns nur in schriftlichen Dokumenten bruchstückhaft zugänglich. Für den Germanisten sind es deutschsprachige Texte; seine Aufgabe ist, diese Texte aus ihren pergamentenen Gräbern, den Handschriften, zu befreien, sie zugänglich zu machen, ihren sozialen Ort, ihre kommunikative Funktion und Grade der Referentialität (was haben Texte mit der Wirklichkeit zu tun?) – so weit es geht – historisch adäquat zu beschreiben und damit einen kleinen Beitrag zu leisten zum großen, nie abschließbaren Unternehmen, unser politisches, soziales und kulturelles ‚Jetzt' historisch zu dimensionieren, zu relativieren, zu verstehen und gegebenenfalls zu korrigieren.

Ich habe mich bemüht, so verständlich wie möglich zu schreiben, und bin mit Fremdwörtern und fachspezifischer Terminologie zurückhaltend umgegangen. Das war freilich nicht immer und überall durchzuhalten. Wo es möglich war, wird an Ort und Stelle in Klammern eine kurze Erläuterung gegeben. In anderen Fällen werden bestimmte Fachbegriffe in einer Fußnote mit Verweis auf weiterführende Literatur kurz definiert.

Um diese Einführung in eine Wissenschaft nicht selbst schon zu sehr zu verwissenschaftlichen, habe ich allerdings auf einen ausladenden Fußnotenapparat verzichtet. Dennoch muss freilich wissenschaftliche Redlichkeit dort geübt werden, wo fremde Gedanken in meine Darstellung eingeflossen sind, und überdies sind Hinweise auf weiterführende Forschungen gleichermaßen immer wieder nötig. Ich habe folgendes ökonomisches und doch benutzerfreundliches Verweissystem verwendet: Im laufenden Text finden sich bei Zitaten, gedanklichen Entlehnungen oder Hinweisen in Klammern folgende Daten: in jedem Fall eine ‚Bibl.-Nr.' (Bibliographie-Nummer), meist auch der Autorname, das Publikationsjahr und ggf. noch Seitenzahlen, um Eindeutigkeit zu schaffen (Beispiel: Goez, 1983, Bibl.-Nr. 1, S. 12–15). Die Einführung enthält am Ende eine recht umfangreiche Bibliographie, die den Benutzern helfen soll, sich über bestimmte Themen weiter zu informieren. Sie ist weitgehend den Hauptkapiteln meiner Darstellung entsprechend untergliedert, damit eine systematische Orientierung schneller möglich ist. Alle dort aufgenommenen Titel sind fortlaufend durchnummeriert, sodass Literatur, auf die im darstellenden Teil hingewiesen wird, ohne langes Blättern sofort in der Bibliographie verifiziert werden kann.

2. Texte als Herausforderung

Womit beschäftigt sich die Germanistische Mediävistik? Mit Jahrhunderte alten deutschen Texten in wissenschaftlicher Weise, mag eine erste Antwort sein. Was aber heißt das? Was ist ein ‚alter Text', was heißt ‚deutsch', was ist das ‚Mittelalter'? Und was heißt schließlich ‚Wissenschaft' in diesem Zusammenhang? Man kann diese Fragen abstrakt zu beantworten versuchen, und an späterer Stelle soll dies auch geschehen. Zunächst aber soll ein anderer Weg gegangen werden: Die Leserin oder der Leser soll unmittelbar mit einem Objekt der Germanistischen Mediävistik, mit einem mittelhochdeutschen Text, konfrontiert werden. Schnell zeigen sich dann die wesentlichen Herausforderungen, die mittelalterliche Texte bergen.

Der ‚Arme Heinrich' Hartmanns von Aue als Paradigma

Möglichst ohne jede Vorinformation über Autor, Zeit, Gattung usw. sollte sich der Leser dieser Einführung auf den folgenden Text einlassen. Es handelt sich genau genommen nur um einen kleinen Teil eines größeren Textes, um den Prolog[1] zum ‚Armen Heinrich' Hartmanns von Aue (Text: Bibl.-Nr. 322).

Mittelhochdeutscher Text	*Neuhochdeutsche Übertragung*
Ein ritter sô gelêret was,	Ein Ritter war so gelehrt,
daz er an den buochen las,	dass er in Büchern lesen konnte,
swaz er dar an geschriben vant;	was auch immer dort aufgeschrieben war.
der was Hartman genant.	Der hieß Hartmann.
dienstman was er ze Ouwe.	Dienstmann war er zu Aue.
er nam im manige schouwe	Er vertiefte sich
an mislîchen buochen;	in viele Bücher.
dar an begunde er suochen,	Dort begann er zu suchen,
ob er iht des vunde,	ob er nicht etwas fände,
dâ mite er swære stunde	mit dem er eine betrübliche Zeit
möhte senfter machen,	angenehmer machen könnte,
und von sô gewanten sachen,	und das von einer Art wäre,

1 Der ‚Prolog' ist derjenige (erste) Teil eines Erzähltextes, in dem sich (oft, aber nicht immer) der Autor vorstellt, in dem die zu erzählende Geschichte skizziert, auf Quellen und Vorlagen hingewiesen und das Wohlwollen der Zuhörerschaft eingeholt wird. Vgl. Brinkmann, 1964, Bibl.-Nr. 196, Hirdt, 1972, Bibl.-Nr. 198, Haberkamm 2003, Bibl.-Nr. 194.

daz gotes êren töhte	die zur Ehre Gottes tauglich wäre
und dâ mite er sich möhte	und womit er sich bei den Menschen
gelieben den liuten.	beliebt machen könnte.
nu beginnet er iu diuten	Jetzt hebt er an, Euch eine Geschichte,
ein rede die er geschriben vant.	die er aufgeschrieben fand, neu zu erzählen.
dar umbe hât er sich genant,	Er hat sich genannt,
daz er sîner arbeit,	damit er für seine Mühe,
die er dar an hât geleit,	die er darauf verwendet hat,
iht âne lôn belîbe,	nicht ohne Lohn bleibe,
und swer nâch sînem lîbe	und damit der, der nach seinem Tod
sî hœre sagen oder lese,	die Geschichte hört oder liest,
daz er im bittende wese	für ihn bei Gott um sein Seelenheil
der sêle heiles hin ze gote.	Fürbitte leiste.
man giht, er sî sîn selbes bote	Man sagt, der sei auch für sich selbst ein Bote
und erlœse sich dâ mite,	und erlöse sich dadurch,
swer für des andern schulde bite.	wer für die Schuld eines anderen bitte.
Er las daz selbe mære,	Er las (bzw. erzählte) diese Geschichte,
wie ein herre wære	wie ein vornehmer Herr
ze Swâben gesezzen.	in Schwaben lebte.
[...]	

,Sprache': ein deutscher Text

In der linken Spalte liest man einen mittelhochdeutschen Text, in der rechten eine neuhochdeutsche Übertragung. Bereits ein flüchtiger Vergleich zeigt folgendes: Manche Wörter sind (fast) gleich: *ritter* und ,Ritter' (V. 1); *dienstman* und ,Dienstmann' (V. 5); *bote* und ,Bote' (V. 26), Unterschiede bestehen nur in der Groß- und Kleinschreibung bzw., bei *man* und ,Mann', nur in der Verdopplung eines Konsonanten. Bezieht man die Aussprache noch mit ein, so stoßen wir auf Differenzen der Vokalquantität: das ,o' in *bote* wurde kurz gesprochen, heute artikulieren wir ein langes ,o' (einige Grundlagen zur Aussprache vermittelt die Tabelle S. 209).

Laute und Schriftzeichen (Phoneme und Grapheme)

Andere Wörter unterscheiden sich nur in lautlichen (nun aber auch graphisch realisierten) ,Kleinigkeiten': *suochen* zur Zeit Hartmanns (V. 8) steht unserem ,suchen' gegenüber, also Doppelvokal (Diphthong) ,uo' versus Einfachvokal (Monophthong) ,u'. Wieder andere Wörter weisen kleinere graphematische (aber keine lautlichen) Differenzen auf: Das ,h' im mittelhochdeutschen *möhte* (V. 11) wird genauso als Reibelaut ausgesprochen wie das ,ch' im neuhochdeutschen ,möchte'.

Lexikalische und semantische Differenzen

Manche Wörter hingegen erscheinen in der Übertragung ganz anders: *mislîch* (V. 7) existiert in der Gegenwartssprache nicht mehr (bzw. nur in ganz anderem Sinn: ,misslich' = ,schade', ,unangenehm', ,unschön' usw.), ein anderes Wort also muss die Bedeutung abdecken (‚viel'). Das mittelhochdeutsche Wort *rede* (V. 17) lebt zwar heute fort (‚Rede'), trotzdem ist es anders übersetzt worden (‚Geschichte', ‚Erzählung'), weil die Bedeutung des Wortes ‚Rede' heute eine andere, zumindest eine eingeschränktere ist als zur Zeit Hartmanns von Aue. Ähnlich steht es mit dem mittelhochdeutschen Wort *arbeit*, das als ‚Mühe' wiederzugeben ist, wenn man sich der ursprünglichen Bedeutung nähern will.

Satzbau

Schließlich lassen sich bestimmte syntaktische Einheiten des Mittelhochdeutschen heute nur in anderem Satzbau adäquat wiedergeben: die Konstruktion *daz er im bittende wese* (V. 24) z.B. würde wörtlich übersetzt ‚dass er ihm bittend sei' lauten – der Sinn bleibt unklar, sodass man auf eine Konstruktionserweiterung durch eine Präposition (‚für ihn') und die Auflösung des Partizips angewiesen ist.

Man sieht: sich mittelalterlichen deutschen Texten zu nähern und sie sich in einem ersten Anlauf zu erschließen, erfordert sprachgeschichtliche (Grund-) Kenntnisse (dazu genauer S. 33ff.). Man muss über bestimmte graphematische, phonologische, morphologische und syntaktische Wandlungen innerhalb der Sprachgeschichte des Deutschen Bescheid wissen, vor allem aber muss man sich im Klaren darüber sein, dass die Bedeutung von Wörtern, so ähnlich sie auch über viele Jahrhunderte im Lautlichen und Graphematischen geblieben sein mögen, erheblichen Wandlungen unterworfen sein konnte. Nicht nachdrücklich genug ist jedem, der sich mit alt- und mittelhochdeutschen Texten befasst, ans Herz zu legen, die Wörterbücher des Faches immer und immer wieder zu konsultieren (dazu Kap. 8).

‚Überlieferung und Edition'

In der linken Spalte ist der Prolog des ‚Armen Heinrich' in einer sprachlichen Form wiedergegeben, wie sie vom Herausgeber Kurt Gärtner als für den Dichter angemessen angesehen wird. In dieser Gestalt aber ist uns der Text gar nicht überliefert; was wir hier lesen, ist bereits eine philologische Rekonstruktion.

Handschriften

Die Überlieferung des ‚Armen Heinrich' stellt sich wie folgt dar. Wir besitzen drei vollständige Handschriften: A[2], vielleicht aus den ersten Jahrzehnten des 14. Jhs. (verbrannt nach einer Abschrift durch einen Philologen), und die Fassung B (= Handschriften B (a) und B (b)) aus dem 1. Viertel des 14.

2 Die meisten Handschriften haben von ihren Entdeckern oder Bearbeitern weitgehend willkürlich Buchstabensiglen erhalten. Sie sind jedoch immer nur auf *einen* Text bezogen eindeutig; d.h.: die Handschrift A des ‚Armen Heinrich' ist freilich eine ganz andere als die Handschrift ‚A', die eine Reihe von Lyriktexten überliefert. In den Einleitungen der Texteditionen werden die Handschriften in aller Regel gut und eindeutig beschrieben.

Jhs. Dazu kommen drei fragmentarische Handschriften: C, aus der 1. Hälfte des 13. Jhs., D aus der 2. Hälfte des 14. Jhs. und E vom Ende des 13./Anfang des 14. Jhs. Mindestens sechs Mal also ist im Mittelalter der Text des ‚Armen Heinrich' abgeschrieben worden, wahrscheinlich aber gab es noch mehr Handschriften, die verloren gegangen sind oder die wir noch nicht gefunden haben. Jeder weiß aus eigener Erfahrung, dass das mehrmalige Abschreiben eines Textes zu Veränderungen führt, sei es Flüchtigkeit, sei es spontanem Änderungswillen zuzuschreiben. Das ist heute nicht anders als im Mittelalter. Und in der Tat unterscheiden sich alle sechs Überlieferungszeugen voneinander, einige ganz radikal, andere nur in Kleinigkeiten. Der vorgestellte Prolog des ‚Armen Heinrich' ist z.B. in der Handschrift E gar nicht vorhanden, der Text dort beginnt gleich mit der Erzählung selbst. Die Handschriften A, B(a) und B(b) überliefern den Prolog, doch gibt es Unterschiede: Steht in V. 3 in A *ſwas*[3], so schreibt B(a) *was*, in der Ausgabe von Kurt Gärtner wird gedruckt: *swaz*. In V. 5 schreibt A: *dienstman was er zů owe*, in B(a) steht: *vn̄ was ein dínsteman von owe*, Kurt Gärtner druckt: *dienstman was er ze Ouwe*. Die beiden Beispiele mögen hier genügen, um Folgendes zu zeigen: Mittelalterliche Texte, wie wir sie in den Editionen studieren und interpretieren, sind bereits Ergebnis einer wissenschaftlichen Arbeit: der Editionsphilologie (dazu genauer unten, S. 111ff.). Aus den Handschriften, die einen Text überliefern, wurde bereits ausgewählt, und die Schreibweise der Handschrift(en) wurde verändert (‚normalisiert'): Während, wie oben notiert, in den Handschriften das Pronomen (*s*)*was* auf ‚-s' endet, verändert der Herausgeber den letzten Konsonanten zu ‚-z'. Warum? Die Begründung hat zu tun mit der Sprachgeschichte: Durch die Schreibung ‚-z' wird signalisiert, dass der stimmlose Reibelaut /s/ in diesem Fall Ergebnis der so genannten zweiten Lautverschiebung ist, entstanden aus einem germanischen ‚t' (vgl. noch heute englisch ‚wha<u>t</u>': deutsch ‚wa<u>s</u>'). In der Textausgabe werden also durch graphematische Vereinheitlichungen lautgeschichtliche Prozesse systematisiert wiedergegeben. Ganz Ähnliches gilt für die Längezeichen (^) in der Ausgabe (*sô*, *êren*, *Swâben* usw.).

Varianten

Editorische Eingriffe: Korrekturen und Vereinheitlichungen

Die Handschriften kennen solche Zeichen (so gut wie) nicht; durch die Zutat des Herausgebers werden die mittelalterlichen Vokalquantitäten dem Benutzer verdeutlicht, eine – immer empfehlenswerte – laute Lektüre wird einfacher. Schließlich greift der Herausgeber auch ein, wenn gleichen Phonemen unterschiedliche Grapheme in den Handschriften entsprechen. Ein /u/ z.B. kann in den Handschriften als *u* oder als *v* begegnen; ein /f/ kann in Handschriften als *f*, *v* oder gar *u* geschrieben sein; Diphthonge können nebeneinander ‚uo' oder übereinander ‚ů' angeordnet sein (siehe auch die Abbildun-

---

3 *ſwas* = *swas*; das ſ ist ein sogenanntes Schaft-s, das sich in den mittelalterlichen Handschriften häufig findet.

gen S. 57). Die Vereinheitlichung solcher Phänomene kommt einer flüssigen Lektüre des Textes freilich entgegen und hat von daher ihre gute Berechtigung. Aber: Ursprünglich hatten die Texte ein anderes Aussehen. Ein jeder, der sich mit mittelalterlichen Texten beschäftigt, sollte es von Anfang an zur Selbstverständlichkeit werden lassen, sich mit der Überlieferung der Texte zu befassen und – wenn möglich – Faksimiles[4] der Handschrift(en) anzusehen, um sich über die mittelalterliche Existenzform seines Gegenstandes zu informieren (siehe Bibl.-Nrr. 257–280).

‚Form'

Erzähltexte kennen wir heute nur als Prosatexte. Im Mittelalter aber begegnen neben der Lyrik auch epische Texte in gebundener Sprache. Geschrieben wird in Versen, die durch einen Paarreim zu jeweils einem Verspaar verbunden sind. Die Länge der Reimpaarverse ist nicht beliebig; von Ausnahmen, die natürlich immer wieder vorkommen, abgesehen, gilt die Regel, dass narrative Dichtung des späteren 12. und folgenden 13. Jhs. im vierhebigen Reimpaarvers mit jeweils charakteristischer Kadenz (Versschluss) verfasst ist[5]. Grundsätzliche Ausnahmen bilden Einzeltexte wie z.B. das ‚Nibelungenlied', das in relativ festen, sich immer wiederholenden Strophen gedichtet wurde. Am Beispiel des zitierten ‚Armer-Heinrich'-Prolog wird die Reimpaarversstruktur jedoch deutlich (zur Metrik ausführlicher S. 64ff.).

Metrik
Verspaar
Paarreim

Die Beschäftigung mit der äußeren Form mittelalterlicher Texte hat nichts mit einem selbstgenügsamen Hebung-und-Senkung-Zählen zu tun, sondern ist vor allem deshalb wichtig, weil in der Form die mittelalterliche Aufführung von Dichtung durchscheint. Während wir heute Texte meist still und jeder für sich lesen, war im Mittelalter die Rezeption von Texten (bis in das spätere 13. Jh. hinein) in aller Regel auditiv: es wurde laut vorgelesen, und zwar vor einem größeren Publikum. Und es wurde meist nicht nur gesprochen, sondern, begleitet von Musikinstrumenten, gesungen oder doch rezitativ vorgetragen. Es liegt auf der Hand, dass sich für eine solche Aufführungspraxis eine metrisch gebundene Sprache besonders eignet.

Aufführung

4 Von lat. *facere* und *similis*: ‚ähnlich machen'. Ein Faksimile stellt eine möglichst originalgetreue fotomechanische Reproduktion einer Handschrift dar.

5 ‚Vierhebig' bedeutet: Im Vers wechseln, mehr oder weniger regelmäßig, betonte und unbetonte Silben ab; in der Regel weisen die Reimpaarverse im 12. und 13. Jh. acht bis neun Silben auf, von denen vier eine (Haupt-) Betonung tragen (eine Hebung); die unbetonten Silben stehen in einer ‚Senkung'. Beispiel aus dem zitierten Text: *Ein/* ***rit/*** *ter/* ***sô/*** *ge/* ***lê/*** *ret/* ***was***.

Diese Dimension von mittelalterlicher Literatur fehlt heute fast völlig. Selten genug stoßen wir in (Lyrik-) Handschriften auf Noten, die immerhin ein Dokument ursprünglicher Performanz (Aufführung) sind. Wenn wir heute mittelalterliche Texte in sauber gedruckten wissenschaftlichen Editionen zur Kenntnis nehmen, müssen wir immer der Tatsache eingedenk sein, dass wir fast nur die Hälfte des Kunstwerks vor uns haben: alle äußeren Umstände (Vortragender, Publikum, Intonation des Vortrags, Gesten beim Vortrag, Musik, Instrumentierung, Publikum, Reaktionen des Publikums) sind unwiederbringlich verloren. Und doch ist es unsere Aufgabe, bei der Interpretation von mittelalterlichen Texten diese Leerstellen zu berücksichtigen.

‚Autor', ‚Raum', ‚Zeit'

Im Prolog zum ‚Armen Heinrich' nennt sich der Autor des Textes selbst (V. 1ff.): „Ein Ritter war so gelehrt, dass er in Büchern lesen konnte, was auch immer dort aufgeschrieben war. Der hieß Hartmann. Dienstmann war er zu Aue."

Der Autor und seine soziale Verortung

Längst nicht in allen Texten des Mittelalters finden sich solche ‚genauen' Angaben über den Autor. Manchmal begegnet nur ein (Vor-) Name, häufig genug sind Texte anonym überliefert (so z.B. das berühmte ‚Nibelungenlied') – man rätselt dann, von wem sie stammen könnten. Beim ‚Armen Heinrich' aber werden wir gut informiert: Der Autor heißt Hartmann, er ist ein Ritter und Dienstmann und kommt aus Aue. Er ist gelehrt und kann lesen. Für ein mittelalterliches Publikum waren solche Informationen mehr als genug. Für uns heute hingegen werfen sie zunächst viele Fragen auf: Was ist ein Ritter? Was ist ein Dienstmann? Was bedeutet die Angabe *ze Owe*? Warum legt Hartmann so viel Wert auf die Feststellung, dass er lesen kann? Und natürlich: Wann lebte dieser Hartmann? Wann hat er den Text verfasst? Warum? Und für wen?

Wer ist ein Ritter?

Was ist Ritterschaft?

Die meisten dieser Fragen betreffen die soziale Situation des Dichters und seines Publikums. Von landläufigen Vorstellungen von dem, was ein Ritter sei, müssen wir uns verabschieden. Hartmann war kein ‚Ivanhoe' und kein ‚Prinz Eisenherz'. Dass er sich *ritter* nennen kann, legt ihn noch nicht einmal ständisch fest – ‚Ritter' ist ein soziologisch weitgehend undifferenzierter Begriff, lediglich einer, der Angehörige mehrerer Schichten über eine ‚Idee' miteinander verbindet (dazu genauer unten, S. 43ff.). Soziologisch schon deutlicher fassbar ist die Bezeichnung *dienstman*. Man ist sich in der Forschung heute einig, dass sich Hartmann mit dieser Bezeichnung als Ministeriale zu erkennen gibt. Die Gruppe der Ministerialität rekrutiert sich zunächst und vornehmlich aus Unfreien, nicht Geburtsadligen, die aufgrund ihrer intellektuellen Fähigkeiten mehr und mehr für Verwaltungsaufgaben benötigt werden und die sich einige Macht durch ihr Wissen verschaffen. Dazu passt gut, dass Hartmann seine Bildung deutlich herausstreicht: er kann lesen, und zwar alles, was es zu lesen gibt. Deutlich wird uns nun auch, dass die Fähigkeit, lesen (und womöglich auch schreiben) zu können, zur Zeit Hartmanns keine Selbstverständlichkeit war. Nur wenige, ein verschwindend geringer Anteil der Gesamtbevölkerung, verfügen über diese Kulturtechnik. Man mag an dieser Stelle vielleicht einwenden, dass ein Dichter doch notwendigerweise lesen und schreiben können muss – das aber ist anachronistisch gedacht: man wird bei vielen Dichtern durchaus davon ausgehen können, dass sie lediglich professionellen Schreibern diktiert haben und dass sie sich von Lesekundigen haben vorlesen lassen.

Der Autor und sein Wirkungsort

ze Owe war Hartmann tätig, wie er sagt. Was ist dieses *ze Owe*? Wo liegt es? Da die Bezeichnung sehr vage und der Ortsname häufig vorkommt (die ‚Aue', ‚Au'), weiß man das bis heute nicht genau. Man muss also nach weiteren Indizien suchen. Ein wichtiger Wegweiser wäre die Sprache Hartmanns, da man von ihr ausgehend versuchen könnte, den Raum zu bestimmen. Es ist jedoch bereits deutlich geworden, dass die Handschriften des ‚Armen Heinrich' sprachlich differieren und dass sie wesentlich jünger sind als eine anzunehmende erste Fassung Hartmanns. Man muss also den Sprachstand der Handschriften bestimmen und schauen, was an Dialektalem möglicherweise auf Hartmann selbst zurückgeht, denn ein überregionales Deutsch gab es zu seiner Zeit so gut wie nicht. Zumeist stützt man sich auf die Sprache der Reime, denn Reime stellen einen vor nachträglicher Veränderung recht geschützten Bereich dar. Regionalsprachliche Eigenheiten weisen Hartmann in das alemannische Gebiet. Hinzu kommt, dass der Held im ‚Armen Heinrich' *Heinrich von Aue* genannt wird und *ze Swâben* angesiedelt wird. Es ist nicht zweifelsfrei zu erweisen, liegt aber doch nahe, dass Hartmann *von Aue* den Protagonisten einer seiner Erzählungen nicht mit dem Beinamen *von Aue* belegt hätte, wenn gar keine (verwandtschaftlichen?) Beziehungen bestünden. Nimmt man noch die Standes- und Funktionsbezeichnung *dienstman* hinzu und sucht nach einem konkreten Geschlecht, dann „rücken die zähringischen Ministerialen von Au bei Freiburg in den Mittelpunkt. Hartmann könnte aus dieser Familie stammen und für den zähringischen Hof geschrieben haben. Zuverlässig bewiesen ist es nicht" (Cormeau/Störmer, 1993, Bibl.-Nr. 417, S. 36).

Datierung des Textes

Mit einer solchen Zuordnung hätte man dann auch einen zeitlichen Rahmen, in den man Hartmann einordnen kann. Bei der Datierung von Texten bzw. bei der Bestimmung der Lebenszeit eines Dichters ist zunächst aber von anderen Hinweisen auszugehen, wobei voranzustellen ist, dass wir über Geburts- und Todesdaten von Autoren des 12. und 13. Jhs. so gut wie nie Bescheid wissen.

1. Die Handschriften: Nur ganz selten finden sich in Handschriften genaue Jahresangaben. Aufgrund des Schrifttyps und der Herkunft aber kann man Handschriften zumindest bis auf wenige Jahrzehnte, in glücklichen Fällen auf wenige Jahre genau datieren. Nimmt man dann die älteste Handschrift zum Ausgangspunkt, so stellt sie einen *terminus ante quem* dar, d.h. in jedem Fall muss der Text *vor* dieser Zeit entstanden sein.

Terminus ante quem

2. Literarische und außerliterarische Bezüge: Werden in Texten historische Personen und Realien (z.B. Mäzene, Herrscher, Lokalitäten, Ereignisse) genannt, die auch chronikalisch und urkundlich bekannt sind, so verfügt man über weitere *termini*, die den Text und seinen Autor zeitlich bestimmen. Im ,Armen Heinrich' wird z.B. Bezug genommen auf die Medizinhochburg Salerno, und das ist nun nicht Fiktion. Man kann nachforschen, wann Salerno so berühmt war, dass Hartmann darauf ohne weiteres zu sprechen kommen konnte. Ähnliche Datierungshilfen können andere literarische Werke sein, die von einem Autor entweder unmittelbar zitiert werden oder die indirekt und vielleicht gar nicht bewusst in das Werk eingeflossen sind, bzw. die Nennung eines Autors im Text eines anderen Autors (z.B. in Form einer poetischen Totenklage); es hängt dann freilich viel davon ab, wie gut man diese anderen Texte datieren kann.

Hat ein Autor mehr als nur einen Text verfasst, so stellt die innere, relative Chronologie des Autor-Œuvres ein weiteres Problem dar. Mit welchem Text begann die dichterische Karriere und wie entwickelte sie sich? Nur in seltenen Fällen wird man Eindeutigkeit erzielen können. Im Falle Hartmanns von Aue divergieren die Forschungsmeinungen, das gesamte Œuvre betreffend, stark; der ,Arme Heinrich' aber wird gemeinhin nach 1191, vor dem Artusroman ,Iwein' und nach der legendenhaften Erzählung ,Gregorius' eingeordnet (vgl. Cormeau/Störmer, 1993, Bibl.-Nr. 417, S. 32).

Relative Chronologie

Um die Lebenszeit eines Dichters, in unserem Beispiel Hartmanns von Aue, einzukreisen, muss man also alle genannten Indizien zusammennehmen und daraus einen Zeitraum (meist ohne festen Beginn und ohne festes Ende) konstruieren: Hartmann dürfte in den 80er Jahren des 12. Jhs. mit seiner dichterischen Arbeit begonnen haben; über das erste Jahrzehnt des 13. Jhs. hinaus hat er wohl nicht gelebt.

,Literarische Tradition' und ,Poetik'

Im Prolog zum ,Armen Heinrich' heißt es an einer Stelle (V. 6–17): „Er (der Dichter Hartmann von Aue) vertiefte sich in viele Bücher. Dort begann er zu suchen, ob er nicht etwas fände, mit dem er eine betrübliche Zeit angenehmer machen könnte, und das von einer Art wäre, die zur Ehre Gottes tauglich wäre und womit er sich bei den Menschen beliebt machen könnte. Jetzt hebt er an, Euch eine Geschichte, die er aufgeschrieben fand, neu zu erzählen."

Diese Passage des Prologs führt uns unmittelbar zu spezifisch mittelalterlichen Formen der Poetik[6]. Der Erzähler streicht heraus, dass er nichts ,neu erfunden' hat, sondern dass er in verschiedenen (unterschiedlichen?) Büchern, also in bereits schriftliterarisch Fixiertem, nach einem adäquaten Stoff gesucht habe. Welches dichterische Selbstverständnis begegnet hier? Augenscheinlich kommt es dem Dichter nicht darauf an, ,innovativ' zu sein, im Gegenteil: er ist schließlich stolz, etwas gefunden zu haben, das Gott und den Menschen wohlgefällig ist und das er nun neu erzählt. Während heutzutage dichterische Qualität häufig genug an dem Noch-nicht-Dagewesenen gemessen wird, begegnet im Mittelalter eine andere poetische Auffassung. Der Dichter versteht sich vornehmlich als ein ,Finder', der, bevor er findet, suchen muss. Der Dichter ist eher bescheidener Diener des Stoffes denn Erfinder neuen Erzählgutes (dazu genauer unten, S. 81ff.). Das bedeutet allerdings nicht, dass Dichter wie Hartmann kein Selbstbewusstsein gehabt hätten – dagegen spricht schon die Tatsache, dass sie sich mit gewissem Stolz namentlich nennen. Hartmann geht sogar noch weiter und erläutert explizit, *warum* er sich nennt: um im Text zu überleben, der Nachwelt seinen Namen zu hinterlassen mit der Bitte, für sein Seelenheil zu beten.

Dichterisches Selbstverständis

Der Stoff, den Hartmann gesucht hat, sollte mindestens zwei Funktionen erfüllen: Er soll ,erfreuen' und ,nützen', also *delectare* und *prodesse*, um die alten antiken Rhetorikbegriffe zu nennen (dazu genauer unten, S. 49ff.). Es gibt für die deutschsprachige Dichtung des Mittelalters zwar keine normative Poetik, keine *ars scribendi* (,Schreibkunst') wie etwa für lateinisches Schrifttum verschiedener Couleur, aber die Autoren stehen doch in einer rhetorischen Tradition und reflektieren (gerade in Prologen) über den Anspruch, den sie mit ihren Texten erheben. Neben der stoffübergreifenden rhetorischen Tradition stehen sie selbstverständlich auch in einer literarischen Tradition im engeren Sinne. Wenn Hartmann darauf hinweist, dass er in (alten) Büchern nach einem geeigneten Stoff gesucht habe, so würden wir natürlich gern wissen, welche Bücher er gefunden hat. Denn erst durch einen genauen Vergleich von Vorlage und Neubearbeitung können wir das spezifisch ,Hartmannische' auszumachen versuchen. Leider ist es bislang nicht gelungen, die Quelle des ,Armen Heinrich' zu identifizieren. Bei anderen Werken Hartmanns sieht die Lage besser aus: Wir wissen z.B., dass er die Artusro-

Funktionen: *delectare et prodesse*

6 Poetik: Man unterscheidet normative von deskriptiven Poetiken. Eine normative Poetik liegt vor, wenn Regeln zum ,guten Dichten' aufgestellt werden; beachtet ein Dichter diese Regeln nicht, ist er ein schlechter Dichter. Eine deskriptive Poetik beschreibt lediglich, welchen Regeln Dichtung folgt, wie sie strukturiert ist, worauf sie beruht usw.

mane des Franzosen Chrétiens de Troyes, ‚Erec et Enide' und ‚Yvain', bearbeitet, ins Deutsche überführt und die Tradition des deutschen Artusromans damit begründet hat.

Tradition: Arbeit an Quellen

Die Auseinandersetzung mit mittelalterlicher Literatur bedeutet also auch, sich zum einen mit der Stoff- und Motivgeschichte auseinander zu setzen, zum anderen, die einem Text inhärenten poetischen Merkmale und Regeln aufzuspüren.

‚Texttyp'

Ein jeder kennt ‚Gattungen' oder ‚Texttypen' wie Erzählung, Roman, Novelle, Kurzgeschichte usw. In den meisten Fällen kann man diese Begriffe in der germanistischen Mediävistik nicht verwenden, denn ihnen ist meist ein bestimmtes poetisches Konzept inhärent, das erst in nachmittelalterlichen Epochen, z.T. erst in jüngster Zeit (wie die Kurzgeschichte), entwickelt wurde. Im Prolog zum ‚Armen Heinrich' spricht Hartmann von einer *rede*, die er *geschriben vant*. Ist *rede* eine mittelalterliche Gattungsbezeichnung? Verbindet man damit eine Systematik, dann muss man die Frage verneinen. Texte werden zwar auch im Mittelalter mit abstrakten Begriffen versehen, aber sie sind häufig genug willkürlich: *rede*, *liet* (‚Lied'), *mære* (‚Erzählung'), *bîspel* (‚Fabel', ‚Parabel') und manche andere Bezeichnungen gehen durcheinander und sind weit davon entfernt, gattungspoetologisch festgelegt zu sein (dazu genauer unten, S. 114ff.). Das erschwert die Arbeit des Literarhistorikers beträchtlich. Denn wenn ein moderner Dichter, z.B. Goethe, ein Drama ‚Komödie' nennt, dann müssen wir das zunächst als eine vom Autor stammende Gattungsfestlegung ernstnehmen und den Text unter komödientypologischen Aspekten analysieren. Bei mittelalterlichen Texten hingegen finden sich so gut wie keine expliziten Kategorisierungen. Ohne sie aber ist die Literaturgeschichte kaum in den Griff zu bekommen, wenn es denn ein Ziel der Literaturwissenschaft ist, die Unmengen von Texten aus vielen Jahrhunderten *systematisch* zu dokumentieren, zu beschreiben und zu deuten.

Mittelhochdeutsche Gattungsbegriffe

Eine solche Systematik ist nur über den Weg intensiver, abstrahierender Textvergleiche zu leisten. Das heißt: Wir müssen an viele Texte gleiche Fragen richten: Wie lang ist der Text? In welcher Form ist er verfasst (Verspaare, Strophen, Prosa)? Welchen Aufbau hat der Text (Episodenreihung, spiegelsymmetrische Anordnung, variierende Wiederholungen von Ereignissen)? Nennt sich der Autor (wie im ‚Armen Heinrich') oder ist der Text anonym verfasst (wie das ‚Nibelungenlied')? Aus welcher Zeit stammt der Text? Wer sind die Protagonisten (Adlige, Ritter, Geistliche, Bauern)? Wo spielt die Erzählung (in einer höfischen, bäurischen, christlichen, heidnischen, phantastischen Welt)? Was wird erzählt (Weltliches, Religiöses, Historisches, Mythisches)? Wo und wie wird der Text überliefert (in einer Einzelhandschrift, in einer Sammelhandschrift zusammen mit anderen, ähnlichen Texten)?

Probleme der Systematisierung

Wenn man solche und andere Fragen, gerichtet an viele Einzeltexte, soweit es geht beantwortet hat, werden sich Texte über bestimmte Merkmale, die ihnen gemein sind, gruppieren lassen: Man kann dann von einer Gruppe von ‚Artusepen' sprechen, von ‚Heiligenlegenden', von ‚Antike-Romanen', von ‚Heldenepen', von ‚Schwänken' usw.

Was aber unseren ‚Armen Heinrich' angeht, so bleibt man letztlich etwas ratlos: Die Länge des Textes (ca. 1500 Verse) weist auf eine epische Kleinform hin; die Protagonisten (ein adliger Mann und ein einfaches Mädchen) sind in dieser Zusammenstellung untypisch; der Stoff (siehe den nächsten Abschnitt) führt in den Bereich eines Erlösungsmärchens; die alles Geschehen dominierenden göttlichen Fügungen verweisen auf Heiligenlegenden oder biblische Erzählungen. Es fällt schwer, dem ‚Armen Heinrich' ein Gattungsetikett zu verleihen, und man sollte es auch nicht zwanghaft tun. Bei allem Willen zu Systematik und Ordnung müssen wir uns damit abfinden, dass sich nicht wenige Texte des Mittelalters immer wieder einer strengen Kategorisierung entziehen. Gerade das aber ist auch eine Chance: nämlich zu erkennen, dass die literarische Kultur des Mittelalters sehr viel offener ist, als man dies zunächst vermutet.

‚Sinn', ‚Bedeutung', ‚Funktion'

Eine der zentralen Aufgaben eines Germanisten stellt die Interpretation eines Textes dar. Dabei stehen zum einen einzelne Teile des Textes, z.B. der Prolog, zum anderen der Text in seiner Gesamtheit im Mittelpunkt. Ein Text ist ein meist wohlkomponiertes Sinn-Medium. Sich dem Sinn und der Bedeutung dieses Mediums zu nähern, erfordert Analysen auf allen Ebenen: Wie ist der Text strukturiert (aufgebaut)? Wie sieht das Personal aus? Welche Handlung wird erzählt? Wie wird erzählt (Stil, Erzählerperspektive)? Welche Intention mag der Autor mit dem Text verfolgt haben? Wie mag das Publikum den Text verstanden haben?

Analyse-Strategien

Sind Struktur-, Stil- und Narrationsanalysen meist recht gut in den Griff zu bekommen, so ist es um einiges komplizierter, die Bedeutung und Funktion eines Textes zu beschreiben. Kommen wir zur Illustration dieses Komplexes noch einmal auf den ‚Armen Heinrich' zurück. Worum geht es in diesem Text?

Inhalt des ‚Armen Heinrich': Der aus edlem Geschlecht stammende Heinrich von Aue wird von Gott mit Aussatz geschlagen. Alle Heilungsversuche scheitern. Heinrich zieht sich aus der höfischen Welt zurück und begibt sich in die naturhaft-bäuerliche Welt eines Meiers (seines von ihm abhängigen Gutsverwalters). Dessen junge Tochter, die sich mal kindlich-naiv, mal mit erotischen Nebentönen, mal einer Heiligen ähnlich um Heinrich kümmert, erfährt eines Tages, dass es sehr wohl ein Heilmittel für Heinrich gebe, nämlich das Herzblut einer Jungfrau. Sie stellt sich selbstlos zur Verfügung, und nach vielen Auseinandersetzungen mit ihren Eltern und auch Heinrich reisen Heinrich und das Mädchen nach Salerno, wo der blutige Eingriff vorgenommen werden soll. Als das Mädchen auf dem Operationstisch liegt, besinnt sich Heinrich anders und bricht das Unternehmen ab. Auf dem Rückweg wird er von Gott geheilt. Das Ende der Erzählung variiert in der Überlieferung erheblich: In Handschrift A heiraten beide Protagonisten; auch in Handschrift B (a/b) heiraten beide, Heinrich geht aber ins Kloster, wohl ohne die Ehe vollzogen zu haben; und in Handschrift E endet die Erzählung, ohne dass Heinrich und das Mädchen heiraten.

Zielpublikum

Zunächst mag man etwas ratlos vor einer solchen Geschichte stehen. Was soll das? Was will uns der Dichter damit sagen? Diese letzte, landläufig ja gern an den Anfang einer Interpretation gestellte Frage ist in jedem Fall in einer Hinsicht falsch: *uns* wollte der Dichter gar nichts sagen. Sein Zielpublikum war eines des späten 12. Jhs., das sich aus Angehörigen der höfischen Oberschicht rekrutierte. Bei dem Versuch, den Sinngehalt eines mittelalterlichen Textes zu ermitteln, müssen wir uns also von unseren eigenen Bedingtheiten möglichst freimachen, wir dürfen den Text nicht lesen wie einen Roman von Franz Kafka, Heinrich Böll oder Günter Grass. Wir müssen uns einlassen auf ganz andersartige Strukturen, Stoffe und Motive, wir müssen versuchen, den Text *in seiner Zeit* zu lesen. Das aber ist grundsätzlich gar nicht möglich; der zeitliche Abstand ist zu groß und wird sich niemals mehr überbrücken lassen. Was bleibt, ist der Versuch einer – immer lückenhaften – Rekonstruktion literatur-, sozial- und geistesgeschichtlicher Hintergründe, vor denen der zu deutende Text zu sehen ist.

Kontexte:

Kultur
Religion
Politik

Wenn im ‚Armen Heinrich' der Protagonist von Gott mit Aussatz gestraft und später von Gott wieder geheilt wird, so müssen wir das zeitgenössische Gottesbild untersuchen, und zwar zum einen gemäß der amtskirchlichen Lehre, zum anderen im Kontext so genannter Volksfrömmigkeit. Um die Art der Strafe richtig einschätzen zu können, müssen wir untersuchen, wie der Aussatz im 12. Jh. medizinisch und theologisch betrachtet wurde. Um das makaber anmutende Jungfrauen-Blutopfer adäquat einordnen zu können, müssen wir der kulturellen und rituellen Tradition solcher Praktiken nachspüren. Um nachvollziehen zu können, was es bedeutet, dass Hartmann in seinem Text einen Adligen eine Meierstochter heiraten lässt, müssen wir uns über die historische Praxis ständeübergreifender Eheschließungen Klarheit verschaffen.

Aber selbst wenn es gelänge, all das genau zu rekonstruieren, bleiben noch Fragen offen: Inwieweit hatte der Autor, Hartmann, Kenntnis von amtskirchlich-theologischen Diskussionen? Welche Blut-Erlösungserzählungen kannte er? Und über welche Kenntnisse verfügte das Publikum? Was ist bei den Rezipienten an Wissen vorauszusetzen, damit sie einen Text wie den ‚Armen Heinrich' verstehen konnten? Wie mögen sie ihn verstanden haben? Welche Funktion sollte der Text haben, und welche hatte er tatsächlich? Wollte Hartmann mit der Erzählung einen gesellschaftsutopischen Entwurf zeichnen (Ständeproblematik)? Wurde dies auch so aufgefasst, oder nahm das Publikum die Erzählung eher als etwas Märchenhaftes zur Kenntnis, ohne dabei an ‚sozialrevolutionäre' Ideen zu denken?

Interdisziplinäres Arbeiten

Die Interpretation eines mittelalterlichen Textes nötigt also, sich in Nachbardisziplinen wie der Theologie, der Volkskunde und der Geschichtswissenschaft umzusehen und dort zu recherchieren. So genau wie möglich müssen die äußeren Umstände von Autor, Auftraggeber und Publikum sowie von Geistes- und Zeitgeschichte rekonstruiert werden. Das Material wird letztlich immer dünn (zu dünn) bleiben, was am Ende zur Folge hat, dass sich viele Interpretationen widersprechen, dass Forschungsdispute entstehen und immer wieder neue Ansätze ‚richtiger' Deutung eines Textes in den wissenschaftlichen Diskurs einfließen.

‚Wissenschaft'

Es ist deutlich geworden, welche Herausforderungen mittelalterliche Texte darstellen und was zu tun ist, um einen Zugang zu ihnen zu bekommen. Die germanistische Mediävistik versteht sich als wissenschaftliche Disziplin, und also sollten die Wege zu den Texten wissenschaftlich fundiert sein. Was aber bedeuten ‚Wissenschaft' und ‚Wissenschaftlichkeit' hier? Was heißt ‚Methode'? Was sind ‚Deutungen'?
Der Neugermanist Karl Eibl (1992, Bibl.-Nr. 165, S. 176f.) hat einmal prägnant formuliert: „Wenn man allen Imponierpomp beiseite setzt, dann ist Wissenschaft nichts weiter als eine spezifische methodische Disziplinierung des Alltagsverstandes mit dem Zweck, Aussagen von möglichst großer Prüfbarkeit und Reichweite herzustellen". Alles Wesentliche ist in diesem Satz enthalten: Es soll *methodisch* vorgegangen werden, d.h., Erkenntnisgewinn soll nicht auf sporadisch-spontanen Augenblicksideen gründen, sondern ihm soll ein Erkenntnismodell, das man beschreiben kann, zugrunde liegen. Wissenschaftliche Aussagen sollen *überprüfbar* sein, d.h. Erkenntnis soll nicht auf subjektiven, individuell festgelegten *Meinungen* basieren, sondern jeder Teilnehmer am wissenschaftlichen Diskurs muss in die Lage versetzt wer-

den, die Gründe und Belege für eine Aussage eines anderen Teilnehmers nachvollziehen und überprüfen zu können. In den Naturwissenschaften manifestiert sich dieses Prinzip z.B. darin, dass ein Forscher nicht nur das *Ergebnis* eines Versuches veröffentlicht, sondern auch Rechenschaft über die Versuchsbedingungen und -anordnungen ablegt, so dass andere den Versuch wiederholen können, um die Ergebnisse zu überprüfen. In den Geisteswissenschaften sollte vom Prinzip her Gleiches gelten. Wenn ich die Aussage mache: ,Hartmann von Aue verfasste den ,Armen Heinrich' um 1180 als Antwort auf eine rigoristische ständische Heiratsregelung', dann muss ich – zumeist in vielen Fußnoten – Quellen und andere Forschungsliteratur nachweisen, die meine Deutung stützen. Nur so erhält sie eine intersubjektive Verbindlichkeit; nur so können andere sie nachvollziehen; nur so ist auch die Möglichkeit eröffnet, die Aussage zu falsifizieren, z.B. dann, wenn sich herausstellt, dass ich die Quellen falsch ausgelegt und falsche Schlüsse gezogen habe. Das alles wäre nicht möglich, wenn ich bloß etwas behauptete. An genau diesem Punkt gehen Wissenschaft und Nicht-Wissenschaft auseinander.

Methodisch

Überprüfbar

Diszipliniert

Die wesentlichen Herausforderungen, die mittelalterliche Texte dem heutigen Mediävisten stellen, und wesentliche Wege, diesen Herausforderungen zu begegnen, sind genannt worden. In den folgenden Kapiteln werden die einzelnen Problembereiche detailliert aufgearbeitet und vorgestellt.

3. Grundlagen

3.1. Poesie – Dichtung – Literatur – Texte

Der ‚Arme Heinrich' Hartmanns von Aue, dessen Prolog im Kapitel 2 vorgestellt wurde, gehört zweifellos zur ‚Dichtung', zur ‚fiktionalen Literatur', vielleicht zur ‚Poesie'. Diese Termini begegnen im literaturwissenschaftlichen Diskurs früh und konstant, und man verwendet sie gemeinhin zur Bezeichnung des Gegenstandes, mit dem man sich als Literaturwissenschaftler befasst. Aber was ist eigentlich ‚Poesie', was ist ‚Dichtung', was ist das ‚Fiktionale' und das ‚Fiktive'? Sobald man versucht, Definitionen zu geben, gerät man in Schwierigkeiten. Es scheint kaum möglich zu sein, einen allgemeinen Konsens über die Bedeutung dieser Begriffe herzustellen; zumindest in Randbereichen werden immer wieder andere Merkmalskriterien genannt werden. Vor allem dem Begriff ‚Poesie' haftet ja etwas Subjektives an; ästhetische Maßstäbe scheinen hier eine große Rolle zu spielen. Aber welcher Art sind diese Maßstäbe? Wie verbindlich sind sie? Wie hoch ist der Anteil je individueller Selektion dessen, was als ‚poetisch' eingeschätzt wird?

Gegenstände der Germanistischen Mediävistik

Diese Fragen weisen auf das vielleicht grundsätzlichste Problem einer jeden Wissenschaft: auf die Definition und Abgrenzung ihres Erkenntnisgegenstandes. Die banale Feststellung, dass sich die Literaturwissenschaft mit Literatur befasse, löst die Probleme nicht. Zwar scheint der Begriff ‚Literatur' ein weiter und allgemeiner zu sein, doch schaut man sich die Germanistik, im engeren die germanistische Mediävistik, genauer an, erkennt man schnell, dass im Laufe ihrer Geschichte bis in die heutige Zeit hinein ihr Gegenstand immer wieder anders konturiert wurde (vgl. z.B. die Literaturgeschichten von Rosenkranz, 1830, Bibl.-Nr. 107, Gervinus, 1842, Bibl.-Nr. 108, de Boor, 1991, Bibl.-Nr. 357 und Heinzle, 1994, Bibl.-Nr. 365; eine Übersicht bei Bein, 2003, Bibl.-Nr. 145). Zwar gibt es auch Konstanten: der Minnesang etwa, die Artusepik, das ‚Nibelungenlied', und auch Erzählungen wie ‚Der arme Heinrich' wurden seit den Anfängen des Faches immer wieder neu in Augenschein genommen. Aber mit wechselnden Methoden (s. dazu Kap. 6) wechselten – partiell zumindest – auch die Gegenstände des Faches: nun wurden auch mittelalterliche Kochrezepte untersucht (vgl. z.B. Ehlert, 1990, Bibl.-Nr. 543), mittelhochdeutsche Arzneibücher analysiert[1], es wur-

1 Viel zu verdanken hat das Fach in diesem Bereich den Forschern Gerhard Eis, Gundolf Keil und Bernhard Dietrich Haage. Vgl. zur ersten Orientierung

den Reiseberichte aufgearbeitet (vgl. z.B. Huschenbett/Margetts, 1991, Bibl.-Nr. 550), deutschsprachige Predigten gesammelt, ediert und kommentiert (vgl. z.B. Richter, 1969, Bibl.-Nr. 537 und Mertens/Schiewer, 1990, Bibl.-Nr. 546), man befasste sich mit z.T. ‚schmutzigen', erotisch bis pornographisch aufgeladenen kleinen Erzählungen (den ‚Mären', dazu Ziegeler, 1985, Bibl.-Nr. 516) und entdeckte bislang verschmähte oder vernachlässigte Dichter und Dichtungen neu (Hinweise bei Roßnagel, 1996, Bibl.-Nr. 418).

Kanonisierung

Jede fachgeschichtliche Periode etabliert einen eigenen Kanon, eine Sammlung von Texten und Autoren, die als besonders gut, studierenswert, ‚wertvoll' gelten. In jeder dieser – natürlich nicht immer klar voneinander abzugrenzenden – Perioden obwaltet ein eigenes Wissenschaftsverständnis, ein je eigenes Selbstverständnis. Je nachdem, wie dieses Selbstverständnis formuliert ist, ändert sich der Gegenstand. Betrachtet sich der Literaturwissenschaftler oder -historiker als jemanden, der den Gang ästhetischer Wortkultur nachzeichnen und ggf. erklären will, so erhebt er das ‚Poetische' zu seinem Gegenstand und wird nicht umhin können, eine gehörige Portion Subjektivität zuzugestehen, was ihm meistens aber gar nicht unangenehm ist: Seine Aufgabe *bedingt* dann Subjektivität. Betrachtet sich der Literaturwissenschaftler oder -historiker aber in erster Linie als Kulturhistoriker, der über seinen Gegenstand einen Beitrag zur Erklärung vergangener Kulturpraktiken und -techniken sowie zur Einsicht in Mechanismen und Strukturen vergangener Gesellschaften leisten will, so muss er seinen Gegenstand so weit wie nur irgend möglich fassen. Und nur *ein* Begriff kommt hier in Frage: es sind *Texte*, denen sein Interesse gilt – seien sie poetisch oder nicht. Alle Texte vergangener Zeit sind historische Dokumente: das Kochrezept wie der ‚Arme Heinrich', der Artusroman wie der Reisebericht, der Minnesang wie die Predigt.

Wenn sich auch heute nicht jeder germanistische Mediävist als Kulturhistoriker begreifen will, so gibt es insgesamt doch einen Konsens darüber, dass die Beschränkung auf das, was gemeinhin ‚Dichtung' und ‚Poesie' genannt wird, zu kurz greift. Niemand muss heutzutage mehr Sanktionen befürchten, wenn er/sie sich in auf den ersten Blick ‚abgelegene' Textgefilde begibt. Und es kann jedem Studierenden des Faches nur angeraten werden, immer wieder die gut asphaltierten Straßen der ‚hohen Dichtung' zu verlassen und sich in das – leider teilweise noch unwegsame – Unterholz nicht poetischer

---

Keil/Rudolf, 1968, Bibl.-Nr. 530; zahlreiche bibliographische Angaben bei Bein, 1989, Bibl.-Nr. 339.

Textwelten zu begeben. Sie/er wird mit vielen interessanten Gegenständen und Einsichten in fremde und eigene Befindlichkeiten belohnt werden!

Vom ‚Selbstverständnis' des germanistischen Mediävisten war die Rede. Damit meine ich nicht den individuellen Wissenschaftler, sondern die gesamte Disziplin. Das *Fach* muss offen sein und bleiben. Es muss den Dialog mit anderen Fächern suchen und führen. Es muss neuen Methoden gegenüber aufgeschlossen sein, es muss sich die Freiheit nehmen zu ‚experimentieren', auch wenn am Ende vielleicht kein positives Ergebnis steht. Gerade in Zeiten, in denen die öffentlichen Gelder knapp sind und immer knapper werden, wo nach der gesellschaftlichen Aufgabe der Geisteswissenschaften gefragt wird, muss ein Fach wie die Altgermanistik – über seine Gegenstände und Methoden – Präsenz zeigen und Relevanz demonstrieren. Das leider häufig zu hörende Votum, Geisteswissenschaften hätten sich nicht zu legitimieren, halte ich für verfehlt. Man muss und man *kann* sich als Geisteswissenschaftler mit seinen Aufgaben legitimieren. Darstellungen dürfen sich allerdings nicht darin erschöpfen, auf die Formvirtuosität Wolframs von Eschenbach, auf die Reimreinheit Hartmanns von Aue oder auf die Anzahl von *participia praesentis* im Werk Walthers von der Vogelweide hinzuweisen. Das sind für sich freilich wichtige analytische Aufgaben eines Altgermanisten; aber das ist nicht das *Ziel* des Faches. All die einzelnen, kleinen bis scheinbar kleinlichsten Analysen literarischer Dokumente dienen vielmehr dem ‚höheren' Ziel, Aufschlüsse über die eigene kulturelle Vergangenheit zu gewinnen, z.T. überhaupt erst bekannt zu machen, worin sich kulturelle Vergangenheit manifestiert. Und dass unser Hier-und-Jetzt, unsere aktuelle Kultur, unser Leben mit und in den Kommunikationsmedien dieser Zeit erst in historischer Kontrastierung adäquat und kritisch zu erleben ist, erschließt sich von selbst. Texte, gleich ob ‚poetische' oder ‚nicht poetische', sind Medien menschlicher Kommunikation. Mit Texten verständigen sich Menschen über Sachverhalte, Ideen, Phantasien, über das Schöne und Hässliche, über das Gute und Böse, über das Erhaltenswerte und zu Verändernde, über Abschreckendes und Nachahmenswertes. In der ‚Poesie' erfolgt diese Verständigung in je eigentümlicher, ästhetisierter Weise, in uneigentlichem Sprechen, in Bildern und Symbolen, eingebettet in literarisch-fiktive Welten mit einem fiktiven Personal. In einem Kochrezept erfolgt die Verständigung anders: einfacher, unmittelbarer, sprachlich möglichst eindeutig. Beide Medien aber sind Teil *einer* kulturellen Gemeinschaft, die ihren Ort und ihre Zeit hat. Sich dieser Gemeinschaft, ihren Konstituenten und Strukturen zu nähern, hat zur Voraussetzung, möglichst alle Medien des sozialen und kulturellen Austauschs zu berücksichtigen. Erst dann kann (in Zusammenarbeit mit anderen historischen Disziplinen) sinnvoll in Angriff genommen werden, kulturelle Prozesse bis in unsere Zeit hinein zu beschreiben und zu ‚verstehen'.

Ziele der germanistischen Mediävistik

Die germanistische Mediävistik heute, im 21. Jahrhundert, sollte sich als eine kulturhistorische Wissenschaft besonderer Prägung verstehen. Das jedenfalls ist mein persönliches Credo. Grundsätzlich sollte ihr keine Quelle unwürdig sein. Ein jeder deutschsprachige Text des Mittelalters stellt eine solche Quelle dar. Natürlich wird man immer auswählen müssen, das ist keine Frage. Und dass ein Schwerpunkt auf den sogenannten ‚dichterischen', ‚poetischen' Texten lag und liegt, hat durchaus seine Berechtigung. Aber der Blick des Altgermanisten darf darauf nicht beschränkt bleiben, denn die Relevanz seiner wissenschaftlichen Aussagen wäre sonst arg borniert.

Mit Nachdruck darauf hinzuweisen, scheint mir auch aus folgendem Grund notwendig: Sobald wir uns in eine Zeit begeben, von der es weder Tondokumente noch filmische oder photographische Zeugnisse gibt, sind wir für die Rekonstruktion dieser Zeit einzig und allein auf *schriftlich konservierte* Medien, eben Texte, angewiesen. Im Mittelalter aber, zumindest in jenen Perioden, in denen bestimmte kulturelle Äußerungen (Minnelieder, Ritterromane, Heiligenviten, Predigten usw.) *entstanden* sind, war das Schriftmedium nicht das primäre: Literatur hatte ihr Leben vielmehr in einem Raum der Mündlichkeit. Texte wurden vorgelesen, vorgesungen mit mehr oder weniger pompöser instrumentaler Begleitung; das Publikum *las* die Texte nicht, sondern *hörte* sie. Nur ein verschwindend geringer Teil der Bevölkerung verfügte über die Techniken des Schreibens und Lesens. Sich eine solche kulturelle Praxis zu vergegenwärtigen, fällt uns heute schwer. Schrift, Schreiben und (stilles, individuelles) Lesen sind uns so selbstverständlich, dass wir uns einen *prinzipiell* anders strukturierten Kulturbetrieb (das gilt zumindest bis in das spätere 13. Jh.) kaum vorstellen können. Bei allen Bemühungen um das Verstehen alter Texte müssen wir aber dieser Alterität (Andersartigkeit) Rechnung tragen. Texte, wie wir sie in wissenschaftlichen Editionen zur Kenntnis nehmen, repräsentieren nur einen Teil mittelalterlichen literarischen Lebens: alles, was zur Aufführung und Inszenierung der Texte gehörte (Musikanten, Gestik und Intonation des Vortragenden, Kostümierung, Ambiente des Vortragsraums, das Publikum) fehlt uns (vgl. dazu den Sammelband von Müller, 1996, Bibl.-Nr. 72; die Bedeutung von Musik im kulturellen Leben des Mittelalters macht Bartels, 1997, Bibl.-Nr. 392 sehr anschaulich; eine neue Einführung in die mittelalterliche Musik von Diehr, 2004, Bibl. Nr. 75). Gerade deswegen ist es aber für die Rekonstruktion kulturellen Lebens wichtig, allen Dokumenten, die wir finden können, grundsätzlich Bedeutung zuzumessen. Erst das genaue, vergleichende Studium durchaus unterschiedlicher Texte wird uns womöglich Einsichten in die je unterschiedlichen pragmatischen Bedingungen literarischer Kultur ermöglichen.

Medien-Geschichte

Mündlichkeit und Schriftlichkeit

Text und Musik

3.2. Mittelalter

Gegenstand der germanistischen Mediävistik ist die deutsche Literatur des *Mittelalters*. Über den Begriff ‚Mittelalter' wird der Gegenstand chronologisch situiert und einer Epoche der Weltgeschichte zugewiesen, die, wie der Name selbst zu erkennen gibt, zwischen Antike und Neuzeit angesiedelt ist. Vor allem der Philologe, Historiker und Geograph Christoph Cellarius (1638–1707) war es, der diese Dreiteilung der Universalgeschichte gegen Widerstände aus den Reihen der Theologen durchsetzte. Versucht man, die zeitlichen Ränder genauer zu bestimmen, gerät man in große Schwierigkeiten – wie überall, wo man Epochengrenzen festschreiben will. Es kommt immer auf die Perspektive an: Betrachtet man Zeitläufe unter ereignisgeschichtlichen Aspekten, wird man zu anderen Einschnitten gelangen, als wenn man das Augenmerk auf soziale, kulturelle oder gar mentale Wandlungen richtet. Es ist in unserem Zusammenhang wenig sinnvoll, mehrere konkurrierende Mittelalter-‚Definitionen' mit den ihnen inhärenten Problemen vorzustellen (vgl. die problembewusste Studie von v. Moos, 1994, Bibl.-Nr. 10). Statt dessen erfolgen hier einige pragmatische Überlegungen: Für einen Germanisten ist das Mittelalter wesentlich über seinen Gegenstand bestimmt, über deutschsprachige Texte also. Die Anfänge einer deutschsprachigen Schriftlichkeit liegen im 8. Jahrhundert. Natürlich muss ein germanistischer Mediävist auch über diese Grenze hinausschauen, denn volkssprachige Literatur ist – gerade im Mittelalter – nicht an das Schriftmedium gebunden. Wir müssen mit einem hohen Maß an mündlicher literarischer Tradition rechnen, nur: worauf wir uns heute allein beziehen können, sind die *verschriftlichten* Zeugnisse jener literarischen Kultur. Schwieriger als der Anfang ist das Ende des ‚germanistischen Mittelalters' zu bestimmen. Institutionell fühlt sich der Mediävist verantwortlich für Texte bis in das 15. und 16. Jahrhundert; das 17. Jahrhundert, das Barock, wird von den Kolleginnen und Kollegen der Neueren Germanistik betreut. Das ist die mehr oder weniger durchgängige Sicht heute. Im Laufe der Fachgeschichte gab es andere Grenzen: das 12. und 13. Jahrhundert dominierten lange als die wesentlichen Epochen: hier fand man – mit vergleichendem Blick auf die Weimarer Klassik – die ‚Klassik des Mittelalters', die Blütezeit. Das 14. Jahrhundert wurde noch als Folgeperiode berücksichtigt, die den ‚Verfall' der hohen Dichtung anschaulich machte und zur Kontrastierung diente. Das 15. und 16. Jahrhundert aber schienen des Interesses gar nicht würdig zu sein und blieben lange Zeit weiße Flecken auf der Landkarte der Literaturgeschichte. Erst in den letzten 30 bis 40 Jahren ist hier einiges in Bewegung gekommen in Form von Dissertationen, Habilitationen, in Form von Fachtagungen, eigenen Zeitschriften und spezifischen Lehrstuhlausschreibungen (‚Frühe Neuzeit'; ‚Mittlere Literatur').

Wann ist das Mittelalter?

Nimmt man die genannten Daten und Margen zusammen, so stellt sich das Mittelalter für einen germanistischen Mediävisten als ein Zeitraum von rund 1000 Jahren dar: vom 6./7. bis zum 15./16. Jahrhundert. Die innerhalb dieses großen Zeitraums zu differenzierenden literarischen Perioden werden unten, S. 115 ff., näher vorgestellt.

3.3. Deutsche Sprache

Gegenstand der germanistischen Mediävistik ist in der Regel die *deutsche* Literatur des Mittelalters, wenn sich auch einige Spezialisten mit Textdokumenten vordeutscher Sprache befassen, so mit der germanischen Runensprache oder mit dem Gotischen. Zwar ist diese Einführung der *Literatur-* und nicht der Sprachgeschichte gewidmet, doch sollten wenigstens einige rudimentäre sprachhistorische Grundlagen vermittelt werden (vgl. Bibl.-Nrr. 555–576).

Was ist ‚deutsch'?

Das Deutsche rechnet zur Sprachfamilie des Indoeuropäischen, die sich über lexikalische und morphologische[2] Gemeinsamkeiten als Familie anderen Sprachverbänden gegenüber abgrenzen lässt. Über zwei große, im einzelnen sehr komplexe sprachhistorische Entwicklungen innerhalb eines Zeitraums von mehreren Tausend Jahren gelangt man vom Indoeuropäischen zum Deutschen. Die im 19. Jahrhundert entwickelte Vorstellung, dass sich indoeuropäische Einzelsprachen (also z.B. das Deutsche, das Französische, das Russische, das Iranische usw.) im Zuge einer gleichsam biologisch-genetischen Ausdifferenzierung – ausgehend von einer ‚ur-indoeuropäischen Grundsprache' – herausgebildet hätten (‚Stammbaummodell'), lässt sich nicht halten. Und auch andere Modelle (Wellen-, Substrat-, Entfaltungstheorie) können letztlich nicht in allen Aspekten beschreiben oder erklären, in welcher Weise und aus welchen Gründen sich Einzelsprachen ausdifferenziert haben. Diese grundsätzlichen Probleme können hier nicht weiterverfolgt werden.

Sowohl das Germanische als auch das Deutsche unterscheiden sich von anderen indoeuropäischen Sprachen vor allem aufgrund deutlich beschreibbarer Unterschiede im Konsonantismus. Es hat natürlich auch im Bereich des Vokalismus vom Indoeuropäischen zum Deutschen hin Veränderungen gegeben (so Prozesse der Diphthongierung, Monophthongierung, Umlautung, Brechung), doch sind die konsonantischen Verschiebungen charakteristischer. Man unterscheidet zwei Lautverschiebungen: die erste, ‚germanische'

---

2 Morphologie: hier Lehre von den bedeutungstragenden Elementen einer Sprache; so zeigen z.B. bei den starken Verben bestimmte Vokale (Ablaute) das Tempus an: *gib* vs. *gab*.

Zwei Lautverschiebungen

(um 2000 v. Chr. bis um 500 v. Chr.) und die zweite ‚hochdeutsche' (6.–8. Jh.)[3]. Nach der ersten Lautverschiebung können germanische Sprachen von allen anderen indoeuropäischen, nach der zweiten Lautverschiebung können alle hochdeutschen Mundarten von niederdeutschen bzw. sonstigen germanischen Sprachen unterschieden werden. Für beide Lautverschiebungen sind die Explosivlaute p, t, k und ihre weichen Varianten b, d, g, die behauchten Varianten p^h, t^h, k^h und b^h, d^h, g^h sowie aus diesen Lauten weiterentwickelte Varianten von Bedeutung. Ich will im folgenden nur auf die *zweite* Lautverschiebung eingehen. Die aus dem Indoeuropäischen entstandenen germanischen Tenues p, t, k, die Medien b, d, g (aus den frühgermanischen ƀ, đ, g̱) sowie die Reibelaute f, Þ, χ verändern sich im Laufe der Sprachgeschichte ein weiteres Mal in charakteristischer Weise, und aus dem Germanischen differenziert sich das *Hochdeutsche* aus.

Hochdeutsch

Zum Terminus ‚Hochdeutsch': Umgangssprachlich meint man damit meist eine Art Standardsprache, eine überregionale Sprache (‚Sprich hochdeutsch, nicht hessisch!'). In der Sprachgeschichtsforschung allerdings ist ‚Hochdeutsch' ein *geographischer* Begriff, unter ihn werden eine Reihe von Dialekten wie das Alemannische, Bairische, Fränkische subsumiert, die bestimmte lautliche Gemeinsamkeiten aufweisen. Nur in diesem Sinne wird im folgenden von ‚Hochdeutsch' die Rede sein (siehe Tabelle nächste Seite).

3 Die Datierungen der Lautverschiebungen sind der Tafel 2 in der Sprachgeschichte von Wilhelm Schmidt (1993, Bibl.-Nr. 589) entnommen und nicht unumstritten. Man sollte die Zeitangaben als Näherungswerte betrachten!

Die wesentlichen Veränderungen im Zuge der zweiten Lautverschiebung:

(a) Intervokalisch und auslautend nach Vokal verschieben sich germ. p, t, k zu den hochdeutschen (hd.) Reibelauten ff, ʒʒ, hh. Im Auslaut, nach Langvokal oder Diphthong werden die Reibelaute vereinfacht (f, ʒ, h).
Beispiele (aus Schweikle, 1986, Bibl.-Nr. 573):

germ. *etan >	hd. eʒʒan	(neuhochdeutsch *essen;* engl. *to eat*)
germ. *lêtan >	hd. lâʒan	(neuhochdeutsch *lassen;* engl. *to let*)
germ. *opana >	hd. offen	(neuhochdeutsch *offen;* engl. *open*)
germ. *skip- >	hd. skif	(neuhochdeutsch *Schiff;* engl. *ship*)
germ. *makon >	hd. mahhon	(neuhochdeutsch *machen;* engl. *to make*)
germ. *ik >	hd. ih	(neuhochdeutsch *Ich;* niederl. *ik*)

(b) Im Anlaut, im In- und Auslaut nach Konsonant und bei voralthochdeutscher Verdopplung verschieben sich germ. p, t, k zu den hd. Affrikaten (angeriebenen Lauten) z, pf, kch:
Beispiele:

germ. *holt- >	hd. holz	(neuhochdeutsch Holz)
germ. *plegan >	hd. pflegan	(neuhochdeutsch pflegen)
germ. *folk- >	hd. folkch	(neuhochdeutsch Volk)

(c) Die germ. weichen Explosivlaute (Medien) b, d, g verschieben sich zu den hd. harten Varianten (Tenues) p, t, k:
Beispiele:

germ. *dor >	hd. tor	(neuhochdeutsch Tor)
germ. *blod >	hd. pluat	(neuhochdeutsch Blut)
germ. *geban >	hd. kepan	(neuhochdeutsch geben)

Die konsonantischen Veränderungen der zweiten Lautverschiebung treten allerdings nicht in allen Sprachregionen des hochdeutschen Raumes gleichermaßen konsequent auf. Das verkompliziert die Sachlage zunächst. Andererseits eröffnet sich uns aus diesem Befund die Möglichkeit, Texte dialektal zu bestimmen, was gerade für den Literarhistoriker sehr wichtig ist, denn man will selbstverständlich wissen, wo ein Text *aufgeschrieben* worden ist. Noch interessanter allerdings ist es zu wissen, wo ein Text *entstanden* ist. Während z.B. die Verschiebung von germ. t zu hd. z bzw. ʒ (ʒʒ) fast im gesamten hochdeutschen Sprachraum anzutreffen ist, beschränkt sich die

Lokalisierung von Texten

Verschiebung von germ. b zu hd. p auf den bairisch-alemannischen Raum. Die zweite Lautverschiebung weist also ein landschaftssprachliches Gefälle auf: Je weiter man von Süden nach Norden geht, desto weniger durchgängig sind die genannten konsonantischen Verschiebungen realisiert. Und sobald wir über das Mittelfränkische hinaus in den nördlichen Raum vorstoßen, verlieren sich alle hochdeutschen Merkmale, und wir befinden uns dann auf niederdeutschem Sprachgebiet. Als Grenzmarke zwischen Hoch- und Niederdeutsch wird gern die sogenannte Benrather Linie (West-Ost-Linie) genannt: südlich dieses Örtchens bei Düsseldorf begegnen hochdeutsche Mundarten.

Der germanistische Mediävist befasst sich meist mit *hoch*deutschen Texten, schon deshalb, weil sehr viele bedeutende Texte in eben jenem mittel- bis süddeutschen Raum entstanden sind. Aber es gibt freilich auch eine *nieder*deutsche Literaturlandschaft des Mittelalters, der indes erst in den letzten zwei Jahrzehnten größere Aufmerksamkeit geschenkt wird (dazu Beckers, 1978ff., Bibl.-Nr. 360, Tervooren, 2005, Bibl.-Nr. 358).

Auch nach der zweiten Lautverschiebung ist die (hoch-) deutsche Sprache Veränderungen ausgesetzt. Vor allem sind es nun Veränderungen im Bereich des Vokalismus, die zur Differenzierung dienlich sind: Umlautung (ahd. g**a**sti > mhd. g**e**ste), Abschwächung von volltonigen Nebensilbenvokalen (a, o, u, i und Diphthongen) zu einem stummen ‚e' (ahd. **gilaubiu** > mhd. **gelou-be**), Diphthongierung (mhd. w**î**p > nhd. W**ei**b), Monophthongierung (mhd. br**uo**der > nhd. Br**u**der), weiter: Hebung, Senkung, Rundung und Entrundung. Auch im Bereich der Syntax sind Veränderungen zu konstatieren; die Wortbildung weist diachrone Eigentümlichkeiten auf; das morphologische System verändert sich durch Ausgleichserscheinungen, die das System teils vereinfachen, teils aber auch verkomplizieren, weil die ‚Ausgleiche' nicht konsequent durchgeführt werden. Es ließen sich noch viele andere Veränderungen nennen. Aufgrund dieser Veränderungen können wir verschiedene Perioden der deutschen Sprache unterscheiden, deren zeitliche Grenzen aber nicht genau festzulegen sind. Die folgende Tabelle darf daher nicht als die einzig mögliche Einteilung betrachtet werden (vgl. Roelcke, 1995, Bibl.-Nr. 591):

weitere lautliche Veränderungen

–	500–1050	Althochdeutsch
–	1050–1350	Mittelhochdeutsch
–	1350–1650	Frühneuhochdeutsch
–	ab Mitte 17. Jh.	Neuhochdeutsch

Am Ende dieses Abschnitts zur deutschen Sprache sollte auch etwas zum Wort ‚deutsch' selbst gesagt werden. Über den Volksnamen ‚Deutsch' sind viele Studien angestellt worden (vgl. z.B. Eggers, 1970, Bibl.-Nr. 592), im einzelnen dauern die Forschungen noch an (vgl. z.B. Klein, 1994, Bibl.-Nr. 593). Das Wesentliche: ‚Deutsch' geht auf eine Vorstufe ‚þeodisc' zurück, was soviel wie ‚zum Volk gehörig' bedeutet. Das Adjektiv ‚theodiscus' wird im 9. Jh. als sprachlicher Oppositionsbegriff zu ‚latinus' verwendet, um eben die lateinische Sprache der Volkssprache gegenüber abzugrenzen (*lingua latina* vs. *lingua theodisca*); aber auch die Abgrenzung zum ‚Welschen' (Walisischen, Romanischen, Keltischen) kann über *theodiscus* geleistet werden.

Was heißt ‚deutsch'?

3.4. Kulturelle Voraussetzungen, Gegebenheiten, Techniken

Literatur ist Teil menschlicher Kultur, und diese hat ihre Voraussetzungen: Ereignisgeschichtliche Aspekte sind genauso zu berücksichtigen wie sozial- und mentalitätsgeschichtliche Entwicklungen, und auch die Bedingungen, Veränderungen und Fortschritte kulturtechnischer Praxis müssen untersucht werden.
Im folgenden werden drei wesentliche Aspekte knapp skizziert: (1) Literatur und Medialität, (2) Literatur und Gesellschaft und (3) Funktionalität von Literatur. Die politische (Ereignis-) Geschichte muss ausgeklammert werden; sie stellt einen derart großen und komplexen Gegenstand dar, dass eine abrissartige Aufzählung von Daten keinen Gewinn brächte (verwiesen sei hier auf die Angaben in der Bibliographie, Nrr. 11–42 sowie auf die Übersichtstabellen in Kap. 9).

3.4.1. Sprache im Medium der Schrift

Dass wir heute überhaupt eine deutschsprachige Literatur des Mittelalters erforschen können, hat zur Voraussetzung, dass diese Literatur im Medium der Schrift festgehalten und über viele Jahrhunderte tradiert worden ist. Eine deutschsprachige Schriftlichkeit setzt im 7./8. Jahrhundert ein und hat eine ungebrochene Tradition bis in die heutige Zeit. Die Einführung eines Schriftmediums in einer Kultur ist ein bedeutender Schritt: Augenscheinlich reicht es den Mitgliedern einer sozial und politisch strukturierten Gruppe nicht mehr, bestimmte Inhalte nur mündlich weiterzugeben und dem individuellen menschlichen Gedächtnis anzuvertrauen. Die Gründe für diese einschneidende Veränderung medialer Art sind vielfältig: Zum einen spielen bestimmte Inhalte sozialer Interaktion eine wesentliche Rolle, und hier ist die Christianisierung der Germanen und frühen ‚Deutschen' an erster Stelle zu nennen. Die christliche Religion ist eine Buchreligion, ihre Lehre bezieht sich auf das ‚Buch der Bücher', auf die ‚Schrift'. Das Wort Gottes ist heilig

Schrift-Kultur

und wird zunächst nur in den drei heiligen Sprachen (Hebräisch, Griechisch und Latein) verschriftlicht. Otfrid von Weißenburg aber unternimmt bereits im 9. Jahrhundert, also in der Frühphase deutscher Literatur, den nicht hoch genug zu schätzenden Versuch, die Evangelien ins (Althoch-) Deutsche zu übertragen. Seiner Arbeit hat er überdies bemerkenswerte literaturtheoretische Überlegungen vorangestellt (unter dem Titel: *Cur scriptor hunc librum theodisce dictaverit* – ‚Warum der Schreiber/Autor dieses Buch auf Deutsch aufschreiben ließ'), die eindrucksvoll Zeugnis geben vom Wagnis und von den Schwierigkeiten einer ersten deutschsprachigen Schriftlichkeit (Text: Bibl.-Nr. 294 und 295; dazu z.B. Schlosser, 1978, Bibl.-Nr. 203).

Der Wunsch, sprachliche Inhalte zu konservieren und damit jederzeit verfügbar zu halten, beschränkt sich aber auch in der ersten Phase nicht nur auf Texte religiöser Art. Einhard (um 770–840), der Biograph Karls des Großen (742–814), berichtet über den Kaiser folgendes:

> „Er ließ [...] alle ungeschriebenen Gesetze der von ihm beherrschten Stämme sammeln und schriftlich aufzeichnen. Auch die uralten heidnischen Lieder, in denen die Taten und Kriege der alten Könige besungen wurden, ließ er aufschreiben, um sie für die Nachwelt zu erhalten. Außerdem begann er mit einer Grammatik seiner Muttersprache" (Bibl.-Nr. 297, S. 55).

Der Schriftlichkeit werden nach Einhards Zeugnis also zum einen Texte überantwortet, die für die Regelung sozialer Interaktionen notwendig sind (Recht, Rechtsprechung), zum anderen ‚historische' Dokumente in poetischem Kleid (Heldenlieder[4]) und schließlich sogar ‚Metatexte', die das Funktionieren der eigenen Sprache (hier des Fränkischen) beschreiben und festschreiben sollen. Schriftlichkeit ist demnach eng funktionsgebunden, die Funktion selbst kann aber im weltlichen und religiös-kirchlichen Bereich ihren Grund haben. Das ändert sich in den folgenden Jahrhunderten nicht grundsätzlich; die beschreibbaren bzw. anzunehmenden Funktionen werden aber vielfältiger, vor allem didaktische und unterhaltende Aspekte kommen hinzu: es geht um das Verfügbarhalten von erbaulichen Texten (auch zur individuellen Lektüre), von lebenspraktischen Anweisungen (darunter z.B. medizinische Rezepte in der Volkssprache) oder von poetischen Texten über die Liebe, das Rittertum oder den Kampf des Christentums in der Welt.

Funktion der Schriftlichkeit

Wenn von einem kulturellen Medienwechsel die Rede ist (dazu aktuell Raible, 1998, Bibl.-Nr. 74), dann darf das allerdings nicht so verstanden werden, dass die bis zum 7./8. Jahrhundert vorherrschende Mündlichkeit nun ein Ende genommen hätte. Vielmehr ist es so, dass das gesamte Mittelalter hin-

4 Eine solche Sammlung, wie sie Einhard anspricht, ist uns leider nicht bekannt; vermutlich ist sie verlorengegangen: auch das Schriftmedium konnte hier also das Vergessen nicht verhindern.

hindurch literarische Kultur auf zwei medialen Ebenen ein Leben hat, wobei die konkrete Anverwandlung dieser Kultur mindestens bis in das 13. Jahrhundert hinein primär oralen Status hat: Texte werden inszeniert, aufgeführt, vorgelesen, vorgesungen; das Publikum liest nicht, sondern hört (dazu Curschmann, 1984, Bibl.-Nr. 76, Schaefer, 1994, Bibl.-Nr. 79, Müller, 1996, Bibl.-Nr. 72, kritisch relativierend Cramer, 1998, Bibl.-Nr. 81). Schriftlichkeit begleitet diese Mündlichkeit, sie unterstützt sie womöglich, sie ersetzt sie aber nicht. Geschriebenes wird immer wieder re-oralisiert. Das ändert sich erst und allmählich im 14. Jahrhundert, in einer Zeit, aus der uns die größten schriftlichen Sammlungen mittelhochdeutscher Lyrik und auch zahlreicher epischer Texte überliefert sind. Das 14. Jahrhundert setzt das Schriftmedium deutlicher als zuvor im Dienst einer Konservierung vergangener Kultur ein. Es ist die Zeit der Thesaurierung: des Sammelns und Bewahrens. Es mögen zwar Lieder und Erzählungen auch aus diesen Handschriften heraus noch ‚aufgeführt', d.h., wieder in die Mündlichkeit zurückgeführt worden sein – grundsätzlich aber hat nun eine Verlagerung oder gar Auslagerung von Kultur in die Schriftlichkeit stattgefunden, eine Entwicklung, die mit der Erfindung der Buchdruckkunst im 15. Jahrhundert (Johannes Gutenberg, um 1397–1468) ihre konsequente Fortsetzung erfährt.

Schriftlichkeit und Mündlichkeit

Materialität der Schriftkultur

Die Schriftlichkeit des Mittelalters ist in zwei Medien manifest (vgl. Koppitz, 1983, Bibl.-Nr. 88, Bischoff, 1986, Bibl.-Nr. 84): Vor allem schriftliche Entwürfe, Pläne, Konzepte werden auf mit Wachs überzogenen Holztafeln notiert, die leicht wieder ‚gelöscht' werden konnten. Was dauerhaften Bestand haben sollte, wird auf Pergament festgehalten, auf einem Beschreibstoff, der etwa 1000 Jahre eine Art Monopolstellung innehat. Das Pergament[5] löst in der Spätantike den weniger haltbaren Papyrus ab. Das Buch (der ‚Codex', Plural: ‚Codices') dominiert; nur mehr sehr selten sind die aus der Antike bekannten Schriftrollen. Papier, in China bereits im 1. oder 2. Jh. v. Chr. bekannt, gelangt im 7./8. Jh. in die westliche Welt. Zunächst kultivieren es die auch sonst sehr findigen Araber und geben Informationen an die Spanier weiter, wo man denn auch im 10. Jh. erste Papiermühlen vermutet. Durchgesetzt hat sich das Papier als Beschreibstoff jedoch erst sehr viel spä-

Pergament und Papier

5 Das Wort ‚Pergament' leitet sich von der Stadt Pergamon ab, wo König Eumenes II. (197–159 v. Chr.) Schafhäute als Beschreibstoff verwendet haben soll. Die älteste Pergamentverwendung geht auf die Wende vom 3. zum 2. vorchristlichen Jahrhundert zurück, der Beschreibstoff setzt sich aber erst später wirklich durch.

ter, nicht zuletzt wohl auch deshalb, weil man Sorge hatte, dass Dokumente, auf Papier ‚verewigt', doch nicht Ewigkeiten überdauern würden. Kaiser Friedrich II. z.B. verbot 1231 den Einsatz von Papier für wichtige Urkunden. Erst im 14. Jh. mehrt sich die Verwendung von Papier, das wesentlich preiswerter und einfacher als Pergament herzustellen war.

Herstellung von Pergament

Pergament ist die Haut von Schafen, Ziegen oder Kälbern. Sie wird mehrere Wochen in Kalklauge gebeizt; sodann schabt man mit einem speziellen Messer die oberen Schichten der Haut ab, Fettreste werden entfernt, die Haut wird in einen Rahmen gespannt und getrocknet (zum Folgenden vgl. auch die knappe Einführung von Bein, 1990, Bibl.-Nr. 179). Nach der Trocknung kann das Pergament noch verschiedenartig bearbeitet, veredelt, auch mit Purpur eingefärbt werden. Die angelsächsischen Pergamentblätter weisen z.B. im Gegensatz zu den kontinentalen eine aufgeraute Oberfläche auf, was der Buchmalerei zugute kam. Das Pergament wird für die Beschriftung in unterschiedlich große viereckige Stücke geschnitten, zu Lagen und schließlich zum Codex (‚Buch') zusammengestellt.

Die Herstellung von beschreibbarem Pergament ist ein langwieriger, arbeitsintensiver und vor allem kostspieliger Prozess. Schon von daher dürfte es einleuchten, dass Bücher Luxusartikel waren, alles andere als Taschenbuch-Billigware heutiger Tage. Für ein stattliches Werk, etwa eine Evangeliensynopse, eine Bibelübersetzung, ein Psalterium, aber auch für weltliche Texte wie z.B. einen Artusroman, den ‚Parzival', ‚Tristan und Isolde', mussten etliche Tierhäute hergerichtet werden.

Der Codex: das Buch des Mittelalters

Je nach Art und Umfang der aufgezeichneten Texte können diese durchaus auf losen Einzelblättern aufbewahrt oder weitergegeben werden. Bei Texten, die mehrere Blätter in Anspruch nehmen (z.B. epischen Werken), wird eine Bindung notwendig, häufig erst nach Beschriftung der Blätter. Ein übliches Verfahren ist, zunächst eine bestimmte Anzahl von Doppelblättern (ein Doppelblatt = vier Seiten) zu einer sogenannten Lage zusammenzufügen. Je nachdem, wie viele Doppelblätter verwendet werden, nennt man die Lage ‚Binio' (zwei Doppelblätter), ‚Ternio' (drei Do.bll.), ‚Quaternio' (vier Do.bll.), ‚Quinterne' (fünf Do.bll.) usw. Mehrere Lagen können ihrerseits zusammengebunden und mit zwei hölzernen, häufig mit Leder oder gar Edelmetallen verkleideten Deckeln versehen werden. Das Ergebnis ist der Codex, das mittelalterliche Buch. Das Wort ‚Codex' leitet sich von lat. *caudex* = ‚Holzklotz' ab. Die Etymologie verweist auf das antike Verfahren, beschriftete Holztäfelchen mit Fäden zusammenzubinden (im Lateinischen *tabulae*, *tabellae* genannt). Ordnungseinheit eines Codex ist nicht die Seite, sondern zunächst die Lage (durch sogenannte Kustoden, wörtlich: ‚Wächter', numerisch gekennzeichnet), seit dem 13. Jh. zunehmend das Blatt. Entgegen dem modernen Verfahren der Paginierung (Seitenzählung) herrscht im Hochmittelalter das der Foliierung vor (von lat. *folium* = ‚Blatt'): Gezählt werden nur die Blätter; um eine Unterscheidung zwischen Vorder- und Rückseite eines Blattes treffen zu können, werden die Buchstaben ‚r' (für *recto* = Vorderseite) und ‚v' (für *verso* = Rückseite) verwendet. Bei Spalten-Handschriften lässt sich durch Hinzufügung von Kleinbuchstaben (a, b, c, d) die gemeinte Spalte angeben. So bedeutet z.B. die Angabe ‚fol. 37 rb', dass ein bestimmter Text auf der Vorderseite des 37. Blattes eines Codex in der zweiten Spalte zu finden ist.

Tinte

Ähnlich aufwendig wie die Herstellung von Pergament ist die Aufbereitung von Tinte, die mit Federkielen auf das Pergament aufgetragen wird. Tinte herzustellen gilt als eine hohe Kunst. Einige Rezepte sind erhalten. Der Mönch Theophilus z.B. empfiehlt um 1100 folgende Prozedur: Man möge im April oder Mai Holz von Dornen schneiden, es bündeln, es im Schatten einige Wochen liegen lassen, mit einem Hammer beklopfen, die Rinde in ein mit Wasser gefülltes Fass legen, bis der Saft aus der Rinde ausgezogen ist, das Wasser sodann kochen, bis die Flüssigkeit eindickt, dann solle man Wein zugeben, das Ganze an der Sonne trocknen lassen und in Pergamentsäckchen füllen; zum Schreiben möge man die pulverisierte Substanz mit Wein aufmischen.

Um die Tinte dunkler zu machen, wird nicht selten Eisenvitriol untergemengt, was allerdings dem Pergament nicht gut bekommt: wo einstmals noch Buchstaben standen, finden sich heute nur mehr Löcher. Vor dem Beschriften mit Tinte wird das Pergamentblatt in der Regel noch ‚formatiert': man sticht mit einem Zirkel Zeilenabstände, zieht gegebenenfalls Linien und legt Raum für Initialen (größere Anfangsbuchstaben) oder Miniaturen (Bilder) fest. In entsagungsvoller Arbeit können Texte nun abgeschrieben, bearbeitet oder neu entworfen werden. Korrekturen werden mechanisch mittels eines feinen Messers durchgeführt: die Tinte wird einfach vom Pergament abgekratzt. Zuweilen begegnen einzelne Blätter oder ganze Codices, die zweimal beschrieben worden sind: der erste Text wurde abgeschabt, ein zweiter darüber geschrieben. Man nennt solche Handschriften ‚Palimpseste'.

Schreiben und Überschreiben

Palimpseste

Mittels kriminaltechnischer Hilfsmittel können die abgeschabten Texte, die für uns zuweilen interessanter sind als die darüber geschriebenen, teilweise wieder lesbar gemacht werden. Fehler oder unliebsame Texte können freilich auch noch radikaler vor der Nachwelt verborgen gehalten werden, indem man ganze Teile aus den Pergamenten herausschneidet. Otfrid von Weißenburg (9. Jh.; dazu unten, S. 120f.), fordert Leser auf, anstößige Texte mit einem Messer einfach *thana snidan* (= wegzuschneiden).

Die Beschriftung der Blätter ist vielgestaltig: Einen frühen Typ stellt die spaltenlose Beschriftung dar (d.h. die Zeilen laufen über die gesamte Breite des Blattes bzw. des Schriftspiegels). Vor allem seit dem 13. Jh. finden sich viele zweispaltige, später dann auch dreispaltige Handschriften. Zur optischen Gliederung der Texte können Absätze dienen. Häufiger sind große

Anfangsbuchstaben (sogenannte Initialen) oder herausgehobene Großbuchstaben (sogenannte Majuskeln), die, wenn sie farbig sind (oft rot und blau) Lombarden genannt werden. Insbesondere die Initialen können sich zu kleineren Kunstwerken verselbständigen. Inwieweit diese Markierungen auch Sinneinheiten treffen, ist im Einzelfall zu prüfen.

Schrifttypen

Der Schrifttyp von Handschriften ist zeitgebunden. In althochdeutscher Zeit begegnet am häufigsten die ‚karolingische Minuskel', eine recht einheitliche Kleinbuchstabenschrift. In mittelhochdeutscher Zeit setzt sich mehr und mehr – besonders für repräsentative Handschriften – die sogenannte gotische Buchschrift (gotische Textura) durch, eine sehr regelmäßige, ordentliche und daher auch heute gut lesbare Schrift. Vor allem in spätmittelhochdeutscher und frühneuhochdeutscher Zeit begegnen schwerer lesbare Schriften wie z.B. die Bastarda, die eine Stufe zwischen Textura und Kursive darstellt. Die Buchstaben greifen ineinander und sind oft flüchtig gezeichnet (Schriftbeispiele S. 57f.; eine hervorragende Einführung in die Schriftkunde von Schneider, 1999, Bibl.-Nr. 82).

Viele Jahrhunderte hindurch fand die Arbeit des Schreibens und Lesens – von Schulen, Universitäten und Adelshöfen abgesehen – vor allem in Klöstern statt, in den Stätten des mittelalterlichen Bildungsmonopols, dort z.T. in eigens dazu hergerichteten Räumlichkeiten, in den sogenannten Skriptorien (Schreibstuben). Nicht immer waren die Arbeitsbedingungen optimal; vor allem die Beleuchtung ließ häufig zu wünschen übrig. Kein Wunder also, wenn auch Fehler gemacht wurden, etwa Abschreibfehler, wie wir sie noch heute kennen: man übersieht in der Vorlage eine Zeile, überspringt ein Wort oder schreibt das gleiche Wort zweimal ab; es kann auch geschehen, dass Blätter auf den Boden fallen und in falscher Reihenfolge wieder zusammengelegt werden.

Von der Handschrift zum gedruckten Buch

Die große Revolution des Schrift- und Buchwesens ist untrennbar mit Johannes Gutenberg (um 1397–1468) verbunden. Schon früh ein Tüftler und Bastler, der verschiedene Prägemaschinen konstruiert, gelingt ihm schließlich der Buchdruck mit beweglichen Lettern, ein Verfahren, das ein schnelles und qualitativ gutes Arbeiten, Setzen und Drucken gewährleistet. Nach ersten Versuchen und Drucken einer Schulgrammatik ist die sogenannte 42zeilige Bibel, an der er etwa fünf Jahre (1450–55) arbeitete, das berühmteste Stück aus seiner Werkstatt.

Mit der Erfindung des Buchdrucks einher geht eine grundlegende Veränderung der intellektuellen Welt. Das Medium ‚Buch' und mit ihm die transportierten Inhalte erreichen immer mehr Menschen; immer größere Teile der Bevölkerung werden des Lesens und Schreibens mächtig und partizipieren an einer Kultur, in deren Mittelpunkt das Buch steht. Der Physiker und Dichter Georg Christoph Lichtenberg (1742–1799) hat die Bedeutung des Buchdrucks prägnant so umschrieben: „Mehr als das Gold hat das Blei die Welt verändert. Und mehr als das Blei in der Flinte das im Setzkasten".

3.4.2. Literarische Kultur und sozialer Raum

Während das Schriftmedium heute keine spezifische soziale Bindung aufweist, ist es im Mittelalter auf wenige gesellschaftliche Bereiche beschränkt. Zunächst, im 8., 9., 10. Jahrhundert, sind es vor allem die Klöster, in denen volkssprachliche Schriftlichkeit entsteht, gepflegt und kultiviert wird. Die Anfänge deutscher Schriftsprachlichkeit sind geprägt vom Bemühen, lateinische, meist religiöse, liturgische Texte ins Deutsche zu übersetzen. Das setzt Lese- und Schreibfähigkeit voraus, also ein gehöriges Maß an intellektueller Bildung. Diese Bildung ist anfangs monopolisiert im Bereich des Klerus: Nur hier finden sich *litterati* (Lese- und Schreibkundige; dazu Grundmann, 1958, Bibl.-Nr. 90) zusammen, die sich der Übersetzungsarbeit bzw. der Abschreibarbeit annehmen können. Nur hier verfügt man über Techniken zur Herstellung von Pergament und Tinte (s.o., S. 40f.). Nur hier hat man Räume und Behältnisse zur Aufbewahrung von Büchern. Und nur hier werden diese Bücher auch gebraucht. Literarisches Leben hat also in einer ersten Phase deutscher Schriftlichkeit ein recht isoliertes Inseldasein. Das ändert sich nur langsam, und zwar im Zuge einer sich im 12. Jahrhundert mehr und mehr etablierenden weltlichen *höfischen Kultur*, die zu einem nicht unwesentlichen Teil von Literatur getragen wird (grundlegend dazu Bumke, 1997, Bibl.-Nr. 89). Literatur findet am Hof eines Herzogs, Fürsten, Landgrafen, Königs statt, meist zu besonderen Anlässen: Schwertleite (Verleihung der Ritterwürde), Pfingstfest, Hochzeit usw. Es sind nun auch nicht mehr vorrangig geistliche Inhalte, die vermittelt werden, sondern Erzähltexte weltlicher Art (Ritterromane, Heldenlieder) und Minne-Lyrik nehmen mehr und mehr literarischen Raum ein. Auch die ‚Produzenten' der Literatur (vor allem Dichter) sowie die am Prozess der Verschriftlichung Beteiligten (Schreiber, Redaktoren) stammen nicht mehr notwendigerweise aus dem engeren Bereich des Klerus. An den Höfen und später in den Städten etabliert sich eine gebildete Laienschar (vgl. Grenzmann/Stackmann, 1984, Bibl.-Nr. 91), die neben Aufgaben in der Verwaltung auch literarisch-künstlerisch tätig werden kann. Im besonderen ist es die Gruppe der ‚Ministerialen'[6], die für eine den Raum von Kloster und Klerus verlassende weltliche Literatur mitverantwortlich ist.

Klöster: frühe Zentren der geistlichen und geistigen Elite

Weltliches Mäzenatentum

6 Nicht geburtsadlige Mitglieder der höfischen Gesellschaft, dazu genauer unten, Kap. 3.4.2., S. 47; vgl. auch Cormeau/Störmer, 1993, Bibl.-Nr. 218.

Autoren, Mäzene, Publikum im späten 12. und 13. Jahrhundert

In althochdeutscher Zeit ist ein Großteil der Literatur funktional in missionarische und liturgische Gebrauchszusammenhänge integriert, Produktion und Rezeption von Literatur sind beschränkt auf einen kleinen, auch sozial gesehen relativ geschlossenen Kreis intellektueller Elite. In der Folgezeit besitzt Literatur nicht mehr diese klare Funktionalität; sie verlässt den engen Raum klerikaler Kultur, Literaturproduzenten und Rezipienten gehören nicht mehr (notwendigerweise) der gleichen sozialen Gruppe an, es etabliert sich allmählich ein Berufskünstlertum, dessen Träger gesellschaftlich oft genug außerhalb des Adels stehen, aber *für* den Adel tätig werden. Besonders dann, wenn sich eine große soziale Kluft zwischen Produzenten und Rezipienten auftut, wird in einem Kulturbetrieb das nötig, was man ‚Mäzenatentum'[7] nennt (dazu grundlegend Bumke, 1979, Bibl.-Nr. 215 und Bumke, 1982, Bibl.-Nr. 217). Eine Gruppe politisch mächtiger und wirtschaftlich reicher Leute beauftragt sozial inferiore, materiell meist bedürftige, künstlerisch aber begabte (und das heißt nicht selten auch: intellektuell gebildete) Leute damit, durch Dichtung und Musik zur Unterhaltung, Erbauung, zur Lobpreisung des Fürsten oder Königs oder zur Diffamierung politischer Gegner beizutragen. Literatur (und Kunst im weiteren Sinn) wird zu einer entlohnbaren Dienstleistung. Damit ist gleichzeitig verbunden, dass die meisten Künstler nicht ‚frei' und ‚autonom' sind wie in heutiger Zeit (wenngleich freilich auch heute – vor allem weniger bekannte – Künstler in allerlei Abhängigkeiten stecken: Verleger, Lektoren, Werbestrategen, Journalisten, Kritiker, Galeristen, in totalitären Systemen auch Politiker und nicht zuletzt der ‚Geist der Zeit' üben nicht wenig Einfluss aus). Durchaus vergleichbar mit heutiger Praxis ist aber, dass Gönner (-innen) vom Dichter namentlich im unterstützten Werk verewigt werden. Heutzutage finden solche Danksagungen in Vor- oder Nachworten oder Klappentexten statt; in mittelalterlicher Dichtung sind Prologe und Epiloge die bevorzugten Orte (aber auch Exkurse im Erzähltext selbst sind zu finden, oder der Name des Auftraggebers wird in Form eines Akrostichons über das Werk verteilt – indem sich zum Beispiel die Anfangsbuchstaben von abschnittseinleitenden Versen zu Wörtern, hier Eigennamen, verbinden lassen).

Der Gönner überlebt im Text

In die zweite Hälfte oder das dritte Drittel des 12. Jhs. gehört Heinrichs von Veldeke ‚Eneide' (1852, Bibl.-Nr. 315), mit dem die höfische ‚Roman'-Tradition in Deutschland ihren Anfang nimmt. Und gleich in dieser frühen

7 Der Begriff ‚Mäzen' geht auf den Namen eines Römers zurück, der kunst- und kulturfördernd tätig geworden ist, auf Gaius Maecenas (um 70 v. Chr.–8. v. Chr.).

Phase begegnet uns ein Epilog, der in verschiedener Hinsicht aufschlussreich ist. Nachdem die Geschichte erzählt ist, berichtet der Dichter von sich, seiner Quelle und den Begleitumständen, die zum Entstehen des Textes geführt haben. Er weist auf eine französische Vorlage hin und präsentiert sich dem Publikum als kompetenten Vermittler des (antiken) Stoffes. Einzigartig im Bereich hochmittelalterlicher Dichtung ist Heinrichs Schilderung der Werkgenese, die durch den Diebstahl des begonnenen deutschen Textes arg und für lange Zeit gestört wurde (V. 13238ff.). Neun Jahre war die Arbeit an der ‚Eneide' unterbrochen, bis schließlich durch Vermittlung des Pfalzgrafen von Sachsen eine Vollendung möglich wurde. Wir können gleichsam verfolgen, woher der Text stammte, wie und wo er abhanden kam und wer für die Wiederbeschaffung der Handschrift verantwortlich war. – Ein anderes Beispiel: Im Epilog des ‚Rolandsliedes' des Pfaffen Konrad (dazu genauer unten, Kap. 7.4.1.) können wir z.B. lesen: *Nu wnschen wir alle geliche/ dem herzogin Hainriche/ daz im got lone* (‚nun wünschen wir alle, dass Gott dem Herzog Heinrich Lohn zuteil werden lasse'; zit. nach Bumke, 1979, Bibl.-Nr. 215, S. 464, V. 9017ff.). Konrad dankt es dem Herzog weiter, dass dieser die romanische Vorlage, das *buoch, gescriben ze den Karlingen*, beschaffte und dadurch erst die deutsche Fassung ermöglichte. Dem damaligen Publikum war sofort klar, wer der erwähnte ‚Heinrich' war. Für uns heute stellen solche mehr oder minder unspezifischen Namensnennungen größere Probleme dar, wenn wir die mit ihnen gemeinten Personen identifizieren wollen; hier dürfte Heinrich der Löwe gemeint sein, sicher zu ‚beweisen' ist das aber nicht.

Die Mäzene: oft gelobt, zuweilen auch kritisiert

Ein im späten 12. und frühen 13. Jh. sehr bedeutender Literaturmäzen ist Landgraf Hermann von Thüringen (gest. 1217). Wolfram von Eschenbach, vor allem seines ‚Parzival'-Romans wegen bekannt, nennt diesen Gönner mehrfach. Hier ein Beispiel aus dem ‚Willehalm', Wolframs zweitem epischen Großtext: *lantgrâf von Dürngen Herman/ tet mir diz maer von im bekant* (‚der Landgraf Hermann von Thüringen machte mich mit der Geschichte von ihm (d.h.: Willehalm) bekannt'; zit. nach Bumke, 1979, Bibl.-Nr. 215, S. 474, 3, 8f.). Eine Zeitlang war auch Walther von der Vogelweide am Hof des Landgrafen Hermann (auf der Wartburg) beschäftigt. Voller Stolz eröffnet Walther eine Strophe mit der Feststellung *Ich bin des milten lantgrâven ingesinde* (Bibl.-Nr. 331, Ton 12 XV, ‚Ich gehöre zum Gefolge des freigebigen Landgrafen'), und er endet sie mit folgendem Lob: *der Dürnge bluome schînet dur den snê,/ sumer und winter blüet sîn lop als in den ersten jâren* (V. 9f.; ‚die Blüte des Thüringers strahlt durch den Schnee hindurch,/ sowohl sommers als auch winters steht sein Preis wie in den ersten Jahren in Blüte'). Walther gewährt uns sogar einen kleinen Einblick in das bunte Treiben auf der Wartburg, das ihm wohl nicht immer ganz gefallen hat (Ton 9 V):

‚Wer empfindliche Ohren hat,/ so mein Rat, der mache um den Thüringer Hof einen Bogen,/ denn kommt er dorthin, fürwahr!, er wird irre./ Ich habe solange am höfischen Treiben teilgenommen, bis ich nun nicht mehr kann./ Eine Gruppe zieht ab, eine andere kommt an, Tag und Nacht./ Es grenzt schon an ein Wunder, dass da noch jemand hören kann./ Der Landgraf ist so gestellt,/ dass er mit stolzen Kerlen seine Habe verprasst'.

Diese Beispiele (viele andere bei Bumke, 1979, Bibl.-Nr. 215, S. 461–668) müssen hier zur Illustration der Gönnernennungen genügen. Sie zeigen, dass Kunst im Auftrag der Mächtigen und Reichen entsteht und dass die Künstler, zumindest die Berufskünstler, existentiell von adligen Auftraggebern abhängig sind. Über die Art der Entlohnung sind wir nur spärlich unterrichtet. In vielen Fällen wird es ‚Kost und Logis' gewesen sein, die Sicherung täglicher Bedürfnisse, Kleidung – häufig gebrauchte – oder, wohl seltener, ein kleines Lehen. Walther von der Vogelweide, das wissen wir aus urkundlichen Zeugnissen und aus seiner Dichtung selbst (vgl. Brunner/Hahn [u.a.], 1996, Bibl.-Nr. 461 und Bein, 1997, Bibl.-Nr. 463), hat einmal für seine Sangesdienste Geld bekommen, um sich dafür einen Pelzrock zu kaufen; ein andermal bedankt er sich überschwänglich beim großen Friedrich II. für ein *lehen*: es dürfte ein kleines Häuschen gewesen sein.

Schwierige künstlerische Existenzen

Obwohl es ein mittelalterlicher Rechtsgrundsatz ist, dass Dienst entlohnt zu werden hat, müssen viele Künstler immer wieder energisch Lohn einfordern (was wohl auch mit ihrer sozial untergeordneten Stellung zu tun hat). Nicht erst heute gilt Walther von der Vogelweide als einer der bedeutendsten deutschen Lyriker des Mittelalters; schon seine Zeitgenossen und unmittelbaren Nachfahren sahen das so. Dennoch finden wir in seinem Werk zahlreiche Strophen, in denen er Undank anprangert und Lohn einfordert; ein Beispiel (Bibl.-Nr. 331, Ton 11, II): ‚Ich habe die Versicherung von Herrn Otto [Otto *IV.], dass er mich noch reich machen werde./ In welch betrügerischer Ab*sicht nahm er aber meinen Dienst an?'

Man ist sich in der Forschung heutzutage einigermaßen sicher, dass sehr viele, wenn nicht die meisten Dichter des 12. und 13. Jhs. nicht dem Adel angehörten. Man schließt das vor allem aus der Tatsache, dass die Namen vieler Dichter nur im Zusammenhang mit ihren literarischen Werken begegnen, nicht aber in Urkunden und anderen im engeren Sinn ‚historischen' Quellen (z.B. Chroniken, Zeugenlisten u.ä.). Wie gesagt, das trifft auf die meisten uns bekannten Dichter-Namen zu. Es gibt aber Ausnahmen (dazu demnächst grundlegend Meyer, 2005/06, Bibl.-Nr. 219), die bekannteste stellt Kaiser Heinrich (VI.) dar, der sich – als höchster weltlicher Potentat –

auch als Minnesänger versucht hat. Literatursoziologisch bedeutender ist jedoch eine Schicht, die zwischen den fast ‚rechtlosen' Berufskünstlern auf der einen und den adligen Dilettanten auf der anderen Seite zu situieren ist: die Gruppe der sogenannten ‚Ministerialen' (dazu Bumke, 1976, Bibl.-Nr. 224, Fleckenstein, 1977, Bibl.-Nr. 226, Cormeau/Störmer, 1993, Bibl.-Nr. 218). Vor allem seit der Mitte des 11. Jhs. institutionalisiert sich eine gesellschaftliche Gruppe nicht geburtsadliger Provenienz vor allem durch die Übernahme von gehobenen Hofämtern wie dem des Truchsessen, des Kämmerers oder Jägermeisters. Ihre rechtliche Unfreiheit wird mehr und mehr überlagert (und teilweise aufgehoben) durch die Möglichkeit, ‚freie' Frauen zu heiraten, Lehen zu empfangen und bedeutende herrschaftsorganisierende Funktionen zu übernehmen (oft begründet durch ihre Lese- und Schreibfähigkeit). Hinzu kommt, dass der ‚Ritter'-Begriff im 12. und 13. Jh., als *miles Christi* (Streiter Gottes) ideologisiert, ständeübergreifend funktionalisiert wird, so dass sich sowohl der Kaiser als auch ein rechtlich abhängiger Ministeriale als ‚Ritter' bezeichnen kann. Die ‚Idee' des Rittertums wird von einer sozial heterogenen Gruppe getragen und gepflegt, zu der auch die Ministerialität – ihrerseits wieder sozial differenziert – gehört.

Ministerialität

Rittertum

Aufgrund ihrer meist guten Bildung liegt die Annahme nahe, dass die Ministerialen auch literarisch tätig geworden sind. Während man in früherer Forschung (dazu Bumke, 1976, Bibl.-Nr. 224 und Bumke, 1977, Bibl.-Nr. 214) den Anteil der Ministerialität an den Literaturschaffenden sehr hoch einschätzte und weitreichende literatursoziologische Deutungen vornahm (zu dieser Methode siehe Kap. 6.1.), ist man heute etwas zurückhaltender, vor allem deshalb, weil, wie oben erwähnt, historische Dokumente über die meisten Dichter nicht vorhanden sind.

Es ist aber wahrscheinlich, dass Hartmann von Aue dem Ministerialenstand angehört hat. Erinnern wir uns noch einmal an seine Worte aus dem Prolog zum ‚Armen Heinrich':

Mittelhochdeutscher Text	*Neuhochdeutsche Übertragung*
Ein ritter sô gelêret was,	Ein Ritter war so gelehrt,
daz er an den buochen las,	dass er in Büchern lesen konnte,
swaz er dar an geschriben vant;	was auch immer dort aufgeschrieben war.
der was Hartman genant.	Der hieß Hartmann.
dienstman was er ze Ouwe.	Dienstmann war er zu Aue.

Hartmann und mit und nach ihm viele andere Dichter streichen ihre Bildung heraus, ihre Lesefähigkeit. Sie sind stolz auf diese kulturellen Fertigkeiten und definieren – auch – darüber ihren Platz in der Gesellschaft. Sie bezeichnen sich als *dienstman*, als Dienstleistende, das entspricht in etwa dem lateinischen Begriff der *ministeriales*.

Über den ‚Dienst'-Gedanken sind denn auch viele literatursoziologische Interpretationen zusammengebunden (dazu z.B. Wechssler, 1909, Bibl.-Nr. 220, Wenzel, 1980, Bibl.-Nr. 216., Kaiser, 1985, Bibl.-Nr. 228). Es ist nämlich auffällig, dass sowohl in der Artusepik als auch im Minnesang der *dienest* ein wesentlicher Zentralbegriff ist. Der Artusritter dient der höfischen, meist bedrohten, Gesellschaft; der im Minnesang sich artikulierende Mann dient einer *vrouwe* (gesellschaftlich hochstehenden Dame). So lag es zunächst nahe, zumindest diese literarischen Spielarten als (Zerr-) Spiegel einer in ständischer Bewegung begriffenen realen Gesellschaft zu deuten, wobei zwei grundsätzlich differente Denkmodelle begegnen: (1) Die den Minnesang und die Artusepik kultivierenden Ministerialen wollen ihrem (hoch-) adligen Publikum zeigen, wozu sie fähig sind, indem sie – quasi stellvertretend – die Protagonisten in der Dichtung, die Ritter eben (Iwein, Erec, Parzival usw.), ein Dienstethos repräsentieren lassen. Versteckte Botschaft an den Adel: ‚Seht, was wir können, nehmt uns auf, lohnt uns unseren Dienst!' (2) Da die Ministerialen nicht ohne Auftrag dichten, so das andere Denkmodell, müsse die Auftragsarbeit eigentlich die Interessen der Auftraggeber zu erkennen geben. Das bedeutet: Der von der Ministerialität sich ‚bedroht' fühlende Adel lässt durch Angehörige dieses aufstrebenden Standes eine fiktive Welt etablieren, in der sich dieser ‚austoben' darf und in der Dienst als Standesethos festgeschrieben wird. Versteckte Botschaft an die Ministerialität: ‚Eure Dienst-Leistungen sind gut, richtig, nützlich und gottgefällig. Aber bleibt bitte, wo ihr seid!'

Dienst
Diener
Dienen

Diese hier sehr zugespitzt referierten Positionen sind jedoch nur dann wirklich tragfähig, wenn hinlänglich Sicherheit über die realhistorische Situation nicht nur einzelner Dichter und Auftraggeber, sondern großer Gruppen von Kunstschaffenden besteht. Das aber ist nicht der Fall, und so müssen derartige literatursoziologische Schnellschüsse mit sehr viel Vorsicht zur Kenntnis genommen werden.

Halten wir fest: Im Laufe des 12. Jhs. verlagert sich literarische Kultur mehr und mehr vom Kloster weg und zum Adelshof hin (das kann der Hof eines kleineren Fürsten sein oder auch der des Königs und Kaisers). Erkannt wird die Möglichkeit, mit und über Literatur zu ‚repräsentieren', Macht und Reichtum zu demonstrieren, sich als Potentaten in Vortragstexten feiern zu lassen. Die dafür nötige Kunst beherrscht nicht jeder, Lese- und Schreibfähigkeit sind meist Voraussetzungen, von ästhetischen Fertigkeiten einmal ganz abgesehen. Einige Adlige dichten selbst. Andere lassen dichten: Sie können sich an die gebildete Schar der Ministerialen wenden oder aber ständisch unbedeutende Berufskünstler engagieren. Sie werden als Auftraggeber Wünsche artikulieren und Richtungen vorgeben; die Dichter sind aber auch nicht nur seelen- und willenlose ‚Erfüllungsgehilfen', sondern treten – ein-

mal mehr, einmal weniger deutlich sichtbar – mit eigenen literarischen Konzepten auf und artikulieren ihre Bedürfnisse und Hoffnungen im Medium des (Auftrags-) Textes. Ihre Arbeit wird am Hof zur Aufführung gebracht, vor einem ‚höfischen' Publikum, das aus männlichen und weiblichen Mitgliedern des Hochadels, des niederen Adels, der Ministerialität und anderen Bediensteten bestehen kann.
Im letzten Drittel des 13. Jahrhunderts können wir allmählich Veränderungen des literatursoziologischen Raumes greifen: Die ehemals an den Adelshöfen gepflegte Dichtung wird nun in spezifischer Adaptation auch in der Stadt von einem primär nicht adligen Publikum rezipiert (dazu z.B. Cramer, 1977, Bibl.-Nr. 480), und mehr und mehr rekrutieren sich auch die Dichter selbst aus den ‚Städtern', bis im 15. und 16. Jahrhundert die Gruppe der Meistersinger einen eigenen Typ ständischen Dichtens repräsentiert: es sind Handwerker (der landläufig bekannteste: Hans Sachs, 1494-1576; dazu z.B. Brunner, 1989, Bibl.-Nr. 520).

3.4.3. Funktionalität von Literatur

Wohl seit es ‚Kunst' gibt, wird darüber nachgedacht, welche Aufgaben sie hat, haben soll oder gehabt hat. Im besonderen gilt das auch für die Literatur. Die Funktionsbestimmungen sind abhängig vom jeweiligen ‚Zeitgeist', von einem komplexen Geflecht aus sozialen, mentalen und politischen Konstituenten. In pluralistischen, demokratischen Systemen hält man sich mit einer normativen Funktionsbestimmung zurück. Anders in totalitären Systemen: In der Ideologie des Nationalsozialismus z.B. war die Funktion von Literatur klar definiert: sie hatte zur Stabilisierung und Verbreitung politischer Ideologeme beizutragen (dazu z.B. Lauff-Immesberger, 1987, Bibl.-Nr. 240 und Reiss, 1973, Bibl.-Nr. 237).

Wozu Kunst?

Grundsätzlich muss freilich für eine Funktionsbestimmung der Literaturbegriff näher differenziert (dazu oben, S. 28ff.), zumindest muss die Sachliteratur von der im engeren Sinne poetischen Literatur unterschieden werden. Sachtexte dienen in erster Linie der Sach-Information: Wie brate ich am besten ein Huhn? Wann ist ein Tötungsdelikt ein Mord? Welche Kräuter nehme ich gegen Kopfschmerzen? Sobald sich Texte aber durch eine eigene, fiktive Welt auszeichnen, sobald die Sprache, mit der diese Welt beschrieben wird, eine ästhetisch überformte und damit artifizielle ist, wird die Funktionsbestimmung ungleich komplizierter. Und da es im Mittelalter keine deutschsprachigen Poetiken gibt, die über Art und Sinn von Dichtung reflektieren, wird man als moderner Literarhistoriker mit den Texten allein gelassen. Hin und wieder aber finden wir in die Einzeltexte eingestreute Bemerkungen, die uns bei der Antwortsuche helfen können. Auch hier sei zunächst wieder an den ‚Armen Heinrich' aus Kap. 2 erinnert. Hartmann erzählt, dass er in vielen Büchern nach etwas gesucht habe, womit man *swære stunde* (eine betrübliche Zeit) angenehmer machen könnte und das von einer Art wäre, die zur Ehre Gottes taugte und womit er sich bei den Menschen beliebt machen könnte. Drei Funktionen soll der Text also erfüllen: er soll Freude bereiten, er soll der Verehrung Gottes dienlich sein, und er soll den Dichter als guten Literaten ausweisen.

Delectare et prodesse

Alle drei Funktionen haben Tradition: Das ‚Erfreuen und Nützen' ist seit Horaz (65–8 v. Chr.) in der prägnanten, wenngleich den Originaltext schon etwas verkürzenden Formel *delectare et prodesse* Gemeingut poetologischen Denkens, dem auch die deutschen Dichter des Mittelalters verpflichtet sind, wenn sie es auch nicht immer expressis verbis in ihren Texten formulieren. Gleichfalls eine lange Tradition hat die dritte Funktion des Textes: die Dokumentation einer (Dichter-) Persönlichkeit. Hier wird ein Konnex zwischen dem Namen und der Person des Dichters und dem Werk hergestellt. Das ‚Werk', und zwar das rezipierte Werk, soll auf den ‚Autor' zurückweisen; der Rezipient, der die Mühen des Dichtens erkannt hat, soll dem, der sie auf sich genommen hat, dafür danken, ihn entlohnen und nach dem Tod des Dichters für dessen Seelenheil bitten. Der Autor sichert sein ‚Überleben' im Text und durch den Text. Solche Strategien sind bereits für die Antike bekannt und lassen sich bis weit in die jüngere Gegenwart verfolgen (dazu Schmitz-Emans, 1993, Bibl.-Nr. 211).

‚Überleben' des Dichters im Text

Wenn wir unter *prodesse*, dem ‚Nützen', einen allgemein didaktischen Anspruch verstehen, dann hat man sicher *eine* wesentliche Funktion mittelalterlicher Dichtung umschrieben. Einen ethisch-didaktischen Anspruch können wir in fast allen Texten ausmachen, ob es sich um *memento-mori* (‚Denk an den Tod!')-Aufrufe handelt oder Heldenlieder, um Marienleben oder Artusromane, um Fabeln (*bîspel*) oder Geschichtsdichtungen, um Minnesang oder politische Lyrik. Gleichzeitig aber soll mit den Texten auch ‚unterhalten' werden, wobei die Unterhaltung (auch) Vehikel für das Lehrhafte ist. Zahlreiche Texte zeichnen sich durch Humor, Komik, Parodie, Slapstick aus. Einige dieser Texte mögen sich in einem solchen *delectare* erschöpfen, für die weitaus meisten gilt das nicht.

Nun ist es ein Leichtes festzustellen, dass Literatur über Unterhaltung etwas Sinnhaftes vermitteln will. Wesentlich schwieriger ist es zu sagen, was genau die Lehren sein wollen (Autorperspektive), wie die Lehren vermittelt sind (in der Manifestation des Textes) und wie die Lehren ankommen (Publikumsperspektive). Von seltenen Einzelfällen abgesehen, bleibt uns immer nur der Text selbst. Über die Autoren ist kaum etwas bekannt, auch vom Publikum wissen wir kaum mehr, als dass es sich aus Angehörigen der höfi-

schen Gesellschaft rekrutiert bzw. aus Personen, die Zugang zu dieser Gesellschaft haben.
Der Funktion eines Textes muss man sich also in erster Linie über die Analyse des Textes selbst nähern. Dabei wird man das Augenmerk insbesondere auf Folgendes zu richten haben:

- Welche Art ‚Welt(en)' begegnen im Text (realistische Welten, utopische Welten, höfische Welten, bäuerliche Welten, christliche Welten, heidnische Welten)?
- Welche Art Konflikt wird dargestellt (zwischen: Christen und Heiden, Adel und Nichtadel, Gesellschaft und Individuum, Natur und Kultur, Gott und Teufel (Gut und Böse), Mann und Frau, Eltern und Kindern)?

Texte und Konflike

Es dürfte in sehr vielen Fällen das genaue Beobachten dessen sein, was man ein ‚Vorführen von Konfliktbewältigung' nennen kann, das uns Wege zur Funktionsbestimmung von Texten weist. Die Arbeit ist darin freilich nicht erschöpft. Denn eine (didaktische) Funktion kann ein Text erst dann haben, wenn er das potentielle Publikum ‚etwas angeht', wenn es also Bezüge zwischen der Text-Welt und der je ‚wirklichen Welt' gibt. Insofern muss der Literarhistoriker über seinen Gegenstand hinausschauen und sich in die Gebiete der Sozialgeschichte begeben. In ihrer Einleitung zu einer sozialhistorisch ausgerichteten Literaturgeschichte hat Ursula Liebertz-Grün mit implizitem Seitenhieb gegen Intertextualitätsdiskurse[8] festgestellt: „Da Texte nicht aus Texten entstehen, sondern von Menschen verfasst, gehört und gele-

8 Die Intertextualitätstheorie ist komplex und verzweigt. Hier nur ein kurzer Hinweis, was im Grunde darunter zu verstehen ist: Ich beziehe mich auf Renate Lachmann (Gedächtnis und Literatur, Frankfurt./M. 1990, S. 11), die das Phänomen als einen „Dialog mit der Kultur" versteht, als „das Einspielen von Texten der Vergangenheit in einen ‚neuen' textuellen Zusammenhang", der „sich mit Hilfe von Verfahren des Verbergens, des Aufbaus von Strukturen, die manifest und latent zugleich sind, durch die Kreuzung zweier Kodes, also durch Doppelkodierung" vollziehe. Ein solcher ‚Dialog' kann in vielfältiger Weise manifest werden. Für den Philologen am einfachsten zu erkennen ist er dann, wenn die Intertextualität deutlich markiert ist, wenn also z.B. Wolfram von Eschenbach in seinem ‚Willehalm' sagt: *swaz ich von Parzival gesprach* [...] *etslich man daz priste* („Was ich vom Parzival erzählt habe, hat manch einer gelobt"; Bibl.-Nr. 321 , V. 4, 19ff.). Hier wird deutlich in dem einen Text Bezug auf einen anderen Text genommen; der Rezipient ist aufgefordert, bei der Lektüre des ‚Willehalm' den ‚Parzival' präsent zu halten. Nicht immer aber ist Intertextualität derart markiert, und auch nicht überall wird man von einer *intendierten* Intertextualität sprechen können. Die hermeneutischen Probleme sind dann um einiges komplexer. (Weitere Titel zur Intertextualität: Bibl.-Nrr. 207 und 208.)

sen werden [...], ist die Literaturwissenschaft eine Wissenschaft vom Menschen und die Geschichte des von Menschen veranstalteten Teilsystems Literatur eine Sozialgeschichte" (1988, Bibl.-Nr. 355, S. 11). Vergegenwärtigt man sich den jüngsten Stand der Diskussion um grundsätzliche Möglichkeiten, vergangene, insbesondere mittelalterliche, Literatur, adäquat zu beschreiben, so scheint die sozialgeschichtliche Betrachtung, die Texte über die Kategorien ‚Funktion' und ‚Interesse' zu analysieren, die einzig mögliche zu sein.

Literaturgeschichte als Sozialgeschichte

Deutlich hat dies Joachim Heinzle ausgesprochen, der sowohl theoretische als auch praktische Zugriffe erprobt hat. Literaturgeschichte, so Heinzle, sei nicht als „schlicht deskriptives Genre zu betreiben", sondern „nur als thetisches, entwerfendes: ihre Ratio besteht darin, dass sie der historischen Hinterlassenschaft mit einem dezidierten Interesse begegnet" (1989, Bibl.-Nr. 365, S. 28). Man könne einer Literaturgeschichte keine ‚Idee' mehr zugrunde legen. Heinzle verabschiedet sich von teleologischen (zielgerichteten) Modellen. Statt dessen will er einer Literaturgeschichte nur ‚Grundfragen' zuordnen. Bezogen auf seine eigene Literaturgeschichte bedeutet das: „wie hat sich die alphabetische, d.h. wesentlich auf den allseitigen Gebrauch der Schrift in der Volkssprache gegründete Zivilisation der Neuzeit herausgebildet?" (ebd., S. 29). Die „Formen der Schriftlichkeit [müssen] konsequent mit der Lebenspraxis in Zusammenhang [gebracht werden], für die und aus der heraus sie entwickelt worden sind, die sie bezeugen und die sie mitgestaltet haben. Insoweit versteht sich unsere Literaturgeschichte als Sozialgeschichte der Literatur", die eine „differenzierte Theorie der literarischen Interessenbildung" erforderlich mache (ebd., S. 36). Sozialgeschichtliche Kategorien berühren sich hier mit produktions- und rezeptionsästhetischen. Bei der Ordnung des Materials wird eine chronologische Aufteilung bevorzugt, deren Periodisierung sich allerdings (aufgrund zu vieler Phasenverschiebungen) nicht an der der politischen Geschichte orientieren könne. Die chronologische Ordnung wird jedoch durch eine gattungsorientierte ergänzt, vor allem dann, wenn die Texte es so gut wie nicht erlauben, für sie einen sozialen und/oder interessengeleiteten Kontext zu (re-) konstruieren.

Mittelalterliche Texte „handeln nicht nur von etwas, sondern vermittels ihrer wird gehandelt". Wolfgang Haubrichs (1988, Bibl.-Nr. 351, S. VIII) bezieht diese prägnante Formulierung vor allem auf die althochdeutsche Literatur, sie gilt aber grosso modo auch für die mittelhochdeutsche und frühneuhochdeutsche. Diesen ‚Texthandlungen' kann man folgenden – freilich nie vollständigen – Funktionskatalog zuordnen. Zunächst gilt abstrakt:

Funktionskatalog

— Texte stabilisieren politische und gesellschaftliche Systeme, indem sie affirmativ Regeln und Normen einer realen Welt in einer fiktiven Welt über ein fiktives Personal vorführen;

— Texte destabilisieren politische und gesellschaftliche Systeme, indem sie kritisch Defizite einer realen Welt in einer fiktiven vorführen.

Im einzelnen lassen sich die Funktionen näher differenzieren:

— Texte dienen der Selbstvergewisserung sozialer Gruppen und sind Medien sozialer Definition, indem sie Menschentypen und Verhaltensweisen als positive und negative Muster darstellen (so können Geschlechterdifferenzierungen vorgenommen werden, der Tugendadel kann sich vom Geburtsadel unterscheiden, der wahre Christ von der korrupten Amtskirche usw.);

— Texte dienen der Machtdemonstration, der Repräsentation von Herrschaft – im Mittelalter kann dies allein durch das bloße Äußere eines handschriftlichen Codex geschehen (Größe der Pergamentblätter, Größe der Schrift, künstlerisch-ikonographischer Aufwand), darüber hinaus aber auch über den Inhalt bzw. über die Verewigung eines Herrschers als Mäzen und Auftraggeber in Prolog oder Epilog eines Erzähltextes;

— Texte dienen dem politischen Machtkampf, indem z.B. in der Sangspruchdichtung politische Gegner, im Auftrag, diffamiert werden bzw. indem über Panegyrik (Lobpreisung) die je eigene politische Legitimation hervorgehoben wird;

— Texte dienen der politisch-militärischen Agitation, im Mittelalter besonders eindringlich in der Kreuzzugsdichtung manifest;

— Texte dienen kollektiver oder auch individueller religiöser oder allgemein ethischer ‚Erbauung‘ (vor allem in der Legendendichtung greifbar, aber wohl auch im sogenannten ‚hohen Minnesang‘ und in der Sangspruchdichtung; dazu genauer Kap. 7.4.2.);

und schließlich:

— Texte dienen der Unterhaltung, zuweilen eben auch *nur* der Unterhaltung: sie sollen zum Lachen animieren und einer Freude des Augenblicks dienen – nicht selten auf Kosten von sozialen Randgruppen (z.B. Bauern, die man lächerlich macht, einfältigen Nonnen, die man sexuell leicht überrumpeln kann, blasierten, aber törichten Ehemännern, die von den Gattinnen wieder und wieder betrogen werden).

4. Mittelalterlicher Text – moderner Exeget

Die Texte, die den germanistischen Mediävisten interessieren, sind ganz unterschiedlicher Art: Altgermanische Zaubersprüche, Heldenlieder, Gebete, Minnesang, politische Lyrik, Predigten, Ritterromane, antike Erzählstoffe, Visionsdichtung, ‚Autobiographisches', Turnieranleitungen, Tischzuchten, Fürstenspiegel, gynäkologische Traktate, Traumdeutungen, naturkundliche Enzyklopädien, Mariendichtungen, mystische Texte, Tierfabeln, (natur-) philosophische Spekulationen, Schwankdichtungen, erste dramatische literarische Formen und noch manches mehr.

Das Mittelalter: weit entfernt und andersartig

Den heutigen Germanisten trennen von diesen Texten viele Hundert Jahre. Aber es ist natürlich nicht bloß die Zeit als solche, die trennt. In den Jahrhunderten, die zwischen den Texten des Mittelalters und dem modernen Exegeten[1] liegen, hat sich die Welt und haben sich mit ihr die Menschen verändert: Wir leben heute in einem anderen politischen System. Wir verfügen über andere Kulturtechniken, die zudem mit einer nie da gewesenen Geschwindigkeit Modifikationen erfahren (PC-Technologie; Internetkommunikation). Unsere sozialen Strukturen sind im individuellen und kollektiven Bereich denen des Mittelalters ganz unähnlich, so z.B. das Verhältnis von Arbeitgeber und Arbeitnehmer, das Verhältnis von Mann und Frau. Einige mentale Grunddispositionen haben sich stark verändert, z.B. das Wahrnehmen und Erleben von Raum und Zeit, von Sterben und Tod, die Bedeutung von Religiosität, kollektive und individuelle Ängste (zur Orientierung vgl. Dinzelbacher, 1993, Bibl.-Nr. 93). Kunst in einem weiten Sinn ist heute nicht grundsätzlich sozial determiniert und verortet, sondern hat – anders als im Mittelalter – einen Platz in allen gesellschaftlichen Schichten und Bereichen, in die sie überdies multimedial eingebunden ist: über das Buch-, Zeitungs- und Zeitschriftenmedium, über den Hörfunk, das Fernsehen, das Kino, über das Theater, die Universität, das Museum, über elektronische Medien (Internet, CD-ROM, DVD), die Schule und Volkshochschule, über den Straßenmusikanten und die märchenerzählende Großmutter zu Hause.

1 Exeget: jemand, der etwas (meist Texte) ‚auslegt', interpretiert, den Sinn von etwas zu erschließen bemüht ist.

Aufgrund der hier knapp skizzierten kategorialen Differenz zwischen der Welt, in der ein mittelalterlicher Text entstanden ist und sein Leben und seine Funktion gehabt hat, und der Welt, aus der heraus sich ein moderner Altgermanist daran macht, diese alten Texte zu untersuchen (vgl. bes. Jauß, 1977, Bibl.-Nr. 388 und Heinzle, 1994, Bibl.-Nr. 5, S. 9–29), stellt sich die wesentliche Frage, ob – und wenn ja: wie – diese Differenz zu überbrücken ist. Mit dieser Frage verbunden sind einige weitere wesentliche: Was will der germanistische Mediävist erforschen? Welche Relevanz will er seinen Ergebnissen zumessen? Wie intersubjektiv verbindlich will er sein?

Eine erste, scheinbar einfache und plausible Antwort wäre: Wir wollen mittelalterliche Texte *verstehen*. Niemand wird einer solchen Zielsetzung widersprechen. Unversehens aber stehen wir einer hochkomplexen und komplizierten Problematik gegenüber, die alle Geisteswissenschaften betrifft: der Problematik des rechten Verstehens.

Hermeneutik

Die Theorie, die sich dieser Problematik widmet, ist die *Hermeneutik*. 1886 hatte August Boeckh in seiner Enzykloädie und Methodenlehre der philologischen Wissenschaften (Nachdruck Darmstadt 1966, S. 10) formuliert: Die „eigentliche Aufgabe der Philologie [scheint] das Erkennen des vom menschlichen Geist Producirten, d.h. des Erkannten zu sein. Es wird überall von der Philologie ein gegebenes Wissen voraus gesetzt, welches sie wiederzuerkennen hat". Der Philologe nimmt demnach die Stellung eines Vermittlers ein; er übersetzt gleichsam verborgenen Sinn, an dessen Vorhandensein aber nicht gezweifelt wird – eine notwendige Prämisse, ohne die jede philologische Anstrengung obsolet wäre.

Die Hermeneutik hat eine weit in die Antike reichende Tradition und war immer wieder Thema zahlreicher theoretischer Reflexionen (vgl. z.B. Schleiermacher, 1959, Bibl.-Nr. 150, Szondi, 1975, Bibl.-Nr. 156 und Gadamer, 1965, Bibl.-Nr. 152). Im Rahmen dieser auf die Altgermanistik zugeschnittenen Einführung können die vielfältigen philosophisch-philologischen Ansätze nicht im einzelnen zur Sprache gebracht werden. Ich konzentriere mich im Folgenden auf die *Praxis* altgermanistischen Verstehens und weise überdies auf das Kap. 6 hin, wo einige wichtige Methoden des Faches erläutert werden.

4.1. Pragmatik des Verstehens

In Kap. 2 sind, ausgehend von dem konkreten Beispiel ‚Armer Heinrich', wesentliche Barrieren des Verstehens genannt worden; sie werden im Folgenden – vom Einzelfall gelöst – deutlicher konturiert. Gleichzeitig sollen die verschiedenen Arbeitsschritte bzw. Reflexionen vorgestellt werden, die eine jede Beschäftigung mit mittelalterlichen Texten einfordert.

4.1.1. Handschriften lesen

Die Lektüre mittelalterlicher Handschriften ist nicht einfach[2]. Es erfordert eine geraume Zeit des Analysierens von graphischen Eigenheiten, bis man eine Handschrift allererst lesen kann. Das geht schneller bei sehr ordentlich angelegten Handschriften, denen ein Schrifttyp zugrunde liegt, der der heutigen (Druckbuchstaben-) Konvention ähnlich ist (vgl. S. 58, Abbildung 1: Ausschnitt einer Textseite aus der Manesseschen Liederhandschrift aus dem 1. Drittel des 14. Jahrhunderts); es geht nicht so schnell bei Handschriften, die im Stile heutiger Schreibschrift und ggf. weniger sorgfältig angefertigt wurden (vgl. S. 58, Abbildung 2: Ausschnitt einer Textseite aus der Weimarer Liederhandschrift aus dem 15. Jahrhundert). Ein besonderes Problem stellen die zahlreichen Abkürzungen und sogenannten diakritischen Zeichen in mittelalterlichen Handschriften dar. Im Vergleich zu den lateinischen Handschriften (dazu Cappelli, 1928, Bibl.-Nr. 87) geht es bei den deutschen zwar noch gemäßigt zu, aber immer wieder stößt man auf Kürzel, Punkte, Doppelpunkte, feine Striche und Ähnliches, ohne dass sich die genaue Bedeutung sogleich erschließt. Dabei können diese graphischen Zeichen wichtige morphologische Funktionen haben und z.B. Kasus, Numerus oder Modus bezeichnen.

Handschriftliche Sonderzeichen

Im Folgenden einige Beispiele für häufig vorkommende, handschriftliche Abkürzungen, Superskripte und diakritische Zeichen[3] .

---

2 Näheres zur Herstellung von Pergament, zu den Schreibtechniken und den Typen mittelalterlicher Handschriften oben S. 37ff. – Vgl. weiter Bischoff, 1986, Bibl.-Nr. 84, Schneider, 1999, Bibl.-Nr. 82 (dort weitere einschlägige Titel).

3 Mit Superskripten sind Buchstaben oder andere Zeichen gemeint, die über andere geschrieben werden. Diakritika sind spezielle Zeichen, die den Wert, die Qualität oder Quantität eines Lautes näher kennzeichnen (z.B. zwei Punkte oder Striche über den Vokalen a, o und u zur Kennzeichnung des Umlautes).

In deutschsprachigen Handschriften häufig auftretende Sonderzeichen

Der Nasalstrich

1.  2. 

1. Bedeutung: der waagerechte Strich ersetzt einen nasalen Laut: ‚m‘ oder ‚n‘: Beispiel: *mā = man*

2. Bedeutung: im Falle der Konjunktion ‚und‘ ersetzt der Strich einen Dentallaut (t oder d, was auch zweisilbig aufgelöst werden kann zu -te, -de)
Beispiel: *vn̄ = vn-d(e)*

Das hochgestellte Häkchen ˤ

steht für die Silbe ‚er‘; Beispiel: *vˤſvmet = v-er-ſvmet*

Das Zeichen c

steht hier nicht etwa für den k-Laut, sondern für die Silbe ‚az‘; Beispiel: *dc = d-az*

Der überschriebene Buchstabe ‚o‘

(ein Superskript) bildet zusammen mit dem Buchstaben auf der Grundlinie einen Diphthong: ‚uo‘ (ähnlich: o̊ = *‚ou‘*, ůe= *‚üe‘* u.a.); Beispiel hier: *můt = m-uo-t*

Der Strich über dem ‚u'

(ein diakritisches Zeichen) markiert einen ‚ü‘-Laut; Beispiel: *fūrſprechen = fürſprechen*

Das sogenannte e-caudata

(Häkchen unter einem e) entspricht der æ-Ligatur (Verbindung von a und e); in deutschen Texten kennzeichnet dieses e-caudata den Umlaut des langen â; Beispiel: *baptist-ę = baptist-æ*

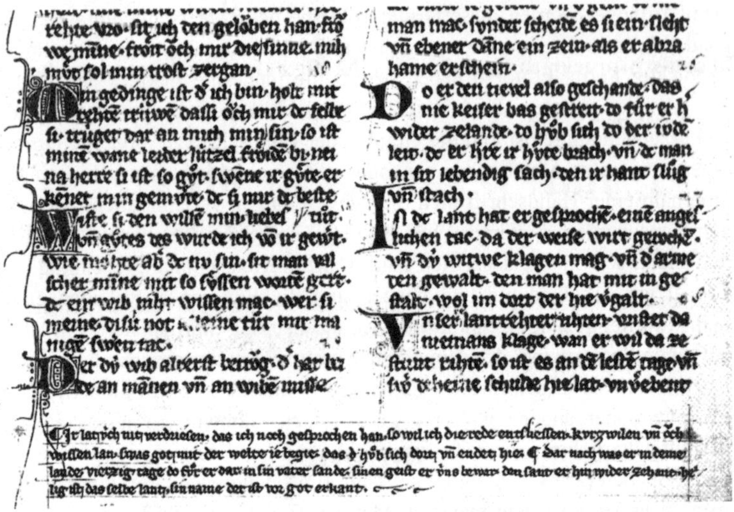

Abbildung 1: Große Heidelberger (Manessesche) Liederhandschrift, 1. Drittel 13. Jh., fol. 126 r (Bibl.-Nr. 261 (1), gotische Buchschrift; Strophen Walthers von der Vogelweide. Die Großbuchstaben markieren Strophen; im Original wechselt die Farbe der Großbuchstaben (Blau-Rot), wenn ein neues Lied (ein ‚Ton') beginnt. Die Verse sind nicht abgesetzt, sondern werden durch sog. Reimpunkte getrennt. Am unteren Rand wurde eine Strophe in kleinerer Schrift nachgetragen.

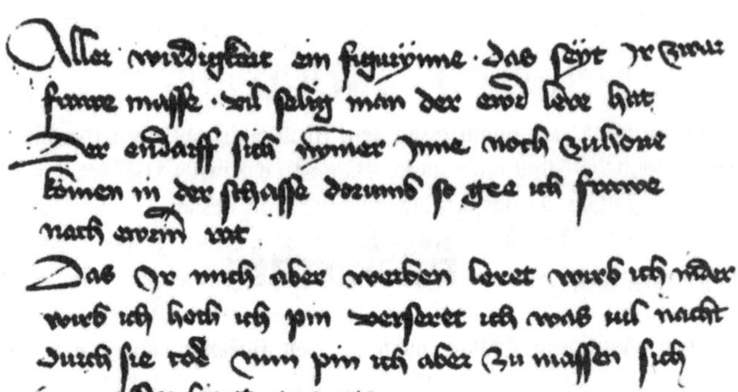

Abbildung 2: Weimarer Liederhandschrift, 15. Jh., fol. 102^v (Bibl.-Nr. 260). Der Ausschnitt zeigt Strophen Walthers von der Vogelweide in einer Bastarda-Schrift. Die einzelnen Strophen sind durch größere Zwischenräume voneinander getrennt. Die Großbuchstaben innerhalb von Strophen haben Gliederungsfunktion (vgl. die Bemerkungen zur ‚Kanzone', S. 67f.).

Dem Anfänger werden diese Grundprobleme der Texterschließung weitgehend abgenommen. Die Texte, mit denen er arbeitet, präsentieren sich ihm in gedruckter Form. Editoren haben bereits die mühsame Lektüre des Textes aus der oder aus den Handschrift(en) geleistet, haben die mittelalterlichen Abkürzungen aufgelöst und die Graphie der Handschrift in moderne Drucktypen umgesetzt. Meist haben sie sogar noch mehr getan, nämlich die auch innerhalb einer Handschrift nicht geregelte Graphie vereinheitlicht: z.B. für den Konsonanten ‚f' immer auch das Graphem (Schriftzeichen) ‚f' gewählt und nicht, wie in Handschriften häufig anzutreffen, einmal ‚f', einmal ‚v', einmal gar ‚u'. Und hin und wieder sind die Editoren sogar noch einen Schritt weiter gegangen und haben auch die Lautung ‚normalisiert' mit Blick auf einen Sprachstand, der dem Dichter mutmaßlich entsprochen haben soll. Auch haben sie in den meisten Fällen die Form eines Textes modernen Lesekonventionen angepasst: Verse werden nach Reimwörtern abgesetzt (was in mittelalterlichen Handschriften nicht die *Regel* ist), Strophen werden durch Spatien (Zwischenräume) getrennt, Episodengrenzen ggf. durch numerische Kapitelgliederung markiert. Man ist zunächst dankbar für diese Vorarbeit, vor allem dann, wenn es sich um sehr lange Texte handelt, die man sich nur mühsam selbst aus einer Handschrift aneignen könnte. Und schließlich ist es einfach gängige Praxis, dass interpretatorischen Arbeiten *Editionen* zugrunde liegen und so gut wie nie Handschriften. Aber: Der Benutzer einer Edition sollte sich darüber im Klaren sein, dass der Text, den er zu analysieren gedenkt, bereits Produkt eines Philologen ist und eine be- und überarbeitete Stufe des handschriftlich überlieferten literarischen Dokumentes darstellt. Die Art dieser Bearbeitung kann sehr unterschiedlich ausfallen (vgl. dazu ausführlicher Kap. 6.2., S. 111ff.) und muss keineswegs immer ‚richtig' oder auch nur angemessen sein. Das gedruckte Wort in einem gebundenen Buch hat stets eine starke suggestive Kraft: ‚Hier ist der Text – nun deute ihn!' Gerade der Anfänger sollte sich dessen bewusst sein, auch wenn ihm anfangs noch die Fertigkeiten zu konstruktiver Überprüfung und Kritik fehlen mögen. Mittelalterliche Texte haben ein anderes Gesicht, als es uns moderne Editionen präsentieren. Jeder germanistische Mediävist sollte sich so früh wie möglich daran machen, auch mit Handschriften zu arbeiten (Hinweise auf Faksimiles: Bibl.-Nr. 257–280).

Editoren: Text-Bearbeiter

4.1.2. Wortphilologie

‚Am Anfang war das Wort' – dieser Bibelvers weist auf das nächste grundlegende hermeneutische Problem. Das Alt- und Mittelhochdeutsche sind zwar für einen Deutschsprachigen keine Fremdsprachen im engeren Sinne, aber ein jeder, der beginnt, sich mit einem alten deutschen Text zu beschäftigen, bemerkt schnell, dass er von diesem Text spontan nur Bruchstücke versteht, dass er viele Wörter gar nicht kennt, dass er andere zwar zu kennen glaubt, aber mit der ihm geläufigen Bedeutung nicht zurechtkommt, dass er manche Satzkonstruktion nicht durchschaut, dass er zweifelt, ob Singular oder Plural vorliegt, Konjunktiv oder Indikativ usw. Die Aufgabe eines germanistischen Mediävisten besteht also zunächst darin, sich auf der Ebene des einzelnen Wortes und seiner Grammatik ein primäres Textverständnis zu sichern. So plausibel das klingt, so kompliziert ist es im Einzelfall. Die Bedeutung eines Wortes, das weiß man bereits vom Erlernen einer modernen Fremdsprache, z.B. des Englischen oder Französischen, ist abhängig vom *Kontext*, in dem das Wort steht. Wörter an sich sind nur Lautketten, die zwar nicht beliebig viele, aber doch einige differenzierte Zuordnungen zu Dingen in der Welt aufweisen können. Ihren je konkreten Sinn entfalten sie erst im Zusammenwirken mit anderen Wörtern.

Ein Beispiel aus dem Gegenwartsdeutschen: Das Wort ‚Schrift' in zwei Kontexten. (1) *Die Schrift ist für die Entwicklung menschlicher Kultur und Zivilisation von wesentlicher Bedeutung*. (2) *Gottes Worte und Taten sind den Menschen in der Schrift mitgeteilt*. Das Wort ‚Schrift' bezeichnet im ersten Satz eine spezifische Kulturtechnik des Menschen. Im zweiten Satz ist die Bibel gemeint.

Ein Beispiel aus dem Mittelhochdeutschen (Walther von der Vogelweide, Bibl.-Nr. 331, Ton 66 und 1): Das Wort ‚Vrouwe' (‚Frau') in zwei Kontexten. (1) *Vrouwe, ich weiz wol dînen muot,/ daz dû gerne stæte bist...* (2) *Dem lamme ist gar/ gelîch gevar/ der megde schar ... des bistû, frowe, gêret*. Im ersten Satz bezeichnet *vrouwe* die weltliche, sozial hochstehende Frau, zu der ein Mann spricht. Im zweiten Satz steht *frowe* für die ‚himmlische Frau', d.h. für Maria.

Die je konkrete Bedeutung eines einzelnen Wortes ist also nur über den nächstgrößeren Kontext zu bestimmen, der freilich auch wieder durch Einzelwörter konstituiert ist. Eine semantische Bestimmung von sprachlichen Äußerungen ist von daher immer in Bewegung, schließt von der Bedeutung des Einzelwortes auf den Kontext und von der Bedeutung des Kontextes auf das Einzelwort. Diese Bewegung vom Besonderen zum Allgemeinen, vom Allgemeinen zum Besonderen ist im Begriff des ‚hermeneutischen Zirkels' metaphorisiert (dazu Göttner, 1973, Bibl.-Nr. 155). Das Zirkuläre des Verstehens beschränkt sich aber nicht nur auf die kleinsten Einheiten eines Textes, sondern greift gleichermaßen für das Verständnis von größeren Texteinheiten, z.B. einzelnen Episoden innerhalb eines Erzähltextes: Der Bedeutung etwa einer Kampfszene in einem Artusroman kann man sich nur nähern, wenn man den gesamten Roman und sein Sinnpotential im Blick behält; dem Sinnpotential des gesamten Romans aber ist wieder nur über die Analyse seiner Einzelteile beizukommen.

Hermeneutischer Zirkel

Kehren wir zum ‚Wort' zurück: Mehr, als man spontan glauben mag, muss ein Altgermanist mit Wörterbüchern und Grammatiken arbeiten, um sich eine einigermaßen gesicherte Basis für weitere interpretatorische Arbeiten zu schaffen. In den meisten Fällen werden ihm die vorliegenden Hilfsmittel (siehe Kap. 8) ausreichende Dienste leisten. Vor allem die großen Wörterbücher, der ‚BMZ' (Benecke-Müller-Zarncke) und der ‚Lexer', bieten neben einer Übersetzung in vielen Fällen auch einen kleinen Kontext an, so dass der Benutzer in der Lage ist, den lexikalisch-semantischen Zusammenhang, der der vorgeschlagenen Übersetzung zugrunde liegt, mit dem ihn jeweils beschäftigenden Fall zu vergleichen. Überdies werden in den Wörterbüchern die Fundstellen für Lemmata (Stichwörter) und Kontexte angegeben, so dass der Benutzer im Zweifelsfall den kompletten Text selbst in Augenschein nehmen kann (neben der nach wie vor unverzichtbaren print-Version dieser Wörterbücher gibt es seit einigen Jahren auch eine digitale Version, die über das Internet – Einstieg am besten über das sehr gute Altgermanisten-Portal www.mediaevum.de – kostenfrei genutzt werden kann). Ähnliches gilt für die Grammatiken und Sprachgeschichten. Es sind aber häufig auch Leerstellen zu verzeichnen. Die Hilfsmittel lassen den Benutzer im Stich, bieten unzulängliche semantische Hilfen oder erweisen sich gar als falsch. Dann bleibt dem Mediävisten nichts anderes übrig, als selbst Grundlagenarbeit zu leisten, für ein problematisches Wort selbst auf die Suche nach Parallelen zu gehen und über die Analyse der Kontexte eigene Übersetzungsvorschläge zu machen.

4.1.3. Formanalyse: Zur Metrik und Struktur mittelalterlicher Texte

Jeder Text, ob alt oder jung, hat eine Form, denn jede sprachliche Äußerung muss, um als kommunikativer Akt funktionieren zu können, konventionell geregelten Strukturen (Formen) folgen. Eine untere Ebene solcher Form stellt die Grammatik des Satzes dar. Alle Texte jeder Art sind hier betroffen. Sobald wir aber Texttypen voneinander unterscheiden, differenzieren sich auch die je charakteristischen Formen.

Sprache im Rhythmus

In der Zeit vom 8. bis zum 14. Jahrhundert ist der weitaus größte Teil aller fiktionalen Texte metrisch gebunden. Das heißt: Die Texte sind nicht in Prosa verfasst, sondern sie sind rhythmisiert, und bestimmte Texteinheiten – Verse – werden über Reime miteinander verbunden. Rhythmus bedeutet meistens auch: (regelmäßige) Wiederholung, Wiederholung von Strukturelementen wie etwa einer Stropheneinheit in einem Lied oder Wiederholung von einer (weitgehend) gleichen Silbenanzahl in aufeinander folgenden Versen oder Wiederholung von einer (weitgehend) festgelegten Abfolge von langen und kurzen bzw. betonten und unbetonten Silben (am bekanntesten aus der antiken Dichtung und der neueren deutschen Literatur sind die Versmaße Jambus, Trochäus, Daktylus und Anapäst – mit denen die metrischen Verhältnisse in der mittelalterlichen deutschen Dichtung jedoch kaum zu beschreiben sind).

Text Form Kunst

Einen Text einem Metrum zu unterwerfen bedeutet, den Text zu ästhetisieren. Dies wiederum bedeutet: der ästhetisierte Text hebt sich deutlich und bewusst von der Alltagssprache ab, er wird zu etwas Besonderem. Die Tatsache, dass – mit Ausnahme bestimmter Fachtexte (dazu Kap. 7.6.) – in den ersten Jahrhunderten der deutschen Literaturgeschichte fast alle uns überlieferten Texte eine metrische Form aufweisen, zeigt, dass man diesen Texten und den in ihnen vermittelten Inhalten eine große Wertschätzung und Bedeutung beigemessen hat.

Metrik im Wandel

Wie Stoffe und Motive, so ändern sich im Laufe der Zeit auch die Vorlieben für bestimmte metrische Konventionen. In althochdeutscher Zeit begegnen noch Reste germanischer Stabreimmetrik. In mittelhochdeutscher Zeit liegen *Epen* – in der Regel! – in vierhebigen Reimpaarversen vor oder sind – weniger häufig – strophisch strukturiert (wie z.B. das ‚Nibelungenlied'); darüber hinaus können einzelne Sinnabschnitte von Epen in formal unterschiedlicher Weise voneinander abgesetzt oder aufeinander bezogen werden. Die mittelhochdeutsche *Lyrik* ist grundsätzlich strophisch organisiert und geht über die Strophe teilweise größere formale Verbände ein, die wir mit den Termini ‚Lied' bzw. ‚Sangspruchreihe' bezeichnen; eine formale Sonderstellung nimmt der ‚Leich' ein, eine lyrische Großform (mit bis zu mehreren Hundert Versen), deren ungleich gebaute Einzelteile ‚Versikel' genannt werden. Die folgenden Abschnitte führen in diese Begrifflichkeiten ein und demonstrieren die einzelnen metrischen Typen. Anfängern bereitet die Metrik oft große Schwierigkeiten, meist jedoch zu unrecht. Die Metrik ist kein Buch mit sieben Siegeln, die Grundlagen kann man sich rasch aneignen, und nach einigem Üben wird es in den meisten Fällen keine Probleme bereiten, eine Liedstrophe oder einen epischen Vers metrisch zu analysieren. Eines indes hilft beim Einüben ungemein: das laute Lesen, das Rezitieren!

4.1.3.1. Germanische Stabreimmetrik

Hinter dem Wort ‚Stab'(-reim) verbirgt sich etymologisch das altnordische *stafr*, was u.a. auch ‚Laut' oder ‚Buchstabe' bedeutet. Der Stabreim unterscheidet sich grundsätzlich vom romanischen Endreim (der bis heute geläufigen Reimform) dadurch, dass nicht *End*silben gleich lauten, sondern dass die *An*laute benachbarter, hauptbetonter Silben gleich klingen (vgl. Hoffmann, 1967, Bibl.-Nr. 617 und von See, 1980, Bibl.-Nr. 622). Vom Prinzip her ist ein Stabreim eine Form der Alliteration (‚**M**ilch **m**acht **m**üde **M**änner **m**unter'). Miteinander staben alle gleichen Konsonanten, also z.B. b- mit b-, l- mit l- usw. Bei Vokalen spielt die Qualität keine Rolle, d.h. u- kann mit u-, aber auch mit i- staben, a- mit o- usw.

Vokale und Konsonanten: Klangwirkungen

Der germanische Stabreimvers ist in der Regel[4] zweigeteilt in einen An- und einen Abvers, wobei etwa in der Mitte des Verses eine rhythmische Pause entsteht, die man ‚Zäsur' nennt. Ein solcher Langvers kann insgesamt vier Stäbe aufweisen, zwei im An- und zwei im Abvers; häufiger aber sind nur drei oder auch nur zwei Stäbe, wobei es meistens so ist, dass jeder Halbvers mindestens einen Stab enthält. Betrachten wir zur Illustration die zweite Verszeile des Ersten Merseburger Zauberspruchs (dazu genauer unten, Kap. 7.2.3.):

suma **h**apt **h**ept***idun***,	....	suma **h**eri lez***idun***
↓	↓	↓
Anvers	Zäsur	Abvers

germanischer Langzeilenvers

Skandiert man den Vers laut und langsam, wird rasch auffallen, dass er in jedem Fall h-Stäbe (fett gedruckt) aufweist, zweimal im Anvers, einmal im Abvers. Ob die gleichlautenden s-Pronomina (unterstrichen) eine stabende Rolle spielten, ist nicht wahrscheinlich, aber letztlich nicht mehr genau zu eruieren; und ob die Übereinstimmung der Endsilben *-idun* jeweils am Ende der Halbverse (kursiv gedruckt) eine metrische Bedeutung (im Sinne eines Endreims) hat, muss ebenfalls offen bleiben. Solche Sonderprobleme sollen hier jedoch nicht weiter interessieren. Das Beispiel will vor allem das Prinzip germanischer Metrik nahe bringen. Es sind heutzutage etwa 6.500 stabende Langzeilen bekannt, deren Analyse Grundlage eines solchen Prinzips ist. Dabei spielt es keine Rolle, ob der Text eher epischer, also erzählender, Art ist (so ist z.B. auch das ‚Hildebrandslied', dazu unten Kap. 7.2.3., in stabenden Langzeilen verfasst) oder eher lyrischer Art (wie Zauber- und Segenssprüche). Der Stabreim ist auf die althochdeutsche Periode der deutschen

4 Hier wie auch andernorts gilt im Zusammenhang mit metrischen ‚Regeln' Folgendes: Die einschlägigen, meist älteren Handbücher des Faches formulieren meistens zu starr metrische ‚Gesetzmäßigkeiten', die in dieser Form den Verhältnissen in den Handschriften nicht gerecht werden. Es ist zwar damit zu rechnen, dass durch den Prozess der Verschriftlichung die ursprüngliche Metrik gelitten hat; wir wissen aber nicht, welche Variationen, vor allem vortragsbedingt, möglich und ‚zulässig' waren. Man sollte von daher die in den Metrikgeschichten dargestellten Vers-, Reim- und Rhythmusregeln nicht zu dogmatisch mit den einzelnen konkreten Fällen vergleichen; keinesfalls sollte man leichtfertig von ‚Fehlern' der individuellen Dokumente sprechen und vorschnell verbessernd eingreifen.

Literaturgeschichte beschränkt. Schon im 9. Jahrhundert entsteht mit der sog. ‚Evangelienharmonie' Otfrids von Weißenburg (dazu unten, Kap. 7.2.2.) eine bedeutende und wirkungsmächtige Bibeldichtung, die ganz bewusst nicht mehr die heidnische Metrik verwendet, sondern den Endreim in die deutschsprachige Dichtung einführt (wenn auch die Macht der Tradition noch groß ist: so finden sich selbst bei Otfrid hin und wieder noch ein paar – sicher unbeabsichtigt gesetzte – Stäbe.)

4.1.3.2. Metrik der mittelhochdeutschen Lyrik

Was ist Lyrik?

Was ist Lyrik? Dieser Frage kann man lange Debatten widmen (eine gute Übersicht bietet jetzt der Artikel ‚Lyrik' im neuen Reallexikon der deutschen Literaturwissenschaft, Bibl.-Nr. 628, Bd. II, 498–502). Das soll hier nicht geschehen. Es ist in der Tat schwierig, den Begriff gerade für die deutschsprachigen mittelalterlichen Verhältnisse zu definieren. Bleiben wir beim Versuch im Duden: „[liedmäßige] Dichtung". So knapp und allgemein diese Umschreibung auch ist, sie wird der Sache doch gerecht, denn weder über Inhalte noch über den Formbegriff ‚Strophe' kann man zu bestimmen versuchen, was mittelhochdeutsche Lyrik ist. Lyrik aber ist ‚Dichtung', insofern mit diesem Begriff ästhetisierte sprachliche Äußerungen gemeint sind, und diese ‚Dichtung' ist ‚liedmäßig' organisiert, will heißen: zwei, drei, vier oder fünf größere Verseinheiten (Strophen) werden zu einem umfangreicheren Sinnkomplex (eben einem Lied) verbunden (wobei aber hier anzumerken ist, dass es im Mittelalter auch einstrophige Lieder gibt und dass es Strophenverbände gibt, die man nicht ‚Lieder' nennen möchte, weil sie manchmal Dutzende Strophen umfassen und ganz unterschiedliche Themen behandeln; die Forschung nennt solche Strophenverbände ‚Sangspruchreihen', Näheres dazu unten, S. 163).

Diese Arbeitsdefinition vorausgesetzt, lässt sich ein lyrischer Text in folgende Formelemente differenzieren: Ein erstes ist der *Vers*, ein zweites die *Strophe* und ein drittes das *Lied* bzw. die *Sangspruchreihe* (anders steht es um den *Leich,* dazu unten S. 165ff.).

Im Gegensatz zur Metrik der Epik (dazu unten S. 74ff.) ist der Vers der Lyrik in seiner Länge, d.h. in der Anzahl der Silben und Hebungen und Senkungen, nicht festgelegt: Es gibt z.B. dreihebige, fünfhebige oder sechshebige Verse. Auch die Strophenform ist variabel: Es gibt z.B. vierversige, sechsversige oder zwölfversige Strophen. Frei ist ebenso das Reimschema: Es gibt z.B. Paarreime (aa, bb, cc usw.), umarmende Reime (abba), Schweifreime (abcabc) oder Waisen (Verse, die keine Reimentsprechung in einer Strophe haben). Gleichermaßen ist die Länge eines Liedes nicht festgelegt: Es gibt z.B. einstrophige (!), fünfstrophige oder siebenstrophige Lieder.

Noch weniger ist der Umfang einer Sangspruchreihe geregelt: Es gibt z.B. zweistrophige, zehnstrophige, vierzigstrophige oder noch längere Sammlungen.

Form und Inhalt

Trotz der Breite solcher Varianz ist freilich die Organisation eines *individuellen* lyrischen Textes *in sich* nicht beliebig – im Gegenteil: die Form ist sehr regelmäßig und geht nicht selten mit den durch sie vermittelten sprachlichen Inhalten eine sinntragende Symbiose ein. Form ist nicht bloßes Gerüst, sondern immer selbst auch schon Sinn – das dürfte eine Aussage universaler Geltung sein, für das Mittelalter gilt sie jedoch besonders. Insofern stellt die Analyse der Form für einen Altgermanisten einen wesentlichen Teil seiner hermeneutischen Arbeit dar.

Vers, Reim, Strophe

Betrachten wir als Beispiel eine lyrische Strophe aus dem politischen Werk Walthers von der Vogelweide (Bibl.-Nr. 331, 76 I):

	Mittelhochdeutscher Text	*Neuhochdeutsche Übertragung*
1	Nû sol der keiser hêre	Nun möge der vornehme Kaiser
2	versprechen dur sîn êre	seines Ansehens wegen
3	des lantgrâven missetât.	die Schandtat des Landgrafen verzeihen.
4	wand er was doch zwâre	Denn er war ganz offen
5	sîn vîent offenbâre.	sein Feind.
6	die zagen truogen stillen rât.	Die Feigen berieten sich heimlich.
7	si swuoren hie, si swuoren dort	Sie verschworen sich
8	und pruoften ungetriuwen mort.	und planten schändliche Mordtat.
9	von Rôme fuor ir schelden.	Von Rom ging das alles aus.
10	ir dûf enmohte sich niht verheln,	Ihre Dieberei blieb nicht geheim,
11	si begunden underzwischen steln	sie bestohlen sich gegenseitig
12	und alle einander melden.	und einer diffamierte den anderen.
13	seht, diep stal diebe,	Seht, der Dieb bestahl den Dieb
14	drô tet liebe.	Drohung schuf Gunst.

Reimschema

Wie geht man eine metrische Analyse einer solch umfangreichen Strophe an? Meiner Erfahrung nach zu urteilen, ist der erste Schritt am besten der, sich das Reimschema der Strophe zu erarbeiten. Dazu versieht man die einzelnen Verse am Ende mit Kleinbuchstaben; Reimbindungen werden mit gleichen Buchstaben gekennzeichnet; die ersten beiden Verse etwa würden die Buchstaben a – a erhalten. Nach einer Analyse der Reime erkennt man schnell, welchem Bauprinzip eine Strophe folgt und in welche größeren formalen Teile die Strophe zerlegt werden kann.

Verse und Verssegmente

Als nächsten Schritt nimmt man die einzelnen Verse in Augenschein. Den Vers eines lyrischen (und auch epischen) Textes kann man in drei Bereiche einteilen: in den *Auftakt* (damit sind alle Silben vor der ersten Hebung gemeint), in das *Versinnere* und in die *Kadenz* (letzte Hebung und ggf. Senkung). Unter Beachtung dieser Segmente können nun die Silben ausgezählt und nach Hebungen (betonte Silben) und Senkungen (unbetonte Silben) differenziert werden.

Im Folgenden findet man eine vollständige metrische Analyse der o.g. Beispielstrophe; die Hebungen (= die betonten Silben) sind fett hervorgehoben:

Vers	*Hebungen*	*Reim*	*Auftakt*	*Versinneres*	*Kadenz*
1	3	a	Nû	**sol** der **kei**-ser	**hê**-re
2	3	a	ver-	**spre**-chen **dur** sîn	**ê**-re
3	4	b	des	**lant**-**grâ**ven **mis**-se-	**tât**.
★	V 1-3 = erster Stollen				
4	3	c	-	**wand** er **was** doch	**zwâ**-re
5	3	c	sîn	**vî**-ent **of**-fen-	**bâ**-re.
6	4	b	die	**za**-gen **truo**-gen **stil**-len	**rât**.
★	V 4-6 = zweiter Stollen				
7	4	d	si	**swuo**-ren **hie**, si **swuo**-ren	**dort**
8	4	d	und	**pruof**-ten **un**-ge-**triu**-wen	**mort**.
9	3	e	von	**Rô**-me **fuor** ir	**schel**-den.
10	4	f	ir	**dûf** en**moht**-e sich **niht** ver-	**heln**,
11	4	f	si be-	**gun**-den **un**-der-**zwi**-schen	**steln**
12	3	e	und	**al**-le ein-**an**-der	**mel**-den.
13	3	g	-	**seht**, **diep** stal	**die**-be,
14	3	g	-	**drô** **tet**	**lie**-be.

Nach dieser ersten Formalisierung des Textes zeigt sich:

(1) dass der Rhythmus der meisten Verse gleichmäßig ist, d.h., dass sich Hebung und Senkung, betonte und unbetonte Silben, regelmäßig abwechseln;

(2) dass es aber auch Fälle gibt, in denen zwischen zwei Hebungen keine Senkung steht (V. 3, 13, 14) oder in denen mehrsilbige Senkungen erscheinen;

(3) dass die meisten Verse mit einer unbetonten Silbe, einem Auftakt, beginnen, dass aber in einigen Versen ein Auftakt fehlt (V. 4, 13, 14);

(4) dass die Reimsilben von unterschiedlicher Qualität sind: in den Versen 3 und 6 z.B. (der b-Reim) handelt es sich um einen *einsilbigen* Reim- und Versschluss, der in vielen Metriken ‚männlich' genannt wird[5]; in den Versen 1 und 2 hingegen ist es ein zweisilbiger Reim- und Versschluss, der ‚weiblich' genannt wird.

Der Fachausdruck für diese Versschlüsse ist ‚Kadenz'; man unterscheidet in der Lyrik also zwischen männlichen und weiblichen Kadenzen (anders in der Epik, s.u. S. 74ff.). Die männlichen Kadenzen können einsilbig oder zweisilbig sein. In der Beispielstrophe begegnen nur einsilbige. Zweisilbig männlich (oder voll) sind Kadenzen dann, wenn die Hebung auf einer *kurzen* Silbe zu stehen kommt (z.B.: *le-ben*, *ge-ben*, *he-ben* usw.; vgl. auch unten, S. 75, die Erläuterungen zur Definition einer metrischen *Länge*). Kadenz

Neben vielen Regelmäßigkeiten finden sich, das sieht man bereits an der Beispielstrophe, auch Unregelmäßigkeiten, die aber das Form*prinzip* nicht wesentlich tangieren. Hier wie überall, wo es um die Metrik mittelalterlicher Texte geht, muss berücksichtigt werden, dass den Texten keine Augen- oder Schriftmetrik, sondern eine mündliche, zudem gesanglich und instrumental realisierte Aufführungsrhythmik zugrunde liegt, die viele der Unregelmäßigkeiten gar nicht wahrnehmen ließ (vgl. zur mittelalterlichen Musik die neue und praktikable Einführung von Diehr, Bibl.-Nr. 75).

Die Formalisierung der Beispielstrophe zeigt ferner, dass sie über die Hebungsanzahl der Einzelverse und über die Reimbindung der Verse strukturiert ist. Es fällt von daher nicht schwer, die Strophe in einzelne formale Abschnitte zu gliedern: Die Verse 1–3 und 4–6 stellen zwei gleich gebaute Versgruppen dar, die durch den b-Reim miteinander verknüpft werden. Die Verse 7–14 unterscheiden sich von der ersten Großgruppe 1–6 nicht in der Hebungszahl, wohl aber in der Reimbindung und in der Qualität der jeweiligen Reimsilben (die Reime a, b und c erscheinen nicht mehr). Die Strophe ist also in zwei ungleich gebaute Teile zu gliedern, von denen der erste nochmals in zwei kleinere, gleich gebaute, aufgeteilt werden kann. Dieses Bauprinzip begegnet in der deutschen Lyrik des Mittelalters ungemein häufig (wobei die Länge der Strophe und ihrer Einzelteile durchaus variieren kann). Eine solche Strophe trägt den Namen ‚Kanzone', der erste große Teil wird ‚Aufgesang' genannt, der zweite ‚Abgesang', und die beiden kleineren Teile des Aufgesangs heißen ‚Stollen': Strophenformen

5 Die Terminologie ist zwar antiquiert, doch behalte ich sie hier bei, weil sie eben in Metrik-Standardwerken etabliert ist und die Verwendung einer anderen, zeitgemäßeren Begrifflichkeit in einer Einführung nur Verwirrung stiften würde. Statt des Adjektivs ‚männlich' begegnet auch das Adjektiv ‚voll'.

	↗	**Aufgesang**	**→ 1. Stollen**	**... V. 1–3**
Kanzone			**→ 2. Stollen**	**... V. 4–6**
	↘	**Abgesang**		**... V. 7–14**

Es wurde schon erwähnt, dass Form und Inhalt gemeinsam betrachtet werden müssen. Die Formanalyse geschieht nicht um ihrer selbst willen, sondern es ist stets darauf zu achten, in welcher Beziehung Form und Inhalt stehen, wie sich die Form zum Inhalt stellt und wie Sinn in der Dialektik von Form und Inhalt manifest wird. Und hier stößt man gemeinhin auf größere Probleme als bei der Analyse von Auftakten und Reimen. In vielen Fällen entspricht die formale Gliederung der inhaltlichen, so auch in der zitierten Beispielstrophe: am Ende des ersten Stollens (V. 3) ist der Landgraf eingeführt, über den im zweiten Stollen Näheres berichtet wird; am Ende des zweiten Stollens (V. 6) ist von Feiglingen (*zagen*) die Rede, die dann den Abgesang beherrschen. Die Gedankenführung und ihre Rhetorik (hier: Steigerung) wird also durch die Form gestützt. So durchsichtig ist das Verhältnis von Form und Inhalt aber nicht immer. Vor allem, wenn Formgrenzen und sprachliche Grenzen (syntaktische Einschnitte) nicht kongruent laufen, wenn sich formaler Bau und inhaltliche Ausfüllung scheinbar zu widersprechen scheinen, sind Überlegungen z.B. dahingehend anzustellen, ob mit Erwartungen des Publikums, denen bestimmte Formen sehr geläufig sind (etwa die Kanonzenstrophe), gespielt wird, ob solche Erwartungen bewusst enttäuscht werden sollen, oder ob durch die Inkongruenz von Form und Inhalt ein nur die Form und nur den Inhalt transzendierender weiterer Sinnhorizont eröffnet werden soll.

Lyrische Grundtypen

Die auf die Strophe nächstfolgende Formebene ist die des *Strophenverbandes*. Grundsätzlich muss nun zwischen zwei lyrischen Typen unterschieden werden: dem (Minne-) *Lied* auf der einen und der *Sangspruchreihe* auf der anderen Seite (Genaueres zur inhaltlich-thematischen Differenz unten, S. 162ff.).

Sangspruchlyrik

Der Sangspruch[6] ist wesentlich durch seine Thematik bestimmt: Reflexionen über ‚Gott und die Welt', vor allem Politik, Theologie, Didaxe. Er ist prinzi-

6 Zur Terminologie: Im 19. Jh. dachte man, dass, im Gegensatz zu Minne*liedern*, die politischen und religiösen Gedichte nur *gesprochen* worden seien. Das aber stimmt nicht, wie man mittelalterlichen Melodien zu solchen Texten entnehmen

piell einstrophig, kann sich jedoch zu größeren, thematisch gebundenen Einheiten formieren, wobei all diese Einheiten die gleiche Form aufweisen (das gleiche Metrum und Reimschema). Man spricht dann davon, dass verschiedene Strophen *in einem Ton* verfasst sind. Der Begriff ‚Ton' wird als Kennzeichnung lyrischer Formeinheit bereits im Mittelalter verwendet (*dôn*), und da zur mittelalterlichen Metrik immer auch eine musikalische Komponente dazugehört (Melodie und Instrumentierung), konnten ‚Töne' und ihre Autoren wohl recht schnell vom Publikum identifiziert werden. (Das ist bis heute nicht anders: vielgespielte Melodien hat man im Ohr und kann darüber leichter assoziieren als über den bloßen Text.)
Häufig ist es so, dass die einzelnen Strophen eines Tones z.T. ganz unterschiedliche, ja sogar sich widersprechende Inhalte transportieren. Das führt schließlich dazu, dass Töne dieser Art aus sehr vielen Einzelstrophen bestehen können (acht, zwölf, zwanzig, dreißig und mehr; vgl. dazu die ausführliche Beispielpräsentation anhand eines umfangreichen Sangspruchtons von Walther von der Vogelweide bei Bein, 1997, Bibl.-Nr. 463). Gerade sehr strophenreiche Töne zeigen jedoch immer wieder, dass eine Reihe von Strophen ein gemeinsames Thema umkreisen. Für die Aufführung bedeutet das: sehr lange Sangspruchtöne, wie wir sie heute in Handschriften überliefert finden, sind wohl nie in ihrer Gesamtheit zum Vortrag gekommen. Vielmehr hat der Dichter oder der Vortragende aus einem Ton-Fundus ausgewählt und je nach Anlass Teile daraus zum Besten gegeben bzw. der Dichter hat irgendwann einen neuen Ton erfunden und über z.T. lange Zeiträume hinweg immer wieder neue Texte in dieses Formgerüst hinein gedichtet.

Liedlyrik

Im Gegensatz zur Sangspruchdichtung stellen *Lieder* lyrische Texte dar, die im Durchschnitt eine bis sechs Strophen umfassen[7] und, das ist wesentlich, *ein* gemeinsames Thema haben (sehr häufig z.B. das Verhältnis von Natur und Liebe; Liebesklage; Frauenpreis; Gesang und Gesellschaft; weniger häufig: Religiöses). In der Regel ist jedes Lied von einem anderen durch die Form seiner Einzelstrophen zu differenzieren. Man spricht dann davon, dass jedes Lied einen individuellen ‚Ton' ausmacht, der durch Versmetrik, Reim und musikalische Realisierung charakterisiert ist.

Ein Lied – ein Thema

kann. Daher erweiterte man den Begriff zu *Sang-spruch-lyrik*. Weitere Informationen bei Tervooren, 2001, Bibl.-Nr. 491.

7 Es gibt auch, abhängig vom Liedtyp (z.B. ‚Tagelied') und vom Autor (z.B. Neidhart), noch längere Minnelieder, die sieben, manchmal noch mehr Strophen umfassen; sie stellen aber eher Ausnahmen dar.

Soweit ist ein Lied recht gut von einer Sangspruchreihe zu unterscheiden. Problematischer ist die Frage, nach welchen *Prinzipien* ein (Minne-) Lied strukturiert ist, ob es Formgesetze gibt, wie sie womöglich ausschauen und in welchem Verhältnis sie zur Sinndimension der Einzelstrophen und des jeweiligen Strophenverbandes stehen. Die Forschung steht hier noch vor manchen ungeklärten Fragen.

Variation in Strophenanzahl und -folge

Der Literarhistoriker und -theoretiker hat es bei der mittelalterlichen Liedkultur ausschließlich mit verschriftlichten Texten zu tun, die – wenn man sie chronologisiert – eine Entwicklung von Ein- zu Mehrstrophigkeit offen legen. Wenn mehrstrophige Lieder in mehreren Handschriften überliefert sind, dann zeigt sich in den weitaus meisten Fällen, dass die Reihenfolge der Strophen von Handschrift zu Handschrift variiert und dass auch die Strophenanzahl variiert; mehr noch: es gibt nicht wenige Fälle, in denen von Handschrift zu Handschrift einzelne Strophen durch andere ersetzt sind (dazu Bein, 1997, Bibl.-Nrr. 466; viele Beispielfälle bei Heinen, 1989, Bibl.-Nr. 308). Kann man angesichts solcher Verhältnisse noch von Bau- und Formprinzipien eines Liedes sprechen? Was steckt hinter dieser Variabilität? Welchen Schicksalen waren die Texte in der Zeit von ihrer Genese bis zur ersten Schriftfixierung ausgesetzt?

Aufgrund von Befunden, die sorgfältige Vergleiche unterschiedlicher Überlieferungen eines Textes ergeben, können folgende Prozesse als wahrscheinlich angenommen werden (zu *beweisen* sind diese Annahmen jedoch nicht):

Lieder: oft instabile Texteinheiten

(1) Der Autor selbst kann, begründet durch ästhetische Neu- oder Umorientierung bzw. durch veränderte Rezeptionsumstände, einmal verfasste Texte verändert haben;
(2) Texte können durch Interpreten (Sänger, die mit fremdem Liedgut auftreten) spontan variiert worden sein;
(3) Texte können planvoll durch Sammler und Schreiber großer Liederhandschriften verändert worden sein (abhängig z.B. vom Sammelkonzept, vom Streben nach Vollständigkeit oder gemäß metrischer Ideale);
(4) Texte können ungewollter Veränderung unterworfen worden sein (z.B. durch unverständige Schreiber: Abschreibfehler, Flüchtigkeitsfehler, mangelnde Sorgfalt im Umgang mit der Vorlage, ungeplantes Abschreiben usw.);
(5) Texte können durch bloße Zufälle verändert worden sein (mechanischer Textverlust durch fehlende Einzelblätter einer Vorlage; Platzmangel beim Abschreiben umfangreicherer Vorlagen usw.).

Berücksichtigt man diese (wichtigsten) denkbaren Prozesse, die ein Text im Laufe von einigen Jahren und Jahrzehnten durchlaufen kann, so mutet es schier aussichtslos an, Gesichertes über die Form des mittelalterlichen Liedes zu sagen. In vielen Fällen wird man sehr bescheiden und auf das einzelne Lied und seine Überlieferungsgeschichte beschränkt nach neuen Antworten suchen müssen. Die Forschung ist hier im Gange. Es zeichnen sich zwei

Grundlinien ab: Zum einen wird deutlich, dass es viele Lieder gibt, die keine bestimmte Anordnung ihrer Strophen bedingen, wo eine Reihenfolge 1-2-3-4-5 genauso sinnvoll ist wie die Reihenfolge 2-1-5-4-3 oder 5-4-1-3-2, wobei ‚sinnvoll' hier nicht heißt, dass alle Versionen genau das gleiche aussagten. Je nachdem, ob das Lied mit Strophe 1 bzw. Strophe 5 beginnt, kann sich der Akzent der Liedaussage deutlich verändern. In solchen Fällen scheinbar beliebiger Strophenreihung (ggf. auch Strophenauswahl) müssen wir eine Eigentümlichkeit mittelalterlicher lyrischer Kunst sehen, die wohl dem literarischen Leben jener Zeit verpflichtet ist: Vor allem die Lyrik existiert in der immer wieder neuen, mündlichen Aufführung, zu jeweils anderen Anlässen, vor jeweils anderem Publikum durch jeweils andere Vortragende. Die innere Geschlossenheit vieler Einzelstrophen mag das – theoretisch unausgesprochene – poetische Konzept sein, das ein solches Leben erst ermöglicht.

Die genaue Analyse von einzelnen Liedern zeigt aber auf der anderen Seite auch, dass es Fälle gibt, in denen die Strophenreihung nicht beliebig ist, sondern durch formale Elemente oder durch Erzähllogik festliegt. Ein solches formales Element ist z.B. die sog. *Cap-finido*-Bindung von Strophen: Ein Element am Schluss einer Strophe wird zu Beginn der folgenden wiederholt: das können Reime sein oder auch Wörter. Eine andere Reihungsbindung begegnet im ‚Vokalspiel' Walthers von der Vogelweide (Bibl.-Nr. 331, Ton 52): das Lied besteht aus fünf Strophen, wobei jede Strophe einen durchgängigen Reim auf einen der fünf Vokale aufweist (a-e-i-o-u). Nicht nur die Reihenfolge der Strophen wird dadurch festgelegt, auch die Anzahl der Strophen ist determiniert. Es gibt noch manche andere Techniken, die hier nicht alle aufgeführt werden können (vgl. Cramer, 1988, Bibl.-Nr. 465).

Liedlyrik – Sangspruchlyrik: Probleme der Forschung

Oben wurde darauf hingewiesen, dass innerhalb einer größeren Sangspruchreihe durchaus thematisch gebundene Strophengruppen begegnen können. Wenn aber mehrere formal gleich gebaute Texteinheiten aufeinander folgen und über ein Thema verknüpft sind, dann mag man die berechtigte Frage stellen, worin genau die Differenz zum ‚Lied' bestehe. Wir befinden uns mit dieser Frage in einer kontrovers diskutierten Problematik, die in den 50er Jahren durch mehrere Arbeiten Friedrich Maurers aufgeworfen wurde und bis in die 70er Jahre hinein z.T. leidenschaftliche Debatten auslöste und förderte (dazu Bein, 1993, Bibl.-Nr. 466 und Tervooren, 1972, Bibl.-Nr. 464). Die Grundfrage lautete: Sind nicht auch die politischen, didaktischen, religiösen lyrischen Texte in der Regel als liedhafte Einheiten (vom Dichter) konzipiert, sind sie nicht in jedem Fall mehr als bloß willkürlich aneinandergereihte baugleiche Strophen? Maurer exemplifizierte seine Überzeugung an der Sangspruchdichtung Walthers von der Vogelweide (1972, Bibl.-Nr. 493), postulierte politische *Lieder*, deren Strophen aufeinander zukomponiert seien. Freilich musste er, um ‚Lieder' präsentieren zu können, oft in die Überlieferung eingreifen, Strophen umstellen, Strophen als unecht ausscheiden, auch Textgestalt und Metrik konjektural (verbessernd) verändern. Das rief Widerspruch auf den Plan, der sich immer deutlicher dahingehend artikulierte, dass man die Überlieferung ernster zu nehmen habe und dass man eventuell mit langsam gewachsenen Strophenverbänden und möglicherweise mit Autor- und Vortragsvarianten rechnen müsse.

Was ist ein Lied?

Leich

Neben Lied und Sangspruchreihe muss nun der ‚Leich' mit seinen formalen Eigentümlichkeiten vorgestellt werden. Der Leich ist eine zumeist hochartifizielle lyrische Großform, zusammengefügt aus baudifferenten ‚Versikeln' mit sogenannter höherer und niederer Responsion. Thema eines Leichs können sowohl geistliche (Christologisches, Mariologisches) als auch weltliche Gegenstände (Minne, Politik) sein. Ein Leich unterscheidet sich in charakteristischer Weise von allen anderen lyrischen Formen dadurch, dass seine Einzelteile keine Strophen sind, also nicht metrisch gleich gebaute, sich regelmäßig wiederholende Elemente, sondern sogenannte Versikel[8], ungleich gebaute Teile, die allerdings im Laufe des Leichs ein- oder auch mehrmalige Wiederholung finden können (vgl. mit weiteren Hinweisen Apfelböck, 1991, Bibl.-Nr. 484). Es empfiehlt sich, die Formprinzipien eines Leichs an einem Beispiel zu erläutern. Ich greife den Leich Walthers von der Vogelweide heraus[9], genauer: die Eingangsversikel (1 I – II a2):

Versikel

Mittelhochdeutscher Text	*Neuhochdeutsche Übertragung*
I	
Got, dîner trinitâte,	Gott, deiner Dreieinigkeit,
die beslozzen hâte	die deine Voraussicht klug
dîn fürgedanc mit râte,	umschlossen hatte,
der jehen wir: mit drîunge	sprechen wir zu: in der Dreiheit
diu drîe ist ein einunge,	ist die Drei eine Einheit,

8 Im Wort ‚Versikel' (lat. *versiculus*: ‚kleine Zeile') steckt das Wort ‚Vers' (lat. *versus*: Reihe, Linie, Zeile); ein Versikel ist also, einfach gesprochen, ein ‚Vers-Komplex'.

9 Text: Bibl.-Nr. 331; Peter Kern schlägt (m.E. zu Recht) vor, Vers I, 3 anders herzustellen: *sin, fürgedanc mit râte* (vgl. seinen 1999 erscheinenden Beitrag zum Leich Walthers von der Vogelweide in dem Sammelband: Walther von der Vogelweide – Textkritik und Edition. Hg. von Thomas Bein. Berlin, New York 1999).

verendet niemer mêre,	hat nie ein Ende,
der sende uns sîn lêre.	er möge uns seine Lehre senden.
uns hât verleitet sêre	Uns hat der Fürst aus den Abgründen der Hölle
die sinne ûf menge sünde	unser Trachten
der fürste ûz helle abgründe.	hin auf viele Sünden in die Irre gelenkt.

II a1

Sîn rât und bloedes fleisches gir,	Sein Rat und die Lust des Fleisches
die hânt geverret, hêr, uns dir.	die haben uns von dir, Herr, entfernt.
sît disiu zwei dir sint ze balt	Da diese zwei dir zu verwegen sind
und dû der beider hâst gewalt,	und du über beide Gewalt hast,
Sô tuo daz dînem namen ze lobe	so handle zum Lob deines Namens
und hilf uns, daz wir mit dir obe	und hilf uns, damit wir mit dir siegen
geligen und daz dîn kraft uns gebe	und dass uns deine Kraft
sô starke stæte widerstrebe.	so starke und beständige Gegenwehr ermög - licht.

II a2

Dâ von dîn name wirt gêret	Dadurch wird dein Name geehrt
und ouch dîn lop gemêret.	und dein Lobpreis vermehrt.
Dâ von wirt er geunêret,	Dadurch wird der in Schande gestürzt,
der uns dâ sünde lêret	der uns zur Sünde anhält.
[...]	[...]

Man erkennt schnell, dass die ersten drei Versikel ganz unterschiedlich gebaut sind. Es folgen noch 18 weitere. Betrachtet man diese Großform aus einiger Distanz heraus, so lassen sich im Falle Walthers (aber nicht nur hier) Formkorrespondenzen ausmachen, d.h., bestimmte Versikel und Versikelgruppen wiederholen sich in ihrer metrisch-musikalischen Komposition und verleihen dem Leich dadurch eine (z.T. symmetrische) Struktur; in der Forschung wird dabei von der sogenannten ‚höheren Responsion' gesprochen (entsprechend bezeichnet die ‚niedere Responsion' formale Relationen auf der Ebene einzelner Versikel – ähnlich der Liedstrophe). Walthers Leich weist folgende Großstruktur auf:

Responsionen
Entsprechungen
Spiegelungen
Wiederholungen

Versikelgruppen:	**I**	**II a,b**	**III**	**II* a,b**	**IV**
Versikelanzahl:	**2**	**8**	**3**	**8**	**2**

Das bedeutet im einzelnen: Zu Beginn (= I) und am Ende (= IV) des Leichs finden wir zwei unterschiedlich gebaute Versikel, die singulär sind, also nur je einmal im Leich vorkommen. Die Mitte des Leichs (= III) wird durch eine Gruppe von drei Versikeln gebildet, die nur hier erscheinen. Vor und hinter dieser Mittelgruppe sind die Versikelsequenzen II a,b und II* a,b angeordnet, die jeweils aus acht Versikeln bestehen, die sich – Teil III als Achse genommen – formal entsprechen. Diese Entsprechungen, Responsionen und Spiegelungen auf der formalen Ebene sind, genau wie bei der Liedstrophe, auf den Inhalt zu beziehen. Das Verhältnis von Form und Inhalt zu bestimmen, ist jedoch beim Leich um einiges komplizierter. Versikel- und Satzgrenzen stimmen häufig nicht überein, so dass eine formale Gliederung und Trennung von Formeinheiten über die Einheit sprachlicher Elemente gleichsam aufgehoben wird. Noch problematischer gestaltet sich die Form-Inhalt-Relation dann, wenn formal aufeinander zu komponierte Versikel thematisch augenscheinlich nichts gemein haben; die Form kann hier allerdings ein Interpretament[10] darstellen und auffordern, auch thematische Bezüge herzustellen.

Es gilt also grundsätzlich: Die Analyse der Form einer Strophe, eines Versikels, eines Liedes, einer Sangspruchreihe und eines Leichs gehört mit zu den primären, grundlegenden Arbeiten eines Altgermanisten. Der Sinn dieses Tuns erschöpft sich nicht in der bloßen Auszählung von Silben. Um ein adäquates Verständnis des lyrischen Textes kann allererst dann gerungen werden, wenn die Form als ästhetisches Element und gleichzeitig Sinn-Interpretament wahrgenommen wird.

4.1.3.3. Metrik der mittelhochdeutschen Epik

Mit wenigen Ausnahmen sind auch Erzähltexte bis in das 14. Jh. hinein metrisch geformt (dies ganz anders als in der Gegenwart: Erzählungen, Kurzgeschichten, Romane sind heutzutage in Prosa verfasst). Grundsätzlich muss differenziert werden zwischen strophischer Gliederung und Reimpaargliederung.

Strophengliederung

Längere Erzähltexte können in strophischen Abschnitten strukturiert werden. Der bekannteste Text solcher Art ist das ‚Nibelungenlied' (dazu auch unten, S. 168ff.). Betrachten wir die erste Strophe (Text: Bibl.-Nr. 323):

10 Interpretament: ein ‚Werkzeug', ein Hinweis zur Interpretation.

Mittelhochdeutscher Text

Nibelungenstrophe

Uns **ist** in **al**ten **mae**ren **wun**ders **vil** ge**seit**
von **hel**den **lo**be**bae**ren, von **grô**zer **a**re**beit**,
von **fröi**den, **hôch**ge**zî**ten, von **wei**nen **und** von **kla**gen,
von **küe**ner **reck**en **strî**ten muget **ir** nu **wun**der **hoe**ren **sa**gen.

↓ Anverse ↓ Zäsur ↓ Abverse

Neuhochdeutsche Übertragung
Uns wird in alten Erzählungen viel Wundersames berichtet
von strahlenden Helden, von schwerer Mühsal,
von Freuden, Feiern, von Weinen und Klagen,
vom Kampf tapferer Helden könnt ihr nun Erstaunliches erfahren.

Bereits ein erster *Blick* auf die mhd. Verse erinnert an die Langzeilen der germanischen Stabreimdichtung (oben, S. 62f.). Wie dort sind die Verse auch hier zweigeteilt in An- und Abvers, etwa in der Mitte begegnet eine Zäsur, eine rhythmisch-melodische Pause. Die Reimtechnik aber ist anders, Stäbe begegnen nicht. Stattdessen sind die vier Langverse jeweils paarig endgereimt: *geseit : arebeit, klagen : sagen* (aa, bb). Zählt man ohne weitere Vorkenntnisse die Hebungen aus, so wird man zunächst feststellen wollen, dass in den Versen 1-3 in den An- und Abversen jeweils drei Silben betont sind, dass im 4. Vers hingegen im Abvers vier Hebungen begegnen (jeweils fett hervorgehoben). Wenn wir nun das Augenmerk auf die Schlüsse der Anverse richten – nun wird es metrisch etwas komplizierter[11] –, so zeigt sich, dass es sich um zweisilbige Schlüsse handelt (*mae-ren, -bae-ren, -zî-ten, strî-ten*), wobei die Betonung auf der ersten Silbe liegt, die durchweg ‚lang' ist.

Metrisch lange Silben

‚Länge' wird in der Metrik generell folgendermaßen definiert: (1) durch einen Langvokal (meist mit einem ^ in den Ausgaben gekennzeichnet: â, ê, î, ô, û) oder (2) durch einen Diphthong (Doppelvokal: ai/ei, ie, uo, ou, öu, üe) oder (3) durch einen Kurzvokal in *geschlossener Tonsilbe.* Letzteres hört sich kompliziert an, ist es aber nicht. Beispiel: Das ‚e' im mhd. Verb *leben* ist, im Gegensatz zur heutigen Artikulation, kurz. Zerlegt man das Verb in Silben, so sieht man, dass die Silbengrenze unmittelbar auf das kurze ‚e' folgt: *le/-ben.* Die betonte Silbe ist also offen und gilt metrisch nicht als ‚lang'. Anders sieht das etwa bei dem Wort *minne* (nhd.: Liebe) aus. Das ‚i' ist kurz, die Silbengrenze verläuft jedoch nicht hinter dem ‚i', sondern hinter dem ersten ‚n': *min-ne.* Die erste, betonte, Silbe ist nun geschlossen, und sie gilt metrisch als lang.

11 Für Hinweise zur deutlicheren Darstellung dieses Sachverhaltes – und für weitere kritische Überlegungen – danke ich Udo Gerdes, ZfdA 130, 2001, 207.

Im Zusammenhang mit der Lyrik war schon von unterschiedlichen Kadenzen (Versschlüssen) die Rede (oben, S. 67f.). Unterschieden werden konnten dort weibliche und männliche Kadenzen, letztere noch in einsilbige und zweisilbige differenziert. In der Epik spricht man gleichermaßen von ‚männlichen' (oder ‚vollen') Kadenzen, nicht aber von ‚weiblichen', sondern statt dessen von ‚klingenden'. Worin besteht der Unterschied? In der Lyrik würde ein Wort wie ***mae**-ren* eine weibliche Kadenz konstituieren, und nur die betonte erste Silbe (*mae-*) wird gezählt. In der Epik aber zählt man auch die zweite Silbe (*-ren*) mit, weil, wie man hier sagt, diese Silbe eine Nebenbetonung trägt: diese zweite Silbe ‚klingt nach' (in der Nibelungenstrophe oben sind diese Nebensilbenbetonungen durch Unterstreichung markiert). Klingende Kadenzen beinhalten also immer zwei Hebungen, eine Haupt- und eine Nebenhebung. Insofern müssen wir die Anverse der Strophe neu metrisieren: sie enthalten also jeweils *vier* Hebungen. Eine Formalisierung der Strophe sieht dann wie folgt aus:

Klingende Kadenz

Vers	*Anvers / Kadenz* ↓ ↓	*Abvers* ↓	*/ Kadenz* ↓	*Reim* ↓
1	4 Hebungen, klingend	3 Hebungen	einsilbig (männlich)	a
2	4 Hebungen, klingend	3 Hebungen	einsilbig (männlich)	a
3	4 Hebungen, klingend	3 Hebungen	zweisilbig (männlich)	b
4	4 Hebungen, klingend	4 Hebungen	zweisilbig (männlich)	b

Dieses Schema trifft das *Prinzip* der Nibelungenstrophe. Von diesem Prinzip gibt es Abweichungen, und die auffallendste begegnet gerade in unserem Beispiel. Denn hier zeigt sich, dass nicht nur die Abverse eine Reimbindung aufweisen, sondern auch die Anverse: *maeren: -baeren, -zîten: strîten.* Aber wie gesagt: eine solche sogenannte ‚Anvers- oder Zäsurreimung' stellt eine Ausnahme dar (nähere Erläuterungen dazu bei Hoffmann, 1992, Bibl.-Nr. 438).

Das ‚Nibelungenlied' ist nicht das einzige strophisch organisierte Epos. Auch Wolframs ‚Titurel', das Spielmannsepos ‚Salman und Morolf' und das ‚Jüngere Hildebrandslied' beispielsweise sind in Strophen gegliedert. Weitaus häufiger aber begegnet die sogenannte ‚Reimpaardichtung', die im Folgenden vorgestellt wird.

Reimpaargliederung

Eine andere Möglichkeit, Erzähltexte metrisch zu strukturieren, besteht darin, jeweils paargereimte Verse (aa, bb, cc usw.) zusammenzustellen. Betrachten wir zur Illustration dieses Typs noch einmal die Eingangsverse des ‚Armen Heinrich' Hartmanns von Aue:

Ein ritter sô gelêret was,
daz er an den buochen las,
swaz er dar an geschriben vant;
der was Hartman genant.
dienstman was er ze Ouwe.
er nam im manige schouwe
[...]

Je zwei Verse sind über einen Reim miteinander verbunden. Skandiert man die Verse 1-3 laut und nach Hebungen (unten fett hervorgehoben) und Senkungen deutlich abgesetzt, zeigt sich, dass die ersten drei Verse regelmäßige Alternation (Wechsel) zeigen (V. 1 und 3 beginnen mit einem unbetonten Auftakt: die Worte *Ein* und *swaz*, V. 2 beginnt unmittelbar mit einer betonten Silbe: *daz*) und jeweils vier Hebungen aufweisen; das Reimwort/die Reimsilbe stellt die letzte Hebung dar, auf die auch keine Silbe mehr folgt; es handelt sich also um eine einsilbig männliche (volle) Kadenz:

Auftakt	*Versinneres*	*Kadenz*
Ein	**rit**ter **sô** gel**ê**ret	**was**,
–	**daz** er **an** den **buo**chen	**las**,
swaz	**er** dar **an** ge**schri**ben	**vant**;

Ausnahmen und Problemfälle

Ein regelmäßiges Lesen und ein Auszählen von vier Hebungen fällt für die Verse 4 und 5 aber schwer; sie sperren sich gegen ‚schöne' Alternation. Und doch wird man zunächst am Formprinzip der Vierhebigkeit festhalten und Realisierungsfreiheiten konstatieren. Im Laufe der Erforschung der altdeutschen Metrik hat man bestimmte Regeln für solche Freiheiten oder Variationen zu bestimmen gesucht (vgl. Bibl.-Nrr. 617–623). So ist es z.B. nicht unbedingt erforderlich, dass alle Verse mit einem Auftakt beginnen; es muss nicht unbedingt zwischen zwei betonten Silben eine unbetonte stehen, wenn diese Einzelsilben eine bestimmte Quantität aufweisen (sie müssen lang sein, siehe oben, S. 75); im Kadenzbereich wird eine betonte Nebensilbe für die gesuchte Vierhebigkeit veranschlagt (klingende Kadenz, siehe oben, S. 67). Vers 4 also könnte gelesen werden: ***der*** *was* ***Hart-man*** *ge-****nant***. V. 5 wäre zu lesen: ***dienst****-man was* ***er*** *ze* ***Ou-we***. Das Verteilen der vier Hebungen auf den Vers muss beim V. 5 von hinten, von der Kadenz aus, geschehen, denn im Unterschied zu den Reimschlüssen *was* oder *las* ist diese Kadenz ja zweisilbig (klingend), wobei die erste Silbe, *Ou-*, eine lange ist (hier aufgrund des Diphthongs ‚ou'), und in dieser Konstellation erhält die zweite Silbe, *-we*, eine Nebenbetonung, die zur Vierhebigkeit des Verses immer dazu gerechnet wird. Freilich könnte man den Vers auch etwas anders lesen: ***dienst-man*** *was er ze* ***Ou-we***; man nimmt dann eine etwas ungewöhnliche dreisilbige Senkung zwischen *-man* und *Ou-* in Kauf. Wie bei ***Hart-man*** läge auch hier mit ***dienst-man*** und ***Ou-we*** eine sogenannte ‚beschwerte Hebung' vor. d.h., dass zwei ‚lange Silben' (hier ‚positionslang' auf Grund ihrer Geschlossenheit; dazu oben mehr). Besser oder schlechter als die erste Lesart ist die zweite aber nicht; im einen wie im anderen Fall liest sich der Vers holprig – vor allem, wenn wir ihn heute nur halblaut vor uns hinmurmeln. Im Mittelalter aber wurde versifizierte Literatur, Lyrik wie Epik, in den meisten Fällen ja in sanglich-rezitativem Ton, teilweise von Musikinstrumenten begleitet, vorgetragen. Diese andere mediale Realisierung bietet – das vorzustellen fällt nicht schwer und wird von jedem Schlager- und Popsänger oder Chansonnier täglich praktiziert – manche Möglichkeit, ‚holprige' Verse einem Grundrhythmus anzupassen.

Das Beispiel zeigt: Die Analyse der Metrik von Epen stellt grundsätzlich kein großes Problem dar. Die in Standardwerken formulierten Regeln sind überschaubar und nach einiger Übung rasch auf den Einzelfall umzusetzen. Immer wieder aber scheinen sich Verse gegen die Regeln zu sträuben. Spätestens dann sollte man an das mündliche Leben des Textes während seiner Aufführung denken, und erst, wenn auch dann keine Regel mehr zu greifen scheint, sollte man mit Defekten der Textüberlieferung rechnen, die es zweifellos gibt. Denn jede Handschrift ist ein *statisches* Medium; einem mittelalterlichen Text aber ist grundsätzlich eine immer wieder neue, partiell andere Aufführungs*dynamik* eigen. Im Übergang vom dynamischen Leben eines Textes zum statischen ‚Einfrieren' in ein stummes Schriftmedium kann es gut zu manchen Verlusten und Verderbnissen kommen. Der Editor mag in solchen Fällen – nach gründlicher Reflexion – den handschriftlichen Text bessern (Näheres zur Konjekturalkritik S. 110ff.).

Die Reimpaarmetrik entfaltet ihren Sinn vornehmlich in der Rhythmisierung und Ästhetisierung des Gesagten und trägt – anders als im Bereich der Lyrik und der strophisch organisierten Epik – weniger zur Text*gliederung* auf höherer Ebene bei. Hier sind andere formale Aspekte zu berücksichtigen, die im folgenden Kapitel vorgestellt werden.

4.1.3.4. Form- und Strukturelemente in mittelhochdeutscher Epik

Ansetzen muss man bei den Handschriften und den dort manifesten Gliederungssignalen: Textabschnitte werden häufig durch Initialen (übergroße, manchmal aufwendig ausgemalte Anfangsbuchstaben eines Wortes) gekennzeichnet (siehe Abb. 3, nächste Seite). Je nach Aufwand und finanziellen Möglichkeiten kann durch Ein- oder Ausrückung von Zeilen eine Abschnittsmarke gesetzt werden. Vor allem in späten Handschriften (z.B. des 15. und 16. Jhs.) können Episoden eines größeren Erzähltextes mit kurzen Zwischenüberschriften versehen werden.

Singulär, aber beachtlich ist das semiotische System[12] in der Handschrift von Heinrich Wittenwilers ‚Ring' (Faksimile: Bibl.-Nr. 280), einer literarisierten Didaxe vom Ende des 14. oder Anfang des 15. Jahrhunderts. Der Autor hat dieses System selbst eingeführt: rote, vertikale Linien am Rand des Textes sollen auf Abschnitte ernsthafter Lehre hinweisen, grüne Linien auf komisch-burleske Szenen (siehe Abb. 4, nächste Seite). Bis heute aber tut sich die Forschung schwer, die jeweilige Zuordnung der Farben zum Text nachvollziehen zu können, denn Form und Inhalt widerstreiten sich an einigen Stellen.

Struktursignale in Handschriften

Abbildung 3: Hartmann von Aue: Der arme Heinrich, Fassung Bb, fol. 256r (Bibl.-Nr. 273). Links oben in blasser Schrift die Überschrift des Textes *Ditz ist ein mere rich / von dem armen heinrich*. Mit einer Großinitiale beginnt der Prolog. Im letzten Fünftel der ersten Spalte wird der Beginn der eigentlichen Erzählung durch eine etwas kleinere Initiale gekennzeichnet. Rechts unten markiert eine weitere Initiale einen neuen Erzählabschnitt. Die Reimpaarstruktur wird durch jeweils nach links ausgerückte erste Buchstaben eines Verspaares verdeutlicht.

12 Semiotisches System: ein ‚Zeichensystem'.

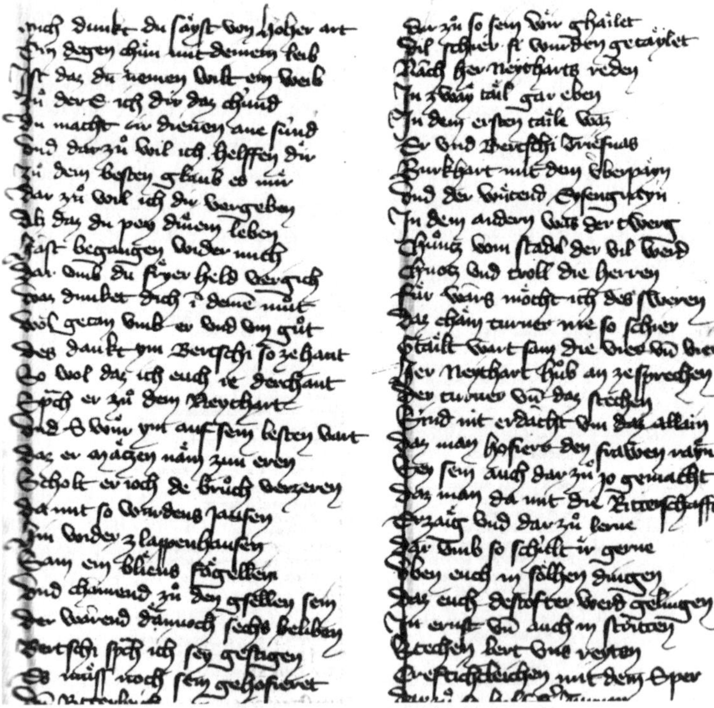

Abbildung 4: Heinrich Wittenwiler: Der Ring, fol. 7^r (Bibl.-Nr. 280). Die durch die Anfangsbuchstaben einer Zeile (hier mit Versen identisch) laufende Linie in der linken Spalte ist im Original grün-gelb, die Linie in der rechten Spalte rot-braun. Die Linien sollen die Rezeption steuern.

Narrative Makrostrukturen

Ein epischer Text wird aber nicht nur über diese genannten graphischen Signale strukturiert, seine Form konstituiert sich freilich auch über die Anordnung von Erzähleinheiten, von Personen und Schauplätzen. Um die Form, das Bauprinzip von narrativen Texten, zu erkennen, muss man sich, möglichst abstrakt, vom Detail gelöst, die Architektur des Textes erarbeiten, gleichsam einen Grundriss vom Text zeichnen. So ließe sich z.B. der Artusroman ‚Iwein' Hartmanns von Aue (dazu auch unten, S. 172ff.) zunächst in folgende Großabschnitte gliedern:

Prolog
Vorgeschichte
Hauptteil 1: Aufstieg und Fall; Iweins Wahnsinn
Hauptteil 2: Iweins Bewährung; glückliches Ende

Vorgeschichte und Hauptteile bestehen jeweils aus zahlreichen Einzelepisoden, die nicht nur in einem additiven Verfahren aneinandergereiht werden, sondern die aufeinander Bezug nehmen, z.B. durch die Struktur von Kämpfen, durch die Motivationen zum Kampf, durch die jeweiligen Gegner, durch Motivwiederholungen, -variationen und -spiegelungen, durch Vorausdeutungen und Rückblenden usw. So werden Vorgeschichte, Hauptteil 1 und Hauptteil 2 zueinander in Beziehung gesetzt. Über die Form und Struktur des Textes gewinnen seine Einzelteile Bedeutungen, die sie für sich allein nicht haben (können). Form ist hier mittelbar und unmittelbar Sinn (vgl. den erhellenden Beitrag von Kern, 1973, Bibl.-Nr. 424).

4.1.4. Der Dichter und sein Stoff

Nachdem man sich einen Text auf einer primär lexikalischen Ebene angeeignet und sich auch über die Architektur Klarheit verschafft hat, müssen größere Bereiche der Textaussage in den Blick genommen werden. Wovon handelt der Text: Von der Liebe? Von Mann und Frau? Von Rittern und Kämpfen? Von Kriegen gegen Heiden? Von Kaiserkrönungen und päpstlichen Bannsprüchen? Von Pilgererlebnissen? Von gesellschaftlichen Problemen? von Naturereignissen? Von Turnieren? Von Pflanzen und Tieren? von Träumen und Visionen? Von Heiligen? Von historischen oder fiktiven Personen? Von der Bibel? Von Freunden und Freundschaften? Von Vater und Sohn oder Mutter und Tochter? ...
Indem jeder Text ein Stück Weltaneignung ist, stellt er stets einen Bezug zu etwas in der Welt her und nimmt einen bestimmten (auch historisch-chronologischen) Platz ein. Es mag theoretisch so sein, dass die Welt unendlich viele Herausforderungen bietet, letztlich ist es aber doch so, dass sich die Literatur aller Zeiten, vor allem natürlich die fiktionale, von ihrer Grundthematik aus betrachtet, relativ begrenzt zeigt (vgl. Daemmrich, 1995, Bibl.-Nr. 642). Der Mensch in der Welt: Individuum und Gesellschaft, Mann und Frau, Mann und Mann, Frau und Frau, Kinder und Eltern, Krieg und Frieden, Macht und Ohnmacht, Diesseits und Jenseits, Gott und Teufel, Geburt und Tod, Glück und Elend, Gut und Böse, Natur und Kultur – es sind dies die wesentlichen Konstituenten für Kunst überhaupt und für Literatur im Besonderen. Wie steht es angesichts dieser Lage um die Originalität von Literatur? Wie ‚neu‘ können literarische Zugriffe auf die Welt sein?

Themen der Kunst

Grundsätzlich muss nun die ältere deutsche Literatur von der neueren, besonders seit dem 18. Jahrhundert, geschieden werden. Während heutzutage die literarische (Tages-) Kritik als *ein* Merkmal der literarischen Güte das Unkonventionelle und Neue benennt, unterliegt die Literatur des Mittelalters grundsätzlich einer anderen (Selbst-) Einschätzung. Der Dichter ist zunächst und vor allem ein *findære*, ein ‚Finder' also, kein ‚Er-Finder'[13]. Um als ‚Finder' in Erscheinung zu treten, muss sich der Dichter allererst auf die Suche machen: auf die Suche nach einem Stoff, den man kennt, den man sich aber immer wieder anders aneignen kann, oder – schon etwas spezifischer – auf die Suche nach einer Geschichte, die bereits Teil eines kulturellen, kollektiven Gedächtnisses ist, die aber gleichwohl immer wieder neu und in anderer Akzentuierung erzählt werden kann, oder – noch spezifischer – auf die Suche nach einzelnen Motiven, die ihre Tradition haben, aber immer wieder anders in größere Kontexte eingebunden werden können (dazu grundlegend Lofmark, 1981, Bibl.-Nr. 205). In vielen Fällen machen die Dichter des Mittelalters – vor allem Epiker – diese Prozesse des Suchens und Findens zum Bestandteil ihrer Dichtung selbst, meist von der Handlung gelöst in Prologen, Epilogen oder Exkursen. Der Hinweis Hartmanns von Aue im ‚Armen Heinrich', dass er in Büchern nach etwas suchte, womit er nützen und erfreuen könnte, ist schon in Kap. 2 besprochen worden. Ein weiteres, aussagekräftiges Beispiel bietet Gottfried von Straßburg in seinem ‚Tristan' (1. Drittel 13. Jh., Bibl.-Nr. 319), wo er recht breit seine Quellensuche und sein Quellenstudium beschreibt. Gottfried entwirft zunächst ein weites, undifferenziertes Stoff-Panorama und sucht dann in diesem Meer des Erzählstoffes weiter nach einer *spezifischen* Version von ‚Tristan und Isolde', die seiner Vorstellung von Richtigkeit entspricht:

Selbstverständnis des Autors

Adaptation

Mittelhochdeutscher Text	*Neuhochdeutsche Übertragung*
131 Ich weiz wol, ir ist vil gewesen,	Ich weiß gut, dass es viele gab,
die von Tristande hânt gelesen;	die von Tristan gelesen/erzählt haben,
und ist ir doch niht vil gewesen,	aber es gab doch wenige,
die von im rehte haben gelesen.	die in rechter Weise von ihm berichteten.

Gottfried will sich von vielen ‚falschen' Lektüren absetzen. Er orientiert sich am Franzosen Thomas von Britanje, dem Meister der Erzählkunst, der seinerseits die Geschichte *an britûnschen buochen las* (V. 152, ‚in bretonischen Büchern las'). Die Richtigkeit der Erzählung wird mit einer ganz spezifischen Vorlage in Verbindung gebracht, und diese ist verknüpft mit einem namentlich individualisierten Dichter: Thomas von Britanje. Dessen spezifi-

13 Es muss natürlich darauf hingewiesen werden, dass Oppositionen wie ‚Finder im Mittelalter – Erfinder in der Moderne' immer recht pauschale Kategorien

sche Leistung, dessen Lektüre des Tristan-Stoffes stellt Gottfried noch näher vor:

Die wahre Quelle

Mittelhochdeutscher Text	*Neuhochdeutsche Übertragung*
Als der von Tristande seit,	So, wie der von Tristan berichtet,
die rihte und die wârheit	diese Richtigkeit und Wahrheit
begunde ich sêre suochen	suchte ich
in beider hande buochen	sowohl in französischen
walschen und latînen	als auch in lateinischen Büchern,
und begunde mich des pînen,	und ich mühte mich ab,
daz ich in sîner rihte	seiner Richtigkeit gemäß
rihte dise tihte.	diese Dichtung einzurichten.
sus treip ich manege suoche,	Ich suchte lange,
unz ich an eime buoche	bis ich in einem Buch
alle sîne jehe gelas,	seine Berichte las,
wie dirre âventiure was.	wie es um diese Geschichte bestellt war.

Gottfrieds Quellenbericht, sein Suchen in Bibliotheken nach französischen und lateinischen Büchern, die die *rihte* (‚Richtigkeit', ‚Stimmigkeit', ‚Wahrheit') überliefern, macht einen Selektionsprozess anschaulich, ein Sortieren und Aussortieren, ein Strukturieren des Stoffes, dem ein ganz bestimmtes Sinn- und Textkonzept zugrunde liegt.

Text und Prätext

Bei dem Bemühen, einen mittelalterlichen Text zu verstehen, müssen wir also ein besonderes Augenmerk darauf haben, wie der Dichter mit einem bestimmten Stoff umgeht bzw. wie sein Verhältnis zu einer konkreten Quelle ausschaut. In vielen Fällen setzt das voraus, dass sich der germanistische Mediävist in Nachbardisziplinen zu bewegen hat, denn zahlreiche Quellen für deutsche Erzähltexte und Lyrik sind auf Altfranzösisch, Provenzalisch oder Latein verfasst. Sofern diese Prätexte nicht zweisprachig erschlossen sind, wird ein Anfänger schnell an Grenzen der vergleichenden Textanalyse stoßen; immerhin aber sind zentrale epische Werke (darunter z.B. altfranzösische Artusromane) und viele lyrische Texte (darunter z.B. romanische Troubadour- und Trouvèredichtung[14], die mittellateinischen ‚Carmina Burana'[15]) ins Deutsche übersetzt worden (siehe Bibl.-Nrr. 254, 263, 265), so dass hier ein Zugang leichter möglich ist.

Die vergleichende Lektüre von deutschsprachigem Text und seiner Quelle gewährt interessante Einsichten in das literarische Leben der Zeit. Denn es

darstellen und keineswegs alle Nuancen des Einzelfalles berücksichtigen. Vgl. zur Einführung in die Problematik Krohn, 1992, Bibl.-Nr. 209.

14 Mit den Begriffen ‚Troubadour' (südfranzösisch-provenzalisch) und ‚Trouvère' (nordfranzösisch) werden (Liebes-) Lyriker bezeichnet. Ein Troubadour ist ein „Erfinder seiner ‚Weisen'" (Dank an Daniel Rocher, Germanistik 42, 2001, 3f., für diese Verdeutlichung gegenüber meiner Darstellung in der 1. Auflage).

15 ‚Carmina': Plural zu lat. ‚carmen' = das Lied.

sind selbstverständlich keine wortgetreuen Übersetzungen, die z.B. in den Artusromanen Hartmanns von Aue begegnen (Vorlage: die altfranzösischen Epen Chrétiens de Troyes; zum Problemkomplex ‚Übersetzung', ‚Übertragung', ‚Adaptation' siehe unten Kap. 7.4.3.). Das Verhältnis ‚Quelle–Text' stellt sich meist sehr differenziert dar: Während Handlungsverlauf und Protagonisten in vielen Fällen von der Quelle übernommen werden, weisen Erzählstil, Erzählhaltung und Personencharakterisierung dagegen mannigfache Variationen auf. Es sind gerade diese Variationen, die uns Einblicke in poetologische Programme der Autoren gewähren und die uns auch erlauben, trotz großer Traditionsverbundenheit autorspezifische Neuansätze literarischer Kultur auszumachen. Der mittelalterliche Autor ist zwar ein ‚Finder', aber er geht – zumindest gilt das ab dem späteren 12. Jahrhundert – mit seinen Funden durchaus selbstbewusst um und stellt seine Leistung des deutenden oder umdeutenden Wiedererzählens oft genug mit Stolz in Prologen oder Epilogen[16] dar.

4.1.5. Deutung und Bedeutung: Zur mittelalterlichen Hermeneutik

Bislang wurden wesentliche Schritte erläutert, die für eine Annäherung an Texte des Mittelalters zu gehen nötig sind: Handschriften lesen lernen, die (Grund-) Bedeutung von Wörtern ermitteln, die metrische und formale Gestalt von lyrischen und epischen Texten analysieren. Im letzten Abschnitt (‚der Dichter und sein Stoff') haben wir uns bereits von diesen eher technischen Grundlagen ein wenig entfernt und uns mit spezifischen Eigenheiten mittelalterlicher Literatur und mit dem Selbstverständnis mittelalterlicher Dichter befasst. Diesen Weg gehen wir nun noch ein Stück weiter und betrachten einige mittelalterliche theoretische Konzepte, die dem Sinn von Wörtern und Texten gewidmet sind. Denn: Das Interpretieren von Texten, die Konstituierung von Sinn, das diffizile Geschäft der Deutung ist keineswegs eine moderne Erfindung. Bereits in der Antike und im Mittelalter war man sich bewusst, dass einzelne Wörter und Wortverbände, dass Einzeltexte und ganze Bücher nicht *den einen Sinn* eo ipso *haben*, sondern dass Wörter Zeichen sind, die auf etwas verweisen, und dass es eine Aufgabe des Rezipienten ist, sich die Art des Verweisens und das, worauf verwiesen wird, zu erarbeiten. In den Wörtern verbirgt sich Sinn; diesen Sinn gilt es zu ermitteln. Wir haben heute eine Reihe von Methoden entwickelt, um dem Sinn

Zeichen
Bedeutung
Deutung

16 Epilog: Ein dem Prolog (siehe oben, S. 14, Fußnote 1) verwandter Teil eines Erzähltextes, nun aber ganz ans Ende gestellt. Auch im Epilog kann sich der Autor namentlich vorstellen, ggf. auch seinen Auftraggeber benennen und über

näher zu kommen (siehe unten Kap. 6). Auch die intellektuelle Elite des Mittelalters hat Methoden erarbeitet, die z.T. erstaunlich modern, ja postmodern anmuten (zum folgenden vgl. Ohly, 1977, Bibl.-Nr. 201, Brinkmann, 1980, Bibl.-Nr. 190, Wehrli, 1984, Bibl.-Nr. 189).

Ihren (für das Mittelalter) wesentlichen Ausgangspunkt haben die hermeneutischen Überlegungen in der Grundfrage: ‚Was wird uns in der Bibel ‚eigentlich' mitgeteilt?' In der Bibel steht das Wort Gottes, in der Bibel ist göttliche Weisheit, göttlicher Sinn verborgen. Der Mensch muss lernen, die biblischen Texte ‚richtig' zu lesen. Die Bücher des Alten Testamentes und die Evangelien erschließen sich nicht von selbst, sondern diese Texte bedürfen der Interpretation, des *Kommentars*. Seit der Spätantike können wir beobachten, wie immer wieder neue Anstrengungen unternommen werden, größere Teile der Bibel, aber auch einzelne Bibelverse, zu kommentieren, zu interpretieren, zu verstehen. Es sind vor allem die Kirchenväter (die *patres*, davon abgeleitet die Disziplin: die ‚Patrologie'), die sich dieser Aufgabe angenommen haben; wir besitzen heute zwei vielbändige Sammlungen, die unglaubliche Mengen an Bibelkommentaren enthalten: die ‚Patrologia Graeca' (in griechischer Sprache) und die ‚Patrologia Latina' (in lateinischer Sprache); einzelne Teile liegen auch in deutscher Übersetzung vor (Bibl.-Nrr. 249–250).

Text-Erklärer

Texte (vgl. lat. *textura*: ‚Gewebe') bestehen aus wohlgeordneten sprachlichen Zeichen, und diese Zeichen (zunächst Lautkombinationen, dann in Form von Buchstabenkombinationen verschriftlicht) verweisen auf Dinge in der Welt. Ohne Zeichen ist eine Verständigung über die Dinge nicht möglich, ja die Dinge würden sich ohne Zeichen dem Bemühen, sie zu verstehen, immer wieder entziehen. Der Kirchenvater Augustinus (354–430) hat in besonders systematischer Weise eine eigene Zeichentheorie entwickelt und deutlich *res* (das Ding) und *signum* (das Zeichen) unterschieden. Die sich allmählich entwickelnde und immer weiter systematisierte christliche Hermeneutik lässt sich auf die Grundfrage nach dem Wesen des sprachlichen Zeichens reduzieren: Hat es nur *eine* Bedeutung, oder hat es mehrere Bedeutungen, und wenn es mehrere Bedeutungen hat – wie sind sie zu differenzieren? Ein Beispiel: Das sprachliche Zeichen ‚Wein' verweist zunächst auf eine konkrete *res*, nämlich auf ein alkoholisches Getränk aus weißen oder roten Trauben; aber, in bestimmten Kontexten, hat das Zeichen ‚Wein' (auch) eine weitere, nicht konkrete, übertragene Bedeutung: das Blut Christi. Sprachliche Äußerungen lassen sich also auf mehreren Ebenen verstehen, die sich zwar unterscheiden, aber nicht unbedingt widersprechen (müssen). Ein anderes, komplexeres Beispiel, das wohl vielen bekannt ist: Umberto Ecos

Hermeneutik

Entstehungsbedingungen seines Werkes berichten, wie es z.B. im Epilog zu Heinrichs von Veldeke ‚Eneas'-Roman der Fall ist.

Roman ‚Der Name der Rose' kann man konkret als einen spannenden mittelalterlichen Krimi ‚runterlesen', man braucht dafür keine Vorkenntnisse, nur hin und wieder etwas Geduld. In vielen Kapiteln, Abschnitten, ja einzelnen Sätzen und Wörtern des Romans verbirgt sich aber mehr, und je besser sich ein Leser in der Welt des Mittelalters, im System moderner Semiotik und in der Philosophiegeschichte auskennt, um so besser wird er das Buch auf einer anderen Ebene verstehen: die Kriminalgeschichte wird zum bloßen Gerüst eines aus zahlreichen Anspielungen, Verweisen und Zitaten bestehenden ‚Gewebes' (Textes), das noch einen anderen Sinn trägt. Eco hat selbst ja noch eine ‚Nachschrift' verfasst, die helfen soll, diese andere Ebene zu erklimmen. Wenig anderes taten die Kirchenväter mit der Bibel und tun noch heute Priester, wenn sie in ihrer Predigt auf ein Bibelwort Bezug nehmen und der Gemeinde den Sinn erschließen.

Lehre vom vierfachen Schriftsinn

Über hier im einzelnen nicht zu referierende Traditionen und Denkstufen etabliert sich im 12. und 13. Jh. die ‚Lehre vom vierfachen Schriftsinn'. Das bedeutet, dass ein sprachliches Zeichen (vor allem biblischer Provenienz) in vierfacher Weise gedeutet werden kann. Diese Lehre scheint kompliziert zu sein, und so hat es bereits im Mittelalter (13. Jh.) dafür einen lateinischen Merkvers gegeben (zit. nach de Lubac, 1959, Bibl.-Nr. 195):

1 **Littera** gesta docet	Der **Buchstabe** lehrt, was geschehen ist,
2 quid credas **allegoria**.	was zu glauben ist, [lehrt] die **Allegorie**.
3 **Moralis** quid agas,	Was man tun soll, **der moralische Sinn**,
4 quid speres (quo tendas) **anagogia**	was du hoffen (wohin du streben) sollst, die **Anagogie**

Ein Zeichen hat also (1) einen buchstäblichen, man könnte auch sagen: konkreten, historischen Sinn; (2) einen Sinn, der auf den Glaubensinhalt abhebt; (3) einen Sinn, der das (rechte) Tun des Menschen betrifft und (4) einen sogenannten ‚eschatologischen' Sinn, der in die höchsten Sphären der Heilsgeschichte weist.

Als Beispiel für diese vierfache Zeichendeutung wird immer wieder ‚Jerusalem' angeführt:

Jerusalem bedeutet demnach

(1) im buchstäblichen Sinn:	eine Stadt im Heiligen Land, historisch nachweisbar, geographisch lokalisierbar;
(2) im allegorischen Sinn:	die Kirche;

(3) im moralischen Sinn:	die menschliche Seele auf dem Weg zum Guten;
(4) im anagogischen Sinn:	die himmlische Gottesstadt: ewiges Leben.

Überall dort, wo der germanistische Mediävist es mit alt- und mittelhochdeutscher Bibeldichtung oder geistlicher Dichtung in einem weiteren Sinn zu tun hat (dazu unten, S. 130ff.), wird man das Modell des mehrfachen Schriftsinns präsent halten müssen. Denn wenn wir uns heute mit derartigen Texten befassen, *deuten wir Deutung*, und das kann nur dann adäquat geschehen, wenn wir als moderne Deutende nicht nur unsere eigenen Modelle reflektieren, sondern gleichermaßen die Modelle der mittelalterlichen Deuter in ihrer theoretischen Dimension zu durchdringen versuchen. Auf konkrete Einzeltexte angewendet, wird sich freilich immer wieder zeigen, dass mittelalterliche Deuter keineswegs streng schematisch vorgegangen sind. Herauszufinden, *was* sie im Einzelnen getan haben, obliegt dann unserer analytischen Anstrengung.

Neben dem oben skizzierten System vom vierfachen Schriftsinn begegnen auch noch andere hermeneutische Verfahrensweisen, die zwar im Grunde damit verwandt, aber im Einzelfall doch anders dimensioniert sind. Die folgende Aufstellung bringt einige Stichworte und Beispiele:

Etymologische Versuche:
Auch die Etymologie (Lehre von der Herkunft von Wörtern) hat eine alte Tradition, herausragend sind die im Mittelalter weit verbreiteten Etymologien' des Isidor von Sevilla (um 560-636). Nicht selten begegnen mittelhochdeutsche Dichter, die bestimmten Zentralbegriffen sprachforschend auf die Spur kommen wollen. Ein Beispiel: Der Lyriker Heinrich von Meissen (Bibl.-Nr. 326) erklärt sich und seinem Publikum das Wort *vrouwe* (‚Frau'), indem er es in die Silben *vro-* und *-we* zerlegt und diese so deutet: *vro-* (‚froh', ‚Freude') weise auf die sexuelle Lust hin, *-we* (‚weh', ‚Schmerz') auf die Pein, die eine Frau während einer Geburt erleidet (vgl. weiter Huber, 1977, Bibl.-Nr. 200).

Urbedeutung der Wörter

Dingallegorie- und allegorese:
Nach mittelalterlicher Anschauung haben alle Dinge eine Bedeutung, und auch alle Eigenschaften von Dingen haben Bedeutungen, die über das Buchstäbliche hinausgehen. Dabei sind diese Bedeutungen nicht starr festgeschrieben, sondern können – je nach Kontext – sogar widersprüchlich sein. So werden im ‚Physiologus' (einem naturkundlichen Werk, dazu genauer unten, S. 134ff.) alle Tiere und deren Eigenschaften und Verhaltensweisen

Alles hat Bedeutung

ausgedeutet, dergestalt, dass ein Tier einmal auf Christus, in einem anderen Kontext auf den Teufel verweist.
Ebenso können auch unbelebte Dinge, vor allem (Edel-) Steine und deren Eigenschaften gedeutet werden, schließlich auch ganze Gebäude und deren Architektur und Ausstattung (Kirchen oder fiktive Behausungen wie z.B. die ‚Minnegrotte' in Gottfrieds von Straßburg ‚Tristan'-Roman, Bibl.-Nr. 319).

Zahlenallegorie und -allegorese:
Im Mittelalter geläufig ist die Vorstellung Gottes als eines Baumeisters der Welt, der alles nach Zahl und Maß gerichtet hat; in vielen Bilddarstellungen sehen wir Gott Vater mit einem Zirkel abgebildet. Einem mystischen Zahlendenken begegnet man in mittelalterlicher Literatur immer wieder, und zwar in zweierlei Ausprägung: Zum einen kann in poetischen und auch nicht poetischen Texten mehr oder weniger abstrakt über Maß und Zahl spekuliert werden (ein instruktives Beispiel bei Kern, 1998, Bibl.-Nr. 213), zum anderen kann Dichtung selbst arithmetisiert sein, indem z.B. Textabschnitte immer die gleiche Versanzahl aufweisen oder periodisch abnehmen oder indem heilige Zahleinheiten (Drei, Sieben und viele andere) zu Strukturmustern werden (dazu grundlegend Hellgardt, 1973, Bibl.-Nr. 199).

Mikrokosmos und Makrokosmos – Typologisches Denken:
Die Welt des Großen (Makrokosmos) verbirgt sich in der Welt des Kleinen (Mikrokosmos) und umgekehrt. Das eine kann im anderen erfahren und erkannt werden. Dieses Denken, zuweilen ‚typologisch' genannt – die Terminologie ist aber unfest (dazu Schröder, 1977, Bibl.-Nr. 202) – begegnet vor allem in der mittelalterlichen Deutung der Natur, darin eingeschlossen der Mensch. Die Konstitution des Menschen, der Bau seines Körpers z.B., verweist auf den Bau des Universums. Wer im ‚Buch der Natur' recht zu lesen versteht, kann sich auch der ‚Übernatur', dem Göttlichen, nähern. So beschreibt der große Gelehrte Konrad von Megenberg in der Mitte des 14. Jh.s in seiner ‚Naturgeschichte' in einem ersten Kapitel die Grundkonstitution des Menschen und setzt sie in Beziehung zum ‚Kosmos'. Wie ein Fazit lautet es am Ende des Absatzes:

Das Kleine im Großen

Das Große im Kleinen

Nû hân ich kurz begriffen, wie der mensch der ganzen werlt sei geleich. dar umb haizt er in kriechischer sprâch microcosmus, daz ist als vil gesprochen als die clain werlt. dar umb sprechent hübsch leut: ich sach alle werlt in ainem rock. (‚Nun habe ich kurz dargestellt, wie der Mensch der ganzen Welt gleicht. Deshalb heißt er in der griechischen Sprache ‚Mikrokosmos', das bedeutet so viel wie ‚die kleine Welt', deshalb sagen höfische (gebildete) Leute: „ich habe die ganze Welt in einem Gewand erblickt." (Text: Bib.-Nr. 340, S. 4, hier die ältere Ausgabe zitiert).

Begrifflich-terminologisch enger gefasst, begegnet ein typologisches Denken in den mannigfachen Versuchen, die Bibel, d.h. Altes und Neues Testament (AT / NT), als Einheit zu begreifen. Was verbindet die beiden Testamente? In vielen Versuchen werden beide Bücher aufeinander bezogen, dergestalt, dass z.B. im AT etwas verheißen wird, was im NT Erfüllung findet; in den zahlreichen bebilderten ‚Armenbibeln' (*bibliae pauperum*) des späteren Mittelalters findet man diese typologische Gegenüberstellung sehr anschaulich in ikonographischer Umsetzung (folgende Seite, Abb. 5). Ein typologisches Denken kann auch den Rahmen der Bibel verlassen und auf eine universale Deutung der Geschichte angewendet werden (z.B. in der Lehre von notwendig einander ablösenden und aufeinander folgenden Weltreichen; vgl. dazu Lammers, 1965, Bibl.-Nr. 22 und Gerhardt, 1985, Bibl.-Nr. 27; vgl. auch unten meine Bemerkungen zur ‚Alexanderdichtung' in Kap. 7.3.3.).

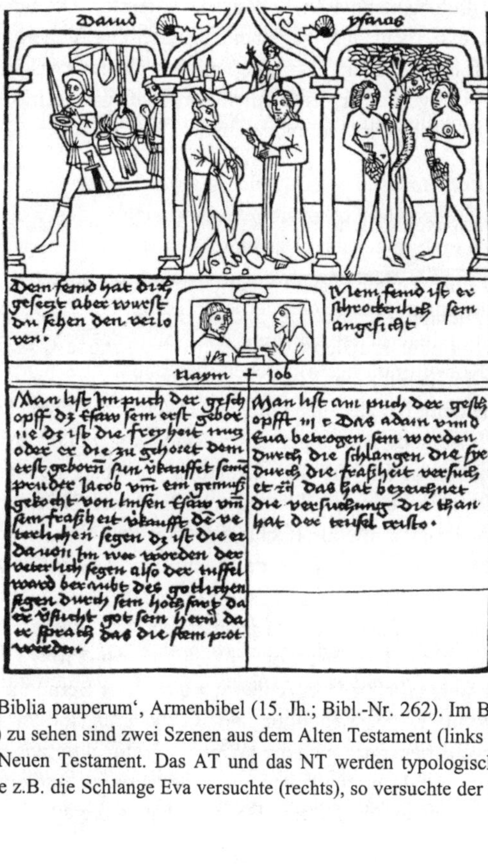

Abbildung 5: ‚Biblia pauperum', Armenbibel (15. Jh.; Bibl.-Nr. 262). Im Bildteil (hier nur ein Ausschnitt) zu sehen sind zwei Szenen aus dem Alten Testament (links und rechts) und eine aus dem Neuen Testament. Das AT und das NT werden typologisch in Beziehung gesetzt: So, wie z.B. die Schlange Eva versuchte (rechts), so versuchte der Teufel Christus (Mitte).

5. Zur Geschichte der germanistischen Mediävistik

Jede Wissenschaft hat ihre Geschichte, und die Gegenstände und Methoden einer Wissenschaft sind zeitlichem Wandel unterworfen. Um zu verstehen, was ‚aktuell' ein Fach wie die germanistische Mediävistik leistet, muss man die Genese dieses Faches betrachten. Das kann im Folgenden nur sehr knapp geschehen; nachdrücklich sei auf die Hinweise in der Bibliographie (Nrr. 117–132) aufmerksam gemacht. Grundsätzlich lassen sich eine vorwissenschaftliche und eine wissenschaftliche Phase unterscheiden, wobei letztere gebunden ist an die Institutionalisierung der Disziplin im universitären Sektor. Bis in das 19. Jahrhundert hinein ist der Gegenstand des Faches ‚Germanistik' die sogenannte ältere deutsche Literatur. Die neuere deutsche Literatur wird erst recht spät zu einem ‚wissenschaftlichen' Objekt, was schließlich zum Ergebnis hat, dass innerhalb des Faches zwischen Deutscher Philologie und (Allgemeiner) Literaturwissenschaft unterschieden wird (dazu Weimar, 1976, Bibl.-Nr. 125 und Weimar, 1989, Bibl.-Nr. 129).

5.1. Die vorwissenschaftliche Zeit

Das Sprechen über Texte an sich gehört bereits im Mittelalter zur literarischen Kultur, Dichter sprechen über andere Dichter, bewerten sie, stellen sie als Vorbilder hin oder kritisieren sie heftig (eine schöne Quellensammlung bei Schweikle, 1970, Bibl.-Nr. 314).

Anfänge im 16. Jahrhundert

Vor allem seit dem 16. Jh. aber wird die Distanz zwischen Dichtung und Kritiker (hier in einem sehr allgemeinen Sinn verstanden) größer. Es sind nicht (nur) Dichter selbst, die über Dichtung sprechen, sondern in zunehmendem Maße nicht oder nur ‚dilettantisch' dichtende Gelehrte, Historiker, vor allem auch Juristen, die als Rechtshistoriker den Namen ‚Germanisten' tragen und sich der Pflege vergangener heimischer Textkultur widmen. Zunächst dominiert (notwendigerweise) die Editionstätigkeit, wobei sich ein in zwei Richtungen gehendes Interesse ausmachen lässt, wie es in besonderer Weise der vielseitige Humanist Conrad Celtis (1459–1508) in seinem Gesamtwerk zu erkennen gibt: Dort finden wir einerseits Bemühungen um eine Renaissance römischer Sprachkultur und im weiteren antiker Kultur überhaupt, andererseits begegnet auch die (Wieder-) Entdeckung heimischer, ‚nationaler' Kunst und Literatur sowie die Anstrengung, antiken Vorbildern nachzueifern und sie zu übertreffen. Dennoch hat es die alt- und mittelhochdeutsche Literatur nicht leicht, in die ersten Literaturgeschichten aufgenommen zu werden.

Im 17. Jahrhundert aber würdigt Martin Opitz (1597–1639) in seinem ‚Buch von der Deutschen Poeterey' (1624, Bibl.-Nr. 102) auch einige mittelhochdeutsche Dichter, von denen insbesondere Walther von der Vogelweide herausgehoben wird. Die vergangene mittelalterliche deutsche Literatur wird in ihrer Qualität hoch eingestuft. Im 18. Jh. hingegen stehen einer Erforschung des Mittelalters die Gedanken der Aufklärung im Wege. Das Mittelalter wird mit seinen vorgeblich abergläubischen, irrationalen Elementen weithin als überwunden betrachtet. Auch die Literatur des Mittelalters hat keinen leichten Stand. Johann Christoph Gottsched (1700–1766; Bibl.-Nr. 103) vor allem hat keine gute Meinung von ihr. Gestört war für ihn das Verhältnis von ‚Dichtung und Wahrheit', von Literatur und Realität; auch den rhetorischen Schmuck, die äußere Ästhetik vermochte er nicht zu schätzen. Heftige Kritiker des Gottschedschen Kunstverständnisses waren die Schweizer Johann Jakob Bodmer (1698–1783) und Johann Jakob Breitinger (1701–1776; Bibl.-Nr. 104). Was sie von Gottsched trennt, ist der Spielraum zwischen der Natur einerseits und der Nachahmung andererseits; die Schweizer wollen ihn erweitern, nicht mehr nur die wirklichen, sondern auch die *möglichen* Welten sollen von Dichtern berücksichtigt werden können. Bodmer wendet sich gegen die allzu einseitige philologische Aufarbeitung antiker Literatur und spricht den auffordernden Wunsch aus, dass auch die mittelalterliche Literatur einer ‚wissenschaftlichen' Beschäftigung zu unterziehen sei. Vor allem erringt er sich Verdienste um die Bekanntmachung der Lieder der Manesseschen Liederhandschrift (C), eines der bis heute bedeutendsten Dokumente mittelhochdeutscher Lyrik.

Probleme mit der Wertschätzung mittelalterlicher Literatur

Gegen Ende des 18. Jhs. verändert sich das Geschichtsbild (dazu Fohrmann, 1989, Bibl.-Nr. 128) im Sinne einer Vorstellung von einem sinnhaft verlaufenden, geordneten Prozess. Daher sollen vergangene Kulturgüter nicht mehr nur gesammelt, sondern auch erklärt werden, es sollen Zusammenhänge deutlich gemacht und die ‚innere Geschichte' der Literatur geschrieben werden. In diese Zeit fallen denn auch die ersten Versuche einer Literaturgeschichtsschreibung (durch Koch, 1795/98, Bibl.-Nr. 105), und es werden nun z.T. sehr unterschiedliche Wege gegangen, sich mittelalterliche Literatur anzueignen: Zum einen versucht man, über die ‚Erneuerung' (d.h. poetische Übersetzung) mittelalterliche Poesie bekannt zu machen und gar der zeitgenössischen Dichtung als Orientierung zuzuordnen. Zum anderen wird eine solche Erneuerung strikt abgelehnt und statt dessen am ‚Original' in seiner ‚originären' Sprache und Struktur festgehalten; dieser letztere Weg führt dann zur Professionalisierung und Verwissenschaftlichung des Diskurses über Literatur. Bevor ich darauf zu sprechen komme, sollen noch drei bedeutende Vorläufer Erwähnung finden:

Literatur als Geschichte

Literatur in der Geschichte

Johann Gottfried Herder

(1) Johann Gottfried Herder (1744–1803; Bibl.-Nr. 110) fordert, dass jede Geschichtsepoche möglichst aus sich heraus verstanden werden müsse; damit wendet er sich gegen ahistorische Deutungen, die die Kultur des Mittelalters entweder aufgrund schwärmerischer Verklärung feiern oder aber aufgrund euphorischen Fortschrittsglaubens für nicht der Rede wert erachten. Dieses Postulat ist im weiteren Verlauf der Geschichte des Faches leider wenig beherzigt worden. Hingegen hat seine Naturmetaphorik, die ein biologistisches, organologisches Geschichtsbild verrät, viel Nachahmung gefunden; sie prägt in manchen Bereichen noch heute die Kategorisierungen des Gegenstandes: Dichtung wird verglichen mit Blumen und Bäumen, Gebüschen und Unkraut; Epochen und Entwicklungen werden über Jahreszeiten verbildlicht (‚Herbst des Mittelalters', ‚Minnesangs Frühling').

August Wilhelm Schlegel

(2) Auch August Wilhelm Schlegel (1767–1845, Bibl.-Nr. 106) bedient sich dieser Metaphorik, wenn er vom Wachstum und von der Entfaltung „wie bey den Blüthen der Pflanzen", von einem „wahren Frühling der Poesie" und einem „Blumenflor von Liedern" spricht. Schlegel entwickelt ein zyklisches Literaturmodell: Auf Saat, Aufblühen und Verwelken folgt nach neuer Aussaat und gewisser Wartezeit ein erneutes Erblühen der Kunst.

Ludwig Uhland

(3) Den Übergang von der vorwissenschaftlichen zur wissenschaftlichen Phase des Faches stellt vor allem Ludwig Uhland (1787–1862; Bibl.-Nr. 112) dar. Sein Ruhm gründet in vielen bedenkenswerten Positionen, die jedoch längst nicht alle in der Folgezeit berücksichtigt worden sind. In der Geschichte, so Uhland, sei „wenig mit allgemeinen Betrachtungen geholfen" (Uhland, 1822, Bibl.-Nr. 113). Uhland erteilt einer unreflektiert ahistorischen Betrachtung des Gegenstandes eine Absage. Er weist darauf hin, dass der große zeitliche Abstand zu Fehlurteilen führe, wenn man ihn nicht beständig als hermeneutisches Problem präsent halte und stattdessen eigene Positionen, Vorstellungen und Meinungen leichtfertig zu Interpretamenten vergangener Zeit mache. Uhland plädiert dafür, dass ein gerechtes Urteil nur in der möglichst umfassenden Schau des Ganzen möglich sei.

5.2. Die wissenschaftliche Disziplinierung des Faches

Das frühe 19. Jahrhundert ist diejenige Zeit, in der sich die deutsche Philologie als ein universitäres Fach institutionalisiert, das seine Ergebnisse und Thesen in eigenen Organen (Fachzeitschriften) präsentiert und sich von den Dilettanten (bloßen Liebhabern) zu unterscheiden sucht. Das Fach gibt sich Regeln; ein wissenschaftliches Ethos wird erarbeitet und gepflegt: Führende Fachvertreter erster Stunde wachen sorgfältig und nicht gerade zimperlich darüber, welche Methoden angemessen sind, welche Art des Arbeitens die adäquate ist, wer berufen und wer nicht berufen ist, die Schätze mittelalterlicher deutscher Literatur zu heben, zu hegen und zu begutachten. „Wahrhaftigkeit“ und „strenge Sorgfalt“ (Lachmann, 1843, Bibl.-Nr. 115) gelten als Maximen der ersten Germanistengeneration, die bis heute das Ethos dieser, im Weiteren aber wohl jeder Wissenschaft ausmachen.

Jacob und Wilhelm Grimm

Zu den Vätern der (Alt-) Germanistik rechnen Karl Lachmann (1793–1851) und Jacob und Wilhelm Grimm (1785–1863/ 1786–1859). Mit bewundernswerter Energie und vielen Widrigkeiten des Lebens trotzend, beginnen sie, den Boden für eine wissenschaftliche Beschäftigung mit mittelalterlicher Literatur zu ebnen. Zuallererst zählt dazu die kritische Edition von Texten mit dem erklärten Ziel, aus den vielen voneinander divergierenden Handschriften den Urtext, das Original oder doch eine dem Original nahestehende Fassung zu rekonstruieren. Jacob Grimm hat eine solche Maxime bereits 1822 in der Vorrede zu seiner ‚Deutschen Grammatik‘ in aller Eindeutigkeit formuliert: „Wir fordern also critische ausgaben [...]. Es ist uns weniger zu thun um die schreibweise eines noch so ausgezeichneten copisten, als darum, allerwärts die ächte lesart des gedichtes zu haben und bisher kennt man wohl verschiedene handschriften mit vorzüglich gutem texte, keine, die einen tadellosen lieferte“ (Bibl.-Nr. 114; zur Geschichte der Textkritik auch Bein, 2000, Bibl.-Nr. 181).

Wer hat Recht?

Streit der Methoden

Das 19. Jahrhundert ist fernerhin geprägt von einem Ringen um die rechte Methode (dazu genauer Kap. 6), von Schulenbildungen (so etwa die der Lachmannianer) und z.T. herben wissenschaftlichen Auseinandersetzungen, geführt in Fachzeitschriften als Rezensionen, aber auch in der eher privaten Korrespondenz von Gelehrten[1]. Es würde hier zu weit führen, einzelne Stationen des Faches und ihre Vertreter detailliert vorzustellen. Ein von den Grimms und Lachmann und aufgrund ihres vernichtenden Urteils auch in der Folgezeit lange geschmähter Kollege aber sollte doch Erwähnung finden, Friedrich Heinrich von der Hagen (1780–1856), der andere Zielvorstellungen und methodische Zugriffe als die der Grimms und Lachmanns hatte (dazu grundlegend Grunewald, 1988, Bibl.-Nr. 127). Er hat 1838 ein in Einzelteilen bis heute nicht überholtes großes Editionswerk vollbracht: die ‚Minnesinger. Deutsche Liederdichter des zwölften, dreizehnten und vierzehnten

1 Einen sehr konzisen Einblick in den wissenschaftlichen Diskurs der frühen Germanistik vermittelt der ‚Briefwechsel der Brüder Jacob und Wilhelm Grimm mit Karl Lachmann‘ (Bibl.-Nr. 101). Ich kann jedem Studienanfänger nur raten, einmal in diesem Briefwechsel zu blättern! Nicht nur kann man miterleben, wie wissenschaftliche Meinungen ‚gemacht‘ werden, sondern man betrachtet die wissenschaftlichen Erblasser und ihr Erbe auch mit gewisser Ehrfurcht (der antiquierte Begriff ‚Ehrfurcht‘ ist gerade hier sehr angemessen).

Jahrhunderts' (Bibl.-Nr. 306). Anders als Lachmann gibt von der Hagen detailliert Auskunft und Rechenschaft über die äußere Einrichtung seiner Ausgabe, so über die Zählung und ihre (fachgeschichtlichen) Implikationen. Er beschreibt die Prinzipien graphischer Regelungen und Normalisierungen; und seine grammatikalischen und dialektologischen Ausführungen sowie die metrischen Erörterungen dokumentieren ein Ringen um Möglichkeiten, das bis heute aktuell ist (zu Editionsmethoden siehe unten, S. 110ff.).

Germanistik als politische Wissenschaft

Das Bemühen der jungen Wissenschaft um Rettung und Restaurierung vergangener heimischer Literatur ist auch von politischer Bedeutung. Die Germanistik sucht dem Wunsch nach einer geeinten Nation durch Erforschung der deutschen Vergangenheit, insbesondere der Mythologie, des Volksbrauchtums, des Rechts, der Sprache und der Literatur zur Erfüllung zu verhelfen. Eine Reihe von stereotypen Begrifflichkeiten wie ,Vaterland', ,Heimat', ,Reich', ,Nation', ,Germanen-' und ,Deutschtum' sind Sprachgut des 19. Jhs. und finden sich später auch im ,III. Reich' wieder, ohne dass die Semantik dieser Termini historisch reflektiert wird. Die unheilvolle Ideologisierung der Germanistik unter den Nationalsozialisten ist insofern schon im 19. Jh. vorbereitet (dazu Römer, 1983, Bibl.-Nr. 126), wird freilich von den Nazis noch um einiges ,überhöht' und in eine verwerfliche Aggressions- und Vernichtungspolitik eingebunden. Was die NS-Ideologen – anknüpfend an die germanistische Forschung des 19. Jhs. – vor allem fördern, ist die Ausweitung der Germanistik zur ,Deutschwissenschaft', die sich nicht nur mit der Sprache und Literatur zu befassen, sondern Geschichte, Brauchtum und Kultur im weiteren Sinne auf typisch deutsches Wesen abzusuchen habe, um dadurch diesem deutschen Wesen historische Kontinuität zu verleihen, die ihrerseits eine rassisch-völkische Politik legitimieren soll. Die Suche nach historischer Dimension des Deutschtums bedingt eine ahistorische, ganzheitliche Geschichtsbetrachtung. Auf die historische Situation eines Dichters wird nicht viel Rücksicht genommen, die Hauptsache ist, er spricht etwas aus, das mit der Erfüllung des deutschen Auftrags in Verbindung gebracht werden kann – notfalls wird eine solche Verbindung auch zwanghaft hergestellt (vgl. die Fallstudie von Bein, 1993, Bibl.-Nr. 247 und Heinzle, 1991, Bibl.-Nr. 235).

Zwischen Textimmanenz und Literatursoziologie

In der Nachkriegszeit ist das Fach verständlicherweise verunsichert; ein Politisieren des Gegenstandes wird bewusst vermieden. Es findet ein Rückzug in die Immanenz des Kunstwerks statt, in die Sphäre der Ästhetik, die jenseits von Gut und Böse zu sein scheint. In den 1960er Jahren aber beginnt man allmählich, die dunkle Vergangenheit des Faches aufzuarbeiten (dazu von Wiese/Henß, 1967, Bibl.-Nr. 124); gegen Ende der Dekade wird die methodische Isolation aufgebrochen. Den Geisteswissenschaften wird eine gesellschaftlich-politische Stellungnahme abgefordert, und es verwundert nicht, dass in den 1970er Jahren die Literatursoziologie dominiert, dass Literatur als Spiegel und Zerrspiegel gesellschaftlicher Verhältnisse verstanden und analysiert wird. Auch die Altgermanistik ist hier betroffen: Minnesang und Artusepik vor allem werden sozialhistorisch gedeutet, der Dichter wird als ein ökonomisch Abhängiger betrachtet, das feudale System des Mittelalters wird als Boden einer höfischen Kultur untersucht.

Wo steht die Altgermanistik heute? Über Situationen ist schwer zu sprechen, wenn man mitten in ihnen steht. Tendenzen und Schwerpunkte sind meist nur im Blick zurück zu skizzieren.

Die Situation heute: Methodenpluralismus

Soviel aber lässt sich sagen: Methodologisch betrachtet, ist das Fach pluralistisch: *die* Methode gibt es nicht. Betrachtet man jüngere Dissertationen und Habilitationsschriften (also jene Publikationen, die meist das größte Innovationspotential haben), so zeigen sich ganz unterschiedliche Interessen und methodische Zugriffe. Verändert hat sich sicherlich der Literaturbegriff, er ist umfassender geworden, bezieht alle Textsorten ein, ist nicht beschränkt auf ‚Dichtung' und ‚Poesie', sondern berücksichtigt auch die Fachliteratur (z.B. alchemistische Traktate) oder theologische und juristische Texte. Zu den traditionellen Methoden sind moderne und postmoderne hinzugekommen, darunter feministische Ansätze, heute meist als ‚gender-studies' bezeichnet, die ‚new philology' und mentalitätsgeschichtliche Deutungsversuche (dazu unten, Kap. 6).

6. Methoden der germanistischen Mediävistik

Was ist Wissenschaft? Was ist Methode? In Kap. 2 hatte ich Karl Eibl zitiert, der Wissenschaft als eine „spezifische methodische Disziplinierung des Alltagsverstandes“ begreift. Worin besteht diese „methodische Disziplinierung“? Bereits im 19. Jahrhundert hat der weitsichtige Fachkollege Hermann Paul zu solchen Fragen Stellung bezogen. Er hält ein Plädoyer für eine Methodenlehre der Philologie und richtet sich gegen Stimmen, die das für unnötig halten und bloß auf den gesunden Menschenverstand bauen wollen. Paul führt aus: „Das Wesen der wissenschaftlichen Methode besteht eben darin, dass man genaue Rechenschaft über das eingeschlagene Verfahren zu geben vermag und sich der Gründe, warum man so und nicht anders verfährt, deutlich bewusst ist“ (Bibl.-Nr. 111, S. 152).

Was tut man wie?

Die Methodologie ist eine Subdisziplin des Faches, die darum bemüht ist, ‚deutlich bewusst‘ zu machen, was das Fach tut und wie es das tut, mit Blick auf die Leistungsfähigkeit der angewandten Zugriffe. Mittlerweile ist in der Neueren deutschen Literaturwissenschaft die Methodendiskussion zu einem festen, integrativen Bestandteil des Faches geworden. Methodenkritische Reflexionen – gar in Form von Monographien –, die sich spezifisch mit den Belangen der germanistischen Mediävistik befassen würden, fehlen hingegen fast vollständig (vgl. jetzt aber Peters, 1997, Bibl.-Nr. 139 und Heinzle, 1998, Bibl.-Nr. 143). Man mag nun einwenden, dass die Methoden doch grundsätzlich vom Gegenstand zu abstrahieren hätten und dass von daher eine Differenzierung in ‚ältere‘ und ‚neuere‘ Germanistik nicht nötig sei. Das stimmt aber nur teilweise, denn die ältere deutsche Literatur wirft ja, das sollte bislang deutlich geworden sein, eine Reihe von sehr eigenen Problemen auf, die notwendigerweise auch eine eigene oder doch modifizierte Methode einfordern.

Im Folgenden sollen einige grundlegende methodische Zugriffe auf Literatur und ihre Geschichte erläutert werden, wobei die Art der Darstellung bemüht ist, auch die möglichen Anwendungen speziell auf die ältere deutsche Literatur zu skizzieren. Auf die Geschichte der einzelnen Methoden und ihre z.T. sehr komplexen theoretischen Hintergründe kann hier nicht weiter eingegangen werden. Es liegen dazu jedoch eigene gute Einführungen und methodenkritische Monographien vor (z.B. Hauff/Heller, 1991, Bibl.-Nr. 163, Maren-Grisebach, 1992, Bibl.-Nr. 166 und Baasner/Zens, 1996, Bibl.-Nr. 141), denen die folgenden Ausführungen verpflichtet sind.

6.1. Grundlegende methodische Zugriffe

Positivismus

Begründet vom Franzosen Auguste Comte (1798–1875), reduziert der Positivismus Erkenntnis auf das Faktische, das Empirische, das Sicher-Gegebene (daher der Name). Das sind bekanntlich Grundfesten der Naturwissenschaften: man misst aus, man wiegt, man berechnet; man stellt Experimente an, die wiederholbar sein müssen, um einer wissenschaftlichen Gemeinschaft eine Erkenntnis als ‚gesichert' präsentieren zu können. Im Zuge des großen Aufschwungs der Naturwissenschaften im 19. Jh. (zu erinnern ist an Charles Darwin und seine Abstammungslehre) schielen die Geisteswissenschaften neidisch auf das Erkenntnisinstrumentarium der Naturwissenschaften – und übertragen es auf ihren Gegenstand, was sich bis heute vor allem in wissenschaftssprachlicher Metaphorik bemerkbar macht. Die von August Schleicher 1861 entwickelte Stammbaumtheorie zur Erklärung der Ausdifferenzierung von Einzelsprachen aus der Großfamilie des Indoeuropäischen gehört beispielsweise hierher; und auch die Rede von ‚starken und schwachen Verben' ist einer biologistischen Idee verpflichtet.

Naturwissenschaft und Geisteswissenschaft

Es verwundert nicht, dass aus dem Positivismus heraus der so genannte Biographismus erwachsen ist, d.h. die Grundüberzeugung, dass ein literarisches Werk nicht ohne genaue Kenntnis ihres Urhebers, des Dichters, verstanden, besser: erklärt werden könnte. Das in der Literaturwissenschaft ja allenthalben begegnende Leben-und-Werk-Projekt ist letztlich dieser Auffassung verpflichtet.

Biographismus

Methodengeschichtlich einflussreich waren die Balzac-Interpretationen Hippolyte Taines (1828–1893). Taine war der Meinung, man müsse die Naturanlage des Dichters kennen, quasi das ‚**E**rerbte', seine Erziehung, quasi das ‚**E**rlernte', und sein Leben, quasi das ‚**E**rlebte' (= die drei berühmten ‚E' dieser Methode). Das literarische Werk und sein Autor werden in eine dem Kausalitätsprinzip verpflichtete Beziehung gestellt, nach dem Motto: ‚Weil *die Beziehung des Dichters X mit Frau Y in die Brüche* ging, schrieb *X* dieses melancholische Liebesgedicht.' Goethe und sein Werk waren für den Biographismus bekanntlich ein herausragender Tummelplatz. Und auch bei anderen, noch moderneren Dichtern – zu erinnern ist vor allem an Franz Kafka – gibt es gleichermaßen viele Anknüpfungspunkte, Leben und Werk in Beziehung zu setzen. Gleichermaßen wurde die Dichtung des Mittelalters in dieser Weise zu erklären versucht. Hier sei beispielhaft hingewiesen auf Wilhelm Scherer (1841-1886) und seinen Habilitationsvortrag ‚Über den Ursprung der deutschen Litteratur' von 1864 (Bibl.-Nr. 109). Scherer verstand es als Aufgabe des (Literar-) Historikers, die Geschichte als eine Kette von Ursachen und Wirkungen zu betrachten.

Hippolyte Taine

Die Probleme der positivistischen Methode liegen besonders im Bereich der älteren Germanistik auf der Hand: Denn über die Autoren wissen wir so gut wie nichts, alle Biographien, die geschrieben worden sind, gehen in den meisten Fällen von der Dichtung selbst aus und übertragen bestimmte poetische Äußerungen auf das Leben der Dichter. Das ist im 19. Jh. wenig kritisch gehandhabt worden, heutzutage sieht man die Schwierigkeiten deutlicher. Wir müssen zunächst sehr genau die Art der Quellen differenzieren, um dann – vorsichtig – ein (immer lückenhaftes) Bild von der ‚Persönlichkeit' und dem Lebensweg des Dichters zu gewinnen (dazu auch Bein, 1997, Bibl.-Nr. 463, S. 22–39).

Parallelstellensuche

Dem Positivismus zuzuordnen – und gerade für die Ältere Germanistik nach wie vor wichtige Erkenntnisinstrumentarien darstellend – sind die Parallelstellensuche und der Vergleich von Texten überhaupt. Schon allein der sprachlich-semantische Zugang zur mittelalterlichen Literatur stellt ja ein eigenes Problem dar. Zu eruieren, was scheinbar einfache Worte wie *vrouwe*, *minne*, *ritter* in ihrem Kontext bedeuten, kann nur über einen möglichst breit angelegten Vergleich von Textstellen erfolgen. Auch einem adäquaten Verständnis von zunächst merkwürdigen Aussagen in Texten kann man sich nur zu nähern versuchen, indem man nach Parallelen für die Problemstellen sucht, nach Vergleichstexten, die sich dann möglicherweise gegenseitig in ihrem Sinn erhellen.

Geistesgeschichte

Als ihr herausragender Vertreter gilt Wilhelm Dilthey (1833–1911), obschon die Methode auch eine geistige Vergangenheit hat, die bis zu Herder zurückreicht. Die Überzeugung dieser Methode ist, „dass sich der Geist im Ablauf der Geschichte innerhalb verschiedener Medien manifestiert: Philosophie, Religion, Recht, bildende Kunst, Musik und schließlich Literatur" (Maren-Griesebach, 1992, Bibl.-Nr. 166, S. 23).

Erklären oder Verstehen?

Dilthey begründet eine neue Richtung der Betrachtung geistiger Schöpfungen. Er will die Geisteswissenschaften in ihrer ihnen eigenen Struktur von den Naturwissenschaften abgrenzen. Der Geisteswissenschaftler soll und will nicht *erklären* (Positivismus), sondern – im Gegensatz zu den Naturwissenschaften – *verstehen*, da ihr Gegenstand als Erzeugnis menschlichen Geistes nur dem verstehenden Geist erschließbar sei. Mit Dilthey und in Folge von Dilthey verändert sich die deutsche Philologie in wesentlichen Bereichen. Einerseits verliert die Vorstellung organischen Wachsens von Sprache und Dichtung an Bedeutung; andererseits setzt eine gewisse Renaissance alter, vorgeblich bewährter Methoden ein: hier ist vor allem die Persönlichkeit Carl von Kraus (1868–1952) und seine konsequente Tradierung

Lachmannscher Textkritik zu nennen, die bald aber weit über Lachmanns Vorstellungen hinauswächst.

Diltheys Umgang mit der mittelalterlichen Literatur lässt sich am Beispiel Walthers von der Vogelweide gut veranschaulichen (1933, Bibl.-Nr. 116, S. 86). Er schreibt: „Ich möchte versuchen, das Verhältnis zwischen der Lebensverfassung der Zeit, dem Seelenleben Walthers, wie es darin wurzelt und seiner Dichtung ihren Gehalt gab, und der Form seiner lyrischen Poesie zu erfassen". Dilthey will über das artikulierte Wort zum Ereignis und zu den „Modulationen der Seele" (ebd., S. 89) zurückfinden, die dem sprachlichen Ausdruck zugrunde liegen. Walther wird eine „schönheitsdurstige Seele" attestiert, die sich an der sie umgebenden, „an Idealen reichste[n] Zeit des Mittelalters [...] sättigen" durfte (ebd., S. 74). Diltheys Rekonstruktion des Dichter-Erlebnisses setzt eine zumindest partielle mentale Identität von Dichter und Interpret voraus, eine Art Geistes- und Seelenverwandtschaft.

Diltheys Hermeneutik hat ihre Spuren bei vielen nachfolgenden Philologengenerationen, bewusst oder unbewusst z.T. bis in die jüngere Gegenwart hinein, hinterlassen. Die werkimmanente Methode und das Sich-in-das-Werk/in-den-Autor-Hineinversetzen ist immer – einmal mehr, einmal weniger bewusst – mit Diltheyschen Gedanken verwandt.

Literatur als ‚Geist-Produkt'

Vor allem die deutlichere Konturierung des wissenschaftlichen Gegenstandes ‚Literatur' als eines ‚Geist-Produktes' stellt gegenüber dem Positivismus einen Fortschritt dar. Man wird Literatur immer nur zu einem kleineren Teil ‚erklären' können. Die Applikation der geisteswissenschaftlichen Methode auf mittelalterliche Literatur beginnt allerdings dort problematisch zu werden, wo dem zeitlichen Abstand zwischen Dichter/Dichtung und modernem Interpreten zu wenig Beachtung geschenkt wird.

Phänomenologie

Bei dem Begriff ‚Phänomenologie' wird man zunächst an die Philosophie und speziell an Edmund Husserl (1859–1938) und Martin Heidegger (1889–1976) denken. Und dort hat die literaturwissenschaftliche Methode, besser: das methodologische Grundgerüst auch eine Wiege, wenngleich natürlich eine Reihe von Modifikationen notwendig waren, die eben der Gegenstand der Erkenntnis, die Literatur, mit sich bringt. Phänomenologische Betrachtung von Literatur heißt: die Texte und nur die Texte zu betrachten, zu studieren, zu analysieren. Was der Positivismus an Fakten außerhalb der Literatur sucht oder was die Geistesgeschichte an Autor-Seelen-Modulationen zu ergründen bestrebt ist, zählt in der Phänomenologie nicht. Alles, was es über einen Text zu sagen gibt, stehe im Text selbst – und nur dort. Deshalb müsse der Text penibelst ‚beschrieben' werden.

Interpretation als Kunst

Bekenntnis zur subjektiven Erkenntnis

Fachgeschichtlich geht diese Methode in die 1930er Jahre zurück. Berühmte Vertreter sind Max Kommerell: ‚Geist und Buchstabe der Dichtung' (1939), Wolfgang Kayser: ‚Das sprachliche Kunstwerk' (1948) und Emil Staiger: ‚Die Kunst der Interpretation' (1955). Staiger hat auch über das (bzw. sein) Wissenschaftsverständnis reflektiert: „Es fragt sich, was Wissenschaft heißen soll" (Staiger, 1955, Bibl.-Nr. 149, S. 11). Staiger bekennt sich zum Subjektivismus. Als Gründe für seine Interpretation des berühmten Mörike-Gedichtes ‚Auf eine Lampe' führt er an, dass er es „liebe"; die Verse „sprechen mich an; und im Vertrauen auf diese Begegnung wage ich es, sie zu interpretieren" (ebd., S. 12). Staiger ist die Problematik und das Provokante seiner These wohl bewusst. Und er hat durchaus recht, wenn er einen naturwissenschaftlichen Wissenschaftsbegriff ablehnt und feststellt, dass sich Dichtung nicht (allein) biographistisch, historistisch und positivistisch erschließe: „Es ist seltsam bestellt um die Literaturwissenschaft. Wer sie betreibt, verfehlt entweder die Wissenschaft oder die Literatur. Sind wir aber bereit, an so etwas wie Literaturwissenschaft zu glauben, dann müssen wir uns entschließen, sie auf einem Grund zu errichten, der dem Wesen des Dichterischen gemäß ist, auf unsere Liebe und Verehrung, auf unserem unmittelbaren Gefühl" (ebd., S. 12f.).

Staigers Position findet sich in mancher Interpretation der 50er und 60er Jahre wieder, vornehmlich in solchen, die neuere und neueste Texte zum Objekt haben, aber auch in solchen, die mittelalterliche Dichtung zu erschließen bemüht sind. Abgesehen von dem hermeneutischen Grundproblem, was eine Interpretation eigentlich für einen Sinn und Zweck haben soll, wenn sie ganz bewusst aus der subjektiven Befindlichkeit des Interpreten geleistet wird, sind solche Interpretationen insofern fatal für den Gang der Literaturgeschichtsschreibung, als sie meist konzentriert sind auf das ‚Gute' und ‚Schöne', das ‚Vollkommene', ‚Reine' und ‚Runde'. Für die germanistische Mediävistik bedeutet das ein einseitiges Festhalten an einem – bereits bestehenden – Kanon von ‚klassischer' Dichtung, aus dem besonders das herausgenommen wird, was ‚für sich' interpretiert werden kann, Texte, denen eine ästhetische Immanenz unterstellt wird, die der germanistische Mediävist zu beschreiben versucht.

Die phänomenologische Methode allein ist sicher nicht geeignet, Texte weit vergangener Zeit adäquat zu deuten. Dennoch: Man sollte, um einen *ersten* Zugang zur Literatur des Mittelalters zu bekommen, phänomenologisch vorgehen, den Text für sich zur Kenntnis nehmen. Gerade unter Studienanfängern ist verbreitet, vor der Lektüre des Quellentextes bereits Sekundärliteratur zu konsumieren. Das aber verstellt den Blick, es verhindert, sich dem fremden Text unvoreingenommen zu nähern und die zahlreichen Probleme allererst zu erkennen und zu benennen. Denn gerade dort, wo der fremde Text sich nicht mehr selbst erklärt, beginnt die Aufgabe des Mediävisten,

dort, wo man vor dem Text kopfschüttelnd steht, wo man sich wundert und keinen Zugang mehr sieht.
Wie ein solcher erster hermeneutisch-phänomenologischer Schritt aussehen kann, hat Christoph Cormeau im Arbeitsbuch zu Hartmann von Aue nachahmenswert vorgeführt (1993, Bibl.-Nr. 417). Bevor er die einzelnen epischen Texte aus unterschiedlicher Perspektive zu erschließen versucht, hat er diesen Deutungen jeweils von ihm so genannte ‚phänomenologische Annäherungen' vorangestellt: die Epen werden in einem ersten Anlauf aus sich selbst heraus zu verstehen versucht, was aber freilich zum Verständnis nicht reicht, und es folgen dann andere Zugriffsweisen.

Lernen, sich zu wundern

Literatursoziologie/Sozialgeschichte der Literatur

Bekanntermaßen geht die soziologische Betrachtung von Literatur einher mit im engeren Sinne politischen und politologischen Einsichten in die komplexen Verflechtungen von Individuum und Gesellschaft, von Machtstrukturen und der Dialektik von Sein und Bewusstsein im Marxschen Sinne (erinnert sei an die einschlägige Textsammlung von Marx und Engels mit dem Titel: Über Kunst und Literatur, 2 Bde., 1967).
Aus heutiger Sicht erscheint die Analyse von Literatur unter soziologischem Gesichtspunkt selbstverständlich; man muss allerdings berücksichtigen, dass dem längst nicht immer so war und dass die Vorstellung künstlerischer Autonomie lange vorherrschte. Deutlicher als anderswo muss allerdings hier die ältere und die neuere deutsche Literatur voneinander gesondert werden, und das wurde auch – mehr oder weniger klar reflektiert – im Fach getan. Bereits Lachmann und den Grimms war bewusst, dass die Dichter des Mittelalters in allerlei sozialen Abhängigkeiten steckten und dass es wichtig war zu wissen, welcher Art diese Abhängigkeiten waren, um einer Dichtung gerecht zu werden. Die Analyse außerliterarischer Gegebenheiten setzte somit schon früh im Bereich der Altgermanistik ein – und hier traf man sich freilich mit Methoden des Positivismus; man machte sich auf die Suche nach Fakten.
Eine dezidiert soziologische Ausrichtung der Literaturinterpretation setzte in der Altgermanistik jedoch erst später ein. Eine wichtige Station stellt die 1909 erschienene Arbeit von Eduard Wechssler zum ‚Kulturproblem des Minnesangs' dar (Bibl.-Nr. 220). Bedeutend waren und sind ferner die Arbeiten des Romanisten Erich Köhler zur Lyrik, die von germanistischer Seite rezipiert und deren Erkenntnisse auf die deutsche Literatur des Mittelalters appliziert wurden (1970, Bibl.-Nr. 223). Auch was die Artus-Ritter-Epik angeht, wurden zahlreiche Versuche gestartet, die Strukturen der erzählten Welt soziologisch zu verstehen. Erneut ist der Romanist Köhler Auslöser zahlreicher Debatten (1956, Bibl.-Nr. 222).

So sinnvoll eine soziologische Deutung auch ist, so schnell wurde aber auch deutlich, mit welchen Problemen man zu kämpfen hatte. Denn es kam (und kommt) ja primär darauf an herauszufinden, welcher sozialen Schicht die Autoren angehörten, in welchen sozialen Abhängigkeiten sie steckten, und welcher Art die verschlüsselte soziale Botschaft sein könnte. Glaubte man anfangs, den Stand der meisten Dichter gut als den der Ministerialen (dazu oben, S. 42f.) festlegen zu können, so zerstörte Joachim Bumke diese Scheinsicherheit mit seinen ‚Studien zum Ritterbegriff im 12. und 13. Jh.' (1977, Bibl.-Nr. 214; vgl. auch Bumke, 1976, Bibl.-Nr. 224).

Bis heute hat die soziologische Betrachtung mittelalterlicher Dichtung eine wichtige Bedeutung im Fach. Trotzdem ist auch dieses Konzept theoretischen Einwänden bzw. Relativierungen ausgesetzt. Vor zwei Jahrzehnten stellte Jan-Dirk Müller resümierend fest, dass „die anfängliche Euphorie über die Entdeckung der Sozialgeschichte als Erklärungsrahmen für sämtliche literarischen (wie überhaupt kulturellen) Phänomene" verflogen sei (1986, Bibl.-Nr. 229, S. 56). Literatur sei weder nur über sozialhistorische Modelle, noch nur über Kategorien der Interessenbildung, noch nur über mentalitätsgeschichtliche Raster adäquat zu fassen. Dem ist sicher zuzustimmen. Dennoch wird man bei der Beschäftigung mit Texten stets zu fragen haben: Wer verfasste den Text? In welcher Absicht? Für welches Publikum? Wie mag der Text verstanden worden sein? Welche Bezüge gibt es zwischen Text und Welt? Ein Text ist ein Kulturprodukt, und Kultur ist ein Geflecht aus vielen Komponenten, von denen die meisten immer auch eine soziale Relevanz haben.

Text Kultur Gesellschaft

Strukturalismus

Mehr noch als die bisher genannten methodischen Ausrichtungen ist der Strukturalismus ein sehr komplexes Denkgebäude. Fachgeschichtlich geht der Strukturalismus teilweise auf den russischen Formalismus, besonders aber auf die strukturalistische Sprachwissenschaft Ferdinand de Saussures zurück (1931, Bibl.-Nr. 148). Für die Literaturwissenschaft und auch für die ältere Germanistik sind u.a. Claude Lévi-Strauss (1967, Bibl.-Nr. 153) und Jurij M. Lotmann (1972, Bibl.-Nr. 154) bedeutend.

Das Grundanliegen des Strukturalismus ist die Aufdeckung von Beziehungen zwischen einzelnen Elementen eines literarischen Textes und die abstrakte Beschreibung dieses Beziehungsgeflechtes. Dabei spielt für den Strukturalisten die Beziehung als solche eine größere Rolle als die je konkrete Realisierung dieser Beziehung. Bei der Analyse von Strukturen ist der Begriff der Invarianz wesentlich: Was bleibt, wenn man alles Sekundäre, alles Inhaltliche außer Betracht lässt? Über die Analyse von Invarianz kann und

Abstraktion

soll auch über den Einzeltext hinausgegangen werden: So können etwa Stilprofile ermittelt werden (das, was z.B. alle Werke eines Autors auszeichnet) oder Epochenprofile (das, was z.B. alle Werke eines bestimmten Zeitraumes ausmacht) oder – gerade für die Altgermanistik wichtig – Gattungsprofile (das, was viele Texte strukturell gemein haben, was sich über dieses Gemeinsame zu einem Texttyp, einer Gattung zusammenfassen lässt). Noch allgemeiner kann schließlich nach Invarianzen gesucht werden, die quasi jenseits des Geschichtlichen liegen, die überzeitliche Konstanten menschlicher Kultur und Kulturverarbeitung darstellen.

Was der Strukturalismus ermitteln will, sind Gesetzmäßigkeiten der Organisation von Texten. Weil Texte Medien der Kommunikation sind, muss ihnen eine der Kommunikation adäquate Struktur zugrunde liegen, auch dann, wenn (gerade poetische) Texte immer wieder konventionelle Strukturen durchbrechen.

Strukturen: Baupläne von Texten, Statik von Texten

Im Bereich der Altgermanistik war es zunächst Hugo Kuhn, der auf ein bedeutendes Strukturmuster in den Artusromanen aufmerksam gemacht hat: auf den sog. ‚doppelten Kursus' (1948, Bibl.-Nr. 422). Demnach zeigt der Artusroman ein mehrfach gedoppeltes Schema: Zunächst lässt sich der Roman in zwei Hauptteile gliedern: (1) Aufstieg und Fall des Helden, (2) Bewährung und erneuter Aufstieg des Helden. Der zweite Teil ist in sich wieder gedoppelt: die Bewährung des Helden vollzieht sich in zwei Episodenreihen, die jeweils aufeinander Bezug nehmen, sei es durch Wiederholungen, Kontrastierungen oder Spiegelungen. Kuhn hat sein Strukturmodell am Artusroman ‚Erec' erarbeitet – und hier greift es auch am besten. Mit einigen Modifikationen aber lässt es sich grundsätzlich auch auf andere Artusromane und auf stofflich anders ausgerichtete Erzähltexte anwenden (neue Sichtweisen und kritische Relativierungen finden sich in dem Sammelband ‚Erzählstrukturen der Artusliteratur', 1999, Bibl.-Nr. 421). Die Erkenntnis von Strukturen, von ‚Bauplänen', ist für das Verständnis des konkreten *Textes* von großer Bedeutung, denn Einzelszenen, die für sich genommen schwer verständlich oder auch nichtssagend sind, erhalten durch das strukturelle Beziehen auf andere Einzelszenen (neuen, anderen) Sinn. Und die diachrone, historische Analyse von Strukturmustern erlaubt es auch, die Genese und Tradition von literarischen Gattungen zu beschreiben (vgl. weiter die wichtigen Arbeiten von Haug, 1989, Bibl.-Nr. 192).

Psychoanalyse

Die Methodik psychologisch-psychoanalytischer Interpretation von Literatur geht auf Sigmund Freud zurück, der sich auch mit dem Phänomen ‚Literatur' unter psychologischen Gesichtspunkten beschäftigt hat (1907/8, Bibl.-Nr.

147). Psychologische bzw. psychoanalytische Literaturbetrachtung kann auf sehr verschiedenen Ebenen ablaufen, von denen aber eigentlich nur zwei für den mediävistischen Bereich in Frage kommen: Da wir über die Dichter und ihr Publikum so gut wie keine empirischen Daten haben, die etwa zur Erstellung eines Individual- bzw. Kollektivpsychogramms herhalten könnten, bleibt nur, die Texte selbst einer Analyse (nun im doppelten Sinn des Wortes) zu unterziehen (vgl. zum Einstieg: Birkhan, 1983, Bibl.-Nr. 157, Müller, 1986, Bibl.-Nr. 158). Und dort sind es im Wesentlichen die Figuren und deren Konstellationen sowie die Gegenstände (die erzählten Handlungen), die psychoanalytisch gedeutet werden können. Vor allem Figuren-Konstellationen wie Mann–Frau, Vater–Sohn, Mutter–Tochter, Mutter–Sohn (Ödipus!) bzw. entsprechende Substitute (z.B. statt Vater–Sohn: Herzog und Gefolgsmann) bieten sich hier an. Gegenstände wie Schwerter, Lanzen, Spieße oder Grotten, Höhlen, Seen, Schlösser und Schlüssel können sexualpsychologisch interpretiert werden (als Phallus- bzw. Vaginasymbole). Aber auch Träume literarischer Figuren (z.B. Kriemhilds Traum im ‚Nibelungenlied') sind prädestiniert, psychoanalytisch gedeutet zu werden.

Probleme der Übertragbarkeit

Der Sammelband ‚Psychologie in der Mediävistik' (1985, Bibl.-Nr. 134) enthält eine Reihe von einschlägigen Arbeiten. Sie zeigen einerseits, dass es fruchtbar sein kann, alte Texte mit neuer Methodik zu untersuchen; andererseits aber wird auch deutlich, wo die Schwierigkeiten liegen. Denn es darf nicht vergessen werden, dass die Psychologie eine sehr junge Wissenschaft ist und dass ihr Objekt die Psyche moderner Menschen des späten 19. und 20. Jhs. darstellt. Es fragt sich daher, wie universal-anthropologisch die Erkenntnisse der Psychologie sind. Daneben muss bedacht werden, dass die Psychologie heute manches anders sieht als Sigmund Freud.

Nicht wenigen germanistisch-psychoanalytischen Arbeiten liegt ein dilettantischer Vulgärfreudianismus zugrunde, der kaum geeignet ist, ein fundiertes methodisches Instrumentarium abzugeben. Man müsste in der Zukunft interdisziplinär vorgehen, und das heißt hier, dass Fachpsychologen mit Literarhistorikern zusammenarbeiten sollten. Nur in einer solchen Kollaboration von Fachleuten kann ein methodisch sauberes und sicheres Fundament geschaffen werden.

Feministische Zugriffe, ‚gender'-Forschung

Seit einer Reihe von Jahren gibt es in der Literaturwissenschaft feministische Zugriffe, ohne dass sich diese als eigenständige Methoden verstehen. Zum einen manifestieren sich feministische Betrachtungen in einer deutlicheren Fokussierung der Literatur *von* Frauen (ggf. auch *für* Frauen). Ein Beispiel dafür bietet die zweibändige Frauen-Literatur-Geschichte des Beck-Verlags

(1988, Bibl.-Nr. 356), die rund 100 Seiten der Periode „Von den Anfängen bis 1500“ widmet. Da der Literaturbetrieb (im mittelalterlichen Deutschland) im Wesentlichen nicht von Frauen geprägt ist, ist eine rein chronologische Darstellung aber kaum möglich. Daher werden die sozialen Strukturen des Literaturbetriebs bzw. spezifische literarische Ausformungen analysiert und in ihrem Werden und Wandel beschrieben. Das Mittelalterkapitel gliedert sich in die Bereiche „Höfische Autorinnen“, „Geistliche Autorinnen“ und in „Vita religiosa und spirituelles Erleben“. Über große Strecken muss freilich der Fokus auf die deutschsprachige Literatur aufgegeben werden, da viele Autorinnen vornehmlich lateinisch schrieben. Und eine Erscheinung wie die romanischen Troubadour*innen* ist der deutschen Literaturgeschichte ganz fremd. Insofern stellt dieser erste Teil in einer Geschichte zur ‚*Deutschen* Literatur *von* Frauen‘ in vielen Bereichen einen Status ex negativo heraus – aber auch auf solche Weise kann eine nationalsprachige Literaturgeschichte Kontur gewinnen.

Wesentlich theorielastiger und komplexer ist in der feministischen Literaturwissenschaft die so genannte *gender*-Forschung (dazu: Peters, 1997, Bibl.-Nr. 139, Schabert, 1995, Bibl.-Nr. 170, Würzbach, 1995, Bibl.-Nr. 171, Butler, 1991, Bibl.-Nr. 162, Osinski, 1998, Bibl.-Nr. 175). Mit *gender* ist – im Gegensatz zu *sex*, dem biologischen Geschlecht – die Geschlechter*rolle* gemeint, die in der Sozialisation des Menschen eine zentrale Bedeutung einnimmt. Damit ist gleichzeitig auch eine historische Perspektivierung vorgegeben, denn die Sozialisation ist geschichtlichem Wandel unterworfen. Für die deutsche Literatur des Mittelalters bedeutet das: Welche Entwürfe von Männlichkeit finden wir in den Texten? Und: welche Entwürfe von Weiblichkeit? Während dem Mann als literarischer Figur immer schon ein besonderes Augenmerk gewidmet war (vgl. jüngst Baisch u.a., 2003, Bibl.-Nr. 95), fokussiert die *gender*-Forschung nun stärker die Rollen, die den Frauen zugewiesen werden. Wie sieht die Beziehung Mann–Frau aus? In welchem Spannungsverhältnis präsentieren sich auf der einen Seite die literarische Welt, auf der anderen Seite die wirkliche Welt? Gibt es Momente einer *gender*-Utopie in der Dichtung, oder werden Rollenmuster perpetuiert, stabilisiert, ideologisiert?

‚Gender‘: Geschlechterrolle

Die mittelalterliche Literatur stellt für solche Fragen eine fast unerschöpfliche Quelle dar: Der Minnesang lebt ja von der Projektion weiblicher Verhaltensmuster, die (im deutschsprachigen Raum) jedoch ausschließlich von Männern geleistet wird. In den großen Erzählwerken spielen Frauen stets eine zentrale Rolle. Im ‚Armen Heinrich‘ Hartmanns von Aue (unserem Eingangsbeispiel aus Kap. 2) ist es die Meierstochter, die neben Heinrich eine Protagonistenstellung einnimmt; charakteristischerweise divergiert gerade ihr episches Auftreten in den verschiedenen Fassungen der Erzählung stark: das Weiblichkeitsbild ist ambivalent, wenn auch eine männliche

Entwürfe von Weiblichkeit

Grundperspektive obwaltet, die ihre markanteste Ausformung dort gewinnt, wo Heinrich, der Mann – und gleichzeitig das (männliche?) Publikum –, durch ein Loch in der Wand das nackte und gefesselte Mädchen heimlich beobachten. Zu erinnern ist ferner an Erecs Ehefrau Enite, an Iweins Gattin Laudine, an Isolde im ‚Tristan', an Kriemhild und Brünhild aus dem ‚Nibelungenlied', an Ginover, die Frau Artus', an Herzeloyde, die Mutter Parzivals, und viele andere. Auch in der religiösen Dichtung begegnen immer wieder Frauen, an erster und exponierter Stelle steht freilich die Gottesmutter Maria; aber auch vielen ‚menschlichen' Frauen sind entsprechende hagiographische Texte gewidmet. Das medizinische Fachschrifttum ist zu einem bedeutenden Teil den Frauen, ihrem *sex*, ihrer Sexualität und ihrer biologischen ‚Funktion' als Empfangende, Gebärende und Mutter gewidmet (dazu jüngst Kruse, 1996, Bibl.-Nr. 563).

Wenn man die Perspektive vergrößert und auch die Literatur Frankreichs mit berücksichtigt, dann stellen sich Fragen nach einer möglichen weiblichen Ästhetik des Schreibens. In Frankreich hat es viele dichtende Frauen gegeben (die sog. *trobairitz*, Troubadourinnen, Minnesängerinnen). Sind die Liebeslieder anders geschrieben, ist der *gender*-Entwurf hier ein anderer? Oder ist die männlich dominierte literarische Tradition zu stark, so dass dichtende Frauen bestehende Muster einfach weiterschreiben? Die Forschungen auf diesem Gebiet sind erst im Gang. Die methodischen Probleme sind nicht gering, denn es ist zweifelhaft, ob man ein ‚typisch weibliches' Sprechen und Schreiben mit wissenschaftlichem Instrumentarium wirklich signifikant von einem männlichen unterscheiden kann.

Wichtig: Kritische Reflexion des methodischen Zugriffs

Der feministischen Literaturwissenschaft gebührt in jedem Fall das Verdienst, den Blick von einer häufig stark handlungsorientierten Analyse von Erzähltexten gelöst und sich den diese Handlung ja tragenden Personen, Männern und Frauen, und deren narrativer Konstituierung zugewendet zu haben (dazu einige Beiträge bei Bennewitz, 1989, Bibl.-Nr. 135). Da der Feminismus (und die daraus erwachsene feministische Literaturwissenschaft) eine moderne, aktuelle politische Bewegung darstellt, ist allerdings vor einer allzu leichtfertigen Projektion von modernen Geschlechterstrukturen auf eine historisch entfernte Kultur zu warnen. Bestimmte mittelalterliche Texte als Pamphlete zur Unterdrückung der Frau zu verstehen, stellt einen ideologischen Schnellschuss dar, der der Suche nach historischer Wahrheit nicht dienlich ist. Wie bei der psychoanalytischen Literaturinterpretation gilt auch hier: erst eine intensive Zusammenarbeit von Historiker(inne)n und Literaturwissenschaftler(inne)n wird ein sinnvolles *gender*-Studium mit historischer Perspektive ermöglichen.

[In der ersten Auflage dieser Einführung hatte ich mit Verweis auf Shea Kerry (1994, Bibl.-Nr. 168) noch formuliert, dass sich im Falle des ‚Armen Heinrich'

Fragen nach ‚männlich-voyeuristischem Sexismus' aufdrängen können. Den Rezensenten Hartmut Freytag hatte meine Ausführung sehr gestört (in: Arbitrium 2/2000, S. 153). Ich habe mich dennoch nicht dazu entschlossen, in dieser 2. Auflage die Passage ganz zu streichen, denn von ‚Voyeurismus' zu sprechen, ist keineswegs anachronistisch, und selbst wenn es sich – selbstverständlich! – beim ‚Armen Heinrich' um einen Text handelt, der ein tiefgehendes moral- und sündentheologisches Anliegen hat, so bleibt nach meiner Wahrnehmung die Konstruktion der Mädchenfigur ambivalent und die Salerno-Szene insgesamt sehr befremdend. Indes gestehe ich Freytag gerne zu, dass Kerry mit ihrer Deutung etwas über das Ziel hinausgeschossen hat und – das hatte ich bereits in der ersten Auflage auch geschrieben – dass die Applikation psychoanalytischer und *gender*-Theorien mit sehr viel kritischer Umsicht zu geschehen hat. Wichtig ist für den Altgermanisten nicht, was ein alter Text *uns heute* sagen kann, sondern wichtig ist allein die Annäherung an einen historischen Text-Sinn. Letzteres aber mag man auch mit Hilfe moderner methodischer Zugriffe zu tun versuchen.]

Mentalitätsgeschichtliche Ansätze

Eine historische Epoche ist nicht nur durch positivistisch dokumentierbare Ereignisse (Kriege, Krönungen, Hochzeiten, Ratsversammlungen, Verträge usw.) geprägt, sondern auch durch Mentalitäten. Damit sind kollektive und individuelle Phänomene und Gefühle wie ‚Liebe und Sexualität', ‚Religiosität', ‚Freude und Leid', ‚Angst und Hoffnung', ‚Sterben und Tod' sowie Weisen des Erlebens von Natur, Zeit und Raum gemeint (vgl. Dinzelbacher, 1993, Bibl.-Nr. 93). So wäre es beispielsweise für die Interpretation des Minnesangs nützlich zu wissen, was für ein Verständnis Menschen des 12. und 13. Jahrhunderts von der Liebe hatten, wie sie welche Gefühle empfanden und ausdrückten. Für die adäquate Deutung von literarisierten Endzeitvisionen wäre es hilfreich, über Ängste und Hoffnungen von Menschen dieses Zeitalters Bescheid zu wissen. Um sich solchen und anderen Mentalitäten zu nähern, sind wir jedoch auf schriftliterarische Quellen angewiesen, und diese Quellen sind nicht selten genau diejenigen, die wir (literarhistorisch) analysieren wollen. Man befindet sich also häufig in einem Erkenntniszirkel. Dennoch sind die Anstrengungen nötig und sinnvoll. Die fruchtbarsten Ergebnisse werden sich erzielen lassen, wenn man Texte unterschiedlicher Art und Funktionalität zueinander in Beziehung setzt. So können mittelalterliche Bußbücher mit Angaben z.B. über sexuelle Verfehlungen und die darauf stehende Strafe ein Indikator für zwischengeschlechtliche Lebenspraxis sein. Stellt man daneben den Minnesang oder epische Texte, die gleichfalls das Thema Liebe und Sexualität verhandeln, können vor allem substantielle Differenzen Einblick in das Spannungsfeld von Ideal und Wirklichkeit gewähren.

Was ist Liebe?

Wovor hat man Angst?

Wie trauert man?

In den letzten Jahren hat die Mentalitätsgeschichte auch über Studien zur Emotionsgeschichte an Bedeutung gewonnen (eine gute Übersicht bietet der Band ‚Affekte', 1999, Bibl.-Nr. 94). Zahlreiche Arbeiten stehen in Zusammenhang mit größeren, aktuellen Forschungsprojekten (u.a. an der FU Berlin). Hingewiesen sei auf: Benthien [u.a.], 2000, Bibl.-Nr. 97; Bennewitz [u.a.], 2002, Bibl.-Nr. 98; Jaeger [u.a.], 2003, Bibl.-Nr. 99; Baisch [u.a.], 2003, Bibl.-Nr. 95; Baisch [u.a.], 2005, Bibl.-Nr. 96.

‚New Philology'

In den letzten zwanzig Jahren kursiert, nicht nur in der Altgermanistik, der Begriff ‚New Philology', auch verdeutscht als ‚Neue Philologie' (dazu das ZfdPh-Sonderheft ‚Philologie als Textwissenschaft', 1997, bes. Bennewitz, Bibl.-Nr. 173). Durch das Adjektiv ‚neu' will sich diese methodische Richtung der Literaturwissenschaft also von einer ‚alten' Philologie unterscheiden; aber: sie versteht sich als ‚Philologie' und knüpft damit auch an sehr grundlegende und alte Maximen der Zunft an.

Alte Konzepte in neuer Diskussion

Die ‚New Philology' ist ein amerikanischer Re-Import europäischer Grundthesen, die erst im Zuge dieses Re-Importes von der germanistischen Mediävistik rezipiert wurden. Im Mittelpunkt der ‚New Philology' steht der Text vor dem Hintergrund einer zuweilen ‚postmodern' genannten neuen Text- bzw. Werktheorie. Die Kategorien ‚Autor' und ‚Werk' wurden durch literaturtheoretische Arbeiten vor allem von Roland Barthes, Jacques Derrida, Michel Foucault, Julia Kristeva und Paul de Man, fortgeführt von Bernard Cerquiglini und schließlich den Vertretern der ‚New Philology' in ihrem Kern problematisiert. Vor allem die Fixierung auf *das eine Original* und *den Autor* dieses Originals wird nun als unhistorisch, unproduktiv und dem Gegenstand nicht angemessen betrachtet. Die ‚New Philology' will wieder zurückkehren zu den ‚roots', den Quellen des Geschäfts, zu den Handschriften, will sich abwenden von einer Rekonstruktionsphilologie, die – zumindest häufig – mehr zuschüttete als aufdeckte. Der „postmodern return to the origins of medieval studies" (Nichols, 1990, Bibl.-Nr. 161, S. 7) steht im Zeichen einer zunächst vorurteilslosen Wertschätzung der Überlieferung, deren Qualität erst mit dieser Grundhaltung zu eruieren sei und deren Eigenheiten interessante Einblicke in den Literaturbetrieb einer vergangenen Kulturepoche ermöglichten. Es wird einer Handschriftenphilologie das Wort geredet, die die Handschriften mit den dort manifestierten Varianten als Dokumentation einer ‚offenen Textgeschichte' betrachten soll. „L'oeuvre littéraire, au Moyen Age, est une variable" sagt Bernard Cerquiglini (1989, Bibl.-Nr. 159, S. 57); die Autoren des ‚Speculum'-Heftes ‚New Philology' folgen ihm: „we may recognize that medieval culture did not simply live with diversity, it cultivated it" (Nichols, 1990, Bibl.-Nr. 161, S. 9). Mittelalterliche Literatur ist nach Cerquiglini Variation schlechthin, ihr Wesen konstituiere sich in Variabilität, und alle traditionelle Textkritik habe diesem Wesen nicht die angemessene Berücksichtigung zuteil werden lassen. Die Vertreter der sogenannten ‚New Philology' haben Cerquiglinis Gedanken aufgegriffen und (vornehmlich auf altfranzösische/provenzalische Texte) zu applizieren versucht. Es dauerte einige Zeit, bis Reaktionen aus dem altgermanistischen Lager zu vernehmen waren. Im Wesentlichen war es Karl Stackmann, der in zwei ausführlichen Aufsätzen Antworten auf die Fragen und Forderungen der ‚New Philology' zu geben versuchte (vgl. vor allem 1994, Bibl.-Nr. 138). Er hat einerseits die Ideen als diskussionswürdig gelobt und eine Reihe von Berührungen mit philologischen Innovationen aufgeführt, sich andererseits aber doch gegen die mehr oder weniger radikalen Forderungen editionspraktischer Art gestellt. Er kritisiert, dass Cerquiglini das eine Extrem (Suche des Urtextes) durch ein anderes ersetze, nämlich durch die Festlegung des Editors auf einen prinzipiell instabilen Text. Viele Forderungen, die dem Programm der ‚New Philology' inhärent sind, darunter vor allem die Wertschätzung der Überlieferung (‚back to the roots'), sind indes in der Altgermanistik auch unabhängig von Cerquiglini (und früher) aufgestellt worden. Zu erinnern ist besonders an den bahnbrechenden Aufsatz Karl Stackmanns (1964, Bibl.-Nr. 177) und den Beitrag Jürgen Kühnels zum ‚offenen Text' (1976, Bibl.-Nr. 183). Und auch die jüngeren, interdisziplinär angelegten Forschungen zu Mündlichkeit und Schriftlichkeit, besonders zur Pragmatik höfischer Lyrik (dazu Müller, 1996, Bibl.-Nr. 72), führen zu einer erneuten grundsätzlichen Beschäftigung mit der Überlieferung, der prinzipieller als zuvor eine kulturelle Bedeutung zugemessen wird. Nicht mehr stehen als oberstes Ziel der Autor und sein Urtext im Mittelpunkt, sondern die Überlieferung selbst rückt als Objekt der Erkenntnis ins Zentrum. Sie zu studieren verspricht Einsichten in einen fremden Literaturbetrieb, zu dem nur unter anderem auch der Autor zählt. Von ganz wenigen, sehr traditionell denkenden Altgermanisten abgesehen (darunter vor allem Werner Schröder, der die ‚Neue Philologie' als Untergang der Mediävistik betrachtet; 1996, Bibl.-Nr. 172), ist man sich weitgehend einig, dass Varianz ein Spezifikum mittelalterlicher Literatur sei, das seine kulturtechnischen Bedingtheiten, aber wohl auch poetologischen Voraussetzungen habe.

Die Handschrift: Maß aller Dinge?

Die ‚New Philology' hat Bewegung in die methodenkritische Diskussion der Altgermanistik gebracht, das allein schon macht ihren Wert aus. Darüber hinaus hat sie bedenkenswerte literarhistorische und -theoretische Einsichten vermittelt. Freilich wird man den Forderungen nicht überall zustimmen können. So ist zwar zweifellos der mittelalterliche Text recht offen und instabil, was seine Überlieferung angeht; doch darf darüber keineswegs vergessen werden, dass diese Offenheit bei den mittelalterlichen Dichtern selbst diskutiert und dass sie keineswegs immer geschätzt oder auch nur gerne toleriert wurde (dazu das lesenswerte Quellendokument von Riccardo da Bury, 1962, Bibl.-Nr. 253). Trotz aller Turbulenzen, in die der Autorbegriff in den letzten Jahren geraten ist, wird man sich nicht von ihm verabschieden. Es ist weiterhin eine wichtige Aufgabe der Philologie, die Überlieferung *kritisch* zu sichten und zu schichten. Und es spricht für sich, dass 1999 ein dicker Sammelband erschienen ist mit dem programmatischen Titel ‚Rückkehr des Autors' (Bibl.-Nr. 144).

6.2. Edition

Editionen: Grundlagen des Faches

Unser Eingangsbeispiel vom ‚Armen Heinrich' hat bereits deutlich gemacht, dass mittelalterliche Literatur nicht selten in sehr divergierenden Fassungen überliefert ist (siehe S. 16f.). Dieses Problem hat die Philologie von Beginn an beschäftigt, und schon früh sind Methoden entwickelt worden, aus der z.T. unüberschaubaren Menge an handschriftlichen Lesarten einen sogenannten ‚kritischen Text' zu erstellen. Da für jede Arbeit mit Literatur (d.h. für Deutungen welcher Art auch immer) eine bestimmte Textgestalt zugrunde liegen muss, kommt der Methodik der Textherstellung, mithin der gesamten Editionswissenschaft, eine im Sinne des Wortes grundlegende Bedeutung zu (dazu Bein, 1995, Bibl.-Nr. 180 und – aktuell und umfassend informierend – der Sammelband von Nutt-Kofoth [u.a.], 2000, Bibl.-Nr. 178).

Je weiter wir in der Literaturgeschichte zurückgehen, je älter die Texte sind, je weniger wir durch die Autoren von ihren Werken wissen, um so komplizierter und komplexer präsentiert sich dem Wissenschaftler das Objekt seines Interesses: der Text. Um diesem Problem begegnen zu können, wird der Text in seinen unterschiedlichen Fassungen, Versionen, in seiner überlieferten Struktur und im Wortlaut einer kritischen Begutachtung unterzogen, die ‚Textkritik' genannt wird. Der Wust der Textüberlieferung muss strukturiert werden, und zwar möglichst gemäß intersubjektiv nachvollziehbarer und akzeptabler Regeln. Das Endergebnis dieses Prozesses kann *der eine* kritische Text sein, ein begründetes (Re-) Konstrukt aus den Daten der Überlieferung; am Ende können aber auch mehrere Texte stehen, deren Varianten keine Entscheidung über ‚primär' und ‚sekundär', ‚gut' und ‚schlecht', ‚zufällig' und ‚kalkuliert' zulassen (auch hier sei noch einmal auf die knappen Bemerkungen zum ‚Armen Heinrich', S. 16ff. hingewiesen).

Edition und Interpretation

Die textkritischen Bemühungen dienen dem Ziel, Texte für ihre Rezeption, in der Regel für ihre Interpretation, vor- und aufzubereiten, wobei schon hier gesagt werden muss, dass die textkritische Bearbeitung selbst bereits ein Stück Interpretation darstellt, denn Entscheidungen darüber, welche Variante eines Textes z.B. älter oder besser ist als eine andere, sind in der Regel nicht positiv zu beweisen, sondern gründen auf philologischer Einschätzung, die freilich möglichst gut fundiert sein sollte. Der Text ist somit einerseits Basis, Fundament, Ausgangspunkt jeder literaturwissenschaftlichen Beschäftigung, andererseits aber immer auch schon Ergebnis von Deutungen. Dieser Zirkel ist nicht zu vermeiden, man sollte sich aber stets seiner bewusst sein. Aus unserer heutigen Position heraus betrachtet, ist an der Produktion von Texten, vor allem alten, also nicht nur der ursprüngliche Autor beteiligt, sondern auch der Philologe in seiner Funktion als professioneller, spezialisierter Vor-Leser. Er versucht, die Spuren der Zeit zurückzuverfolgen, den Text in seiner dichterisch verantworteten Form wiederzuerlangen oder zumindest die Einflüsse der Zeit als Einflüsse beschreibbar und kategorisierbar zu machen. Konkreter formuliert, versucht der Philologe, Fragen wie die folgenden zu beantworten: Welcher Text soll Grundlage für weitere Forschungen sein? Welcher Text stammt vom Autor? Auf wessen Konto gehen die Varianten?

Im Laufe der Geschichte des Faches hat es immer wieder andere methodische Editionszugriffe gegeben. Es lässt sich grundsätzlich eine autor- bzw. originalorientierte von einer text- bzw. überlieferungsorientierten Textkritik unterscheiden:

Werner Schröder, vehementer Vertreter der ersten Sichtweise, hat als Maxime einmal formuliert: „Dem Dichtwerk gegen Schreibfehler, -unarten, -eigenmächtigkeiten zu Hilfe zu kommen, die Leistung des Autors nach Gehalt und Form erkennbar zu machen und ihr, soweit möglich, gerecht zu werden, war und ist die Aufgabe jeder kritischen Textedition.“ (1984, Bibl.-Nr. 186, S. 683).

Geradezu gegenteilig klingt, was Günther Schweikle, Vertreter des anderen methodischen Zugriffs, programmatisch feststellt: Der „eigentliche“ Zweck einer Edition sei der, „einen historisch bezeugten Text zugänglich und verständlich zu machen“, und das heißt gleichzeitig, sich möglichst aller Rekonstruktionen zu enthalten (1985, Bibl.-Nr. 184).

Karl Lachmann: Beginn der wissenschaftlichen Textkritik

Die autor-/originalorientierte Textkritik hat ihren bedeutendsten und traditionsmächtigsten Vertreter in Karl Lachmann (1793–1851), der, von der Altphilologie kommend, die dort gewonnenen Grundsätze auf die deutschen Texte anwendete, was aber aufgrund der unterschiedlichen Überlieferungsverhältnisse zu mancherlei Fehlurteilen führte (dazu Stackmann, 1964, Bibl.-Nr. 177 und Ganz, 1968, Bibl.-Nr. 185). Im Detail durchaus anderer Meinung, vom Grundsatz her aber ganz Lachmann beipflichtend, stellt sich die Philologie der Brüder Jacob und Wilhelm Grimm (1785–1863; 1786–1859) dar.

Das Ziel, weit über die Überlieferung hinaus zu gelangen, hat in der Folgezeit textkritische Schulstreitigkeiten ausgelöst und ist bis heute – wenn auch in abgeschwächter Form – immer wieder Anlass zu heftigen Debatten. Ganz andere Prinzipien als die Väter der Germanistik wandte ihr vielgeschmähter

Zeitgenosse Friedrich Heinrich von der Hagen (1780-1856) an (siehe auch oben, S. 94), der in der Frühzeit des Faches bereits das verfolgte, was heutzutage als (strenges) Leithandschriftenprinzip benannt wird: er orientierte sich am Wortlaut *einer* Handschrift und legte diese möglichst unverändert der Textausgabe zugrunde (freilich fehlt bei von der Hagen noch ein vom Einzelfall abstrahierendes Theoretisieren der Methode).

Die weiteren theoretischen und praktischen Diskussionen der ‚wahren' editionskritischen Methoden können hier nicht im Einzelnen vorgestellt werden. Aufgrund seiner bis heute großen Bedeutung sei aber noch Carl von Kraus (1868-1952) erwähnt. Wir verdanken ihm viele bedeutende Textausgaben und Kommentare (von Kraus, 1978, Bibl.-Nr. 302; 1935, Bibl.-Nr. 476; 1939, Bibl.-Nr. 477). Hugo Kuhn hat von Kraus' editorische Leistung treffend so beschrieben: „energisch und kühn bis zu nur noch künstlerisch verantworteten Eingriffen in den Text, aber wie distanziert von allem bloß Modernen und Modischen! So entstand die ganz persönliche Balance zwischen künstlerischem Gefühl und skeptischer Trockenheit, zwischen philologischer Inspiration und philologischer Akribie, die ihn zum nicht unwidersprochenen, aber unerreichten Meister der Minnesangphilologie seiner Zeit machte. Er war ein Künstler der Philologie!" (1965, Bibl.-Nr. 151, S. XV).
Vor allem seit den späten 60er Jahren unseres Jahrhunderts wurde die Editionsmethode von v. Kraus mehr und mehr in Frage gestellt, und heute gibt es niemanden mehr, der mittelalterliche Texte wie v. Kraus edieren würde. Dennoch ist es keineswegs so, dass gegenwärtig von *der* Editionstheorie gesprochen werden könnte. Kaum ein Projekt gleicht dem anderen, und kaum ein Editionsproblem gleicht dem anderen. Joseph Bidez' Diktum ‚tous les cas sont spéciaux' (‚jeder Fall ist anders'; zitiert bei Dain, 1964, Bibl.-Nr. 182, S. 182) hat nach wie vor Gültigkeit. Konsens herrscht grundsätzlich aber darüber, die mittelalterlichen Handschriften sehr viel ernster zu nehmen (siehe auch oben zur ‚New Philology', S. 108f.). Man traut sich weniger zu, sie zu verbessern, man ist eher bereit, mit Verständnisschwierigkeiten zu leben und diese Schwierigkeiten nicht schon im ersten Stadium der philologischen Arbeit mit oft zweifelhaften Argumenten zu beheben.

Zeit der Textentstehung

Zeit der Textaufzeichnung

Was in den nächsten Jahren und Jahrzehnten noch energischer erforscht werden muss, sind die Konsequenzen, die eine moderne, überlieferungsorientierte Edition eines Textes auf die literaturgeschichtliche Arbeit hat. Denn es tut sich eine eigenartige Kluft auf: die Editoren stellen dem Literarhistoriker mehr und mehr Texte zur Verfügung, deren Basis um Jahre bis Jahrzehnte jünger ist als die mutmaßliche Entstehung diese Texte. Der Literarhistoriker aber verwendet diese modern edierten Texte in aller Regel nicht, um etwas über die Zeit ihrer handschriftlichen Aufzeichnung auszusagen, sondern er will etwas über ihren Autor und sein Publikum und über das ganze literarische Leben zur Zeit der Entstehung der Texte herausfinden. Ein größeres Forum (mehrere Aufsatzstaffeln in Fortsetzung) zur Diskussion solcher Grundsatzfragen findet sich nun im ‚Jahrbuch für Internationale Germanistik', beginnend mit Jahrgang XXXIV, Heft 2, 2002 (Rahmenthema XL: ‚Überlieferungsgeschichte – Textgeschichte – Literaturgeschichte').

7. Epochen, Texttypen, Autoren

Die folgenden Abschnitte verstehen sich *nicht* als Literaturgeschichte en miniature, sondern wollen dem Benutzer Einblick in *grundlegende* literarische Erscheinungen bestimmter Perioden ermöglichen sowie eine Orientierungshilfe für die Benutzung von Literaturgeschichten sein. Der Plural ‚Literaturgeschichte-*n*' ist wichtig, denn die Zeiten der ‚einen, großen' Literaturgeschichte, die als Universal-Handbuch den Studierenden durchs Studium führt, sind vorbei. Die methodischen Zugriffe (siehe Kap. 6) sind disparat, der Gegenstand (die Literatur) ist in seinen Grenzmarkierungen undeutlich, die Spezialforschungen nehmen zu. Kein Wissenschaftler ist mehr in der Lage, allein die gesamte Forschungsliteratur seines Fachgebietes zu durchdringen, ja er ist auch kaum noch in der Lage, die gesamten Quellen zu sichten, zu lesen und zu analysieren. Arbeitsteilung tut Not und führt zwangsläufig zu einem bunten Bild auf dem gut florierenden Markt literarhistoriographischer Darstellungen (Bibl.-Nrr. 349–364).

Übersicht: Perioden, Texttypen, Texte, Autoren

Im Folgenden sollen – bei aller Problematik im Einzelnen – größere literarhistorische Perioden voneinander abgegrenzt, wesentliche literarische Erscheinungsformen benannt, Texttypen skizziert sowie für diese Typen bedeutende Werke herausgehoben werden. Die Darstellung muss dabei auf theoretische Fundierung verzichten (dazu Bibl.-Nrr. 365–374); stattdessen sind Pragmatik und Didaktik hier bestimmend. Die Beispiele sind als bedeutende *Vertreter literarischer Typen* zu verstehen; darüber darf nicht vergessen werden, dass sie – bezogen auf das Ganze literarischer Kultur – immer nur einen relativen Status innehaben. Es wird auffallen, dass ich im Bereich der alt- und frühmittelhochdeutschen Periode häufiger konkrete Texte aufgreife und vorstelle und dass ich dies in den Abschnitten zur ‚höfischen' und spätmittelalterlichen Dichtung kaum noch tue (zu den ‚Epochengrenzen' s. unten, S. 115f.). Das hat seine Gründe: Die althochdeutsche Literatur ist fast nur über *Einzel*texte erfahrbar; serielle Texttypen gibt es noch so gut wie nicht (mit der Ausnahme von Gebets- und Segenstexten vielleicht). Das ändert sich allmählich in der frühmittelhochdeutschen Epoche; in größerem Maße dann in der sog. Hochphase literarischer Produktivität. Denn wenn wir beispielsweise den ‚Minnesang' oder die ‚Sangspruchdichtung' des späten 12. und folgenden 13. Jhs. betrachten, so präsentiert sich diese Textwelt als ein äußerst differenziertes, buntes und vielgestaltiges literarisches Phänomen.

Ich habe bislang häufig von ‚Texttypen' gesprochen; das mag vielleicht etwas irritieren: Warum spreche ich nicht von ‚Gattungen', wie es in den neueren Philologien gang und gäbe ist? Ich vermeide diesen Begriff aus folgenden Gründen: (1) Der Gattungsbegriff ist durch die Goethesche Einteilung der Dichtung in ‚Lyrik', ‚Epik' und ‚Dramatik' belastet und ausgerichtet auf ‚neuere Literatur'. (2) Schon die Tatsache, dass es im deutschsprachigen Mittelalter bis in das spätere 14. Jh. gar keine Form von ‚Dramatik' gibt, erschwert eine Anwendung des Systems. (3) Die mittelalterlichen Texte sind sowohl inhaltlich als auch formal sehr heterogen und entziehen sich immer wieder einer klaren ‚Gattungsbestimmung'; den Texten immer eindeutige Etiketten aufkleben zu wollen, würde die ihnen eigene Dynamik außer Acht lassen. (4) Es gibt eine Vielzahl mittelalterlicher ‚Gattungsbezeichnungen', die die Dichter selbst verwenden: *liet, tanzliet, spruch, maere, bîspel, bilde, buoch, schrift, sage* usw. Aber: Die Verwendung dieser Termini scheint über weite Strecken beliebig zu sein und ist uns keine Hilfe, einem Gattungs*system* auf die Spur zu kommen. (5) Fachgeschichtlich zeichnet sich mehr und mehr ab, dass wir uns mit dem wissenschaftlichen Drang zur Systematik zurückhalten müssen; metasprachliche Indizien dafür sind Verlegenheitsbildungen, oft das Suffix ‚-haft' u.ä. verwendend, z.B.: ‚romanhaft', ‚lyrisch-episch', ‚märchenhaft', ‚pastourellenhaft', ‚sangspruchhaft', ‚dem Tagelied ähnlich', ‚sequenzartig', ‚Mischform aus ...' usw. (zur ‚Gattungsdiskussion' vgl. Bibl.-Nrr. 393–398 und Kuhn, 1980, Bibl.-Nr. 390).

Texte
Gattungen
Texttypen

Ich weiche also auf den Begriff ‚Texttyp' aus, der folgende Vorteile hat: Er ist nicht beschränkt auf Formen spezifisch dichterischer, poetischer Literatur, schleppt wenig ‚Ideologisches' mit sich und ist geeignet, das verschiedenen Einzeltexten strukturell, sprachlich-formal oder thematisch Verwandte vorsichtig zusammenzuordnen.

7.1. Periodisierungen der deutschen Literaturgeschichte

In Kap. 3 war von der Periodisierung der deutschen *Sprache* die Rede (500–1050: Althochdeutsch; 1050–1350: Mittelhochdeutsch; 1350–1650: Frühneuhochdeutsch), und es wurde darauf hingewiesen, dass diese Einteilung nur *eine* von mehreren möglichen ist. Genauso wenig, wie man die Geschichte einer Nationalsprache eindeutig zeitlich strukturieren kann, ist dies mit der Geschichte einer volkssprachlichen Literatur möglich. Konsultiert man verschiedene Literaturgeschichten jüngeren und älteren Datums, so wird man mit je unterschiedlichen Epochengliederungen konfrontiert. Das hat seinen Grund darin, dass jeder literaturgeschichtlichen Darstellung eine bestimmte ‚Idee' zugrunde liegt. Ist eine solche Idee z.B. davon getragen, dass literarische Perioden durch Umstände politischer Art geprägt werden, so kann man etwa von einer karolingischen Zeit sprechen (Karl der Große) oder von einer staufischen Zeit (vor allem durch Friedrich II. geprägt). In vielen Literaturgeschichten findet man solche Gliederungsdefinitionen, und manche Bereiche literarischer Kultur weisen in der Tat starke Interdependenzen zu außerliterarischen, politischen Bedingungen auf, so dass viel für eine derartige Chronologisierung zu sprechen scheint. Andererseits aber begegnen immer wieder auch Texte, die in ein solches Schema nicht passen, die ihrer Zeit voraus sind, vergangener Zeit nachhinken oder aber Teil eines größeren literarischen Phänomens sind (z.B. Minnesang, Artusepik), das unbeschadet politischer Machtwechsel seinen kulturellen Weg geht. In diesen Fällen würde eine an außerliterarischen ‚Fakten' orientierte Periodisierung literarische Erscheinungen allzu künstlich und zwanghaft und ohne Berücksichtigung ihrer eigenen Dynamik selektieren.

Literaturgeschichtliche Perioden

Ich werde im Folgenden vier größere Zeiträume differenzieren, die zumindest in ihren Kernbereichen eigene literarische Schwerpunkte aufweisen:

(1) die althochdeutsche Zeit: 8. bis 10. Jahrhundert
(2) die frühmittelhochdeutsche Zeit: 11. bis Mitte 12. Jahrhundert
(3) die ‚höfische' Zeit: 2. Hälfte 12. und 13. Jahrhundert
(4) literarische Kultur im späten 13., im 14. und 15. Jahrhundert (im Rahmen dieser Einführung nur sehr kursorisch).

Die beiden ersten ‚Epochen' sind (auch) sprachlich einigermaßen distinkt, während die als ‚höfisch' charakterisierte dritte Periode vor allem über grundlegende literarische Programme bzw. Stoffe und Motive bestimmt wird; der vierte und größte Zeitraum stellt sich hier als der undifferenzierteste dar, bedingt durch die sehr vielfältige, bunte literarische Kultur des Spätmittelalters, die eigener eingehender Darstellung bedarf, die hier nicht zu leisten ist (ich behandle sie nur in Form eines resümierenden Ausblicks).
Ein wichtiger Hinweis, alle folgenden literarhistorischen Abrisse betreffend, muss noch gegeben werden: Die Datierungen einzelner Werke bzw. die Lebensdaten von Autoren, die hier begegnen, sollten grundsätzlich mit Vorsicht zur Kenntnis genommen werden. Wir können in der weit überwiegenden Zahl der Fälle keine absoluten Daten geben, weil die Dichtungen selbst und die meisten Handschriften keine Jahreszahlen nennen, die Eindeutigkeit schaffen könnten; und über das Leben fast aller Dichter wissen wir nichts (bzw. können es nur mehr schlecht als recht und immer lückenhaft aus ihren Dichtungen (!) zu erschließen versuchen). Die Datierung eines (literarischen) Textes stellt ein kompliziertes Unternehmen dar: Man kann beim Sprachstand (vor allem Vokalismus) beginnen und den Schrifttyp der Handschrift analysieren – damit wäre dann aber erst ein zeitlicher Anhaltspunkt für die *Niederschrift* eines Textzeugen gewonnen; über den Zeitpunkt oder -raum der *Entstehung* eines Textes sagt das noch wenig aus. Im wesentlichen ist es der Versuch, in den Texten nach so genannte *termini ante quem* bzw. *post quem* zu suchen, die am ehesten geeignet sind, Texte einigermaßen distinkten Zeiträumen zuzuordnen. Wenn z.B. in einem Text der Tod Friedrichs II.

beklagt wird, dann wäre das ein *terminus post quem*, d.h., der Text muss *nach* dem Tod Friedrichs entstanden sein, und da man sein Sterbedatum aus historischen Quellen kennt, heißt das konkret: der Text X ist nach dem 13. Dezember 1250 entstanden. Wenn in einem anderen Text davon die Rede ist, dass Friedrich noch immer nicht zum Kreuzzug aufgebrochen sei, dann stellt dies einen *terminus ante quem* dar, denn wir wissen, dass Friedrich 1228 in See stach; also muss der Text Y *vor* 1228 entstanden sein. Diese Bemerkungen mögen zur Illustration des grundsätzlichen Datierungsproblems genügen. Wenn im Folgenden Daten genannt werden, so beziehe ich mich in den meisten Fällen auf die entsprechenden Angaben des Verfasserlexikons (2. Auflage, Bibl.-Nr. 627) oder auf die – oft ganz zu recht vagen – Angaben im Nachschlagewerk ‚Das Mittelalter in Daten' (Bibl.-Nr. 633). Die relative Chronologisierung dürfte in meiner Darstellung wenig problematisch sein; die absolute einzelner Texte sehr wohl.

Probleme der Datierung

7.2. Die althochdeutsche Zeit (8. bis 10. Jahrhundert)

Ich unterscheide vier literarische Grundtypen:

(1) Deutsche Übersetzungen aus dem Lateinischen, die primär nur die Funktion haben, Inhalte der einen Sprache (Latein) volkssprachig (deutsch) zu erschließen, ohne dass der heimische Text in besonderer Weise sprachästhetisch bearbeitet wäre;
(2) deutsche Texte in lateinisch-christlicher Tradition, die zwar oft auch den Charakter von Übersetzungen haben, aber doch deutlicher ‚Dichtungen' genannt werden können;
(3) deutsche Texte in germanischer Tradition, denen christliche Ideologie fehlt, die auf alte heimische Vergangenheit Bezug nehmen und die in spezifisch germanischer Art ästhetisiert sind (Stabreimtechnik);
(4) deutsche Texte im Spannungsfeld von christlicher und germanischer Religion, die vielfach bedeutende kulturgeschichtliche Zeugnisse einer Zeit sind, in der zwei Religionen aufeinander treffen und in der die eine (das Christentum) die andere (die germanische Religion) allmählich verdrängt.

7.2.1. Übersetzungen

Die erste Zeit deutschsprachiger Schriftlichkeit (Texte und Textsammlungen: Bibl.-Nrr. 281–289) ist zunächst und vor allem von den anstrengenden Bemühungen geprägt, lateinisches, vornehmlich religiöses (biblisches, liturgisches) Schrifttum in die Volkssprache zu übersetzen. Gebete, liturgische Formeln (z.B. das ‚Credo': ‚Ich glaube an...'), Hymnen und Psalmen gehören hierher. Zunächst manifestiert sich die Arbeit in einer mechanischen

Erste Versuche deutscher Schriftsprachlichkeit

Wort-für-Wort-Übersetzung, wobei häufig *zwischen die Zeilen* lateinischer Handschriften die entsprechenden alt(hoch)deutschen Äquivalente gesetzt werden. Daher bezeichnet man diese Formen von Übertragung auch als ‚*Interlinear*versionen'. Als Beispiel greife ich den Beginn des ‚Credo' heraus:

Althochdeutsch:	*Gilaubiu in got fater almahtigon*
Lateinisch:	Credo in deum patrem omnipotentem
Neuhochdeutsch:	Ich glaube an den allmächtigen Gott Vater

Althochdeutsch:	*scepphion himiles enti erda*
Lateinisch:	creatorem caeli et terrae
Neuhochdeutsch:	den Schöpfer des Himmels und der Erde

Althochdeutsch:	*unde an heilenton Christ suno sinan einagon truhtin unseran*
Lateinisch:	et in Jesum Christum filium eius unicum dominum nostrum
Neuhochdeutsch:	und an seinen einen Sohn Jesus Christus unseren Herrn

Das kleine Beispiel zeigt bereits wesentliche Charakteristika der ersten deutschen Textkultur: Ohne Rücksicht auf die deutsche Syntax werden die deutschen Wortentsprechungen in der syntaktischen Folge des Lateinischen notiert, was in einigen Bereichen vor allem formelhaften, rituellen Sprechens dazu geführt hat, dass bis in die Gegenwartssprache hinein Reste lateinischen Satzbaus erhalten geblieben sind. Das bekannteste Beispiel ist das Gebet ‚Vater unser, der du bist im Himmel': die für das Deutsche übliche Folge von Possessivpronomen + Substantiv (‚unser Vater') unterbleibt. – Mit welchen Verständnisproblemen die ersten ‚Dolmetscher' zu kämpfen hatten, zeigt im ‚Credo' die Übersetzung des Namens ‚Jesus Christus'. Gemeint ist im Lateinischen ja: Jesus, der Gesalbte oder: der gesalbte Jesus. Der deutsche Übersetzer kennt diese Bedeutung augenscheinlich nicht, ja er scheint sich auch nicht darüber im Klaren zu sein, dass nicht ‚Christ' der Eigenname ist, sondern ‚Jesus'. In der Übersetzung *an heilenton Christ* (‚an den heilenden Christus') begegnet also eine (falsche) Interpretation des Ausgangstextes, die wahrscheinlich damit zu tun hat, dass der Übersetzer mit den dem Text zugrundeliegenden Inhalten noch wenig vertraut ist. Für die Arbeit des Mediävisten sind solche ‚Fehler' bedeutsam, denn sie ermöglichen uns interessante Einblicke in die kulturgeschichtliche Situation früher deutscher Schriftsprachlichkeit.

Kulturtransfer durch Textkultur

Die Motivation, die den Übersetzungen zugrunde liegt, gründet vor allem in der Einsicht, dass die den germanischen Volksstämmen fremde christliche Religion nur dann sinnvoll und überzeugend zu vermitteln ist, wenn dies in der heimischen Sprache geschieht. Karl der Große (747–814; König der Franken seit 768, römischer Kaiser seit 800) setzte sich vehement für eine Emanzipation der deutschen Sprache ein und lieferte die kulturpolitischen

Voraussetzungen (dazu Riché, 1991, Bibl.-Nr. 33 und Löwe, 1981, Bibl.-Nr. 14) für die althochdeutsche Sprache, gar so weit gehend, dass ein das 9. und 10. Jh. beherrschender Schrifttyp nach ihm benannt ist: die ‚karolingische Minuskel', eine ordentliche, gut lesbare Kleinbuchstabenschrift (dazu Schneider, 1999, Bibl.-Nr. 82 und Bischoff, 1986, Bibl.-Nr. 84).
Deutsche Übersetzungen wurden nicht nur von im engeren Sinne biblischen und liturgischen Texten angefertigt im Dienst einer Verbreitung des Christentums, sondern auch von in lateinischer Tradition stehenden Kloster- und Mönchsregeln, um den des Lateinischen nicht mächtigen Angehörigen eines Ordens die eigenen Statuten verständlich zu machen. Die althochdeutsche ‚Benediktinerregel' ist das herausragende Beispiel für diesen ebenfalls interlinearen Übersetzungstyp, um 800 im Skriptorium des Klosters St. Gallen entstanden.

Hilfsmittel: lateinisch-althochdeutsche Wörterbücher

Für Übersetzungen sind Wörterbücher nötig, und die Tradition solcher Hilfsmittel geht in die früheste Zeit zurück. Für den Altgermanisten sind, das sieht man hier besonders, also auch an sich ganz ‚unpoetische' Texte wie Glossensammlungen, sog. Abecedarien und Wörterbücher wesentliche Erkenntnisgegenstände; im einzelnen dauert die Sichtung und philologische Aufbereitung dieser Kulturzeugen noch an. Populär, weil markant als das ‚erste deutsche Buch' bezeichnet (was allerdings nicht ganz zutrifft), ist der nach dem ersten Wort so benannte ‚Abrogans': Es handelt sich ursprünglich um ein rein lateinisches Wörterbuch aus dem 7. Jh., das Synonyme (unterschiedliche Wörter gleicher Bedeutung) versammelt – also auch als ein rhetorisch-stilistisches Hilfsmittel angesehen werden kann. Dieses Synonymenbuch wurde dann mit althochdeutschen Interlinearglossen versehen.
Wer heute in ein fremdes Land reist und der Sprache dort nicht mächtig ist, kann ein Wörterbuch mitnehmen, das jedoch nur unflektierte Einzelwörter enthält. Um sich aber im täglichen Leben verständlich zu machen, muss der Reisende immer wieder auch ganze Sätze sprechen; für diesen Zweck gibt es ‚Phrasenbücher', meist nach Lebenssituationen (‚im Hotel', ‚auf der Post' usw.) gegliedert. Auch solche modern anmutenden Hilfsmittel finden wir bereits in althochdeutscher Zeit: sog. Gesprächsbüchlein. Amüsant ist, was wir im ‚Kasseler Büchlein' aus dem ersten Viertel des 9. Jh. lesen (Textsammlung: Steinmeyer, 1895, Bibl.-Nr. 285; dazu Schubert, 1996, Bibl.-Nr. 406). Neben Alltagsphrasen wie ‚Wer bist du?' (lat.: *quis es tu?*, ahd.: *uuerpistdu?*), ‚aus welchem Land?' (lat.: *de quale patria?*, ahd.: *fona uueliheru lantskeffi?*) finden wir auch folgende Kurzsätze: lat.: *stulti sunt Romani/ sapienti sunt Paioari*, ahd.: *tolesint uualha/ spahesint peigiri*, nhd.: ‚Die Romanen sind dumm/ die Baiern sind klug'.

7.2.2. Deutsche Texte in lateinisch-christlicher Tradition

Die Bibel: das Buch der Bücher

Eine Stufe zwischen Übersetzung lateinischer Vorlagen und im engeren Sinne deutschsprachiger Poetizität stellt die ahd. Bibel*dichtung* dar. Die Heilige Schrift wird nicht ‚nur' übersetzt, sondern auch bearbeitet, und die sprachlich-rhetorische Leistung nimmt einen bedeutenden Stellenwert ein. Herausragender Vertreter dieser Form von Deutschsprachigkeit ist Otfrid von Weißenburg mit seiner in der zweiten Hälfte des 9. Jhs. entstandenen ‚Evangelienharmonie', also einer Zusammenfassung der vier biblischen Evangelien (Text: Bibl.-Nr. 294/295). Es ist der erste große Versuch, das Wort Gottes in einer anderen als den drei ‚heiligen Sprachen' (Hebräisch, Griechisch, Lateinisch) zu verbreiten. Otfrid ist sich der ‚Ungeheuerlichkeit' des Unternehmens bewusst und stellt der Dichtung eigens ein Kapitel voran, in dem er sein Tun begründet und rechtfertigt, lateinisch überschrieben mit den Worten: *Cur scriptor hunc librum theodisce dictaverit* (‚Warum der Autor dieses Buch auf deutsch anlegte'). In planvoller Engführung der Perspektive – von *liuto filu* (‚viele Völker') über *Kriachi joh Romani* (‚Griechen und Römer') und die *Frankon* (‚Franken') – kommt Otfrid schließlich auf sich selbst als Autor zu sprechen: *Nu will ih scriban unser heil* (‚Nun werde ich unser Heil aufschreiben'). Das *Cur scriptor*-Kapitel gilt als erste deutschsprachige literaturtheoretische Reflexion (dazu Schlosser, 1978, Bibl.-Nr. 404). Aber noch aus einem anderen Grund stellt Otfrid einen Meilenstein in der deutschen Literaturgeschichte dar: Er ist der erste, der programmatisch den romanischen *End*-reim an die Stelle des germanischen *Stab*reims (dazu oben, S. 62f.) setzt und damit auch in formaler Hinsicht der deutschen Dichtung neue Wege weist, wenn Otfrids Text selbst auch immer wieder noch Stäbe zu erkennen gibt – die Macht der Tradition ist groß!

Otfrid von Weißenburg: Pionier für die deutsche Sprache und Textkultur

Neben solchen Texten, die unmittelbar einer Vorlage (hier der Bibel) verpflichtet sind, entstehen im Laufe des 9. und 10. Jhs. auch andere christlichen Gehaltes, die eher selbständig zu nennen sind. Hierher gehört z.B. das ‚Petruslied', im 10. Jh. aufgezeichnet, das einen Zwiegesang zwischen Priester und Gemeinde darstellt und liturgische Funktion besitzt. Hagiographischer[1] Art ist das ‚Georgslied', wohl Ende des 10. Jhs. zur Niederschrift gekommen, das der Verherrlichung des heiligen Georg gewidmet ist; ein weiteres feiert den heiligen Gallus, Gründer des Klosters St. Gallen.

1 Hagiographie: Verehrung von Heiligen in Form von Verschriftlichung ihres Lebens, ihrer Taten und Wunder.

7.2.3. Deutsche Texte in germanischer Tradition

Deutsche Schriftsprachlichkeit ist in den Anfängen gebunden an die Institution der Klöster; es verwundert daher nicht, dass quantitativ gesehen der Anteil von Texten liturgischer, biblischer, christlich-religiöser Art sehr groß ist. Dennoch sind auch Elemente germanischen Heidentums in die deutsche Schriftlichkeit eingegangen. Es handelt sich dabei vor allem um Zauber- und Segenssprüche, um Kleinstformen ritueller Texte, die fast immer nur sporadisch auf freiem Pergamentraum von eigentlich für andere Texte bestimmten Codices notiert und vor dem Vergessen bewahrt wurden. Diese Texte sind für uns bedeutende Dokumente religions- bzw. mythosgeschichtlicher Art, sie reflektieren Vorstellungen z.B. von Weltanfang und -ende, von Krankheit und Heilung, von Gefangennahme und Befreiung. Die bekanntesten Vertreter dieser Textkultur sind die beiden Merseburger Zaubersprüche, an denen exemplarisch Form und Gehalt, aber auch Probleme heutigen Verstehens dieses Texttyps vorgestellt werden können. Aufgezeichnet wurden die Sprüche im ersten oder zweiten Drittel des 10. Jhs. auf einem Vorsatzblatt eines lateinischen Sakramentars des 9. Jhs.; natürlich sind die Sprüche selbst viel älter – eine genaue zeitliche Bestimmung vorzunehmen, ist uns aber kaum möglich (Texte in Bibl.-Nrr. 282 oder 283).

Das alte Erbe

Der erste Merseburger Zauberspruch
1 Eiris sazun idisi, sazun hera duoder.
2 suma hapt heptidun, suma heri lezidun,
3 suma clubodun umbi cuoniouuidi:
4 insprinc haptbandun, inuar uigandun!

Der zweite Merseburger Zauberspruch
1 Phol ende Wodan uuorun zi holza.
2 du uuart demo Balderes uolon sin uuoz birenkit.
3 thu biguol en Sinthgunt, Sunna era suister,
4 thu biguol en Friia, Uolla era suister,
5 thu biguol en Uuodan, so he uuola conda:
6 sose benrenki, sose bluotrenki, sose lidirenki,
7 ben zi bena, bluot zi bluoda,
8 lid zi geliden, sose gelimida sin!

Während der zweite Spruch mit Hilfe der ahd. Wörterbücher (Bibl.-Nrr. 602-605) noch recht ‚gut' übersetzt werden kann (s. S. 122f.), widersetzt sich der erste vehement einer lexikalischen und semantischen Erschließung. Denn die Wörter *duoder* (Z.1), *clubodun* (wohl flektierte Form eines Infinitivs *clubon*), *cuoniouuid(i)* (Z.3) und *haptband(un)* (Z.4) sind uns einzig und allein aus diesem Text bekannt. Solche nur einmal belegten Wörter werden

Probleme des Primärverständnisses

mit dem Terminus *hapax legomenon* bezeichnet und begegnen in der althochdeutschen (aber auch noch in der mittelhochdeutschen) Textkultur recht häufig. Die Bedeutung eines Wortes ist aber nur über seinen engeren oder weiteren Kontext zu erschließen, und wenn es keine Vergleichskontexte gibt und wenn ein Wort sich auch nicht deutlich etymologisch beschreiben lässt, dann ist man auf Mutmaßungen angewiesen, die umso unsicherer sind, je weniger gesichert der Kontext der zu erschließenden Wörter ist: In Z. 3 sind von vier Wörtern zwei unbekannt; und die bekannten (*sum(a)* und *umbi*), ein Pronomen und eine Präposition, leisten keine Hilfe bei der semantischen Bestimmung der sinntragenden Wörter *clubon* (Verb) und *cuoniouuid* (Substantiv).

Dennoch ist der erste Merseburger Spruch häufig übersetzt worden, und die Übersetzungen suggerieren ‚Sicherheit'. Es ist aber ganz wichtig, als Studienanfänger im Blick zu behalten, dass grundsätzlich *jede* Übersetzung (und besonders diejenige aus dem Althochdeutschen) bereits eine Form von Interpretation darstellt; und Interpretationen sind in der Regel nicht ‚verifizierbar': sie können einmal mehr, einmal weniger stark überzeugen, mehr nicht. Der Grad der Überzeugung misst sich an den Argumenten, die der Interpretation zugrunde liegen. Die Argumentation selbst gründet schließlich auf ‚Daten'; im Falle unseres Zauberspruchs aber sind Daten kaum noch zu greifen. Unter Berücksichtigung dieser Verständnisprobleme kann man sich dem Spruch etwa so nähern:

1 Eines Tages saßen (oder: setzten sich?) die Idisen (vielleicht zauberkundige Frauen?), sie saßen (oder setzten sich?) hier (oder: hierhin?) *duoder* (= ‚dorthin'?);
2 Einige hefteten Fesseln (oder: den/die Gefangenen?), einige hielten das Heer (oder: die Heere?) auf;
3 Einige *clubodun* (= ‚lösten auf'?) um (Sinn der Präposition?) *cuoniouuidi* (= ‚Fesseln'?);
4 Entspringe den Haftbändern, entfliehe den Feinden.

Trotz der unklaren Stellen wird deutlich, dass der Spruch zweigeteilt ist, ja dass der eigentliche Zauber*spruch* nur in der 4. Zeile begegnet, während die ersten drei Zeilen narrativ in eine Situation einführen, die den Zauber allererst nötig macht: jemand wird gefesselt und gefangen gehalten. Diese Zweigliedrigkeit teilt der Merseburger Spruch mit vielen anderen seiner Art. Neben diesem Formcharakteristikum begegnet ein weiteres, das die altgermanische Dichtung überhaupt auszeichnet: die Metrik des Stabreims, über die schon oben, S. 62f. gesprochen wurde.

Der zweite Merseburger Zauberspruch lässt sich, wesentlich ‚sicherer' als der erste, folgendermaßen übertragen:

1 Phol und Wotan ritten in den Wald.
2 Da verrenkte sich Balders Pferd einen Fuß.
3 Da besprach ihn (den Fuß) Sinthgunt (und?) Sunna, ihre Schwester,
4 da besprach ihn Friia (und?) Volla, ihre Schwester,
5 da besprach ihn Wotan, so gut, wie (nur) er es konnte:
6 Genauso wie Bein/Knochen-Verrenkung, so auch Blutverrenkung, so auch Gliedverrenkung,
7 Bein/Knochen zum Bein/Knochen, Blut zum Blut,
8 Glied zum Glied, als ob sie zusammengeleimt seien.

Sogleich fällt auch hier die Zweiteiligkeit des Textes auf: die Zeilen 1-5 stellen den Bericht einer Situation dar, die den Zauberspruch allererst motiviert, der dann in den Zeilen 6-8 folgt. Es geht hier um einen Heilungszauber, wie er auch in vielen anderen ahd. Sprüchen begegnet (Heilung durch das Besprechen des zu Heilenden). Was den Merseburger Spruch aber heraushebt, sind die zahlreichen Verweise auf die germanische Mythologie: auf die im Spruch auftretenden göttlichen Personen. Über den germanischen Götterhimmel und die vielfältigen Aufgaben und Beziehungen der Götter sind wir vor allem durch die altnordische ‚Edda'-Dichtung informiert (dazu de Vries, 1964–67, Bibl.-Nr. 384 und de Vries, 1970, Bibl.-Nr. 61). Und die Gottheiten ‚Uuodan' (Wotan bzw. Odin), ‚Friia' und ‚Balder' sind aus den altnordischen Dokumenten wohlbekannt. Aber nichts weiter wissen wir von ‚Phol', ‚Sinthgunt', ‚Sunna' und ‚Uolla'. Es ist anzunehmen, dass auch sie Gottheiten bezeichnen, allein: der Merseburger Spruch ist das einzige bislang bekannte Zeugnis für diese Namen. Insofern ist er in zweifacher Hinsicht wertvoll: zum einen dokumentiert er eine *deutsche* Rezeption germanischer Mythologie, die sonst fast nur in altnordischer Sprache erhalten ist; zum anderen gibt er Zeugnis von Vorstellungen, die selbst die differenzierten ‚Edda'-Texte nicht kennen bzw. nicht tradieren.

Alte Mythen – neuer Text

Selbstverständlich sind nicht alle ahd. Zauber- und Segenssprüche derart bedeutend. Alle aber stellen Reflexe einer entfernten, fremden Kultur dar und sind der eingehenden Beschäftigung wert.

Auf der einen Seite sind es also diese rituellen Kleintexte, die uns in die heidnisch-germanische Vorzeit zurückführen. Auf der anderen Seite gibt es auch umfangreichere Schriftdokumente, die nicht christlichen Inhalts sind: sogenannte Heldenlieder, in denen herausragende Persönlichkeiten der germanischen Stämme besungen werden. Karl der Große hat seinem Biographen Einhard zufolge solche *carmina* (‚Lieder') in deutscher Sprache aufzeichnen lassen. Erhalten ist uns aber nur eines: das ‚Hildebrandslied'. Überliefert ist es – leider fragmentarisch – in einer Handschrift aus dem vierten Jahrzehnt des 9. Jhs. (dazu Düwel, 1981, Bibl.-Nr. 405) in einer bis heute

Verena Jänicke

nicht recht erklärbaren Mundartmischung (Oberdeutsches neben Niederdeutschem). In dem in Stabreimtechnik gehaltenen Gedicht geht es um einen Vater-Sohn-Konflikt, ein archaisches literarisches Motiv: Hildebrand gegen Hadubrand. Einige der handelnden Personen gehören gut nachweisbar der ostgotischen Realgeschichte an: Theoderich der Große (455–526) fällt 489 in Italien ein, wo Odoaker herrscht; Theoderich vertreibt Odoaker aus Bern und schlägt ihn 493 vor Ravenna: Odoaker wird getötet. Die im ‚Hildebrandslied' entwickelte Kriegssituation ist die der berühmten ‚Rabenschlacht' (Raben = Ravenna), die im 13. Jh. in der üppigen ‚Dietrichdichtung' (Dietrich = Theoderich) wieder aufgegriffen wird. Im ‚Hildebrandslied' unklar bleiben die Bezüge der Protagonisten Hildebrand und Hadubrand zu Theoderich. Aus anderer Quelle, dem ‚Nibelungenlied', ist bekannt, dass Hildebrand ein Begleiter Dietrichs (Theoderichs) ist.

Heldenkult

Wenn Karls des Großen Biograph Einhard Recht hatte, dass Karl mehrere Heldenlieder dieser oder ähnlicher Art hatte aufzeichnen lassen, so müssen wir manchen Textverlust beklagen. Erst um 1200 begegnet wieder ein bedeutendes weltliches Heldenlied, das vergangene germanische Historie – geschichtsklitternd – poetisch verarbeitet: das ‚Nibelungenlied' (dazu unten S. 168f.).

Kein ‚Heldenlied' in diesem skizzierten Sinne, sondern eher ein propagandistisches Loblied auf einen aktuellen Herrscher der Zeit repräsentiert das ‚Ludwigslied' aus dem Ende des 9. Jhs., das dem westfränkischen König Ludwig III. und seinem Sieg über die Normannen gewidmet ist. In gewisser Weise antizipiert das ‚Ludwigslied' – von dem wohl aus dem Ende des 10. Jhs. stammenden deutsch-lateinischen Mischtext ‚De Heinrico' abgesehen – eine literarische Kultur, die im Kontext der politischen Sangspruchdichtung (siehe unten S. 162ff.) seit dem späten 12. Jh. einen integrativen Bestandteil lyrischer Kunst darstellt: Fürstenpreis, Panegyrik.

7.2.4. Deutsche Texte im Spannungsfeld von christlicher und germanischer Religion

Texte als Quellen für Kultur- und Religionsgeschichte

Die frühen Klöster auf den britischen Inseln und dann auch auf dem Kontinent sind zunächst Zentren christlicher Missionierung. Christliche Glaubensinhalte sollen – möglichst und sinnvollerweise in germanischen Mundarten – den heidnischen Germanen vermittelt werden. Welten stoßen aufeinander, Inhalte und ihre sprachlichen Zeichen gehen durcheinander: So war es z.B. nicht leicht, ein geeignetes Übersetzungsäquivalent für den *spiritus sanctus* zu finden, denn ein *geist* war in germanischer Vorstellung etwas Dämonisches, nichts Heiliges, Gutes. Auch das Konzept einer göttlichen Trinität musste bei Germanen auf Unverständnis stoßen, wie auch die Vorstellung eines Gottes, der alles erschafft, selbst aber nicht geschaffen ist (*creator non creatus*).

Eine Reihe von ahd. Texten gibt Zeugnis von diesem Ringen um Begrifflichkeiten und vom Bemühen, den ‚Heiden' eine neue Religion nahe zubringen, indem an altbekannte Vorstellungen angeknüpft wird. Das bedeutendste Dokument dieser Art ist das ‚Wessobrunner Schöpfungsgedicht' (dazu Voorwinden, 1975, Bibl.-Nr. 402 und Croseclose, 1976, Bibl.-Nr. 399):

Althochdeutscher Text

De poeta
Dat gafregin ich mit firahim   firiwizzo meista,
dat ero ni was   noh ufhimil,
noh paum   noh pereg ni was,
ni nohheinig   noh sunna ni scein,
noh mano ni liuhta,   noh der mareo seo.
Do dar niwiht ni was   enteo ni wenteo,
enti do was der eino   almahtico cot,
manno miltisto,   enti dar warun auh manake mit inan
cootlihhe geista enti cot heilac.
Cot almahtico, du himil enti erda gaworahtos
enti du mannun so manac coot forgapi,
forgip mir in dino ganada rehta galaupa
enti cotan willeon, wistom enti spahida
enti craft, tiuflun za widarstantanne enti arc za piwisanne
enti dinan willeon za gawurchanne.

Neuhochdeutsche Übertragung

De poeta (= ‚Vom Dichter' [?])
Das erfragte ich bei den Menschen als größtes Wunder:
dass die Erde nicht war noch der Himmel oben,
dass kein Baum und kein Berg war,
kein einziger, dass die Sonne nicht schien
und der Mond nicht leuchtete und auch nicht das berühmte Meer.
Als da gar nichts war an Enden und Wenden,
da war aber doch der eine allmächtige Gott,
der freigebigste von allen, und da waren auch viele bei ihm,
göttliche Geister, und der heilige Gott.
Allmächtiger Gott, der du Himmel und Erde erschaffen hast
und den Menschen so viel Gut verliehen hast,
gib mir den rechten Glauben an Deine Gnade
und guten Willen, Weisheit und Einsicht
und Kraft, den Teufeln zu widerstehen und
dem Bösen auszuweichen und deinem Willen gemäß zu handeln.

Das Gedicht steht mitten in einem vor dem Jahre 814 geschrieben Codex, der sonst nur lateinische Texte sehr unterschiedlicher Art enthält: eine Legende, dann kurze theologische und geographische Texte, Betrachtungen über die Lebensalter und anderes mehr. Das Gedicht selbst mag im letzten Viertel des 8. Jhs. entstanden sein.

Es weist zwei deutlich voneinander geschiedene Teile auf: In den ersten neun Versen wird vom Urzustand der Welt gehandelt. Staunend berichtet der Sprecher im Gedicht davon, dass nichts von dem, was die Welt ausmacht, vorhanden war: es herrschte Leere. Eine solche Sicht des Weltanfangs war den heidnischen Germanen ganz vertraut; man kann fast bis in die Wortwahl ähnliche Schilderungen in der bereits erwähnten altnordischen ‚Edda' finden. An eigene, heimische Tradition erinnert den Germanen jedoch nicht nur der Inhalt des ersten Teils des Gedichts, sondern auch die lyrische Form, denn es handelt sich um ein Stabreimgedicht (dazu oben, S. 62f.).

Die Schöpfung der Welt in germanischer und christlicher Vorstellung

Ab Vers 6 jedoch wird die germanische Konzeption durch eine christliche überformt: Nichts war, heißt es, es war aber doch der eine allmächtige Gott. Das ist spezifisch biblisches, christliches Gedankengut, denn nach germanischer Vorstellung entstehen auch die Götter aus Urmaterie, im biblischen Schöpfungsbericht hingegen ist Gott nur Schöpfer, selbst aber nicht geschaffen. Der zweite Teil des Gedichts hat Gebetscharakter. Der Sprecher wendet sich unmittelbar an Gott und bittet um Beistand, das Rechte zu tun, das Böse zu meiden.

Man kann sich sehr gut vorstellen, dass das ‚Wessobrunner Schöpfungsgedicht' im Zusammenhang mit missionarischen Tätigkeiten verwendet wurde; geschickt wird den zu missionierenden Germanen zunächst eine ihnen bekannte Vorstellung präsentiert, hernach dann mit grundlegenden christlichen Glaubenssätzen verquickt.

Neben dieser hier knapp skizzierten kulturhistorischen Bedeutung bietet der Text auch in philologischer Hinsicht viel Interessantes und bis heute z.T. Rätselhaftes: Dialektal überwiegen oberdeutsche, bairische Formen, erkennbar z.B. an den mit ‚p' anlautenden Worten wie ‚paum' und ‚perg' (für ‚Baum' und ‚Berg'). Daneben finden wir aber auch solche, die ganz in den Norden weisen, schon das erste Wort: ‚dat', denn hier begegnet ein unverschobenes ‚t', das ja sonst im hochdeutschen Sprachraum im Zuge der zweiten Lautverschiebung zu ‚z' (= ‚s') verschoben worden ist (dazu oben, S. 33ff.). In den Norden weisen darüber hinaus noch andere sprachliche Merkmale, etwa bestimmte Abkürzungszeichen in der Handschrift. Es stellt sich die Frage: Wie lassen sich zwei regional sehr unterschiedliche sprachliche Eigenheiten in *einem* Text erklären? Eine schlüssige Lösung des Problems gibt es bis heute nicht. Es lassen sich nur mehr oder weniger plausible Deutungsversuche anstellen. So ist wohl denkbar, dass der Text ursprünglich im süddeutschen Raum entstanden ist, dann in den Norden gelangte und dort mit typisch nördlichen Sprachelementen vermischt wurde, ohne dass doch der Text insgesamt dialektal umgedichtet wurde. Ebenso gut ist denkbar, dass der Text einen nördlichen Ursprung hatte und später, im bayerischen

Text-Wege durch Sprach-Räume

Raum, mit oberdeutschem Dialekt eingefärbt wurde. Hier, aber auch bei vielen anderen althochdeutschen Texten (z.B. beim ‚Hildebrandslied'), wird man mit Unsicherheiten leben müssen. Das ‚Wessobrunner Schöpfungsgedicht' ist in mancherlei Hinsicht ein typischer Text althochdeutscher Zeit: sein Inhalt reflektiert das Spannungsfeld religiöser Konfrontationen; seine Form weist in die germanische, literarische Zeit; seine Sprachform spiegelt Probleme der Textgenese und -geschichte.

7.3. Die frühmittelhochdeutsche Zeit (11. bis Mitte 12. Jahrhundert)

Während deutschsprachige Literatur verschiedener Art – aufgrund der kulturpolitischen Anstrengungen Karls des Großen – im späteren 8. und in den ersten Dekaden des 9. Jhs. zu gewisser Bedeutung gelangen konnte, müssen wir für das späte 9. und folgende 10. Jh. geradezu ein ‚Loch' in der Tradition deutscher Schriftlichkeit konstatieren. Natürlich werden noch Texte in deutscher Sprache verfasst, aber Quantität und Qualität nehmen deutlich ab. Wir können hier und da Psalmendichtungen, z.T. nur fragmentarisch, greifen, Beichttexte, Bruchstücke weltlicher Rechtstexte oder Besitz- und Einkunftsverzeichnisse; auch die Tradition der teils noch germanischen, teils schon christlich überformten Zauber- und Segenssprüche lässt sich sporadisch noch verfolgen.

Neuanfang im 11. Jahrhundert

Im 11. Jh. verändert sich die literarische Situation aber allmählich, und es entstehen wieder vermehrt bedeutende Zeugnisse deutschsprachiger Schriftlichkeit, eine Entwicklung, die im 12. Jh. ungebrochene Fortsetzung findet und schließlich einmündet in die gerne ‚klassisch' genannte Periode der deutschen Literatur. Den ‚Neuanfang' um die Jahrtausendwende markiert eine Einzelpersönlichkeit: Notker III. (auch Notker Labeo –‚der mit der dicken Lippe' – oder Notker der Deutsche genannt), um 950/80–1022. Notker war Mönch und Schulleiter im Kloster Sankt Gallen und hat ein umfangreiches Werk in lateinischer und deutscher Sprache hinterlassen. Typologisch knüpft Notkers Werk an die Anfänge deutscher Schriftsprachlichkeit an, denn es sind *Übersetzungen*, die ihn bedeutend machen. Er übersetzt aber nicht nur Biblisches (z.B. die Psalmen), sondern erschließt lateinische, philosophische Schriften (so des Boethius ‚Consolatio philosophiae', den ‚Trost der Philosophie') sowie Teile fachliterarischer Texte (aus dem System der *septem artes liberales*, der ‚sieben freien Künste'[1]). Damit erhält die deutsche Schriftsprachlichkeit neue Impulse, denn die andere Gegenständlichkeit (Fachliteratur im weitesten Sinn) nötigt zu mancherlei anderen Übersetzungsstrategien (vor allem die Lexik betreffend). Anscheinend hat – mit Ausnahme der Psalmenübersetzung – Notkers großartige Leistung nicht viel Nachahmung im 11. Jh. gefunden.

1 Sie umfassen folgende Disziplinen: 1. das Trivium: Grammatik, Rhetorik, Dialektik; 2. das Quadrivium: Arithmetik, Geometrie, Musik, Astronomie; dazu genauer S. 180ff.

Betrachtet man die auf Notker folgenden literarischen Perioden, so können wir eine erneute größere Zäsur in der Mitte des 12. Jhs. setzen. Sie ist vor allem dadurch zu begründen, dass nun vermehrt (z.T. ‚fiktionale') Erzähltexte auch weltlichen Inhalts begegnen (das ‚Alexanderlied' des Pfaffen Lambrecht um 1150/60 betrachte ich hier als ‚Wendemarke' und bespreche den Text noch in diesem Abschnitt) sowie eine Kunstform ganz neu in die deutsche Literatur Eingang findet: die weltliche (Minne-) Lyrik, zunächst von den sog. donauländischen Minnesängern vertreten (siehe Kap. 7.4.2.1.), darunter der Kürenberger und Dietmar von Aist (um 1160/70).

Neue Themen, neue Formen

Betrachtet man nun die in diesem Abschnitt anvisierten eineinhalb Jahrhunderte frühmittelhochdeutscher Literatur (einige Textsammlungen: Bibl.-Nrr. 290–299), so überwiegt deutlich eine *geistliche Dichtung* (erst um die Mitte des 12. Jhs. begegnet mit der ‚Kaiserchronik' der erste Versuch einer deutschsprachigen, primär ‚weltlichen' Chronistik). Friedrich Maurer (1964ff., Bibl.-Nr. 287) differenziert die geistliche Dichtung in folgende Formtypen, die ich, wo es nicht zu viel Platz kostet, mit Beispielen vorstelle, die denn auch geeignet sind, einen ersten Einblick in die Thematik der Dichtung zu gewähren:

Formtypen frühmittelhochdeutscher Literatur

a) Zäsurierte, fortlaufende Langzeilen
Beispiel: *Uz der erda sprungan   manigslahte prunnen* (‚Aus der Erde kamen viele Quellen'; aus dem ‚Merigarto', Maurer, Bibl.-Nr. 287, Bd. 1, S. 69.)

b) Lieder in gleichzeiligen Strophen
Beispiel:
Nu denchent, wip unde man   war ir sulint werdan.
ir minnont tisa brodemi   unde wanit iemer hie sin.
si nedunchet iu nie so minnesam,   eina churza wila sund ir si han;
ir nelebint nie so gerno manegiu zit,   ir muozent verwandelon disen
[lip.
(‚Nun denkt, Frauen und Männer, daran, was aus euch werden wird. / Ihr liebt diese Vergänglichkeit und glaubt, immer hier bleiben zu können. / Sie erscheint euch nicht so liebenswert, [wenn ihr bedenkt], dass ihr sie nur kurze Zeit besitzt; / ihr lebt nicht mit so weltzugewandtem Eifer, [wenn ihr bedenkt], dass ihr diesen Körper aufgeben müsst'; aus dem ‚Memento Mori', Maurer, Bibl.-Nr. 287, Bd. 1, S. 254.)

c) Sequenzartig gebaute Lieder (d.h. Lieder mit unterschiedlich gebauten Strophen bzw. Versikeln; vgl. auch oben die Erläuterungen zum ‚Leich', S. 72ff.)
Beispiel:
(1) Ave vil liehtiu maris stella,
ein lieht der cristenheit, Maria,
alri magidi lucerna.

(2a) Frowe dich, gotis cella,   bislozziniu porta,
do du den gibaere

der dich und al die werlt gescuof,
nu sich wie reine ein vaz du magit do waere.
(‚Ave, strahlende Stella Maris / ein Licht für die Christenheit, Maria, / über alle Jungfrauen strahlendes Licht. // Freue dich, Wohnraum Gottes, verschlossene Tür, / da du den geboren hast / der dich und die ganze Welt erschuf,/ nun sieh, ein wie reines Gefäß du, Jungfrau, damals warst'; aus der ‚Mariensequenz aus Muri', Maurer, Bibl.-Nr. 287, Bd. 1, S. 458.)

d) Ungleichzeilige Langzeilenstrophen (Zeilenprinzip wie a), jedoch werden unterschiedliche Anzahlen von Langversen zu Strophengruppen geordnet, so dass wir, wie z.B. im ‚Annolied' (ed. Maurer Bd. 2, S. 8ff.) 9-zeilige Strophen neben 11-zeiligen und 6-zeiligen u.a. finden.

e) Ungleichzeilige Reimpaarstrophen (vom Prinzip her wie d), jedoch sind die Verse jeweils zu einem über einen Endreim gebundenen Paar geordnet; diese Paare lassen sich zu unterschiedlich umfangreichen Großstrophen ordnen (so Maurer), allerdings ist hier vor allem die Initialauszeichnung (Großbuchstaben als Kennzeichnung von neuen Abschnitten) in den Handschriften maßgeblich, und ob die Dichtungen als strophische intendiert waren, lässt sich nicht zweifelsfrei sagen. Der Übergang zur ‚höfischen' Reimpaarversdichtung des späten 12. und 13. Jhs. ist in jedem Fall fließend (siehe auch oben, S. 74ff.).

7.3.1. Geistliche Dichtung

Die Überschrift ‚Geistliche Dichtung' (dazu Soeteman, 1963, Bibl.-Nr. 407 und Gentry, 1992, Bibl.-Nr. 408) scheint einfach und verständlich zu sein; bei näherem Hinsehen aber wirft das Adjektiv ‚geistlich' eine Menge Probleme auf. Was heißt ‚geistlich'? Bezieht es sich auf die Produzenten der Texte, sind es Geistliche? Sind auch die Rezipienten Geistliche? Was aber ist ein Geistlicher im 12. Jh.? Ein Kleriker, ein Priester, ein Mönch, eine Nonne? Oder nur jemand, der *litteratus*, d.h. gebildet, des Lesens und Schreibens kundig ist? Bezieht es sich auf den Inhalt? Sind biblische Stoffe verarbeitet? Oder werden liturgische Handlungen poetisiert? Oder geht es um Hagiographie, Heiligenverehrung? Oder um (End- und Jenseits-) Visionen? Oder um Anleitungen zum gottgefälligen Leben, um Mahnungen zur Buße und Reue, um Warnungen vor dem jähen Tod?

Dominanz religiöser Themen

All diese und durchaus noch andere Fragen können für sich mit einem ‚Ja' beantworten werden; daraus lässt sich jedoch keine ‚Summe' ableiten, die ein klares Bild der literarischen Epoche abgeben würde. Die Forschung war indes lange bemüht, ein solches zu finden, und hatte nach einer ‚Idee' gesucht, die die ‚geistlichen' Texte zusammenhält, bzw. hatte nach außerliterarischen ‚Fakten', nach dem soziokulturellen Boden geforscht, der eine solche Form von Dichtung ermöglichte. Man glaubte, diesen Boden vor allem in den Kirchenreformbewegungen des 11. und 12. Jhs. gefunden zu haben (dazu den knappen Abriss in Bein/Ehlert [u.a.], 1994, Bibl.-Nr. 299, S. 181–189), Durchsetzung des Zölibats und Bekämpfung der Simonie (Ämterkauf) betreffend. Vielfach als Ausgangspunkt dieser und anderer Reformbewegungen wurde das Kloster Cluny in Burgund betrachtet, so dass bald von der ‚Cluniazensischen Reform' (dazu u.a. Richter, 1975, Bibl.-Nr. 62) die Rede war, deren strenge Auslegung der Benediktinerregel ein Ethos verbreitete (Askese, Ursprünglichkeit, Weltabgewandtheit), das auch die volkssprachliche Literatur beeinflusst hätte bzw. in dessen Dienst volkssprachliche Dichtung eingetreten wäre, mit dem Ziel, das Ethos auch ‚Laien', also primär nicht amtskirchlich gebundenen Personen, die durchaus ‚Geistliche' sein konnten[2], nahe zu bringen. Eine Reihe von Literaturgeschichten vor allem älteren Datums bezeichnet denn die frühmittelhochdeutsche Literatur rundweg als ‚cluniazensische Dichtung'. Heute herrscht Konsens darüber, dass diese Sicht zu eindimensional ist, dass die cluniazensischen Reformbestrebungen und die deutschen Texte nicht in ein simples Kausalitätsverhältnis gesetzt werden können, dass andere Reformbewegungen, so die der Klöster Gorz und Hirsau, mit zu berücksichtigen sind und dass den religiösen Laienbewegungen des 12. Jhs. gleichermaßen Einfluss unterstellt werden muss.

Institutionen in der Kritik

Das Etikett ‚cluniazensisch' ist also zu entfernen; ein anderes an die Stelle setzen zu wollen, ist fragwürdig. Angemessener ist hier – wie überhaupt –, die Texte zunächst als individuelle Dokumente ernst zunehmen und sie nur vorsichtig in thematisch verwandte Gruppen einzuordnen, um die literarische Kultur dieser Zeit systematischer erfassen zu können. Dessen ungeachtet kann freilich festgehalten werden, dass eine große Zahl von Texten geprägt ist von einem religiösen Eiferertum, ja dass man teilweise geneigt ist, den modernen Begriff der ‚littérature engagée' zur Anwendung zu bringen.

Der Text als Waffe

Ich nenne nun eine grob gegliederte, *exemplarisch* bestückte Liste von Werktiteln, die häufig zwar nicht mittelalterlich sind, sondern den Texten von Philologen verliehen wurden, die aber dennoch dem Anfänger eine Hilfe sind, Hauptthemen der ‚geistlichen Dichtung' zu differenzieren (die topographischen Adjektive weisen teils auf die Entstehungsorte, teils auf die Fundorte der Handschriften hin); wo es bekannt ist, füge ich die entsprechenden Autorennamen hinzu; die frühmittelhochdeutsche Literatur ist aber über weite Strecken anonym:

2 Vgl. zum problematischen Begriff ‚Laie', mhd. *leie*, lat. *laicus*, die Anm. zu V. 225 in: Bein/Ehlert u.a., 1994, Bibl.-Nr. 299, S. 107f.

a) Bibeldichtung im engeren Sinn:

aa) *Altes und Neues Testament – anonyme Überlieferung*: Mittelfränkische Reimbibel.

ab) *Altes Testament – anonyme Überlieferung*: Altdeutsche Genesis; Die Wahrheit; Lob Salomonis; Exodus; Historia Judith; Von der Babylonischen Gefangenschaft; Esau und Jakob; Von den 10 Geboten. – Überlieferung mit Autornamen: Lamprecht: Tobias; Williram von Ebersberg: Hoheliedparaphrase.

Religiöse Themen

ac) *Neues Testament – anonyme Überlieferung*: Evangelienfragmente; Von Christi Geburt; Cantilena de Conversione Sancti Pauli; Christus und Pilatus. – *Überlieferung mit Autornamen*: Frau Ava[3] : Leben Jesu, Johannes; Ezzo: Cantilena de Miraculis Christi.

b) Mariendichtung – *anonyme Überlieferung*: Vorauer Marienlob; Melker Marienlied; Arnsteiner Mariengebet; Mariensequenzen von Seckau, Muri und St. Lambrecht. – *Überlieferung mit Autornamen*: Heinrich: Litanei (teilweise).

c) Visionsdichtung – *anonyme Überlieferung*: Hamburger Jüngstes Gericht; Visio Sancti Pauli; Das Himmlische Jerusalem. – *Überlieferung mit Autornamen*: Alber: Tundalus; Frau Ava: Der Antichrist, Das Jüngste Gericht.

d) Heiligenverehrung – *anonyme Überlieferung*: Annolied. – *Überlieferung mit Autornamen*: Arnold: Legende von der heiligen Juliana.

e) andere religiöse Texte didaktischer Art: Dogmenlehre, Gebetsauslegungen, Zahlenmystik, Liturgisches, Mahnreden, Aufrufe zur Buße, ‚memento mori' (‚Denk an den Tod'), Sündenklagen, (Muster-) Predigten, religiös gedeutete Naturkunde – *anonyme Überlieferung*: Paternoster; Uppsalaer, Vorauer und Millstätter Sündenklage; Vom Rechte; Speculum Ecclesiae (eine Predigtsammlung); Physiologus; Summa Theologiae (de sancta trinitate); De septem sigillis (‚Von der Siebenzahl'); Vom Himmelreich; Die Hochzeit; Deutung der Messgebräuche. – *Überlieferung mit Autornamen*: Der arme Hartmann: Rede vom Glauben; (der sog.) Heinrich von Melk: Mahnrede über den Tod (ob auch das ‚Priesterleben' von Heinrich stammt, ist jüngster Forschung nach unwahrscheinlich); Priester Konrad: Predigt-

3 Es sei darauf hingewiesen, dass wir in Ava dem in der Geschichte der deutschen Literatur des Mittelalters höchst seltenen Fall begegnen, eine *Frau* als Dichterin festmachen zu können.

buch; Der Wilde Mann: Von der ‚gîrheit', Christliche Lehre; Wernher: Di vier sciven (‚Die vier Räder', über die Vierzahl).

Die Liste macht die thematischen Schwerpunkte deutlich. Viele der Texte sind in größeren Sammelhandschriften aufgezeichnet worden, die z.T., was sonst seltener der Fall ist, noch recht nahe an die mutmaßliche Entstehungszeit der Texte heranreichen. Eine dieser Sammelhandschriften stellt der Vorauer Codex 276 dar (Bibl.-Nr. 263), über dessen genaue Datierung die Meinungen auseinandergehen, der aber wohl doch noch im 12. Jh. angelegt worden sein dürfte. Diese Vorauer Sammlung überliefert 23 Texte, die durch Initialen in der Handschrift zu Großgruppen geordnet sind. Die Handschrift ist – mit einigen Abstrichen – ein Spiegel frühmittelhochdeutscher Textkultur: Am Ende, fol.[4] 136–183, sind in lateinischer Sprache Ottos von Freising ‚Gesta Friderici' aufgezeichnet, die Taten Friedrichs I. Barbarossa (um 1125–1190). Lateinische Schriftlichkeit, vor allem historiographische, chronistische, begleitet also nach wie vor die deutsche, aber, am Anfang der Handschrift, fol. 1–73, begegnet ein deutschsprachiges Äquivalent, die ‚Kaiserchronik' (dazu genauer unten, S.136ff.). Zwischen beiden chronistischen Texten findet sich ausschließlich Frühmittelhochdeutsches und – mit einer Ausnahme – nur ‚Geistliches'. Diese Ausnahme stellt die ‚Alexander'-Dichtung des Lamprecht dar, in mancher Hinsicht auch eine Form von ‚Geschichtsdichtung' zu nennen (dazu genauer unten, S. 137ff.), die ungefähr in der Mitte der Handschrift zu finden ist. Nimmt man den ‚Alexander' als Achse der Handschrift, so trennt er die geistlichen Dichtungen in solche alttestamentarischen und solche neutestamentarischen Gehalts. Vor dem ‚Alexander' stehen die Texte: Bücher Mosis (Genesis, Joseph in Ägypten, Moses, Marienlob, Balaam), Die Wahrheit, Summa Theologiae, Lob Salomons, Von Gottes Gewalt (Drei Jünglinge im Feuerofen, Ältere Judith), Jüngere Judith; all diese Texte behandeln Themen des Alten Testaments. Nach dem ‚Alexander' stehen die Texte: Ava (Leben Jesu, Antichrist, Jüngstes Gericht), Sündenklage, Ezzo (Cantilena de miraculis Christi), Arnold (Von der Siebenzahl), Himmlisches Jerusalem, ein Gebet; all diese Texte haben Themen des Neuen Testamentes zum Grunde bzw. beziehen sich im Detail darauf.

Die Vorauer Sammelhandschrift 276: ein Spiegel frühmhd. Textkultur

In der Forschung wurde verschiedentlich – kontrovers – überlegt, ob mit dieser Anlage der Handschrift ein großes Programm intendiert war, nämlich ein In-Beziehung-Setzen von profaner Weltgeschichte und religiöser Heilsgeschichte (dazu Ehlert, 1989, Bibl.-Nr. 29, S. 41ff.), was ein erstaunlich reflektiertes Umgehen mit Einzeltexten in recht früher Zeit bedeuten würde.

4 fol. = *folio*, Blatt; die mittelalterlichen Codices weisen in der Regel eine Blattzählung auf, nicht wie heute eine Seitenzählung; vgl. auch oben, S. 37ff.

Diese Diskussion kann hier nicht im Detail verfolgt werden. In jedem Fall aber spiegelt der Vorauer Codex einen Grundtyp frühmittelhochdeutscher Literatur: Dominanz des ‚Geistlichen', allmähliches Eindringen des Profanen bei gleichzeitigem Bemühen um Einbindung des Profanen in geistliche Kontexte.

7.3.2. Mittelalterliche Deutungen: das Beispiel ‚Physiologus'

Aus den summarisch genannten ‚geistlichen Dichtungen' ragt insbesondere ein Text heraus, der sich von vielen anderen in mancher Hinsicht unterscheidet: der sog. ‚Physiologus', wörtlich übersetzt: der ‚Naturkundige'. Zum einen unterscheidet den ‚Physiologus' seine Tradition, denn er geht in spätantike ‚heidnische' Zeit zurück und stellt zunächst nur ein rein naturkundliches Werk dar, das von den Tieren in der Welt (seien diese nun ‚wirklich' existent oder nicht) berichtet. Über im einzelnen kaum entwirrbare Traditionswege gelangt der Texttyp ins Mittelalter (dazu Henkel, 1976, Bibl.-Nr. 403), wo er zunächst in lateinischer Sprache kursiert, dann aber schon früh, im 11. und 12. Jh., ins Deutsche übertragen wird, sowohl in gebundener, versifizierter Sprache als auch in Prosa. In der sog. ‚Millstätter Reimfassung' (Text: Maurer, 1964ff., Bibl.-Nr. 287, Bd. 1, S. 169–245) werden in Form von Langzeilenstrophen folgende Tiere vorgestellt: Löwe, Panther, Einhorn, Hydrus (ein Wassertier), Sirenen (Wesen halb Frau, halb Vogel) und Onocentauren (Wesen halb Mann/Mensch, halb Esel), Hyäne, Onager, Äffin, Elefant, Autula (ein starkes, listiges, gehörntes Tier), Serra (ein Meerestier), Viper, Eidechse, Hirsch, Steingeiß, Füchsin, Biber, Ameise, Igel, Adler, Pelikan, Nachteule, Fulica (ein kluger Vogel), Rebhuhn, Strauß, Wiedehopf, Caradrius (ein ungenießbarer Vogel) und der Phönix (sagenhafter, im Feuer sich selbst regenerierender Vogel). Der Text beginnt folgendermaßen:

Lesen im Buch der Natur: Alles hat Bedeutung

Frühmittelhochdeutscher Text

(1) Ir sult an diesen stunden von wises mannes munde
eine rede suochen an disem buoche.
Phisiologus ist ez genennet, von der tiere nature ez uns zellet.
ist ez nu iuwer wille, so swiget vil stille.

(2) Dizze buoch wil uns chunt tuon unde zellen grozzen wistuom
von tieren unde von vogelen, allerste von dem Lewen,
wie sin nature unde sin leben an im sint gelegen.

Neuhochdeutsche Übertragung

(1) Nun sollt ihr aus dem Mund eines weisen Mannes einen Bericht, der in diesem Buch steht, vernehmen. Es heißt Physiologus und erzählt von der Natur der Tiere. Wenn ihr es hören wollt, so schweigt.

(2) Dieses Buch wird uns berichten und viel Weisheit verbreiten von Tieren und Vögeln, zuerst vom Löwen, wie er von Natur aus ist und wie er lebt.

Nach dieser Vorrede erwartet man ein zoologisches Lexikon; das ist aber nur die Hälfte dessen, was der ‚Physiologus' im Mittelalter darstellt. Schauen wir uns an, wie das Einhorn beschrieben wird (hier nur in Übersetzung):

Neuhochdeutsche Übertragung

Es gibt ein Tier, das heißt Einhorn, von dem berichtet der Physiologus, dass es folgende Eigenheiten habe: Es ist ein kleines Tier, dem Kitz vergleichbar. Es ist wild und hat nur ein einziges Horn auf dem Kopf nahe den Ohren. Ohne die folgende List kann man es nicht fangen: Man nimmt eine Jungfrau und führt sie an die Stelle, wo das Einhorn seine Speise zu sich nimmt; die Jungfrau lässt man dort allein zurück. Wenn das Einhorn sie sieht, springt es in ihren Schoß und schläft ein; dann kann man es fangen und zum Hof des Königs bringen.

Die Natur als Offenbarung göttlichen Wirkens und Wollens

Nach dieser ersten Passage folgt der entscheidende Vers: *Also tet unsir trohtin der haltunde Christ, der ein geistlich Einhurn ist* (‚Genauso verhielt sich unser Herr, der heilende Christus, der ein geistliches Einhorn ist'). In allen Tierschilderungen begegnet ein solcher, eine *geistliche Deutung* des Tieres und seines Verhaltens einleitender Vers (aber nicht immer ist Christus das Vergleichsobjekt, es kann auch der Teufel sein). Und was dann folgt, macht den eigentlichen ‚Sinn' der Texte aus. Es wird vorgeführt, wie man im ‚Buch der Natur' zu lesen hat, was die Dinge in der Welt ‚eigentlich' bedeuten, wie man in diesen Dingen überall eine göttliche Wahrheit oder eine Botschaft erkennen kann. Die Be-Deutung des Einhorns liegt in Folgendem:

Das Tier hat nur *ein* Horn, dies verweise darauf, dass Christus gesagt hat, er und sein Vater seien *Einer*. Das Tier ist wild, dies verweise darauf, dass keine Macht der Welt und auch nicht der Unterwelt (der Hölle) gegen Christus ankomme. Das Tier ist klein, dies verweise auf die Demut Christi. Das Tier kann nur von einer Jungfrau gefangen werden, dies verweise darauf, dass Gott Vater beschlossen hatte, seinen Sohn durch eine unberührte Jungfrau Mensch werden zu lassen. Das Tier gleicht einem Kitz, dies verweise darauf, dass Gott die Gestalt der Menschen angenommen habe.

Man bemerkt rasch, dass nicht nur das Tier selbst verweist, sondern dass auch die ihm beigelegten Eigenschaften, dass Körperteile, Verhaltensweisen, ‚Charakter' usw. Verweisfunktion haben (können). Der ‚Physiologus' stellt ein herausragendes Beispiel dieser christlichen Hermeneutik (Auslegung) dar, die man auch ‚Allegorese' nennt. Im Mittelalter ist das allegorische Verfahren eingebunden in die Lehre vom mehrfachen Schriftsinn (siehe oben, S. 84ff.) und findet seinen Niederschlag in zahlreichen Dichtungen, die meist christlich-religiös sind; aber auch in weltlicher Dichtung, so im ‚Tristan' Gottfrieds von Straßburg (Anfang 13. Jh.) und dort in der sog. ‚Liebesgrottenallegorie und -allegorese' begegnet es. Im frühmittelhochdeutschen Physiologus können wir die deutschsprachigen Anfänge greifen.

7.3.3. Frühe weltliche Dichtung: Die ‚Kaiserchronik' und Lamprechts ‚Alexander' (Vorauer Fassung)

Zwei Texte weltlichen Inhalts ragen in der frühmittelhochdeutschen Zeit heraus; auch sie seien deshalb individueller vorgestellt. Beide haben chronistischen Charakter. Der eine, die ‚Kaiserchronik', stellt die erste deutschsprachige Chronik überhaupt dar, der andere, die Vita Alexanders des Großen, ist die erste deutschsprachige personalisierte Geschichtsdichtung.

Die Kaiserchronik

Frühmittelhochdeutscher Text	*Neuhochdeutsche Übertragung*
Ein buoch ist ze diute getihtet,	Ein Buch ist auf deutsch verfasst,
daz uns Rômisces rîches wol berihtet,	das uns vom Römischen Reich gut berichtet,
gehaizzen ist iz crônica.	es wird ‚Chronik' genannt.
iz chundet uns dâ	Es erzählt uns
von den bâbesen unt von den chunigen,	von den Päpsten und Königen,
baidiu guoten unt ubelen,	sowohl guten als auch schlechten,
die vor uns wâren	die vor uns lebten
unt Rômisces rîches phlâgen	und sich um das Römische Reich kümmerten
unze an disen hiutegen tac.	bis auf den heutigen Tag.
sô ich aller beste mac	So gut ich es kann
sô wil ich iz iu vor zellen.	werde ich es euch vortragen.
iz verneme swer der welle.	Es höre hin, wer immer auch wolle.

Der Blick zurück: Frühe Formen deutschsprachiger Chronistik

So lauten die Verse 15–26 der in Reimpaarversen überlieferten ‚Kaiserchronik' (Text: Bibl.-Nr. 292) aus der Mitte des 12. Jhs. (zur ersten Orientierung Nellmann, 1983, Bibl.-Nr. 410), die eine reiche Tradition bis in das 15. Jh. hatte und überdies ins Lateinische übersetzt wurde. Ein Verfasser ist nicht bekannt; man vermutet gar mehrere. Der Text berichtet, wie im oben abgedruckten Prolog angekündigt, von der Geschichte des römischen Reiches, beginnend mit Romulus und Remus und Cäsar (100–44 v. Chr.) und endend mit Konrad III. und seinem Entschluss zum Kreuzzug (1146). „Äußeres Erzählgerüst ist die Abfolge der 36 römischen und 19 deutschen Kaiser des

Reichs“ (Nellmann). Die chronistische Darstellung ist mit ‚moderner‘ Geschichtsschreibung nicht zu vergleichen. Vor allem ‚irritieren‘ auf den ersten Blick zahlreiche Episoden, Geschichten und Geschichtchen, Legenden und Sagenhaftes rund um die verschiedenen Herrscher (dazu Pézsa, 1993, Bibl.-Nr. 411). Diese Szenen sind aber bedeutsam für einen das ‚Faktische‘ transzendierenden Wahrheitsbegriff, den der Text (hinter dem freilich ein Autor steht!) für sich zugrundelegt. Liest man den oben anzitierten Prolog weiter (V. 27–41), dann stoßen wir auf eine Distanzierung des Autors von dichterischen Lügengeschichten: „Es ist leider heutzutage zur Gewohnheit geworden, dass viele mit dichterischen Worten Lügen zusammenbauen. Ich fürchte sehr, dass die Seele deshalb brennen muss, denn es ist ohne die Liebe Gottes getan. Und dann gibt man die Lügen weiter an seine Kinder, die sie dann als Wahrheit ansehen und weiter verbreiten.“ Obwohl es um weltliche Geschichte geht, wird doch ein religiöser Überbau anvisiert. Im Einzelnen ist es in der Forschung umstritten, wie weit man aus heutiger Perspektive mit typologisch-heilsgeschichtlichen Deutungen gehen darf, etwa derart, dass die vorchristliche Kaiserzeit ihre positive Erfüllung im christlichen Kaisertum finde, analog zur Interpretation der beiden biblischen Testamente (das Neue Testament als Erfüllung des Alten, s. oben, S. 88f.).

Was ist wahr?

Lamprechts ‚Alexander‘ (Vorauer Fassung)

Einen Erzählstoff von weltliterarischer, gut zwei Jahrtausende währender Dimension stellt derjenige um Alexander III. von Makedonien, Alexander den Großen (356–323), dar (kurze Informationen bei Moormann, 1995, Bibl.-Nr. 640); Sohn Philipps II. von Makedonien und Olympias, nach der Ermordung des Vaters 336 Alleinherrscher, berühmt und berüchtigt aufgrund vieler erfolgreicher Kriegszüge: Unterwerfung der Griechen, Vernichtung Thebens (335), Schlachten gegen die Perser (334: erster Sieg über Perserkönig Dareios III.; 333 erneuter Sieg), Eroberung der phrygischen Hauptstadt Gordion, Eroberung von Tyros, Eroberung Ägyptens (und Gründung von Alexandria), endgültiger Sieg über die Perser (331), Feldzug nach Indien (327). 323 stirbt Alexander in Babylon, gerade 33 Jahre alt. Die literarische Tradition seines Lebens und seiner Taten setzt bereits im 4./3. Jh. v. Chr. ein und hat eine fast ungebrochene Tradition zunächst bis in das spätmittelalterliche 15. Jh. Die erste deutschsprachige Version der *gestae Alexandri* stammt aus den 1160er Jahren und wurde von einem ‚Pfaffen Lamprecht‘ verfasst, der seinerseits auf eine altfranzösische Vorlage zurückgegriffen hat, nämlich auf die Alexandergeschichte des Alberich von Pisançon (Mitte 12. Jh.). Lamprechts Text beginnt folgendermaßen (ich beziehe mich nur auf die Fassung in der Vorauer Handschrift (dazu oben, S. 133f.), da sie den ältesten Text erhalten hat; andere Handschriften, denen wohl auch Lamprecht

Heroisierende Geschichtsdichtung

zugrunde liegt, zeigen z.T. erhebliche Erweiterungen des Textes; Ausgabe: Bibl.-Nr. 291):

Frühmittelhochdeutscher Text	*Neuhochdeutsche Übertragung*
Diz lît, daz wir hî wurchen,	Diese Erzählung, die wir hier verfassen,
daz sult ir rehte merchen.	die sollt ihr aufmerksam verfolgen.
sîn gevûge ist vil reht.	Sie ist sehr stimmig und nützlich.
iz tihte der phaffe Lambret.	Sie verfasste der Geistliche Lambrecht.
er tâte uns gerne ze mâre,	Er erzählte uns gerne,
wer Alexander wâre.	wer Alexander war.
Alexander was ein wîse man,	Alexander war ein kluger Mann,
vil manec rîche er gewan,	viele Reiche eroberte er,
er zestôrte vil manec lant.	viele Länder zerstörte er.
Philippus was sîn vater genant.	Philippus hieß sein Vater
diz mugit ir wol hôren	Dies könnt ihr auch
in libro Machabeorum.	im Buch der Makkabäer erfahren.
Alberîch von Bisinzo	Alberich von Pisançon
der brâhte uns diz lît zû.	überlieferte uns die Erzählung.
er hetez in walhisken getihtet.	Er hatte sie in romanischer Sprache verfasst.
nû sol ich es iuh in dûtisken berihten.	Nun werde ich sie euch in deutscher Sprache vortragen.
nîman enschulde sîn mich:	Man möge mir keine Vorwürfe machen:
louc er, sô liuge ich.	Wenn er gelogen hat, dann lüge auch ich.

Dieser Prolog zum ‚Alexander' ist aufschlussreich und markiert eine Wende in der literarischen Kultur des deutschsprachigen Mittelalters (zum Prolog: Bibl.-Nrr. 194 und 198). Der Autor nennt sich namentlich und sagt ‚ich'; er löst sich aus der Anonymität. Er verweist auf seine Quelle und stellt sich explizit in eine Tradition. Besonders bemerkenswert ist, dass es zwei Quellentypen sind, die er benennt: Er weist zum einen auf Alberich von Pisançon hin und damit auf einen ihm zeitlich nahestehenden Gewährsmann, der eher die ‚technische' Seite der Stofftradition darstellt: Lamprecht wird wohl konkret eine Abschrift von Alberichs Text vorgelegen haben (die uns heute nur sehr fragmentarisch bekannt ist). Lamprecht hat zwar nicht bloß wörtlich übersetzt, sondern – soweit wir das heute noch nachvollziehen können – auch redigierend gearbeitet, aber er benutzt seinen Quellenverweis auf Alberich ja grundsätzlich auch als Entschuldigung, als Vorbeugung für mögliche Angriffe und Angreifer, die ihn der Lüge bezichtigen könnten: ‚Steht in meinem Text etwas Unwahres, so liegt das eben an Alberich!' Wir sehen hier also, wie genau Lamprecht sich mit dem Problem ‚Dichtung und Wahrheit' auseinandersetzt, Reflexionen, die in der Folgezeit immer wieder von den

Autoren in ihre Texte (vor allem in Prologen, Epilogen und poetologischen Exkursen) eingebracht werden. Alberich ist aber nicht der einzige Zeuge für die Alexandergeschichte. *diz mugit ir wol hôren / in libro Machabeorum* – so lauten die Verse 11 und 12. Hier wird eine ganz andere Instanz ins Feld geführt, *die* Autorität schlechthin: die Bibel. Im Makkabäer-Buch des Alten Testaments können wir in Kapitel 1 lesen:

Die Bibel: reiche Quelle für alle Textsorten

(1) Und es begab sich, nachdem Alexander, der Sohn Philipps, der Macedonier, welcher der erste König von Griechenland war, aus dem Lande Kethim ausziehend, Darius, den König der Perser und Meder, geschlagen hatte, (2) lieferte er viele Schlachten, nahm alle festen Plätze ein und tötete die Könige der Erde. (3) Und er drang vor bis zu den Enden der Erde, gewann Beute von zahlreichen Völkern und die Erde war ihm unterworfen. (4) Er brachte eine gewaltige Macht und ein sehr großes Heer zusammen, deshalb erhob sich sein Herz und ward hoffärtig. (5) Auch brachte er Länder, Völker und Könige in seine Gewalt und sie wurden ihm zinsbar. (6) Darnach aber sank er auf das Krankenlager und fühlte, dass er sterben werde.[5]

Mit Verweis auf die Bibel wird dem Alexander-Stoff eine ‚höhere' Wahrheit unterstellt, und es fragt sich natürlich sogleich, ob das für uns (und zunächst natürlich für das Publikum des 12. Jhs.) hermeneutische Konsequenzen hat. Will Lamprecht nur erzählen, was Alexander der Große, den er *wunderlich* (‚seltsam') nennt, alles getan hat? Oder will er die Taten Alexanders als positives oder negatives Exemplum mit Blick auf christliche Ideologie verstanden wissen? Hat Lamprecht, was noch weiter ginge, gar ein typologisches Bild im Kopf, dergestalt, dass Alexander, der im Alten Testament erwähnt wird, als Typus fungiert, dem im Neuen Testament ein Anti-Typus entspräche (zum typologischen Denken siehe oben, S. 88f.)? Oder repräsentiert Alexander eines der Weltreiche, die im Schema der heilsgeschichtlichen Weltreichdeutung, ausgehend von Daniel 2,37ff., verankert sind (nämlich das dritte, griechisch-mazedonische Reich)? Die Forschung war und ist bemüht, solchen Fragen näher zukommen (dazu Ehlert, 1989, Bibl.-Nr. 29). Sie zu beantworten, fällt bei den auf die Vorauer Fassung folgenden ‚Alexander'-Bearbeitungen leichter; hier wird Alexander deutlicher als Sinnbild der Hochmut dargestellt (er will z.B. auch das Paradies erobern), die didaktische Intention der Texte ist klarer: das Publikum soll aus der Geschichte (im doppelten Sinn des Wortes) lernen und zu einem demütigen, gottgefälligen Le-

5 Hier wie stets, wenn es um biblische Referenzen in mittelalterlichen Texten geht, müssen wir Philologen eine sog. Vulgata-Ausgabe der Bibel konsultieren, d.h. eine Fassung, wie sie etwa seit dem 7. Jh. im mittelalterlichen Europa verbreitet war und die auch biblische Texte enthielt, die später als nicht authentisch aus dem Kanon entfernt wurden (sog. apokryphe Bibeltexte). Die oben zitierte Übersetzung stammt aus einer solchen Vulgata-Fassung: Biblia Sacra. Vulgatae Editionis, Bibl.-Nr. 257.

ben finden. Im ‚Vorauer Alexander' hingegen mag man lange darüber streiten, ob Alexander als negativer Typus, als Verkörperung von *superbia* und *vanitas* dargestellt wird; immerhin gibt es viele Passagen, die ihn als strahlenden Helden, gut ausgebildet, fast ‚höfisch' im Benehmen, mit Familiensinn usw. präsentieren; aber es gibt freilich auch einige kritisch-wertende Erzählerkommentare, die in andere Richtungen weisen. Das Problem kann an dieser Stelle nicht weiterdiskutiert werden.

Hier wesentlicher ist, dass man in Lamprechts ‚Alexander' (der Vorauer Fassung) einem Text begegnet, der sich – für die Zeit der Mitte des 12. Jhs. – in typischer Weise wie ein Vexierbild aus weltlichem Erzählstoff, biblischer *auctoritas* (Autorität), aus *delectatio* (Unterhaltung) und christlich-ideologischer Didaxe darstellt.

7.4. Die ‚höfische' Zeit (2. Hälfte 12. und 13. Jahrhundert)

Wie die meisten anderen Epochenbezeichnungen ist auch die Kategorie des ‚Höfischen' eine Hilfskonstruktion. Von ‚höfischer' Dichtung wird aber in vielen Handbüchern und Literaturgeschichten gesprochen; deshalb und mangels wirklich besserer Alternativen wird der Begriff hier übernommen.

Die höfische Welt – die Welt des Höfischen

Was ist ‚höfisch'? (dazu grundlegend Bumke, 1997, Bibl.-Nr. 89). Das Wort selbst ist recht alt, den ersten Beleg (*hövesch*) findet man in der ‚Kaiserchronik' (s.o., S. 136f.), also etwa in der Mitte des 12. Jhs. Das Wort ist wohl keine Lehnübersetzung aus dem Französischen (*courtois*), hat aber, was seine Semantik betrifft, viel mit der französischen ‚Hofidee' zu tun. Mit dem Wort *hövesch* werden zentrale Bereiche adliger Hofkultur bezeichnet; dazu rechnet die materielle Ausstattung (Zimmer, Betten, Tische, Speisen, Rüstung, Kleidung) ebenso wie bestimmte Umgangsformen sozialer Gruppen (Begrüßungszeremonial, Ehrerweisungen, Huldigungen, Geschlechterkultur, Kampfregeln und -rituale).

In der Formulierung *hövesche fröide*, *hoves fröide* begegnet auch eine mentale Disposition, um die die Mitglieder des Hofes oft genug ringen, zumindest wird die Restituierung verlorener ‚Freude' in vielen Artusepen (s.u., S. 172ff.) zu einem wichtigen Ziel der ritterlichen Anstrengungen. Im Begriff des ‚Höfischen' vereinen sich, allgemein formuliert, soziale und ideelle Werte einer gesellschaftlich hochstehenden Gruppe, zu deren Kern der ‚Ritter' zählt, der seinerseits unterschiedlichen Schichten angehört; die Bezeichnung Ritter'darf nicht als ein streng definierter soziologischer Begriff aufgefasst werden (ein Kaiser konnte sich ebenso ‚Ritter' nennen wie ein (unfreier) Ministeriale; zur Soziologie siehe oben Kap. 3.4.2.).

Wenn das Attribut ‚höfisch' als literarhistorischer oder -typologischer Begriff in Erscheinung tritt, so soll damit im Wesentlichen Folgendes ausgedrückt werden:

(1) ‚Höfische' Literatur hat ihren pragmatischen Raum am Hof, d.h., das Publikum rekrutiert sich aus Personen, die an einem Hof zu Hause sind bzw. die zu einem Hof Zugang haben. Ob der Autor zur höfischen *familia* gehört, ist oft unbekannt; wesentlich ist, dass er für ein höfisches Publikum schreibt.

(2) ‚Höfische' Literatur handelt von ‚höfischen Dingen', d.h. z.B., dass sich das Personal eines Epos aus Rittern, Fürsten, Königen und Kaisern zusammensetzt; dass in Minneliedern adlige Frauen (*vrouwen*) besungen werden; dass sich die literarischen Figuren höfisch benehmen, vornehme Kleidung tragen, sich respektieren, gebildet sind, Schach spielen, mit Falken jagen usw.

Der Hof im Text – Der Text am Hof

Natürlich sind nicht alle Texte des späteren 12. und folgenden 13. Jhs. mit einer solchen Ideologie durchsetzt. Im wesentlichen sind es der ‚höfische' Roman (die Artus- und Gralsepik) und der Minnesang, die als höfische Typen herausragen. Aber auch Heldendichtung, wie etwa das ‚Nibelungenlied', das von der Stoffgeschichte her nicht höfisch ist, erfährt in der Zeit um 1200 eine ‚Höfisierung', indem Akzidentien und Verhaltensweisen des Personals dem Stil der Zeit angepasst werden.

Vielen anderen Texten aber (z.B. Mären, Legenden, Sachtexten) kann man wenig Höfisches entnehmen. Sie als ‚höfische Literatur' zu bezeichnen ist nur insofern sinnvoll, als man den Raum, in dem diese Texte leben, mit einem Adelshof identifizieren zu können glaubt.

7.4.1. Vorläufer: Literarische Typen in der 2. Hälfte des 12. Jahrhunderts

Wir hatten im vorangehenden Kapitel gesehen, dass um die Mitte des 12. Jhs. die deutschsprachige Literatur um weltliche Themen bereichert wird, ohne dass ein geistlicher Kontext oder Hintergrund verloren geht. Diese Tendenz setzt sich in der 2. Hälfte des 12. Jhs. fort. Neben Legendenhaftem (hier ist wieder auf den ‚Armen Heinrich' zu verweisen), Hagiographischem (z.B. Heinrichs von Veldeke ‚Servatius', um 1165/70), Didaktischem (z.B. die ‚Rittersitte', vor 1150; der ‚Lucidarius', um 1190/92) und Fachliterarischem (dazu zusammenhängend unten, S. 180ff.) begegnen wir auch den Anfängen des Minnesangs (dem sog. Donauländischen Minnesang aus der Zeit der 1160/70er Jahre), ferner einigen Texten, denen man den Namen ‚Spielmannsepik' gegeben hat, sowie ersten Stoffadaptationen aus dem Bereich der französischen Romania: hierher gehört das ‚Rolandslied' des Pfaffen Konrad (1172?), die erste deutschsprachige Version des ‚Tristan'-Stoffes durch Eilhart von Oberg (um 1175/80), der ‚Eneas'-Roman Heinrichs von Veldeke (um 1170 bis um 1185) und das Tierepos ‚Reinhart Fuchs' des Elsässers Heinrich.

Ich will im Folgenden vor allem das Neue der literarischen Periode, die Verarbeitung weltlicher Stoffe (z.T. in Form von Adaptationen romanischer Vorlagen), in den Mittelpunkt stellen. Im lyrischen Bereich ist dies der Minnesang, den ich jedoch, um die Gattung nicht zu sehr zu zerreißen, geschlossen vorstelle (S. 150ff.) und auch ein konkretes Textbeispiel mit kleiner Musterinterpretation biete.

Weltliche Kurzepik im 12. Jh.

Wenden wir uns aber zunächst der sogenannten ‚Spielmannsepik'[1] zu, die einerseits, z.T. jedenfalls, einen *Typ* literarischer Kultur der 2. Hälfte des 12. Jhs. darstellt, zum anderen auch ein Paradigma für literaturwissenschaftliche Kontroversen (vor allem die Datierung betreffend) ist.

1 Zum Begriff: In früherer Zeit nahm man an, dass diese Texte von sogenannten ‚Spielleuten', Unterhaltungskünstlern eher unteren Niveaus, verfasst und vorgetragen worden wären. Das ist aber nicht positiv zu beweisen, auch nicht dadurch, dass in den Texten selbst immer wieder *spilliute* (Spielleute) Nebenrollen innehaben. Die Gattungsbezeichnung wurde aber, mangels besserer Alternative, beibehalten.

Spielmannsepik

In der Forschung werden mit diesem Etikett im wesentlichen fünf Texte versehen: ‚König Rother', ‚Herzog Ernst', ‚St. Oswald', ‚Orendel' und ‚Salman und Morolf' (dazu Bibl.-Nrr. 414–416). Von der Überlieferung her betrachtet, lassen sich allerdings nur zwei (‚König Rother' und ‚Herzog Ernst') zweifelsfrei ins 12. Jahrhundert datieren; die übrigen drei Epen liegen nur in später Tradition aus dem 14. und 15. Jh. vor. Für diese Texte kennen wir keine unmittelbaren Quellen; bei einigen (‚Rother', ‚Herzog Ernst') überwiegt weltliche Thematik, die anderen sind deutlich mit legendenhaften Zügen versehen. Ich stelle beispielhaft den ‚Rother' und als Vertreter der nicht sicher datierten anderen Epen den ‚Sankt Oswald' vor:

Inhalt des ‚König Rother': Der mächtige Rother aus Bari lässt um die Tochter Konstantins von Konstantinopel werben, ein gefährliches Unterfangen: die Werbungsgesandtschaft wird gefangengesetzt. Rother mobilisiert ein großes Heer zur Befreiung seiner Leute. Mit falscher Identität kann er sich der Prinzessin nähern und seine Gefolgschaft aus dem Kerker befreien. Er entführt die Prinzessin; Konstantin gelingt die Rückentführung. Das nimmt Rother nicht hin und begibt sich erneut an den Hof Konstantins, wo man ihn entdeckt und zum Tode verurteilt. Doch kann Rother schließlich mit Unterstützung seiner Heeresmacht die Oberhand gewinnen, Konstantin wird besiegt, und Rother und die Prinzessin fahren nach Bari zurück; sie gebiert dort einen Sohn: Pippin, den (realhistorischen) Vater Karls des Großen.

Handlungsmuster: Elemente der Textarchitektur

Was den ‚Rother' literarhistorisch bedeutsam macht, ist das hier konsequent umgesetzte Strukturmotiv der ‚Brautwerbung', eines gemeineuropäischen Erzählmotivs, das in mannigfacher Weise einen narrativen Prozess in Gang setzen und ordnen kann: Werbung, Entführung der Frau, ggf. Rückentführung und erneuter Gewinn der Frau. Das archaische Motiv findet sich im deutschsprachigen Raum hier zum ersten Mal und begegnet dann in vielen anderen Erzählungen, so im ‚Oswald', ‚Orendel', ‚Salman und Morolf', ‚Dukus Horant', ‚Kudrun', ‚Ortnit', ‚Wolfdietrich', gemeinhin bekannter sind das ‚Nibelungenlied' (Siegfried wirbt um Kriemhild, Gunther wirbt um Brünhild, Etzel wirbt um Kriemhild) und der ‚Tristan' (Tristan wirbt um Isolde im Auftrag Markes). Durch Brautwerbung, -gewinnung, -rückgewinnung usw. werden Konflikte initialisiert, weil damit meist Grenzverletzungen einhergehen (ein Christ heiratet eine Heidin, eine Heidin lässt sich taufen, der Vater der Heidin bricht in die christliche Welt ein, der christliche Ehemann begibt sich in die heidnische Welt; und auch andernorts, wo es keinen Religionskonflikt gibt, geraten durch Liebesbeziehungen/ Eheschließungen Welten durcheinander, so im ‚Parzival', im ‚Tristan' und im ‚Nibelungenlied').

Thematisch gehört der ‚Rother' zu einer größeren Textgruppe, die in oft geschichtsklitternder Art außerliterarische Realitäten literarisiert; im Falle des ‚Rother' ist überlegt worden, ob der realhistorische Langobardenkönig Rothari (gest. 652) oder der Normannenkönig Roger II. (gest. 1154) vorbildend gewesen sind. In der Polarisierung der literarischen Figuren Rother und Konstantin spiegelt sich in jedem Fall die im 11.–13. Jh. virulente Auseinandersetzung zwischen Christen und Heiden (Kreuzzugsgeschehen). Und mit dem Hinweis auf die Geburt Pippins wird dem Text eine außerliterarische Historizität und – damit verbunden – historische ‚Wahrheit' zugeschrieben. Die drei nur spät überlieferten ‚Spielmannsepen' zeigen ein thematisch anderes Bild. Was sie verbindet, ist das Brautwerbungsmotiv und – deutlicher als im ‚Rother' und ‚Herzog Ernst' – ein geistlich-religiöser Hintergrund, der, wenn wir uns auf eine frühe Entstehung der Epen im 12. Jh. einlassen, durchaus in den Kontext der frühmittelhochdeutschen religiösen Dichtung ‚passt'.

Inhalt des ‚Sankt Oswald': Der mächtige König *Oswalt aus Engellant* sucht eine Frau. Man rät ihm zu Pamige, der Tochter des Heidenkönigs Aron. Oswald sendet einen sprechenden Raben als Werber aus, der von Aron ob seines Auftrags gefangengesetzt wird. Durch Intervention der Tochter kann der Rabe befreit werden; Pamige schickt ihn mit einem Ring und zustimmender Botschaft zurück zu Oswald. Dieser rüstet ein Kreuzfahrerheer aus und schifft sich gegen Aron ein. Mit List und der Hilfe Marias gelingt schließlich die Entführung Pamiges. Aron hetzt den Christen auf dem Meer hinterher, doch diese können mit Gottes Unterstützung (Oswald leistet ein Gelübde) siegreich bestehen. Aron wird gefangen und lässt sich nach anfänglichem Widerstand taufen. Oswald wird am Ende von Christus, der als Pilger verkleidet auftritt, mit Blick auf das geleistete Gelübde auf die Probe gestellt: Willig ist Oswald bereit, alles, was der Pilger begehrt, herauszugeben, sogar die Krone und seine Frau. Da gibt sich Christus zu erkennen und prophezeit Oswald, dass er nur noch zwei Jahre zu leben habe; er solle diese Zeit mit seiner Frau ohne sündiges Beisammensein verbringen. So geschieht es. Nach ihrem Tod führen Engel ihre Seelen ins Himmelreich.

Heiliges und Komisches

Das Brautwerbungsmotiv ist hier und auch in den anderen Epen im Vergleich zum ‚Rother' abgewandelt, insofern der Werber kein Mensch, sondern ein Tier ist, dem in dem Epos breiten Raum geschenkt wird und dessen (oft komisch wirkende) Abenteuer deutlich unterhaltende Funktion haben. Der verarbeitete Stoff hat seine Wurzeln im 7. Jh. (Held ist der 642 gefallene englische Missions- und Märtyrerkönig Oswald von Nordhumbrien); die Anfänge einer Legende gehen auf Beda (673–735) zurück. Das Spielmannsepos vereinigt also Legenden- und Brautwerbungsschema. Der Oswald-Kult wurde nach Michael Curschmann im 12. Jh. vom Herrschergeschlecht der Welfen intensiv gefördert (1964, Bibl.-Nr. 416); die literarische Aneignung des archaischen Stoffes mag daher auch politisch motiviert sein.

Lässt man sich auf eine Frühdatierung der Spielmannsepen ein (was aber strittig ist!), so können alle Texte Beispiele für das ‚Wesen' von Literatur im späteren 12. Jh. sein: Das virulente Kreuzzugsgeschehen findet literarische Verarbeitung, meist affirmativer Art; religiöse Kontexte fügen sich leicht an und stehen überdies in unmittelbarer (auch heimischer) literarischer Tradition; das ‚Entlehnen' von realhistorischem (oder biblischem) Personal verleiht den Texten eine relative Historizität und ‚Wahrheit'; über die – meist allerdings nur zu vermutenden – konkreten Aufträge, die zur Abfassung der Texte geführt haben, lässt sich beobachten, wie Literatur politisiert und als zeitgeschichtliches Vehikel dienstbar gemacht wird.

Adaptationen aus der Romania: ‚Rolandslied', ‚Tristan', ‚Reinhart Fuchs', ‚Eneas-Roman'

Für die Spielmannsepen liegen uns keine unmittelbar greifbaren Quellen vor, in dem Sinne, dass die (anonymen) Autoren eine fremdsprachliche Vorlage bearbeitend ins Deutsche übertragen hätten. In der 2. Hälfte des 12. Jhs. mehren sich aber die Fälle, in denen deutsche Dichter Vorlagen des benachbarten Frankreich adaptieren und in ihre Sprache ‚übersetzen' (Grundlagen bei Bumke, 1967, Bibl.-Nr. 376).

‚Übersetzungen'

Texttransfer

Kulturtransfer

Sprachtransfer

Wenn hier und im Folgenden vom ‚Übersetzen' die Rede ist, dann muss deutlich bleiben, dass es sich meist nicht um ein philologisch getreues Dolmetschen handelt, sondern dass die deutschen Autoren häufig die Quelle bearbeiten, andere Akzente setzen, erweitern und kürzen, psychologisieren, anders charakterisieren, als Erzähler kommentieren, Spannungsbögen und Erzähltechnik variieren und vieles mehr. Für uns stellen diese Adaptationsprozesse eine besondere Herausforderung dar, denn wir müssen nach den Gründen forschen, die zu derartigen Akzentverschiebungen geführt haben. Ein Beispiel für die Problematik:

Der arturische ‚Iwein'-Stoff (zum Artusroman siehe unten, S. 172ff.) zeigt vom 12.-15. Jh. eine gesamteuropäische Verbreitung: wir kennen eine mittelkymrische Version, eine altfranzösische durch Chrétien de Troyes, eine altnordische, eine mittelenglische und deutsche Bearbeitungen von Hartmann von Aue und Ulrich Füetrer. Alle Versionen differieren, vor allem stehen sich Chrétien und Hartmann gegenüber. Deutlich greifbar wird Hartmanns Umakzentuierung u.a. im Bereich der Gewaltdarstellung (dazu Bein, 1998, Bibl.-Nr. 431): Während Chrétien in grausamen Details ‚schwelgt', er das Zerstückeln von Gegnern minutiös beschreibt, blendet Hartmann all diese Aspekte konsequent aus. Zwar finden die gleichen Kämpfe statt wie in Chrétiens Fassung, aber es fließt kaum Blut, es treten keine Gedärme aus, es werden keine Gliedmassen verstümmelt. Wir müssen uns fragen, warum Hartmann in dieser Weise ändert und warum Chrétien Grausamkeiten so eindringlich schildert. Wollte Chrétien das Tun und Treiben der Ritterschaft kritisieren? Blendete Hartmann den brutalen Aspekt aus, um das Rittertum zu idealisieren?

Vor solchen und ähnlichen Fragen stehen wir immer wieder, wenn deutsche Texte auf unmittelbaren Quellen beruhen, die uns noch zugänglich sind und uns einen genauen Textvergleich ermöglichen.

Das ‚Rolandslied' des Pfaffen Konrad

Vielleicht um 1170 und möglicherweise im konkreten Auftrag Heinrichs des Löwen schrieb ein (Welt-) Geistlicher, der sich als *pfaffe Chunrat* bezeichnet, das ‚Rolandslied' (Text: Bibl.-Nr. 298). Es handelt von einem Kriegszug Karls des Großen gegen den Heidenkönig Marsilie (in Spanien), von Intrigen und Verrat an Karls Neffen Roland, der mit einem großen Christenheer zugrunde geht, und – im Gegenzug – von der Vernichtung der heidnischen Macht durch Karl. In Konrads Text wird historische Vergangenheit verknüpft mit zeitgeschichtlichen Ereignissen (Kreuzzüge) und heilsgeschichtlicher Perspektive – all dies Elemente, die wir bereits kennen gelernt haben. Neu ist aber, dass Konrad eine französische Quelle für seinen Text gehabt hat, die ‚Chanson de Roland', vielleicht 70 Jahre älter als die deutsche Version. Von dieser französischen Fassung existieren mehrere Handschriften, deren Verhältnis zum deutschen Text indes noch nicht in allen Einzelheiten geklärt ist.

Eilhart von Oberg: ‚Tristan'

Ein Stoff der Weltliteratur: Tristan und Isolde

Der nicht zweifelsfrei zu identifizierende Eilhart bereichert mit seiner ‚Tristan'-Dichtung (Text: Bibl.-Nr. 319) die deutsche Literatur um einen Stoff von weltliterarischer Geltung und Verbreitung, der schon im deutschsprachigen Mittelalter durch andere Autoren noch weitere Verarbeitungen erfuhr (am berühmtesten ist die Version Gottfrieds von Straßburg im frühen 13. Jh., aber auch Ulrich von Türheim und Heinrich von Freiberg sind zu nennen). Der ‚Tristan'-Stoff, die verbotene Liebe, ist von derart überzeitlicher Geltung, dass es nicht verwundert, immer wieder neue Anläufe zu finden, die Problematik in unterschiedlicher Akzentuierung darzustellen. Das trifft auf die deutschen Texte zu, das gilt insbesondere aber auch für französische

Versionen, die den deutschen als Quellen zugrunde liegen. Eilhart geht zurück auf die nordfranzösische so genannte ‚Estoire'; Gottfried von Straßburg hingegen bezieht sich ausdrücklich auf eine andere französische Quelle, nämlich auf Thomas von Bretagne (dazu oben, S. 82f.). Beider Konzeptionen des Stoffes weichen erheblich voneinander ab. Eilharts Werk verdeutlicht, dass die Probleme und Herausforderungen an den Mediävisten größer werden, je weiter wir in der Literaturgeschichte voranschreiten: Nicht mehr nur müssen wir uns mit Quelle und Bearbeitung befassen, sondern wir müssen unterschiedliche Stoffversionen bereits in der ‚gebenden' Kultur (hier der französischen) im Blick behalten und deren je unterschiedliche Adaptation in der ‚nehmenden' vergleichend dagegenhalten. Und noch ein weiteres wird am Beispiel Eilharts deutlich: Der ‚Tristan'-Stoff und seine europäischen Bearbeitungen sind fast ganz gelöst von religiösen Fundamenten; nurmehr in Randbereichen oder auf kleine Details bezogen, finden sich religiöse Reflexe. Wir dürfen vermuten, dass auch das Publikum mehr und mehr ein anderes wird, dass es sich nicht mehr *vornehmlich* aus geistlichen Kreisen rekrutiert, sondern dass der Anteil weltlichen Adels am Literaturbetrieb größer wird.

Heinrich von Veldeke: ‚Eneas-Roman'

Ein gegenüber vorrangig religiösen Texten strukturell anderes Publikum wird man auch für Heinrichs von Veldeke ‚Eneit' (1170er Jahre) annehmen dürfen (Text: Bibl.-Nr. 290). Auch dieser Text hat eine französische Vorlage, den ‚Roman d'Eneas', vor 1160 entstanden. Was dieses Epos von Eilharts ‚Tristan' unterscheidet, ist der Stoff. Während wir für den ‚Tristan' die Stoffgeschichte nicht weit über das Mittelalter hinaus zurückverfolgen können, greifen wir in Veldekes Text – ähnlich wie im ‚Alexander' – antike Wurzeln: die ‚Äneis' Vergils. Vergil (Publius Vergilius Maro), 70–19 v. Chr., schuf in Auseinandersetzung mit den Epen Homers ein römisches Nationalepos, das der Herrschaft des Augustus gewidmet ist. Was Heinrichs Text und den des französischen Bearbeiters besonders interessant macht, ist die Art und Weise, wie der antike Stoff der literarischen Situation des (hohen) Mittelalters angepasst wird; man hat dabei von der ‚Verritterung' des Stoffes gesprochen. Die meiste Adaptationsarbeit hat bereits der romanische Autor geleistet; Heinrich folgt seiner Quelle hier recht getreu. Gegenüber den antiken Wurzeln finden wir erhebliche Veränderungen den epischen Bestand und die epische Ordnung betreffend, und auch das Ethos der Erzählung hat nur mehr wenig mit der alten Vorlage zu tun; vielmehr begegnet uns in der altfranzösischen und mittelhochdeutschen Version ein ‚Minneroman'. Zahlreiche Dialoge und Monologe sind dem Wesen der Minne, der Liebe,

Die Antike im christlichen Abendland

gewidmet. Damit knüpfen beide mittelalterlichen Versionen an ein in der zweiten Hälfte des 12. Jahrhunderts scheinbar (wieder-)erwachendes Interesse an zwischengeschlechtlicher Kultur an, das seinen größten Niederschlag im ‚Minnesang' findet, dem wir ab dem 1. Drittel des 12. Jhs., zeitverschoben, sowohl in der Romania als auch im deutschsprachigen Raum begegnen. Veldeke ist für die Forschung aber noch aus einem anderen Grund eine besondere Herausforderung, die als ‚das Veldekeproblem' fast schon Begriffsstatus hat (dazu von Kraus, 1899, Bibl.-Nr. 445, Tervooren, 1971, Bibl.-Nr. 448, Wolff, 1973, Bibl.-Nr. 449). Es geht um die Sprache des Dichters und die Sprache der seine Texte überliefernden Handschriften: Wir wissen, dass der Autor aus dem limburgischen Ort Veldeke stammt und von daher wohl altlimburgisch/maasländisch gesprochen haben wird (zu diesem Literaturraum nun grundlegend Tervooren, 2005, Bibl.-Nr. 358). Einige Fragmente der Veldeke-Überlieferung (der ‚Servatius'-Legende) und auch einige Reimeigentümlichkeiten in der Lyrik Veldekes weisen in diese Richtung. Die Hauptüberlieferung aller Veldeke-Texte ist aber oberdeutsch und teilweise auch wesentlich jünger als die mutmaßlichen ‚Originale'. Dennoch (oder: deshalb) haben vor allem die beiden berühmten Veldekeforscher Theodor Frings und Gabriele Schieb sehr viel Zeit und Energie darauf verwandt, das Altlimburgische zu erforschen und die oberdeutschen Veldeke-Texte in ein (hypothetisches) altlimburgisches ‚Originalidiom' umzuschreiben (Frings/Schieb, 1949, Bibl.-Nr. 446). Das Verfahren ist heute sehr umstritten, und die Tendenz geht deutlich dahin, bei der Mundart der Handschriften zu verweilen. An der Forschungsgeschichte zu Veldeke lassen sich hervorragend exemplarische Methodenstudien betreiben, die deutlich machen, welchen Wandlungen Ziele und Instrumentarien des Faches unterworfen sind.

Heinrich: ‚Reinhart Fuchs'

Text und Welt:

Metaphern, Allegorien und ihre Referenz

Als letzter Text in diesem Kapitel zu ‚Vorläufern' höfischer Dichtung sei der ‚Reinhart Fuchs' des elsässischen Dichters Heinrich hervorgehoben (Text: Bibl.-Nr. 296; erste Informationen bietet Düwel, 1981, Bibl.-Nr. 451). Überliefert ist uns der Text in einer jüngeren (um 1320/30) und einer älteren Tradition (Anfang des 13. Jhs.). Der Text selbst aber dürfte in der zweiten Hälfte des 12. Jhs. entstanden sein. Wenn wir vom bereits erwähnten, ganz im Dienst geistlicher Ausdeutung stehenden ‚Physiologus' (s.o., S. 134ff.) absehen, dann begegnen im ‚Reinhart Fuchs' die Anfänge einer deutschsprachigen Tierdichtung. Tierdichtung selbst ist freilich alt und geht in die Antike zurück, zu erinnern ist hier nur an die Fabeln Äsops. Was den Text des Elsässers Heinrich angeht, so ist zunächst bedeutsam, dass auch er eine romanische Vorlage zu erkennen gibt, den ‚Roman de Renard' (dazu Bossuat, 1967, Bibl.-Nr. 447); auch hier also steht die deutsche Literatur in einem nehmenden, adaptierenden Verhältnis zur altfranzösischen. Der Titel ‚Roman de Renard' ist allerdings missverständlich; es handelt sich nicht um *einen* durchkomponierten Erzähltext, sondern um eine Sammlung mehrerer, in sich geschlossener Episoden von unterschiedlichen, meist anonymen Autoren (bekannt ist aber Pierre de Saint-Cloud). Das Abhängigkeitsverhältnis, in dem der deutsche Text zur französischen Sammlung steht, ist nicht eindeutig zu bestimmen, der redigierende Anteil Heinrichs dürfte in jedem Fall groß sein, denn die Handlungselemente des deutschen Textes finden sich im ‚Roman' in ganz anderer Folge und Verteilung.

Inhalt des ‚Reinhart Fuchs': Fast völlig unabhängig von einem menschlichen Kosmos (nur in der Anfangspartie begegnen Menschen), wird uns im auffällig doppeltstrukturierten ‚Reinhart Fuchs' (Prolog und Epilog, Vorgeschichte, zwei Hauptteile) eine Tierwelt präsentiert, in der der Fuchs Reinhart und der Wolf Isengrin die Protagonisten darstellen. Während der Fuchs in der Vorgeschichte kleinen Tieren gegenüber (u.a. Hahn, Rabe) den Kürzeren zieht, erweist er sich im ersten Hauptteil dem Wolf gegenüber als durch Verschlagenheit, List und brutale Gewalt überlegener Gegner, der den Wolf systematisch ins Verderben stürzt, ihn physisch zugrunde richtet und ihm überdies seine Frau Hersant zunächst minnewerbend ausspannt und sie später öffentlich vergewaltigt. Die rüden Attacken Reinharts führen dazu, dass gegen ihn (juristisch) geklagt wird, doch kann Reinhart den Prozess verschleppen, und er ermordet am Ende den unfähigen Richter (den König in Gestalt eines Löwen).

Eine Tiergeschichte wie diese hat ihre unterhaltenden Züge, aber immer wieder erschrecken die Brutalitäten des Fuchses, und die z.T. peinlich genau an der historisch-realen Rechtsordnung orientierte Schilderung des Prozesses gegen den Fuchs weisen aus der fiktiven Tierwelt hinaus auf die reale Welt der Menschen des 12. Jhs. Der Text, das hat die Forschung früh erkannt, verweist auf etwas; er stellt eine Form von Didaxe dar. Schon in der antiken Fabel ist es ja so, dass die Welt der Tiere als eine Art metaphorischer Zerrspiegel der Menschenwelt fungiert. Der ‚Reinhart Fuchs' ist zwar keine Fabel im gattungstypologischen Sinn, aber er erfüllt doch ähnliche Aufgaben. Jürgen Kühnel hat den ‚Reinhart Fuchs' als eine „antistaufische Gesellschaftssatire" interpretiert (1979, Bibl.-Nr. 450), im Weiteren gar noch zwischen einer Satirestruktur und Parodiestruktur unterschieden. *Satirisch* werde die staufische Gesellschaft des späteren 12. Jhs. aufs Korn genommen (der König als Schwächling; der Hochadel als durch die Ministerialität (hier den Fuchs) bedrohter Stand). *Parodistisch* werde zeitgenössische Literatur aufgegriffen: die Werbung des Fuchses um die Frau des Wolfes parodiere den Minnesang; die Doppelstruktur des ersten Hauptteils sei als Parodie auf den doppelten Kursus des Artusromans zu verstehen, dazu unten S. 172ff.). Man

Texte mit neuen Möglichkeiten:

Ironie
Satire
Parodie

mag im Dctail über die Deutungen streiten; grundsätzlich scheint mir Kühnels Interpretation aber in die richtige Richtung zu weisen. Es zeigt sich in der Folgezeit, dass Fabeln, sogenannte *bîspel* (Gleichnisse) und verwandte Formen der Tierdichtung meist Vehikel uneigentlichen *politischen Sprechens* sind. Und insofern stellt der ‚Reinhart Fuchs' in der zweiten Hälfte des 12. Jhs. nicht nur die erste deutschsprachige Tierdichtung dar, sondern er leitet auch eine – deutlicher als andernorts greifbare – Politisierung der Dichtung ein, die im Bereich der Lyrik mit Walthers von der Vogelweide Sangspruchdichtung (dazu unten S. 162ff.) zu einem ersten und später fast nicht mehr erreichten Höhepunkt gelangt.

7.4.2. Lyrik

Oben, S. 64ff., sind die Grundtypen mittelhochdeutscher Lyrik (Leich, Lied, Sangspruchreihe) unter formalen Aspekten erläutert worden. Hier soll es darum gehen, diese lyrischen Typen in ihrer historischen Entwicklung, mit ihren thematischen Schwerpunkten und wesentlichen Dichterpersönlichkeiten skizzierend vorzustellen (dazu, im Allgemeinen, Bibl.-Nrr. 456–468).

7.4.2.1. Minnesang

Minnesang: Höhepunkt lyrischen Schaffens im 12. und 13. Jh.

‚Minnesang' bezeichnet einen wesentlichen Typ deutschsprachiger Lyrik des Mittelalters. Die Anfänge lassen sich im letzten Drittel des 12. Jhs. ausmachen. Mit guten Gründen kann man gegen Ende des 13. Jhs. eine Zäsur setzen: jetzt ändern sich Formen, Stil und Themen nicht unwesentlich, und eine Periode von gut 120 Jahren lyrischen Liebesdiskurses, manifestiert in vielen Tausend Strophen, geht in eine andere über. Minnesang ist Sang über die Minne, auch Sang zur Minne, Sang über die Liebe, Sang zu einer Frau. Es ist wichtig zu beachten, dass der Minnesang eben nicht, wie man zunächst vielleicht glauben mag, nur das Besingen einer Frau darstellt, also ein Sprechen in einer ‚Ich (Mann) – Du (Frau)' – Relation, sondern dass der Minnesang wesentlich mehr ist, u.a. auch das definitorische Umkreisen zentraler Begrifflichkeiten der Geschlechterkultur: Wie soll der Mann, wie die Frau *sein*? Was ist Schönheit? Was ist ‚Tugend'? Was ist Erotik? Wie wichtig ist Sexualität? Wie sollen sich Mann und Frau begegnen? Wie steht der/die Liebende zur Gesellschaft? Und schließlich: Was ist *Minne* überhaupt? *Saget mir ieman, waz ist minne*? (‚Kann mir jemand sagen, was Minne ist'?), so beginnt Walther von der Vogelweide ein berühmtes Lied (Bibl.-Nr. 331, Ton 44).

Zur Wort- und Bedeutungsgeschichte: Das Wort *minne* geht auf eine im Germanischen verwurzelte Wortsippe mit der Grundbedeutung ‚Erinnerung' zurück. Daraus entwickelt sich die Bedeutung ‚Zuneigung', ‚Gefallen', ‚Liebe'. Für die Zeit des späten 12. Jhs. bis etwa zur Mitte des 13. Jhs. ist das Wort *minne* in der Bedeutung ‚Liebe' dominant; später wird es pejorativ (abwertend) für bloß körperliche, sexuelle ‚Liebe' verwendet und durch *liebe* (ursprünglich: ‚Freude') ersetzt. Aber bereits Walther von der Vogelweide, dessen dichterische Tätigkeit noch im 12. Jh. beginnt, verwendet sowohl *minne* als auch *liebe* in sehr differenzierter Weise; siehe dazu auch das Textbeispiel mit Musterinterpretation unten, S. 156ff.

Handschriftliche Bezeugung

Vom primär mündlich realisiert zu denkenden Minnesang haben *wir* nur Kenntnis durch schriftliche Überlieferung, die z.T. wesentlich später einsetzt als die mutmaßliche Entstehung der Strophen und Lieder. Die meisten Minnesang-Texte sind uns in drei großen Sammelhandschriften überliefert: Die (kleine) Heidelberger Liederhandschrift A (Faksimile: Bibl.-Nr. 270) ist um 1270 im Elsass entstanden und tradiert 34 namentlich genannte Autoren; in einem ‚Anhang' finden sich weitere 60 Strophen ohne Namen (= a). Die Weingartner Liederhandschrift B (Faksimile: Bibl.-Nr. 265) stammt aus dem 1. Viertel des 14. Jhs. (Bodenseeraum) und überliefert Lyrik von 25 namentlich genannten und durch (stilisierte, typisierte) ‚Porträts' voneinander abgesetzten Autoren. Die bedeutendste Lyriksammelhandschrift ist die (große) Heidelberger Liederhandschrift C (auch Manessesche Handschrift genannt; Faksimile: Bibl.-Nr. 261 (1)), um 1300 in Zürich begonnen, bis etwa 1330/40 fortgesetzt. 140 Autoren sind vertreten. Neben diesen großen Sammlungen gibt es freilich auch kleinere und fragmentarische sowie solche, die auf einzelne Autoren konzentriert sind (so die Neidhart-Handschrift R), die hier nicht alle genannt werden können. Zwischen Entstehung und heute noch greifbarer Verschriftlichung eines Textes können 50, 100 und gar noch mehr Jahre liegen. Diese Tatsache sowie die häufig variantenreiche Mehrfachüberlieferung eines Textes haben zu vielen editionstheoretischen und -praktischen Versuchen geführt (dazu oben, S. 110ff.).

Herkunft

Wirkungen der Romania

Der Minnesang hat seine Traditionen: antike griechische und römische Liebeslyrik (bedeutend: Ovid), arabische und mittellateinische sowie insbesondere nord- und südfranzösische Lyrik, die Troubadour- und Trouvèredichtung. Man sieht, dass also nicht nur im Bereich der Epik die romanische Literatur der deutschen Impulse verleiht, sondern dass dies gleichermaßen für die Lyrik zutrifft. Allerdings ist die Art der Adaptation anders: Die frühen deutschen Lyriker ‚übersetzen' in der Regel die nord- und südfranzösischen Lieder nicht, sondern machen sich vor allem das formale Gerüst, die Metrik, die Strophenform, die Rhythmik der Vorlagen zu eigen, ‚texten' aber weitgehend selbst, wenn sich auch immer wieder thematische und motivische Anknüpfungen finden (dazu Unlandt, 1992, Bibl.-Nr. 486). Neben weltlichen lyrischen Typen, die Einfluss auf die deutsche Strophenkunst genommen haben, muss auch die seit dem späteren 12. Jh. entwickelte Marienlyrik Erwähnung finden, denn es lassen sich eine Reihe von auffälligen Parallelen (so in der Wortwahl und in der Rhetorik) zwischen der Verherrlichung der weltlichen und der himmlischen Frau (Maria) ausmachen. Die Herkunft des deutschen Minnesangs ist also nicht monokausal zu klären; man muss im Grunde für jeden einzelnen Text neu die heterogenen Traditionsspuren verfolgen.

Sozialer Ort

Der Minnesang: eine höfische Kunst

Der Minnesang als ‚höfische' Kunst hat seinen Ort bis in das spätere Mittelalter nahezu ausschließlich an Adelshöfen und dient neben dem bloßen Vergnügen auch der Selbstvergewisserung der kulturtragenden Schicht, denn die Verfeinerung von Sitten und Gebräuchen, das höflich-distanzierte zwischengeschlechtliche Miteinander, vielleicht gar das neue Entdecken eines Gefühls – der Liebe – finden in dieser Kunstübung Ausdruck. Die Autoren des Minnesangs sind ständisch nur zu einem sehr kleinen Teil genauer zu bestimmen. Sicher ist der Anteil Geburtsadliger gering; auch der Anteil der Ministerialität ist nicht hoch; die meisten Minnesänger sind außerhalb der Minnesanghandschriften nicht urkundlich bezeugt und dürften von daher einen rechtlich unbedeutenden Status gehabt haben. Diese Tatsache ist bei allen Versuchen, den Minnesang soziologisch (z.B. als Manifestation gesellschaftlichen Aufstiegwillens (der Ministerialität)) zu deuten, kritisch zu bedenken (zur literatursoziologischen Methodik s. oben in Kap. 6.1. sowie den schönen Forschungsüberblick bei Eisbrenner, 1995, Bibl.-Nr. 488 und Haferland, 2003, Bibl.-Nr. 474a. Was freilich in einem recht großen Teil des Minnesangs auffällt, ist die Betonung eines Dienstethos: Der Mann versichert wieder und wieder der besungenen Dame, dass er *staeten dienest* (‚beständigen Dienst') leiste, und für diesen Dienst erbittet er ‚Lohn'. Mit den Kategorien ‚Dienst' und ‚Lohn' wird zweifellos auf ein soziales Grundgefüge im hohen Mittelalter angespielt. Es war und ist aber ein prinzipielles hermeneutisches Problem, wie weit man bei Versuchen, Kunst zu referentialisieren (auf die Wirklichkeit zu beziehen), gehen darf, ohne die Texte überzuinterpretieren.

Entwicklungen

Da über die Lebensdaten der weitaus meisten Minnesänger nichts bekannt ist, ist eine relative und absolute Chronologie problematisch. Dennoch lassen sich größere Entwicklungen in Umrissen skizzieren. Der deutsche Minnesang setzt im letzten Drittel des 12. Jhs. mit den sogenannten ‚Donauländischen Sängern' ein. Die Liebe ist in ihren Liedern und Strophen noch unkompliziert, oft spricht die Frau[2] und äußert – auch sehr konkrete – Liebeswünsche. Dieser freie Umgang mit der Liebe hat in der folgenden Periode, im sogenannten ‚Hohen Minnesang', keinen Platz. Der ‚Hohe Sang' zeichnet sich durch ein ganz distanziertes Geschlechterverhältnis aus: der Mann wirbt und dient einer – nie namentlich genannten, nie konkretisierbaren[3] – Frau, wohl wissend, dass seiner Werbung niemals Erfolg beschert sein wird. Der Mann leidet, ist aber angesichts dieses Leides auch erfreut; er hofft, aufgrund seines beständigen Dienens und Werbens *werdekeit* (Wert, Werthaftigkeit, Würde) zu erlangen; es geht hier also (so gut wie) nicht um Liebe als erotische Verbindung, sondern um die ethische Vervollkommnung des Mannes. Wichtig ist aber zu beachten, dass es synchron neben diesem ‚Hohen Sang' auch andere Formen der Minnelyrik gegeben hat. Man könnte hier von einem ‚Gegensang' sprechen, in dem auch Körperlichkeit, zuweilen bis ins Obszöne gehend, thematisiert wird. Die Annahme der früheren Forschung, dass man den Minnesang chronologisch ‚sauber' segmentieren könne und dass jedem Segment eine eigene Grundhaltung innewohne, lässt sich nicht aufrecht erhalten, vor allem wegen der prinzipiellen Unmöglichkeit, Minnelieder (auch nur *eines* Autors) absolut zu datieren.

Der Minnesang: Texttyp mit vielen Untertypen

Typen

Wenn wir den Blick von der frühen Minnelyrik des späteren 12. über die ‚hohe Minne' der ersten beiden Jahrzehnte des 13. Jhs. auf die Mitte und die zweite Hälfte des 13. Jhs. richten, fällt auf, dass sich bestimmte Grundtypen des Minnesangs wiederholen: Viele Tausend Strophen kreisen immer wieder

2 Eine Frau spricht in den Liedern freilich immer nur als ‚Rolle', d.h., nach allem, was wir wissen, dürfte der deutsche Minnesang nur von Männern vorgetragen worden sein, die als ‚Aufführende' in die Sprecherrolle eines Mannes und einer Frau schlüpfen. Im romanischen Raum hingegen hat es nachweislich ‚Minnesängerinnen', die *trobairitz*, gegeben, die sicher auch selbst ihre Texte vorgetragen haben und dann ggf. auch die Rolle eines Mannes spielen mussten.

3 Auch hier zeigen sich charakteristische Unterschiede zur romanischen Liebeslyrik, wo die besungene Frau sehr viel konkreter und individualisierter ist.

um die gleichen Themen: Liebesschmerz, Liebesklage, Liebeserfüllung, Liebesdefinition. Neue Akzente setzen erst einige Dichter der Jahrhundertwende, die den ‚alten Minnesang' teils parodistisch umformen, teils das Ambiente verändern (z.B. nicht mehr der Hof, sondern die Stadt oder eine bäuerliche Umgebung als lyrischer Ort), teils die ‚Minne' ganz anders wesensmäßig zu erfassen versuchen (z.B. ‚Liebe' als kosmisches Weltprinzip der Anziehung und Vereinigung von Gegensätzen verstanden).

Wenn wir einen Zeitraum von etwa 100 bis 130 Jahren überschauen, lassen sich mehr oder weniger deutlich differenzierbare Grundtypen der Minnelyrik ausmachen, wobei hier wie überall, wo es um die Etikettierung von Texten geht, selbstverständlich auch Mischformen und Typenüberschneidungen begegnen.

Grundtypen des Minnesangs

— In alter Tradition stehen *Naturlieder*, die Liebesthema mit Naturschauspielen (Jahreszeiten) verknüpfen: Der Mai ist gekommen, es ist warm, die Natur blüht auf, und der Mann ist (glücklich oder – meistens – unglücklich) verliebt. Oder: Es ist Winter, es wird schnell dunkel, man friert, aber: Winternächte sind lang und können für ausgedehnte Liebesspiele nur recht sein.

— Im *Preislied* verherrlicht der Sänger eine Frau, er preist ihre äußeren und inneren Qualitäten (Schönheit und Tugenden).

— Im *Klagelied* dominiert die unerfüllte Liebe, meist klagt der Mann, dass die verehrte Frau ihn nicht erhört, die Klage kann aber auch wieder Anlass zur Freude sein, so im ‚Hohen Minnesang', weil das Nicht-Erhörtwerden durch die Frau den Mann nötigt, weiter zu dienen, und die Beständigkeit seines Dienstes will er ja demonstrieren – ein schneller ‚Erfolg' würde diese ganze Konstruktion zunichte machen.

— Reflektiert der Sänger über das Wesen der Minne und gibt Ratschläge, wie ‚richtig' zu *minnen* sei, kann man von *didaktischen* bzw. *definitorischen* Liedern sprechen.

— In einem *Wechsel* reden Mann und Frau abwechselnd (aber wohl nur als Rollenspiel eines männlichen Vortragenden zu denken), wobei sie nicht *zueinander* sprechen; es ist allein der Zuhörer, der *beide* Reden vernimmt, und über dieses ‚Mehrwissen' des Rezipienten konstituiert sich der spezifische Reiz dieses Liedtyps (z.B. kann die Frau klagen, dass sie nicht wisse, ob der Mann sie liebt; und der Mann kann klagen, dass er nicht wisse, ob die Frau ihn liebt; *dass* sich de facto beide lieben, weiß nur der Zuhörer).

— Im *Tagelied* hingegen ist ein wirklicher Dialog gestaltet: Mann und Frau müssen sich nach einer Liebesnacht trennen und sprechen über die Trennung und den damit verbundenen Schmerz. Tagelieder beginnen also mit der bereits vollzogenen sexuellen Vereinigung; hier sind die Werbung und der Dienst zum Ziel gekommen. Insofern stellen Tagelieder, die Erotik und Sexualität meist in dezenter Metaphorik thematisieren (sehr oft ist vom *bluomen brechen* die Rede, was eine wörtliche Übersetzung des *terminus technicus* ‚De-floration' ist), einen (synchronen) Gegentyp zu den reinen Preis- und Klageliedern dar. Überdies zeichnet die Tagelieder auch ein narratives Moment aus, es sind häufig Erzähllieder (der Ballade vergleichbar): Im Text begegnet nicht nur ein ‚Ich' und ‚Du', das in lyrischer Unmittelbarkeit spricht, sondern wir finden auch die Instanz eines Erzählers, z.B.: ‚Ein Mann und eine Frau lagen beieinander. Da sagte die Frau: Lieber Freund, ...'. Erzähllieder solcher oder ähnlicher Art werden zum sog. *genre objectif* gezählt; ihnen stehen gegenüber Lieder des *genre subjectif*, in denen fast ausschließlich in einer Ich-Perspektive gesprochen wird.

— Zum *genre objectif* gehört auch das *Botenlied*, das ein medial vermitteltes Gespräch darstellt: Mann und Frau geben Liebesnachrichten an einen Boten weiter, der meist als Verbündeter der Liebenden funktionalisiert ist.

— Die vor allem der romanischen (hier auch mittellateinischen) Lyrik entstammende *Pastourelle* (auch sie dem *genre objectif* zurechnend) ist im deutschsprachigen Bereich nur wenig vertreten; ein meist adliger Mann zwingt ein sozial inferiores Mädchen zum Geschlechtsverkehr.

— In einem *Kreuzlied* werden Kreuzzugsgeschehen und Liebesbindung aus verschiedener Perspektive diskutiert; in diesem Liedtyp sind die Übergänge zur politischen Lyrik fließend, da außerliterarisches Geschehen in die fiktive Welt der Minne eingebunden ist.

— Schließlich gibt es auch *obszöne Lieder*, die fast ausschließlich von eindeutiger Metaphorik leben, zuweilen auch bloß plump pornographisch sind.

Autoren

Highlights: Reinmar Walther Morungen Wolfram

Am Minnediskurs von eineinhalb Jahrhunderten sind zahlreiche Autoren beteiligt (Textsammlungen: Bibl.-Nrr.: 300–312); im Rahmen einer Einführung wie dieser können keine differenzierten Dichterprofile geboten werden. Statt dessen seien nur einige wenige, aber für die Textsorte wichtige Persönlichkeiten genannt: ‚Urgestein' deutschen Minnesangs stellt der Kürenberger im letzten Drittel des 12. Jhs. dar. In der Folgephase ist Heinrich von Veldeke (s. auch oben, S. 147f.) als ein bedeutender Vertreter zu nennen, der – wie auch im epischen Bereich – romanische Formen und Inhalte adaptiert. Zweifellos bilden Reinmar der Alte und Walther von der Vogelweide Höhepunkte des deutschen Minnesangs: Reinmar gilt als typischer Vertreter des ‚Hohen Sangs' (wenn er *auch*, was man nicht nachdrücklich genug sagen kann, anderes, d.h. Lieder durchaus sinnlichen Grundtenors, gedichtet hat). Walther von der Vogelweide setzt sich teilweise mit dem ‚Hohen Sang' Reinmars kritisch auseinander. Er diskutiert bereits die *Kunstübung* ‚Minnesang' abstrakt, entwickelt neue Modelle und plädiert für eine gleichberechtigte Geschlechterbeziehung. Heinrich von Morungen sei aufgrund seiner gewählten, fast könnte man sagen ‚individuellen' Bildlichkeit genannt. Wolfram von Eschenbach muss seiner herausragenden Tagelieder wegen Erwähnung finden, Hartmann von Aue seiner Kreuzlieder wegen. Neidhart, noch Zeitgenosse Walthers und Wolframs, stellt mit seinen oft derben Sommer- und Winterliedern (letztere ‚spielen' im bäuerlichen Milieu) ein Phänomen für sich dar, das vielfach als ‚Gegensang' zum ‚Hohen Minneideal' aufgefasst werden kann; gleichwohl aber hat auch Neidharts Lyrik ihren pragmatischen

Ort am Hof. In der Mitte des 13. Jhs. leitet der Dichter Rubin eine erste intensive Phase der Rezeption der ‚Klassiker' ein. Gegen Ende des Jahrhunderts setzen Konrad von Würzburg und Frauenlob (Heinrich von Meißen) neue Akzente und definieren die Minne anders; Frauenlob z.B. nähert sich dem Wesen der Minne in naturspekulativer Weise: in allem Naturhaften gäben sich Liebe und Sexualität zu erkennen.

Ein Beispiel: Text, Übertragung und Wege zum Verständnis

Ein Beispiel für den Hohen Minnesang

Im Folgenden soll anhand eines Beispiels aus dem Werk Walthers von der Vogelweide verdeutlicht werden, welche wesentlichen Elemente Liebeslieder in hochmittelalterlicher Zeit enthalten. Es ist indes zu betonen, dass das gewählte Beispiel nur *eine* größere Gruppe aus dem weiten Feld des Minnesangs repräsentiert, die man mit dem Gattungsbegriff ‚Hohe Minne' umschreiben kann.
Zunächst der mittelhochdeutsche Text (Ton 77; Textausgabe Cormeau, 1996, Bibl.-Nr. 331):

I Ganzer fröiden wart mir nie sô wol ze muote,
mirst geboten, daz ich singen muoz.
sælic sî, diu mir daz wol verstê ze guote!
mich mant singen ir vil werder gruoz.
Diu mîn iemer hât gewalt,
diu mac mir wol trûren wenden
unde senden fröide manicvalt.

II Gît daz got, daz mir noch wol an ir gelinget,
seht, sô wære ich iemer mêre frô,
diu mir beide herze und lîp ze fröiden twinget.
mich betwanc nie mê kein wîp alsô.
Ez was mir gar unbekant,
daz diu Minne twingen solde
swie si wolde, unz ichz an ir bevant.

III Süeze Minne, sît nâch dîner süezen lêre
mich ein wîp alsô betwungen hât,
bit si, daz si ir wîplich güete gegen mir kêre,
sô mac mîner sorgen werden rât.
Dur ir liehten ougen schîn
wart ich alsô wol enpfangen,
gar zergangen was daz trûren mîn.

IV Mich fröit iemer, daz ich alsô guotem wîbe
dienen sol ûf minneklîchen danc.
mit dem trôste ich dicke trûren mir vertrîbe,
unde wirt mîn ungemüete kranc.

Endet sich mîn ungemach,
sô weiz ich von wârheit danne,
daz nie manne an liebe baz beschach.

V Minne, wunder kan dîn güete liebe machen
und dîn twingen swenden fröiden vil.
dû lêrest liebe ûz spilnden ougen lachen,
swâ dû mêren wilt dîn wunderspil.
Dû kanst fröiderîchen muot
sô verworrenlîche verkêren,
daz dîn sêren sanfte unsanfte tuot.

Um sich dem Sinn des Liedes zu nähern, muss man es zunächst ins Neuhochdeutsche zu übertragen versuchen:

I Vollkommener Freude(n) wegen ging es mir noch nie so gut,
ich bin aufgefordert zu singen.
Glücklich sei die, die mir das zum Guten anrechnet!
Ihr würdiger Gruß drängt mich zu singen.
Die, die über mich auf immer verfügen kann,
die kann gut Traurigkeit von mir abwenden
und viel Freude bringen.

II Fügt es Gott, dass ich bei ihr Erfolg habe,
seht, dann wäre ich auf immer froh,
(Erfolg bei ihr), die Gefühl und Körper zur Freude nötigt.
Mich hat nie wieder eine Frau so beherrscht.
Mir war nicht bekannt,
dass die Minne Gewalt antun konnte
wie auch immer sie es wollte, bis ich es bei ihr erfuhr.

III Süße Minne, da deiner Lehre gemäß
mich eine Frau in dieser Weise bezwungen hat,
bitte sie, dass sie ihre weibliche Güte mir zuwende,
dann kann ich meine Sorgen loswerden.
Durch den Glanz ihrer strahlenden Augen
wurde ich so schön empfangen,
dass meine Traurigkeit ganz verschwand.

IV Mich erfreut es immer, dass ich einer so guten Frau
dienen kann in der Hoffnung auf ein liebes Dankeschön.
Mit diesem Trost vertreib ich oft meine Traurigkeit,
und meine schlechte Stimmung bessert sich.
Wenn mein Unglück zu einem Ende kommt,
dann weiß ich wahrhaftig,
dass es keinem Mann jemals besser in Liebesdingen ergangen ist.

V Minne, wie wunderbar kann deine Güte Liebe hervorbringen
und dein Zwang viele Freude(n) zunichte machen.
Du lehrst die Liebesfreude aus leuchtenden Augen herauslachen,
wo immer du dein Wunderspiel noch ausdehnen möchtest.
Du kannst eine fröhliche Stimmung
so merkwürdig verdrehen,
dass dein Verletzen auf sanfte Art schmerzt.

Die hier vorgelegte Übersetzung klingt an manchen Stellen holprig und ungeschickt; über manchen Stellen ließe sich länger streiten, ob die richtige Übersetzung gewählt wurde. All diese Stellen aber sind genau diejenigen, die uns weiter in den Text hineinführen und uns seine Semantik näher bringen. Etwas abstrakter gesprochen kann man sagen, dass der Text eine Reihe von Schlüsselwörtern und -begriffen enthält, deren Bedeutung(en) in das Sinnzentrum des Textes führen.

Wort- und Begriffsfelder

Wenn man versucht, die einzelnen Strophen auf ein semantisches Grundgerüst zu reduzieren, wenn man sich also konzentriert auf wesentliche Substantive, Adjektive und Verben, dann kann man zu der folgenden Übersicht gelangen (im Fettdruck die ‚handelnden' Personen Mann, Frau und die Allegorie der Minne; kursiv: eher positiv konnotierte Tätigkeiten oder Eigenschaften; unterstrichen: eher negativ konnotierte Tätigkeiten oder Eigenschaften).

I
***mir* [= ein Mann]:** *fröide // singen //* trûren
***diu* [eine Frau]:** *werder gruoz //* gewalt

II
[Mann]: *gelinget* **[Frau]** twinget
[Mann]: *frô //* betwungen
[Frau]: gewalt
diu Minne [= Allegorie]: twingen

III
Minne: *lêre*
wîp: twingen *// wîplich güete // wol empfangen*
[Mann]: sorgen // trûren *// wol empfangen*

IV
[Mann]: *fröien // dienen // trôst //* trûren // ungemüete // ungemach
[Frau]: *guot // danc // liebe*

V
Minne: *güete // liebe //* twingen *// fröide* swenden
lêre
verkêren
[Mann]: *sanfte* unsanft

Aus einer solchen Strophenabstraktion können wir Folgendes herauslesen:

I

Hinter dem pronominalen Ich (*mir*, *mich* usw.) verbirgt sich ein Mann, der etwas über seinen Gefühlszustand berichtet: er ist fröhlich (*fröide*) und traurig (*trûren*). Grund für die Freude ist eine Frau (nur pronominal vertextet: *diu*, *ir*) und ein bestimmtes Signal, das sie aussendet: der *werde gruoz*. Wir wissen nicht genau, was das ist, ein *werder gruoz*. Soviel wird man sagen können: es ist eine gesellschaftlich akzeptierte Form von zwischenmenschlicher Interaktion und (vielleicht nonverbaler) Kommunikation; in jedem Fall ist es ein positiv besetztes Zeichen, was sich aber durch eine gewisse Distanziertheit auszeichnet. Wer ist der Mann? Der Text verrät uns nicht viel. Dass es der biographische Walther ist, ist sehr unwahrscheinlich. Angemessener ist es in jedem Fall, im sprechenden Ich eine Rolle zu sehen: die Rolle eines verliebten Mannes, der aber – und hier erfahren wir denn doch ein wenig mehr – singt, ja, der singen muss, den seine innere Freude zum Singen zwingt. Das Singen beschreibt, bezogen auf die konstruierte Textwelt, zunächst die Art der Kommunikation des Mannes: er singt zur Frau, sie ‚grüßt' zurück. Gleichzeitig aber bezeichnet das Wort ‚singen' genau das, was gerade vor einem Publikum geschieht: dieses Lied wird ja vorgesungen, man könnte also sagen: hier wird über das Singen gesungen (vgl. dazu auch Bein, 1996, Bibl.-Nr. 489). Wir können also mit Fug und Recht sagen, dass sich (in der ersten Strophe zumindest) das sprechende Ich wie ein Vexierbild darstellt: einmal sehen wir einen fingierten verliebten Mann, dann wieder einen Künstler, der genau darüber singt.

Lieben und Singen

II

Verbal wird die zweite Strophe vom *twingen* beherrscht. Die Semantik ist eher negativ konnotiert und wir befinden uns mit diesem Verb rasch im Wortfeld des Krieges und der Gewalt (-herrschaft). Und dies wiederum zeigt uns sogleich, dass Walther einen alten Topos aufgreift, den Topos vom ‚Liebeskrieg', der schon bei Ovid (43 v. Chr.–17/18 n. Chr.) zu finden ist. Der Mann wünscht, Erfolg bei der Frau zu haben, muss aber die ungeheuere Macht und Gewalt der Frau akzeptieren. Recht unvermittelt wird am Ende der Strophe die Allegorie der Liebe, Frau Minne, eingeführt; sie ist gleichsam die Abstraktion dessen, was die ‚konkrete' Frau tut.

Gewaltherrschaft der Liebe

III

Mit der Minne-Allegorie wird die dritte Strophe fortgeführt. Der Mann versucht nun, die Minne als Verbündete zu gewinnen. Sie soll dem Mann helfen, die Frau zur erhofften Reaktion zu bewegen. Etwas kryptisch sind die letzten drei Verse: Sie besagen eigentlich, dass der Mann bereits durch die Augen der Frau Aufnahme gefunden hat. Hinter dem Bild steht die sehr alte Vorstellung von den *quinque lineae amoris* (den fünf Stationen der Liebe), deren erste der Blickkontakt ist: durch die Augen gelangt das Bild eines Menschen in das Herz eines anderen (die weiteren ‚Stationen': Reden, Berühren, Küssen, Beischlafen).

IV

Ideologeme des Hohen Minnesangs

Die vierte Strophe wird von neuen Ideologemen beherrscht: vom Dienen, vom *danc*, vom *trôst* und von der *liebe*. Der Mann dient der Frau. Auch hier wissen wir nicht genau, was das bedeutet. Wahrscheinlich aber dürfte zumindest auch gemeint sein, dass der Mann sich der Frau anbietet, dass er ihr seine Dienste offeriert (z.B. ritterlicher Art), dass er sie preist und verehrt, dass er ihre Reputation pflegt. Für diesen Dienst erhofft der Mann *minneklîchen danc*. Das ist sehr schwer zu übersetzen: Im ‚Dank' steckt der komplementäre Begriff zum ‚Dienst', also eine Art ‚Lohn'. Noch schwieriger ist es, das Adjektiv *minneklîch* zu übertragen: am ehesten dürften Umschreibungen wie ‚nach Art der Minne' oder ‚mit Minne' das Gemeinte treffen. Aber wohl schon für mittelalterliche Zuhörer wird es kaum möglich gewesen sein, den *minneklîchen danc* deutlich zu konkretisieren.

Hoch komplex: das Wortfeld *Liebe*

Im ‚Minne-Sang' geht es um Minne, um ‚Liebe'. Was aber mag im letzten Vers der vierten Strophe das Wort *liebe* bedeuten? Warum hat Walther nicht *minne* verwendet? Unversehens befinden wir uns in der hochkomplexen Bedeutungsgeschichte des Wortfeldes ‚Liebe'. Ursprünglich bedeutete ahd./mhd. *liebe* ‚Freude' in einem sehr allgemeinen Sinn. Was wir heute mit dem Wort ‚Liebe' bezeichnen, besetzte im 12. und 13. Jh. das Wort *minne*. Um die Jahrhundertwende (vom 12. zum 13. Jh.) nähern sich beide Begriffe aber mehr und mehr an, d.h., das Wort *liebe* nimmt immer größeren Raum im Wortfeld ‚Liebe' ein. Zu Walthers Zeit koexistieren beide Wörter – indes: es sind nicht Synonyme (bedeutungsgleiche Wörter).

Besonders Walther ist bemüht, die richtigen Bezeichnungen zu finden. In vielen Texten können wir sehen, dass Walther um Begriffe ringt und Bedeutungen abwägt. Dabei wird für ihn die *liebe* immer wesentlicher, das Wort besetzt bei ihm mehr und mehr den Bedeutungskomplex gegenseitiger, erfüllter Liebe, während die *minne* gleichsam Relikt älterer Konzeptionen ist, deren Ideologie Walther nicht mehr akzeptiert.

V

Die letzte Strophe ist gleichsam die Summe der vorherigen, ein Fazit: Die Allegorie der Minne wird gefeiert und ihre Ambivalenz deutlich herausgestellt. Die *Minne*, so könnte man ableiten, verkörpert wesensmäßig *liebe* (Freude) und *leit* (Leid). Das Wesen der Minne, jedenfalls in der Konzeption der Subgattung ‚Hohe Minne', kann sprachlich nur mit Hilfe von Oxymora, sich in Wortkombinationen widersprechenden Inhalten, zum Ausdruck gebracht werden, wie es stringent in dem adverbialen Duo *sanfte unsanfte* als Schlusspointe des Liedes geschieht.

Das Beispiel kann hier nicht noch auf anderen Ebenen weiter analysiert werden (ein interessanter und notwendigerweise zu beachtender Aspekt wäre etwa die Intensität intertextueller Elemente, von Bezügen also, die zwischen diesem Lied und anderen Liedern Walthers oder/und anderen Dichtern bestehen und die im zirkulären Verfahren des ‚Verstehens' dem Text weitere Sinndimensionen verleihen.)
Es sollte aber auch jetzt schon deutlich geworden sein, wie man sich einem Minnelied nähern kann, welche Fragen an den Text am Anfang einer Untersuchung stehen sollten und welche Schichten sich durch Ansätze zur Beantwortung solcher Fragen allmählich erschließen lassen.

Das Ich im lyrischen Text ist nicht der Autor

Abschließend sei noch auf einen Umstand hingewiesen, der auf jedes Minnelied (vielleicht gar auf jeden literarischen Text überhaupt) zutrifft: Das im Text sprechende oder handelnde Ich ist *nicht* mit dem Autor (-Ich) des Textes gleichzusetzen. Leider begegnen bis in Examensphasen hinein aber doch immer wieder Formulierungen wie: „Walther stellt sich in den Dienst einer höfischen Dame ... Walther leidet ... usw." Nein – es ist *nicht* das historische Subjekt Walther und auch *nicht* der historische Autor Walther, der – selbst betroffen – über irgendwelche Gefühlsverwirrungen redet. Das Ich im Text sollte zunächst immer als eine konstruierte, fingierte und fiktive Instanz aufgefasst werden. In der Neueren Germanistik hat sich dafür der Begriff ‚lyrisches Ich' eingebürgert; hier und da hat er auch Eingang in die Ältere Germanistik gefunden. Ich würde indes vorschlagen, eher vom ‚sprechenden Ich' oder vom ‚männlichen Ich' zu reden. Erst wenn man auf einer solchen Ebene den Text analysiert hat, kann man – sehr vorsichtig und auch nur in bestimmter Kontextsituation – überlegen, ob in der Rede des sprechenden Ich nicht doch auch der Autor oder gar das historische Subjekt in versteckten Nuancen wahrgenommen werden können.

7.4.2.2. Sangspruchdichtung

Den Begriff ‚Spruchdichtung' prägte 1833 Karl Simrock, der damit auf den seiner Meinung nach *gesprochenen* Vortrag hinwies. Hermann Schneider differenzierte später zu ‚Sangspruch', um den musikalischen Aspekt mit einzubeziehen, eine zweifellos richtige Korrektur, denn auch diese Form von Lyrik ist in einem sanglich-rezitativen Ton vorgetragen worden (grundlegend zur Sangspruchdichtung mit vielen Literaturhinweisen: Tervooren, 2002, Bibl.-Nr. 491).

Eine Strophe: ein Thema

Vom Minnesang unterscheidet sich die Sangspruchdichtung zum einen durch eine andere Handhabung von strophischen Einheiten: Sie ist *prinzipiell* einstrophig (d.h.: *ein* Thema – *eine* Strophe), kann sich jedoch zu größeren, z.T. sehr großen (über 20, 30 und mehr Strophen lange) thematisch lose gebundene Einheiten formieren (dazu auch oben, S. 64ff.). Zum anderen und vor allem zeichnet sich die Sangspruchdichtung durch ihre Thematik aus: Reflexionen über Politik und Theologie, Didaxe, Fürstenpreis, Kunst usw. (Textsammlungen: Bibl.-Nrr. 300, 301, 312). Das sind sehr vage Umschreibungen, die im Folgenden näher konkretisiert werden sollen. Wir können grob die folgenden fünf Bereiche differenzieren:

Themen

Übersicht: Themen der Sangspruchdichtung

1. Religiöses, Geistliches

Dazu rechnet die Gebetslyrik, in der sich häufig ein Ich räsonierend an ein numinoses (göttliches) Du wendet (Gott Vater, Christus, Maria) und um Vergebung, Einsicht und Hilfe bittet. – Religiosität kann sich aber auch im Bezug auf die Bibel (Bibellyrik) oder im Bezug auf liturgische Rituale manifestieren. Wenn in Strophen und Tönen auch die je konkrete Amtskirche zum Objekt wird, d.h. wenn etwa der Papst und seine Politik diffamiert, wenn die Angehörigen des Klerus beschimpft und deren Verhalten als dekadent angeprangert werden (Letzteres ist sehr häufig zu finden) oder wenn gar das Kreuzzugsgeschehen Thema lyrischer Dichtung wird, so sind freilich die Übergänge zur (tages-) politischen Sangspruchdichtung (s.u. Nr.5) fließend.

2. Minne

Über das Wesen der Minne wird, wie bereits erwähnt, nicht selten auch im Minnesang reflektiert. Wenn diese Reflexion dominiert und wenn sie nicht liedhaft organisiert ist (d.h. eingebunden in eine, wenn auch nie ganz determinierte, Strophen*folge*), dann begegnet das große Thema ‚Minne' eben auch in der Sangspruchdichtung. Meist ist es als eine Form von Minnedidaxe gestaltet, nicht selten verknüpft mit definitorischen Versuchen. Didaktische Aussagen (z.B. wie man sich einer Frau gegenüber verhalten soll) und definitorische Annäherungen (z.B. über etymologische Betrachtungen, s. auch die Beispiele oben, S. 87) werden in der Sangspruchdichtung in strophischen Einheiten präsentiert, die in sich geschlossenen sind und die zum Verständnis in der Regel keine andere Strophe nötig haben. Freilich können so große Themen und Fragen wie ‚Was ist das Wesen einer Frau?'

oder ‚Was ist Liebe?' in mehreren solcher Strophen (gleicher Bauform) angegangen werden; man kann dann von thematisch gebundenen Strophengruppen, -reihen, -zyklen oder von so genannten ‚Bars' sprechen.

3. Kunst

Auch im Bereich des Minnesangs finden wir immer wieder Lieder, die sich von ihrem primären Objekt, der Frau oder der Liebe, entfernen und gleichsam metadiskursive Elemente enthalten. D.h.: In einem Lied, das primär der Verherrlichung einer Frau gewidmet ist, können z.B. auch Reflexionen darüber eingebunden werden, welche gesellschaftlichen Voraussetzungen da sein müssen, damit solch ‚schöne' Preislieder überhaupt entstehen und vorgetragen werden können. In der Sangspruchdichtung können sich derartige poetologische Reflexionen verselbständigen. Kunst wird definiert, künstlerische Qualität wird (meist vage) umschrieben; Künstlerkollegen werden gerühmt und als Vorbilder präsentiert oder auch geschmäht und als abschreckende Beispiele vorgeführt; und auch das Publikum und seine Dispositionen (gut gestimmt, aufnahmebereit, zur Entlohnung des Künstlers willig) können zum Thema gemacht werden. Einen hohen Abstraktionsgrad hat z.B. eine Strophe Rumzlants erreicht (Text: Bibl.-Nr. 325, Nr. 74 (73)); der Anfang lautet: „Jede Form von Kunst ist gut, wo man ihr Güte angedeihen lässt. / Wo immer man schlecht mit der Kunst umgeht – die Kunst selbst kann nichts dafür;/ Kunst ist gut in sich, Gott hat sie als gut erdacht. / Wer gute Kunst nicht beherrscht, der möge sie unbehelligt lassen."

4. Herren-/Herrscher-/Gesellschaftslehre, Panegyrik

Das Politische im Künstlerischen

Einen quantitativ großen Anteil an der Sangspruchdichtung nimmt diese thematische Kategorie ein. Es handelt sich zum einen um Verhaltenslehren, und diese Strophen sind ganz geprägt von einem didaktischen, lehrenden Grundton. Vorgeführt wird (z.T. anhand von positiven oder auch negativen Beispielfiguren aus der Realhistorie und Literatur), wie man in der Welt leben, welche Tugenden man beachten, welche Laster man meiden soll. Nicht selten sind solche didaktischen Entwürfe verknüpft mit einer allgemeinen oder auch konkreten Gesellschaftskritik: Der Gesellschaft insgesamt oder einzelnen Gruppen (z.B. Jugend, Klerus, Ritterschaft, Frauen) wird häufig ein dekadentes Verhalten vorgeworfen; die ‚gute, alte Zeit' wird beschworen (dies bezeichnet man in der Rhetorik als *laudatio temporis acti* –‚Lob der vergangenen Zeit') und der nicht selten apokalyptisch ausgemalten Gegenwart entgegengehalten. Zum anderen sind zahlreiche Sangspruchgedichte dem Preis und der Verherrlichung von Fürsten, Königen und anderen solche Strophen in Auftrag gebenden Personen gewidmet (Panegyrik).

5. (Tages-) Politik

Weltereignisse in der Dichtung

Es ist nicht einfach, diesen Bereich sauber zu definieren. Stefan Hohmann formulierte ganz treffend: „Dem Literaturwissenschaftler, der sich vornimmt, die politische Lyrik des Mittelalters zu untersuchen, muss bewusst sein, dass er sich bei der Abgrenzung seines Gegenstandes dauernd auf glattem Parkett bewegt" (1992, Bibl.-Nr. 495, S. 7). Dennoch: Von den anderen genannten Typen unterscheidet sich dieser dadurch, dass er meist von konkreten politischen Personen und Geschehnissen handelt. In Strophen solcher Art wird von Fürsten, Königen, Kaisern, Bischöfen und Päpsten, von Kreuzzügen und Königswahlen, von Machtkämpfen und Intrigen, von höfischen Festen und Repräsentationsveranstaltungen gesprochen. Anders etwa als die Themen der 4. Kategorie stellen diese meist punktuelle historische Ereignisse dar, über die oft auch chronikalische (Urkunden-) Berichte vorliegen. In den meisten Fällen werden Strophen solcher Art konkret propagandistisch funktionalisiert: Der Dichter erhält z.B. vom König oder Kaiser (bzw. dessen Hofleuten) den Auftrag, päpstliche Politik scharf zu attackieren; oder: der Dichter erhält den Auftrag, einen in Ungnade gefallenen Landgrafen mit rhetorischem Aufwand zu rehabilitieren; oder: der König wird aufgefordert, einen Kreuzzug zu unternehmen; oder: der Landesherr wird aufgefordert, wieder für Recht und Ordnung zu sorgen.

Probleme des ‚Verstehens'

Die Problematik zeitlicher Distanzen

Sangspruchdichtung, vor allem solche des Typs (5), zu deuten, stellt große Herausforderungen an den modernen Interpreten, denn der zeitliche Abstand macht sich hier deutlicher bemerkbar als andernorts, vor allem dann, wenn uns Informationen zum realhistorischen Kontext fehlen, auf den die Strophe oder der Ton Bezug nimmt. Wer sich etwas ausführlicher mit der politischen Lyrik des Mittelalters befasst, wird rasch bemerken, wie uneins die Forschung ist. Vor allem, wenn in einer Strophe bloß vom *künic* oder *kaiser* die Rede ist, bloß vom ‚Kreuznehmen' gesprochen wird, ohne dass mit Namen und näheren Daten die Situation, auf die angespielt wird, konkretisiert ist, wird es *für uns* schwer. Dem damaligen Publikum war die Situation hingegen eindeutig; Namen zu nennen, war selten nötig. Heute müssen wir aber eine große Portion Rekonstruktionsarbeit leisten, und nicht selten begegnen wir mehreren konkurrierenden Datierungen von Strophen bzw. Identifizierungen von Amtsträgern. Besonders der Anfänger sollte daran immer denken und Forschungs*meinungen* nicht vorschnell als *Tatsachen* hin- und annehmen. Ein jeder ist in diesem sensiblen Bereich literarhistorischer Erkenntnis aufgefordert, Argumentationen der Forschung immer wieder neu zu prüfen und zu überdenken. Die Zusammenarbeit mit Fachhistorikern ist gerade hier wünschenswert.

Die vielfältigen Aspekte einer Analyse *politischer* Sangspruchdichtung kann man in folgendem Fragenbündel zusammenfassen:

— Was wird gesagt? (Welche Namen werden genannt oder nicht genannt? Von welchen Ämtern ist die Rede? Welche Konflikte werden angesprochen?)

— Wie wird es gesagt? (Wird mittelbar oder unmittelbar gesprochen? Wird rhetorisch verhalten oder scharf aggressiv vorgegangen?)

— Wann wird es gesagt? (Gibt es Anhaltspunkte für eine Datierung: *termini ante* bzw. *post quem*? dazu oben, S. 116f.)

— Wo wird es gesagt? (Gibt es Indizien für den Ort, an dem die Strophe(n) vorgetragen wird/werden?)

— Für wen wird gesprochen? (Wessen Interessen vertritt der Text? Wer ist der ‚Gute'?)

— Gegen wen wird gesprochen? (Wer wird angegriffen? Wer ist der ‚Böse'?)

7.4.2.3. Leichdichtung

Den dritten großen Typ mittelalterlicher Lyrik stellt die Leichdichtung (dazu mit Literaturhinweisen Apfelböck, 1991, Bibl.-Nr. 484) dar. Über die spezifische Form ist oben in Kap. 4.1.3.2. gesprochen worden. Thematisch lassen sich im Wesentlichen zwei Bereiche differenzieren: Es gibt zum einen Leichs, die in unterschiedlicher Akzentuierung und ästhetischer Umsetzung von der ‚Minne' beherrscht werden, also ein weltliches Thema aufgreifen. Zum anderen begegnen Leichs, die religiöse Gegenstände behandeln.

Minneleichs

Der Leich: Höhepunkt lyrischer Formkunst

Der literarische ‚Anspruch' von Minneleichs kann sehr unterschiedlich sein. Es gibt solche, die, von ihrer Aussage her gesehen, eher banal sind, sich an traditionelle Frauenpreis*lieder* anlehnen und ursprünglich wohl in einen gesellschaftlichen Tanz-Kontext gehörten (man spricht dann auch von ‚Tanzleichs'). Solche Leichs thematisieren im Text den Tanz als solchen und zeigen eine bewegte Rhythmik; sinnschwere Diskussionen über das Wesen der Minne findet man hier kaum. Es gibt aber auch andere Minneleichs, die – artifiziell überhöht – das aufgreifen, was schon im Zusammenhang mit den Reflexionen über Liebe, Weiblichkeit und Geschlechterkultur im Minnesang, also der *Lied*dichtung, besprochen wurde.
Minneleichs haben – literar*historisch* betrachtet – eine Koexistenz mit der Lieddichtung, setzen gleichermaßen im letzten Drittel des 12. Jhs. ein und haben eine ungebrochene Tradition bis in das 14. Jh., wenn auch Leichs quantitativ nicht die Rolle von Liedern einnehmen. Gegen Ende des 13. Jhs. hat die (Minne-) Leichdichtung mit Konrad von Würzburg und besonders Heinrich von Meißen (Frauenlob) künstlerische Höhepunkte. In immer wieder neuen Anläufen versucht Heinrich, dem ‚Wesen' der Minne und der Frau auf die Spur zu kommen, und fährt schwere Geschütze auf, so z.B. die Alchemie (Lehre von den Elementen und Gegensätzen) und die Naturphilosophie, darunter die Sexualphysiologie des Albertus Magnus (dazu Steinmetz, 1994, Bibl.-Nr. 487).

Religiöse Leichs

Die Gruppe der religiösen Leichs kann weiter nach Themen untergliedert werden: Wir begegnen Leichs, die hauptsächlich der Verehrung Marias gewidmet sind (Marienleichs), dann solchen, die das Leben und Sterben Christi behandeln (oft ‚Kreuzleichs' genannt), dann wieder anderen, die das Trinitätsparadox sprachlich verarbeiten. Im Kontext der vor allem im 13. Jh. weit verbreiteten Mariendichtung nimmt der Marienleich einen herausragenden Platz ein. Die Dichter, beginnend mit Walther von der Vogelweide (Ende 12. Jh.) und – zunächst – endend mit Heinrich von Meißen (gest. 1318), schöpfen aus dem reichen rhetorischen Fundus mariologischer Bilder und Attribute (dazu Kern, 1971, Bibl.-Nr. 494) und stellen diese immer wieder neu zusammen, ja verlassen teilweise auch die Wege der Tradition und sind selbst bildschöpferisch tätig, was für uns heute besondere Probleme des Verständnisses aufwirft.

Am Ende dieses Kapitels über die mittelhochdeutsche Lyrik sei einiges Wesentliche in einem Schaubild zusammengefasst:

Deutschsprachige Lyrik des Mittelalters

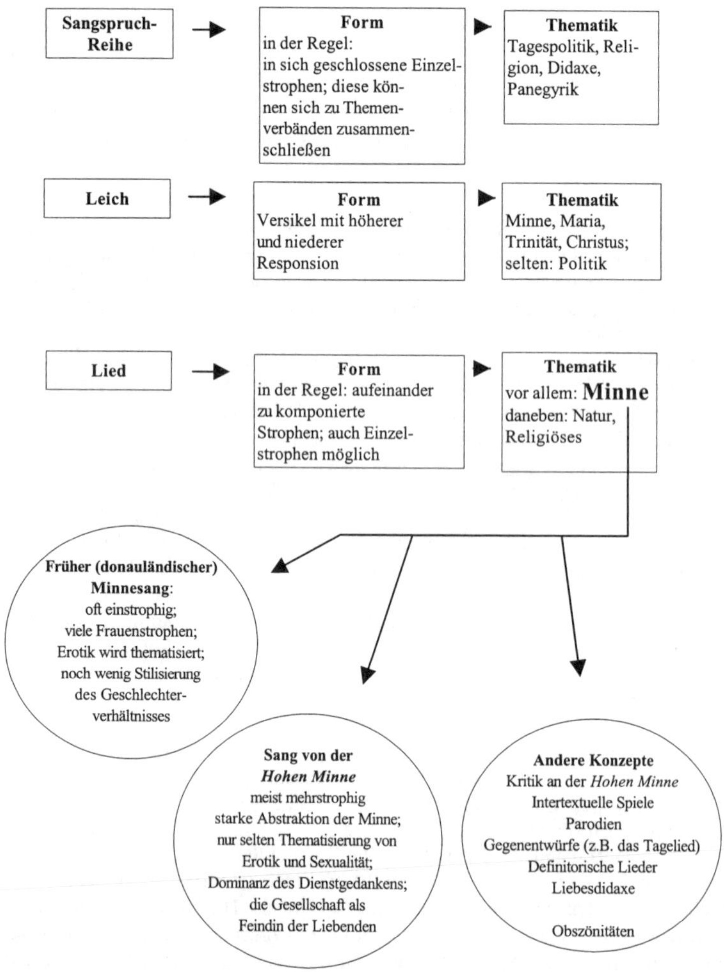

7.4.3. Epik

Stärker als die Lyrik ist die Epik des 12. und 13. Jhs. diversifiziert. Es entstehen in rascher Folge vom Grundtyp her sehr verschiedenartige Erzähltexte. Ich kann im folgenden nur drei wesentliche Typen aufgreifen, und zwar: (1) die Antike-Epik, (2) die Heldenepik und (3) die Artusepik. Einen weiteren Grundtyp stellen legendenhafte Erzählungen dar; ein Vertreter, der ‚Arme Heinrich' Hartmanns von Aue, ist indes schon in Kap. 2 vorgestellt worden.

7.4.3.1. Antike-Epik

Mit dem Vorauer ‚Alexander' des Pfaffen Lamprecht und Heinrichs von Veldeke ‚Eneas'-Roman (s.o., S. 147f.) sind bereits zwei sehr frühe Adaptationen antiker Stoffe vorgestellt worden.

Antike Mythen im Mittelalter

Wenn von Antikerezeption die Rede ist, dann sollte zumindest an dieser Stelle gesagt sein, dass die Antike nicht nur, wie beispielsweise im ‚Eneas'-Roman, als geschlossener Stoff- und Motivkomplex in eigenständiger Dichtung rezipiert wird, sondern dass selbstverständlich auch antike Mythologie, antike Liebesdichtung (Ovid ist besonders zu nennen), spätantik-christliche Sagen und Legenden eine häufig schwer entwirrbare, gefilterte, punktuelle Anverwandlung im Mittelalter erfahren, und zwar als mehr oder weniger marginal eingebundene Motive in Minneliedern, Sangspruchgedichten, Leichs und epischen Texten, die vom Grund her nicht der Antike gewidmet sind.

Die Vermittlung antiker (literarischer) Kultur läuft vielfach über den Schulunterricht, in dem antike ‚Klassiker' einen Lektürekanon bilden. Im 12. Jh. wird das Werk Ovids weiten Kreisen bekannt (dazu Stackmann, 1966, Bibl.-Nr. 383 und Munari, 1960, Bibl.-Nr. 382), und viele Details, aber auch Grundkonzeptionen seiner Texte (vor allem aus der *ars amatoria*, der ‚Liebeskunst', und den *remedia amoris*, den ‚Heilmitteln für Liebeskummer') werden in deutschen lyrischen und epischen Dichtungen verarbeitet.

Von dieser Form der Antikerezeption abgesehen, wird die frühhöfische ‚monographisch-konzentrierte' Adaptation antiker Stoffe von Herbort von Fritzlar in seinem ‚Liet von Troye' fortgesetzt. Wie Heinrich von Veldeke hat auch Herbort den Stoff über eine französische Zwischenstufe vermittelt bekommen, hier ist es der ‚Roman de Troye' des Benoît de Sainte-Maure (um 1165). Die Grundtendenz, den antiken Stoff einer mittelalterlich-höfischen

Welt anzupassen, lässt sich wie bei Veldeke und seiner Vorlage auch für Herbort und Benoît konstatieren. Der Troja-Stoff muss im 13. Jh. auf reges Interesse gestoßen sein, denn im letzten Viertel des 13. Jhs. wird er erneut, zweimal, adaptiert: Konrad von Würzburg nimmt sich bis zu seinem Tod 1287 in einem gigantischen Anlauf des Stoffes an (dazu grundlegend jetzt Lienert, 1996, Bibl.-Nr. 455 und Pfennig, 1995, Bibl.-Nr. 454), ohne das Projekt vollenden zu können. Dennoch hat sein Text auch als "Nebenquelle" (Lienert) für ein weiteres Troja-Epos fungiert, für den anonymen ‚Göttweiger Trojanerkrieg'.

7.4.3.2. Heldenepik

Zwei Beispiele für Heldendichtung haben wir schon kennen gelernt: das ‚Hildebrandslied' (s.o., S. 123f.) und das ‚Rolandslied' (s.o., S. 146). – Heldendichtung distinkt zu definieren, fällt schwer (dazu de Riquer, 1957, Bibl.-Nr. 381, von See, 1978, Bibl.-Nr. 389, Beck, 1988, Bibl.-Nr. 391), die Übergänge zur Heldensage sind fließend; weit in archaische Zeit zurückgehende, für uns heute nur *anzunehmende* mündliche Tradierung ‚heldenhafter' Stoffe erschweren eine deutliche Gattungsbestimmung.

Archaische Stoffe

Wenn wir das weite Feld der altnordischen Literatur einmal beiseite lassen, so sind es die folgenden Texte, die in der germanistischen Mediävistik als ‚Heldenepen' bezeichnet werden: das ‚Hildebrandslied', ‚Rolandslied', ‚Nibelungenlied', die ‚Hildesage', Wolframs von Eschenbach ‚Willehalm' und die ‚Dietrichepik'. Stoffgeschichtlich gesehen, lassen sich diese Texte wieder zwei größeren Gruppen zuordnen, einmal in jene, deren Wurzeln germanisch sind, hier zu nennen der Hildebrands-, Dietrich- und Nibelungen-Stoff, und einmal in jene, deren ‚Wurzeln' bzw. literarische Vorstufen romanisch sind, zu nennen hier der Karls-/Rolands- und Wilhelms-Stoff, der in den so genannten *chansons de geste* (wörtlich: ‚Lieder von Taten') seinen ersten schriftliterarisch fassbaren Niederschlag gefunden hat.

Im folgenden sollen das ‚Nibelungenlied', die weit verzweigte ‚Dietrichepik' und Wolframs ‚Willehalm' näher skizziert werden.

Das ‚Nibelungenlied' (dazu Bibl.-Nrr. 434–439)

Der Text, den wir das ‚Nibelungenlied' nennen, wurde um 1200 von einem anonymen Dichter konzipiert; alle Versuche, ihn zu identifizieren, sind bislang fehlgeschlagen. Der Stoff, den das ‚Nibelungenlied' verarbeitet, ist indes wesentlich älter. Und es sind gar mehrere Stoffkreise und -schichten, die im ‚Nibelungenlied' zusammengeführt worden sind. In der Forschung war man lange und intensiv damit beschäftigt, diese Schichten zu trennen und ihre Wege in das ‚Nibelungenlied' nachzuzeichnen; hier begegnet man notwendigerweise viel Spekulativem. Dennoch lassen sich folgende Kreise, Schichten und (literar-)historische Adaptationen differenzieren: Zum einen lebt das ‚Nibelungenlied' von Allusionen an die reale burgundische Geschichte des 5./6. Jhs. Zum anderen begegnet im zweiten Teil des ‚Nibelungenliedes' mit Etzel der historische Attila, seit 441 hunnischer Alleinherrscher. – Man hat auch versucht, die Siegfried-Gestalt historisch zu greifen, so in der Merowinger-Geschichte des 6. Jhs.: 566/67 ist die Ehe des Austrasiers Sigibert I. (Frankenkönig) mit Brunhild, Tochter des Westgotenkönigs Athanagild, dokumentiert. – Schließlich ist auf die nordische *literarische* Tradition hinzuweisen: auf die ‚Edda'-Lieder (Niederschrift 13. Jh., Entstehung wesentlich früher), u.a. mit dem ‚Reginlied' und ‚Fafnirlied' (Sigurds Jugend), dem alten ‚Sigurdlied' (Sigurdbiographie, Brynhild), dem ersten, zweiten und dritten ‚Gudrunlied'.

Germanisch-nordische Stoffkreise

Man sieht: Das ‚Nibelungenlied' stellt ein außerordentlich komplexes Gewebe aus geschichtsklitternd zusammengeführten realhistorischen Reminiszenzen und reicher sagenliterarischer Tradition dar. Manche Erzähl-‚Brüche' und die nicht stringente Charakterisierung der handelnden Personen zeugen von dieser heterogenen Stoffgeschichte. Hinzu kommt, dass im ‚Nibelungenlied' die archaischen Stoffelemente ‚höfisiert', dem Stil und dem Geschmack der Zeit um 1200 angepasst werden, eine Erscheinung, die auch bei der Antike-Epik zu beobachten war. – Eine wichtige Frage ist, als was das Publikum um 1200 das ‚Nibelungenlied' aufgefasst haben mag; welche Interessen mögen dazu geführt haben, dieses Epos zu konstruieren? Von fachhistorischer Seite wurde gemutmaßt, dass es als eine Art Allegorie auf den Untergang der staufischen Dynastie im späteren 12. Jh. zu lesen sei (dazu Thomas, 1990, Bibl.-Nrr. 31 und 32).

Dietrichepik (dazu grundlegend Heinzle, 1999, Bibl.-Nr. 440)

Im ‚Nibelungenlied' erscheint auch die Gestalt des Dietrich von Bern, der den Kampf zunächst scheut, der vermittelnd auftritt – fast ein Anti-Held – und der am Ende doch in das ‚Nibelungen'-Verderben hineingezogen wird. Dieser Dietrich stellt den historisch greifbaren Theoderich den Großen dar (geb. um 453, gest. in Ravenna 526), den König der Ostgoten (ab 474, in Italien ab 493). Schon bald nach seinem Tod dürften erste sagenhafte Erzählungen um und über ihn entstanden sein. Im 13. Jh. konstituiert sich ein ganzer Texttyp, in dessen Mittelpunkt Dietrich steht. Wir können grundsätzlich zwischen einer sogenannten ‚historischen Dietrichdichtung' und einer sogenannten ‚aventiurehaften Dietrichdichtung' unterscheiden (zum Begriff *aventiure* im Artusroman s. unten, S. 172ff.). Zur ‚historischen Dietrichdichtung' rechnen fünf Texte, einer davon ist ‚Dietrichs Flucht' (um 1275/1295/96):

Inhalt von ‚Dietrichs Flucht': König Dietmar übergibt den oberitalienischen Teil des Reiches an seine Söhne Diether und Dietrich und vertraut beide seinem Bruder Ermrich an; der intrigante Ratgeber Sibich rät, Dietrich zu töten. Dietrich flieht zu Etzel, der ihn gegen Ermrich unterstützt; Dietrich besiegt Ermrich in Mailand und vertreibt ihn aus Ravenna, Ermrich gelingt die Flucht.

Die ‚historischen' Dietrichepen zeigen manche Einzelheiten und Eigenheiten, die auch das ‚Nibelungenlied' auszeichnen, so das Personal (Dietrich, Etzel, Rüdiger, Hildebrand, Gunther, Gernot, Hagen, Siegfried) und Anachronismen: Theoderich (455–526), Ermanerich (gest. 375) und Etzel (gest. 453) werden in synchroner Ko-existenz dargestellt.

Geschichte und Geschichten

Zur ‚aventiurehaften Dietrichdichtung', der im Gegensatz zur ‚historischen' Anknüpfungen an die Realgeschichte fehlen, zählen sieben Texte, darunter das sogenannte ‚Eckenlied' (vor der Mitte des 13. Jhs.):

Inhalt des ‚Eckenliedes': Der Riese Ecke will Dietrich besiegen, doch Dietrich tötet Ecke wider Willen. Der Riese Fasold will seinen Kollegen Ecke rächen, wird aber schließlich selbst getötet. Auf der Burg Jochgrimm ist Königin Seburg froh, Ecke los zu sein, und Dietrich verspricht ihr und zwei anderen Königinnen Schutz.

Die ‚aventiurehafte Dietrichepik' ist durchsetzt von märchenhaften Zügen. Allerdings findet einerseits über das Personal (Kriemhild, Hildebrand, Gunther, Siegfried, Rüdiger, Etzel) eine intertextuelle Verschränkung mit der ‚historischen' Dietrichdichtung, andererseits über bestimmte Erzählelemente (Kampf mit Riesen und Zwergen, Befreiung bedrängter Frauen, Allegorien, der Held als Bestreiter von *aventiuren*) eine ebensolche Verschränkung mit der zeitgleich präsenten Artusepik (dazu unten, S. 172ff.) statt. Während das ‚Nibelungenlied' um 1200 noch einen fast isoliert zu nennenden literarhistorischen Status einnimmt, ist die Dietrichepik, vor allem die ‚aventiurehafte', bereits mit ein Ergebnis fortgeschrittener weltlicher Literarisierung der deutschen höfischen Gesellschaft.

Wolfram von Eschenbach: ‚Willehalm' (um 1210 bis nach 1217; dazu Bibl.-Nrr. 441–444)

Der ‚Willehalm' (Text: Bibl.-Nrr.: 320 und 321) stellt den zweiten Grundtyp deutscher Heldendichtung dar, der nicht in die germanische Vorzeit verweist, sondern auf romanische Vorstufen rekurriert, und dessen historischer Kern gleichfalls ein anderer ist. In dem knapp 14.000 Verse umfassenden, aber Fragment gebliebenen Großepos greift Wolfram von Eschenbach die französische *chansons de geste*-Tradition um Guillaume (= Wilhelm) d'Orange und dessen Kämpfe gegen die Sarazenen auf. Hinter Guillaume verbirgt sich historisch Wilhelm von Aquitanien (Anfang 9. Jh.), ein Enkel Karl Martells. Wolframs literarische Vorlage ist ein 8.510 Verse umfassendes altfranzösisches Epos ‚La bataille d'Aliscans' (‚Die Schlacht von Aliscans'). Wolfram folgt dieser Quelle inhaltlich recht getreu, hat aber vor allem die Kriegsproblematik anders und ausführlicher zum Thema gemacht.

Französische *chansons de geste*

Inhalt des ‚Willehalm': Das Epos wird strukturell im Wesentlichen von zwei großen Schlachten getragen, die auf dem Feld Alischanz ausgetragen werden; das auslösende Moment ist uns bereits aus der ‚Spielmannsepik' (s.o., S. 142ff.) bekannt: Markgraf Willehalm von Orange hat die heidnische (und bereits mit einem Heiden verheiratete) Königin Arabel (die – getauft – Gyburc heißt) geheiratet. Ihr mächtiger Vater Terramer und ihr heidnischer Ehemann rüsten gegen Willehalm, der mit Mühe entkommen kann. Er flieht nach Orange, wo Gyburc zurückgeblieben ist. Ihr überantwortet er die Verteidigung der Stadt und reitet weiter, um Unterstützung gegen die Heiden einzuwerben. Dabei ist ihm der inkognito als Küchenjunge am französischen Hof von Munleun tätige Rennewart, ein Sohn des Heidenkönigs Terramer (!), die größte Unterstützung. In der Zwischenzeit hat Gyburc mit ihrem Vater ein – für uns heute, aber wohl auch für das Publikum des 13. Jhs. – hochinteressantes ‚Religionsgespräch'. Später, vor der zweiten, entscheidenden Schlacht, hält Gyburc eine von der Forschung so genannte und nach wie vor im Detail umstrittene ‚Toleranzrede', in dessen Verlauf das widersinnige Töten zwischen Heiden und Christen thematisiert wird: „Ein Heide war der erste Mensch / den Gott schuf" sagt sie (306, 29f.); „wir waren doch alle zuvor heidnisch" (307, 25f.), und: „Was auch immer euch die Heiden angetan haben / so sollt ihr sie doch davon Nutzen haben lassen, / dass Gott selbst denen verziehen hat, / durch die er das Leben verlor" (309, 1–4). Dennoch kann Gyburc die Schlacht nicht verhindern, in der, vor allem der Unterstützung Rennewarts wegen, die Christen den Sieg erringen. Die Siegesfeier ist indes getrübt, denn Rennewart bleibt vermisst. Die Leichname der heidnischen gefallenen Könige sollen Terramer überstellt werden. Hier bricht die Erzählung ab.

Der ‚Willehalm' knüpft literarhistorisch an Motive und Strukturen an, die aus den ‚Spielmannsepen' und aus dem ‚Rolandslied' bekannt sind: eine von Unheil überschattete Heirat zwischen einem Christen und einer Heidin; die militärische Auseinandersetzung zwischen Christen und Heiden, die an das Kreuzzugsgeschehen im 12. und 13. Jh. erinnert, hier konkret: an den 5. Kreuzzug, der in die Zeit der Entstehung des ‚Willehalm' fällt (1213; 1217–21; 1225). Was den ‚Willehalm' indes von den anderen genannten Epen unterscheidet, ist, dass hier keineswegs eine Schwarzweißmalerei begegnet, dass die moralische Überlegenheit der Christen nicht a priori feststeht und dass die Metzeleien auf dem Schlachtfeld kritisch betrachtet werden. Der ‚Sinn' der Religionskriege wird hier hinterfragt. Wolfram hat die Grundproblematik nicht nur in Form des o.g. ‚Religionsgespräches' und der ‚Toleranzrede' in seinem Text zum Ausdruck gebracht, sondern auch über ein komplexes Verwandtschaftssystem: denn mehr und mehr zeigt sich, dass die gegeneinander kämpfenden Parteien und Einzelpersonen miteinander verwandt sind. Damit hat Wolfram auch ein für die deutsche Dichtung der Zeit neues Strukturelement etabliert: die Sippenbindung der handelnden Personen (was in dem anderen und wohl bekannteren Roman Wolframs, im ‚Parzival', noch um einiges komplexer gestaltet ist).

Reflexionen über Gewalt

7.4.3.3. Artusepik

Sieht man vom ‚Nibelungenlied' ab, so stellt die ‚Artusepik' den landläufig populärsten epischen Texttyp des Mittelalters dar. Vom 13. Jh. an bis in die jüngste Gegenwart hinein spielt sie immer wieder eine Rolle in der literarischen, ikonographischen und cineastischen Kultur (dazu Müller, 1986, Bibl.-Nr. 239 und Schmidt, 1989, Bibl.-Nr. 244). Der Artus-Stoff wird vielfach mit dem Begriff der *matière de Bretagne* versehen und grundsätzlich vom *chanson de geste*-Stoff unterschieden (grundlegend: Bibl.-Nrr. 417–431). Den Kern des Artus-Stoffes stellt der realhistorische keltische Held Artur/Artus (um 500 n. Chr.) dar, dessen Taten schon recht früh – politisch motiviert – legendenhafte Ausschmückungen durch den englischen Geschichtsschreiber Geoffrey of Monmouth in der ‚Historia regum Britanniae' (um 1135) erfahren. Eine weitere Station der Stoffgeschichte stellt der anglonormannische ‚Roman de Brut' des Wace (um 1155) dar. Mit Chrétien de Troyes beginnt in der zweiten Hälfte des 12. Jhs. im engeren Sinne die Tradition des arturischen Romans. Seine Epen ‚Erec et Enide' und ‚Yvain' sind große Erfolge und werden vom Deutschen Hartmann von Aue ‚adaptiert', d.h. be- und überarbeitend ‚übersetzt'. Hartmanns ‚Erec' entsteht um 1185, der ‚Iwein' später, vielleicht um 1200. Auf Chrétien geht auch der mit dem Artus-Stoff verwobene, insgesamt aber eine weitere Sinndimension beinhaltende Gralsstoff (‚Perceval') zurück, den in herausragender Weise Wolfram von Eschenbach für ein deutsches Publikum aufbereitet und umsetzt. Noch weiter vom arturischen Geschehen entfernt und mit diesem nur lose über intertextuelle Verweise verbunden ist der Tristan-Stoff (s. auch oben, S. 146f.), den Gottfried von Straßburg, gestützt vor allem auf die altfranzösische Vorlage des Thomas de Bretagne, zu Beginn des 13. Jhs. in deutscher Sprache umsetzt. Im Folgenden greife ich den ‚typischen' Artusroman des späten 12./frühen 13. Jhs. auf und kontrastiere ihn mit seiner spätmittelalterlichen Rezeption.

Artus: immerwährender Mythos

‚Klassischer' und ‚nachklassischer' Artusroman

Betrachten wir zunächst Grundstrukturen und Sinnangebote der beiden ‚klassischen' Artusepen, wie sie in Hartmanns ‚Erec' und ‚Iwein' begegnen: Der Held ist nicht, wie man zunächst meinen könnte, König Artus, ja, Artus hat überhaupt in allen Romanen eine eher statische, passive Rolle inne, und nicht selten wird er auch mit negativen Zügen versehen: er versteht manche Verwicklungen nicht, er trifft falsche Entscheidungen oder hält unsinnigerweise an einem Verhaltenskodex fest, der ihn und seinen ganzen Hof in Gefahr und Misskredit bringt. Dennoch stellt der Artus*hof*, der geographisch nicht zu verorten ist, in den Romanen einen Ausgangs- und Mittelpunkt dar. Das Geschehen geht vom Artushof aus, die Ritter kehren immer wieder zum Artushof zurück, besiegte Gegner werden an den Artushof geschickt; man findet am Artushof zusammen, feiert dort, bespricht sich dort. Die Handlungen der einzelnen Romane werden jedoch von *Rittern* der Artusrunde getragen, dem Publikum wird ein einzelnes Schicksal vor Augen geführt, ihm wird ein Ausschnitt aus dem Lebens- und Bewährungsweg eines ‚Ritters in der Welt' präsentiert. Diese Welt, die zuweilen als eine *einstmals* wohlgeordnete imaginiert wird, ist immer wieder von Störungen bedroht oder gar schon davon durchsetzt. Über die Taten des arturischen Ritters wird in den Romanen gezeigt, wie die Störungen beseitigt werden können, wie verlorene *fröide*, ein Zentralbegriff aus dem Bereich höfisch-adligen Selbstverständnisses, restituiert werden kann. Ritterliches Leben wird ethisiert im Sinne eines altruistischen Sich-Einsetzens des Starken für den Schwachen. Der ritterliche Kampf darf nicht zum blindwütigen Erwerb von *êre* (Ansehen in der Welt und vor Gott) pervertieren. Hartmann von Aue hat dies in seinem ‚Iwein' programmatisch zum Ausdruck gebracht (Text: Bibl.-Nr. 318).

Der Dienst am Menschen

Inhalt des ‚Iwein': In einer Art Vorgeschichte erzählt der Artusritter Kalogrenant von einem persönlichen Debakel: Er zog aus, um *êre* zu erstreiten, und traf in einem Wald auf einen Waldmenschen, eben einen Angehörigen nicht-höfischer Welt, dem alle Werte des Rittertums unbekannt waren. Während eines Gespräches, in dem Kalogrenant als Grund seines Auszugs angibt, *aventiure* zu suchen, fragt der Waldmensch: *‚âventiure? waz ist daz?'* (V. 526), und Kalogrenant antwortet folgendes:

Mittelhochdeutscher Text	*Neuhochdeutsche Übertragung*
ich heize ein riter und hân den sin	Ich nenne mich einen Ritter und bin be-
daz ich suochende rîte	bestrebt, einen Mann zu suchen,
einen man der mit mir strîte,	der mit mir kämpfen will,
der gewâfent sî als ich.	der genauso bewaffnet ist wie ich.
daz prîset in, und sleht er mich:	Wenn er mich besiegt, verleiht ihm das Ehre:

gesige aber ich im an,	Siege ich aber,
sô hât man mich vur einen man,	dann spricht man mir Mannhaftigkeit zu,
und wirde werder danne ich sî.	und ich bin angesehener als zuvor. (V. 530ff.)

Der Waldmensch begreift diese Konstruktion nicht recht, weist Kalogrenant aber den Weg zu einer *aventiure*, die indes für ihn alles andere als ehrenhaft endet: er wird besiegt und muss die Schmach nun am Artushof beichten. Iwein ist ein *neve* (ein Verwandter) Kalogrenants und will dessen Unglück rächen, will die gleiche *aventiure* siegreich bestehen und macht sich sofort auf den Weg. Und in der Tat ist er erfolgreich: Er *provoziert* (!) einen Kampf gegen den Landesherrn, Kalogrenants Gegner, verwundet ihn schwer, hetzt dem Fliehenden hinterher und fügt ihm den Todesstoß zu, immer daran denkend, dass nur ein getöteter Gegner wahrhaften Ruhm einbringe.

Im weiteren Verlauf des Romans zeigt sich jedoch, dass genau dieses Denken falsch ist. Iwein verliebt sich in die Witwe des Landesherrn, Laudine, und heiratet sie schließlich. Um seine *êre* besorgt, handelt Iwein mit Laudine aus, ein Jahr lang fortzureiten, um *aventiuren* zu bestehen. Die Jahresfrist aber hält er nicht ein, so sehr ist sein ganzes Trachten auf blindwütiges *aventiure*-Bestehen ausgerichtet. Laudine verflucht Iwein und stößt ihn aus ihrer Welt aus. Jetzt beginnt der tiefe Fall des Helden, der aus Gram auch die arturische Welt verlässt, wahnsinnig wird und in einer ‚Gegenwelt', in der Naturwelt des Waldes, ein kümmerliches Dasein fristet. Befreit wird er aus seiner geistigen Demenz und im Sinne des Wortes asozialen Lebenswelt von Angehörigen einer in Not befindlichen Gräfin. Nun beginnt der erneute Aufstieg des Helden. Er hat zahlreiche *aventiuren* gefährlicher Art zu bestehen, die in einer planvollen Doppelstrukturierung, in sich noch vielfach verschachtelt, narrativ umgesetzt sind. Diese *aventiuren* aber sind alle mit anderem, neuem Sinn versehen. Iwein kämpft nicht um des Kämpfens und um egozentrischen *êre*-Erwerbs willen, sondern er kämpft der guten und gerechten Sache wegen, als starker Anwalt schwacher und in Not befindlicher Zeitgenossen. Das erst verleiht *êre* im eigentlichen Sinn. Nachdem Iwein in dieser Weise geläutert aus den mentalen und sozialen Untiefen wieder herausgefunden hat, gewinnt er am Ende auch seine Frau wieder, und Iwein übernimmt seine Pflichten als Landesherr (er verlässt also die arturische Welt).

Soziale Ideologien und Utopien

Die von der Forschung so genannten ‚klassischen' Artusromane ‚Erec' und ‚Iwein' sind beide dieser skizzierten sozialen Ideologie verpflichtet. Man hat früh erkannt, dass diese Romane keine bloß dem *delectare* dienenden ‚Abenteuergeschichten' sind, sondern dass sich in ihnen wohl das Selbstverständnis einer sozialen Gruppe spiegelt: der Gruppe der ständisch nur bedingt genau abgrenzbaren ‚Ritter' (dazu oben, S. 47f.), die sich ein Ethos erarbeiten, das im Dienst sozialer Konfliktlösung steht und damit einhergehend Kampf und Gewalt kanalisiert und legitimiert. So formuliert, dürfte darüber Konsens herrschen. Strittig wird eine sozialhistorische Interpretation aber, wenn man bestimmte Strukturen der narrativen Welten genauer auf solche der realen Welt übertragen will. Repräsentieren die Artusritter (Erec, Iwein) den Stand der Ministerialität (s. oben, S. 47f.)? Steht Artus für ein König- und Kaisertum, das manche Defizite aufweist und das auf die Hilfe der Ministerialität angewiesen ist? Sind die Artusromane dichterisch verbrämte Aufstiegsbekundungen der Ministerialität? Immer wieder begegnen in der Forschung solche und modifizierte Interpretationen der Artusepik. Sie sind berechtigt, müssen jedoch mit viel Vorsicht und Umsicht rezipiert werden. Mehr als sonst sind interdisziplinäre Zugriffe hier erforderlich: die Zusammenarbeit von Sozialhistorikern und Literarhistorikern.

Die Artusepik hat von Beginn an eine Tradition, die wir zunächst bis zum ‚Ende' des Mittelalters verfolgen können. Es entstehen einerseits noch Adaptationen französischer Vorlagen, so der ‚Prosa-Lancelot', der auf den altfranzösischen ‚Lancelot-Graal-Zyklus' zurückgeht (z.T. noch 1. Hälfte 13. Jh., z.T. bereits 14. Jh.). Andererseits und quantitativ bedeutender sind weitere deutsche Artusromane, die primär auf die schon etablierte deutsche Texttradition Hartmanns oder Wolframs zurückgreifen (dazu Kern, 1981, Bibl.-Nr. 425 und Roßnagel, 1996, Bibl.-Nr. 418). Hierher gehört Wirnts von Grafenberg ‚Wigalois' (um 1210, 1230?), Heinrichs von dem Türlin ‚Diu Crône' (nach 1230), Strickers ‚Daniel vom blühenden Tal' (um 1230), Romane des Pleier (‚Tandareis und Flordibel', ‚Meleranz', 1250-80), der ‚Wigamur', Konrads von Stoffeln ‚Gauriel', Albrechts ‚Jüngerer Titurel' (anknüpfend an Wolframs ‚Titurel') und Ulrich Füetrers ‚Buch der Abenteuer' (15. Jh.). Die Produktivität zeigt, dass der Stoff stets auf großes Interesse gestoßen ist. Vergleicht man heute die ‚klassischen' mit den ‚nachklassischen' Romanen, so zeigt sich nicht nur ein Wandel der literarischen Technik, des Stils, der Rhetorik, sondern auch ein Wandel, der den literatursoziologischen Ort der Texte und ihr Sinnpotential betrifft.

Artusepik: eine frühe Form serieller Literatur

Das sieht man besonders deutlich, wenn man Hartmanns ‚Iwein' mit der ‚Iwein'-Dichtung Ulrich Füetrers vergleicht. Im Kontext seines ‚Buchs der Abenteuer' hat Ulrich Füetrer im 15. Jahrhundert neben zahlreichen anderen Romanen des 13. Jahrhunderts auch Hartmanns ‚Iwein' bearbeitend wiedererzählt (Text: Bibl.-Nr. 317). Die Handlungsstationen entsprechen der Vorlage, indes rafft Füetrer erheblich. Charakteristisch ist z.B., dass bei ihm die wichtige Passage, in der eine *aventiure*-Definition gegeben wird, fehlt. Aus Hartmanns *aventiure* ist bei Füetrer das *abentewr* geworden, und hier begegnet nicht nur ein sprachlicher Wandel vom Mittelhochdeutschen zum Frühneuhochdeutschen, sondern die Semantik des Wortes hat sich gleichfalls geändert und ist dem nahe, was wir noch heute unter ‚Abenteuer' verstehen: ein aufregendes, gefährliches Geschehen, in das ein Held verwickelt wird und aus dem er stets erfolgreich hervorgeht. Bei Füetrer haben die einzelnen *abentewr* keine symbolische Verweisfunktion mehr; der ‚Iban' repräsentiert kein ‚soziales Programm'. Viel eher muss man Füetrers gigantischen Ritter-Epen-Zyklus als den Versuch ansehen, eine vergangene literarische Kultur in eine neue, eben seine Zeit herüberzuholen und dieser Zeit und dem literarischen ‚Geschmack' anzupassen. Das zeigt sich z.B. auch an ästhetischen Kleinigkeiten: Die bei Hartmann bereits angelegte Konzentration auf das Kampf*material* findet hier eine Steigerung. Das Zerschlagen und Zerstieben von Speeren und Lanzen *in drunzun claine* (in kleine Stücke) begegnet immer wieder und hat etwas von einer visualisierenden Zeitlupenästhetik. Füetrers Ästhetisierung im Sinne einer sprachlich stereotypen, detailverliebten Visualisierung von Waffengängen und Materialschlachten dürfte nicht unwesentlich durch das besonders im späteren Mittelalter (auch literarisch wieder) populäre Turnierwesen beeinflusst und dem Geschmack des Publikums zuträglich gewesen sein. Füetrers (Einzel-) Kämpfe wirken wie inszenierte Spiele (dazu Bastert, 1993, Bibl.-Nr. 525). Literatursoziologisch interessant und in der Forschung kontrovers diskutiert ist freilich die Frage, *warum* Füetrer (und andere sogenannte ‚Nachklassiker') in retrospektiver Weise eine vergangene literarische Kultur aufgreift. Soll hier vielleicht doch an eine ‚gute, alte Zeit', in der die Welt des Adels noch in Ordnung war, angeknüpft werden? Sehnte man sich zurück nach einer Welt, die ihre guten Helden hatte und die über diese Helden ein Ethos pflegte?

Am Ende dieses Kapitels zur mittelhochdeutschen Epik sei in Form eines Schaubildes einiges Wesentliche zusammengefasst (nächste Seite).

Mittelhochdeutsche Epik

Heldenepik

Beispiele: Nibelungenlied, Wolfram v. Eschenbach: Willehalm
Form: Strophen oder Reimpaarverse
Tradition: teils heimisch, teils auf romanischen Vorlagen basierend
Thematik: heldenhafte Taten Einzelner oder Geschlechter (Familien); Schicksal; Christen-Heiden-Konflikt

Antike Epik

Beispiele: Heinrich v. Veldeke: Eneit
Form: Reimpaarverse
Tradition: romanisch, antik
Thematik: Rezeption antiker Mythen und Geschehnisse; Anpassung antiker Welten und Personen an den höfischen Kosmos des 12. und 13. Jh.s

Artusepik

Beispiele: Hartmann von Aue: Erec, Iwein
Form: Reimpaarverse
Tradition: meist auf romanischen Vorlagen basierend (Chrétien de Troyes); erst im späteren Mittelalter auf dt. Vorlagen zurückgehend
Thematik: Individuation und Sozialisation eines Ritters; Kampf Gut gegen Böse; Einsatz für die Gemeinschaft / Gesellschaft

Legendenhafte Epik

Beispiele: Hartmann von Aue: Armer Heinrich, Gregorius
Form: Reimpaarverse
Tradition: meist auf romanischen Vorlagen basierend, Quellen z.T. aber unbekannt
Thematik: Darstellung von Heiligenleben; Protagonisten als Exempelfiguren für ein gottgefälliges Leben; Demonstration von menschlichen Problemen und ihrer Überwindung durch Gottvertrauen

Andere epische Formen

Beispiele: Wittenwiler: Der Ring; Thomasin von Zirklaere: Der Welsche Gast; Mären (kleine Kurzerzählungen oft komischen Inhalts)
Form: Reimpaarverse
Tradition: eigenständig oder auf romanische Vorlagen zurückgehend; zuweilen auch Quellen-eklektizismus
Thematik: Lehre, Wissenschaft, Unterhaltung

7.5. Ausblick: Literarische Kultur im späten 13., im 14. und 15. Jahrhundert

Das spätere Mittelalter

Im Folgenden können nur holzschnittartig einige wesentliche Entwicklungen und Veränderungen angedeutet werden, denn spätestens ab der Mitte des 14. Jhs. und dann ungebrochen bis in das 15. und 16. Jh. hinein präsentiert sich dem Germanisten ein stark diversifiziertes literarisches Bild, das einhergeht mit vielfältigen Veränderungen politischer, kultur- und sozialgeschichtlicher Art (dazu einführend Janota, Bibl.-Nr. 501, Cramer, 1990, Bibl.-Nr. 502 und Grubmüller, 1993, Bibl.-Nr. 504), so dass dieser Periode eine eigene Einführung gewidmet werden müsste (einige Hinweise: Bibl.-Nrr. 503, 505–528).

Im Abschnitt zum Minnesang und zur Artusepik sind schon punktuell einige Traditionslinien in die literarische Kultur des Spätmittelalters weitergezogen worden. Wenn wir zunächst nur das 13. Jh. betrachten, dann zeigt sich, dass etwa um die 1220er/30er Jahre eine Periode zu Ende geht. Die sog. ‚Klassiker' (Hartmann von Aue, Wolfram von Eschenbach, Gottfried von Straßburg, Walther von der Vogelweide u.a.) haben jeweils in ihrem Bereich Werke herausragender Art geschaffen. In der Mitte und in der zweiten Hälfte des 13. Jhs. können wir zunächst eine Art ‚produktiver Rezeption' dieser ‚Klassiker' ausmachen. Das heißt, es etabliert sich im Bereich der Lyrik und der Epik eine Form serieller Literatur. Es entstehen neue Artusepen, Fortsetzungen von Artusepen sowie Unmengen von Minneliedern und didaktischen Sangspruchstrophen. Der Blick der Dichter dieser Texte ist oft zurück gerichtet: sie berufen sich auf die ‚großen Vorbilder', eifern ihnen nach und gestehen aber häufig ein, diese Vorbilder nicht erreichen zu können (dies ist freilich auch als rhetorischer Kunstgriff – Bescheidenheitstopos – aufzufassen). Die sog. ‚nachklassische Dichtung' des 13. Jhs. vermag uns heute oft nicht so zu ‚fesseln' wie die ‚klassische'. Das darf aber niemals Grund sein, sich mit ihr nicht oder nur marginal zu beschäftigen. Denn: All diese Texte hatten ihr Publikum, wurden rezipiert, hatten ein Leben und eine Funktion. *Das* muss uns interessieren, auch wenn *uns* die Ästhetik weniger befriedigen mag.

Neben der Fortsetzung von bereits etablierten Texttypen treten im späteren 13. und folgenden 14. Jh. auch andere hinzu. Vor allem sind es die so genannten ‚Minnereden' und ‚Maeren', die sich – gemessen an ihrer Vielzahl – wohl großer Beliebtheit erfreuen.

Das 14. Jh.: ein Jahrhundert des Sammelns

Das 14. Jh. ist darüber hinaus bedeutend aufgrund der deutlich erkennbaren *Sammeltendenzen*: Man beginnt vielerorts, großangelegte Sammelhandschriften zu konzipieren. Mit wenigen Ausnahmen haben wir z.B. von der Lyrik der ‚Klassiker' nur Kenntnis über Codices des 14. Jhs. (dazu auch oben, S.37ff.); Literaturliebhaber blicken zurück auf eine gut hundertjährige Tradition und wenden viel Zeit und Geld auf, um diese vergangene Kultur im Medium der Schrift, mehr noch: im Medium eines umfangreichen Sammelbuches zu erhalten und vor dem Vergessen zu bewahren. Herausragendes Beispiel ist die Manessesche (auch: Manessische) Liederhandschrift:

Die Große Heidelberger oder Manessesche Liederhandschrift entstand in den ersten Jahrzehnten des 14. Jhs. im alemannischen Raum (Zürich) und stellt eine auf ‚Vollständigkeit' hin angelegte Sammlung des Minnesangs des späten 12. bis frühen 14. Jhs. dar. 140 Dichter werden namentlich genannt und ständisch geordnet. Mit dem sozial Höchsten, *keiser heinrich*, wird die Sammlung eröffnet, mit dem *Chanzler*, einem (heute) nicht weiter einzuordnenden Dichter, endet sie. Der Codex beginnt mit einem ausführlichen namenorientierten Inhaltsverzeichnis. Den einzelnen Dichterœuvres vorangestellt sind stilisierte Autorenporträts, die mit dem Namen des Betreffenden überschrieben sind. Innerhalb eines Autorœuvres sind die Texte nach Tönen angeordnet, deren Wechsel durch farbige Lombarden (rot und blau) angezeigt wird. Der Wunsch, möglichst umfangreiche Autorœuvres zusammenzustellen, zeigt sich daran, dass nicht selten kostbarer Pergamentraum freigehalten wurde, manchmal mehrere Blätter im Anschluss an das, was in einem ersten Sammelprozess transkribiert wurde, manchmal lediglich Raum für eine Strophe oder ein Lied inmitten von anderen aufgeschriebenen Texten (vgl. oben, S. 58, Abb. 1, die Abbildung; Faksimile: Bibl.-Nr. 261 (1); zur Handschrift mit weiteren Literaturhinweisen: Holznagel, 1995, Bibl.-Nr. 259).

Ein ‚Blick zurück' begegnet nicht nur im Bereich der ‚Dichtung'. Im späten 13. Jh., fortgesetzt im 14. Jh., entstehen eine Reihe von mittelhochdeutschen (Reim-) Chroniken, die meisten mit einem ‚welthistorischen' Profil, d.h., sie beginnen bei Adam und Eva und zeichnen die Geschichte bis zum Zeitpunkt des jeweiligen Chronisten nach und auf.

Auf dem Weg in die Frühe Neuzeit

Neben der Tendenz, Altes zu sammeln und Geschehnisse zu dokumentieren, zeichnet sich das 14. Jh. auch durch spezifische literarische ‚Neuerungen' aus. Im Bereich der Lyrik z.B. findet vermehrt ein parodistisches Spiel mit dem ‚klassischen' Minnesang statt. Ferner sind im 14. Jh. die Anfänge des soziologisch und formalästhetisch eigenen ‚Meistersangs' zu finden (dazu Brunner, 1989, Bibl.-Nr. 520), der z.T. bis in das 19. Jh. hinein eine Tradition entwickelt. Die Meistersinger rekrutieren sich vielfach aus Handwerkern süddeutscher (Reichs-) Städte, die sich zu Singschulen zusammenfinden, sehr strenge Formregeln aufstellen und genau über die Einhaltung dieser Formen wachen. Im Bereich religiöser, meist mariologischer Dichtung sind manche Autoren sprachschöpferisch tätig bzw. erschließen sich neue Metaphernwelten. Der Konnex zwischen Wissensliteratur und ‚Poesie' wird größer; überhaupt nimmt die Zahl deutschsprachiger fachliterarischer Dokumente sprunghaft zu, darunter im engeren Sinn ‚Fachwissenschaftliches' (dazu unten, S. 180ff.), daneben aber auch Didaktiken (Fürstenlehren, Rat-

geber u.ä.). Allmählich erstarkt auch eine ‚neue' literarische Gattung: das Drama. Seine Wurzeln hat es in – schon im früheren Mittelalter existenten – liturgischen Spielen (z.B. Osterspiele, Passionsspiele), die in lateinischer Sprache verfasst sind. Eine deutschsprachige dramatische Textsorte etabliert sich aber erst sehr viel später, bleibt dann aber nicht beschränkt auf geistliche Spiele, sondern weltliche dramatische Formen (z.B. die Jahreszeiten oder Fastnacht betreffend) kommen hinzu; im 15. Jh. erreichen diese Spiele ihren Höhepunkt.
Eine eigene Art religiösen Denkens stellt die Mystik dar, deren Ziel die so genannte *unio mystica* ist, das Einswerden von Mensch und Gott über Kontemplation, Meditation oder Ekstase. Griechische und lateinische mystische Schriften sind schon in der Spätantike zu finden, dann vermehrt im 11. und 12. Jh. Erster herausragender Autor deutscher mystischer Texte ist Meister Eckhart (1260–1327), dessen Schüler Heinrich Seuse (um 1295–1366) mystisches Gedankengut in das 14. Jh. weiterträgt.

Literarische Neuerungen

Die skizzierten Entwicklungen setzen sich im 15. Jh. fort. Es entstehen weitere volkssprachliche Chroniken, geistliche und weltliche Spiele, Predigten, Erbauungsbüchlein, politische Lyrik eigenen Gepräges (besonders zu nennen ist Oswald von Wolkenstein), Meistergesang, Reise- und Pilgerberichte, medizinische Traktate, das gewaltige, fachliterarische und poetische Werk des Johannes Hartlieb (dazu auch unten in Kap. 7.6.), Minneallegorien, Artusepik-Zyklen, z.T. zurückgreifend auf die ‚Klassiker' (Ulrich Füetrer: ‚Buch der Abenteuer'; dazu oben, S. 175), Prosaromane (z.T. Übersetzungen, hingewiesen sei auf Niklas von Wyle und Heinrich Steinhöwel), Prosaauflösungen älterer versifizierter Epen und – immer wieder – Sammelhandschriften, die älteres literarisches Gut bewahren. Neben die handschriftliche Aufzeichnung von Texten tritt nun mehr und mehr auch der Druck. Ein weiterer Medienwechsel kündigt sich an, zwar nicht so kategorial wie derjenige von der Mündlichkeit in die Schriftlichkeit, aber mit Erfindung der Buchdruckkunst erhält die Schriftlichkeit einen neuen Stellenwert: Literarisches jeder Couleur kann schneller, preiswerter und in höheren Auflagen verbreitet werden. Damit einher geht ein stetiges Wachsen alphabetisierter Bevölkerungsgruppen. Literatur verlässt mehr und mehr ihren elitären Ort.

7.6. Fachliteratur

Erweiterter Literaturbegriff

Wir haben uns bislang und vornehmlich mit ‚poetischer' Literatur beschäftigt, und sie stellte und stellt den Hauptgegenstand der germanistischen Mediävistik dar. Ich habe aber oben (S. 28ff.) schon darauf hingewiesen, dass die germanistische Mediävistik sich auch um eine z.T. ganz andere Form

von Literatur zu kümmern hat, deren ‚Sitz im Leben' sehr viel unmittelbarer ist. Es ist dies die deutschsprachige Fachliteratur des Mittelalters (dazu grundlegend Eis, 1967, Bibl.-Nr. 529 und Assion, 1973, Bibl.-Nr. 532).
Historisch betrachtet begleitet sie die ‚fiktionale' Literatur von ihren (deutschsprachigen) Anfängen an; bereits aus althochdeutscher Zeit sind uns medizinische Rezepte überliefert, und die Tradition dieser und vieler anderer Arten von Fachliteratur reißt nicht ab, bis wir im späteren 14. und folgenden 15. Jh. eine heute kaum noch recht überschaubare Masse an fachliterarischen Zeugnissen vorfinden.
Fachliterarische Texte haben im Wesentlichen zwei Ziele oder Funktionen: Zum einen stellen sie ‚Wissenskonserven' dar; im Medium der Schrift kann Wissen aufbewahrt und beliebig weitergegeben werden. Zum anderen sind sie (meist) auf eine unmittelbare ‚Anwendung' hin ausgerichtet; d.h., die meisten fachliterarischen Texte beziehen sich auf konkrete ‚Dinge in der Welt': auf Magenschmerzen oder Menstruationsbeschwerden, auf den richtigen Anbau von Wein, auf den Zusammenhalt des Kosmos (die Bewegung der Gestirne), auf das Jagen und Zerlegen von Wild, auf die Deutung von Träumen, auf den Umgang mit Zahl und Maß oder auf das Zerstören dicker Mauern mittels ausgeklügelter Wurfmaschinen.
Die genannten Beispiele zeigen, wie vielgestaltig Fachliteratur ist. Das bunte Bild kann jedoch systematisiert werden, und zwar (diesmal) gar nicht erst durch den modernen Wissenschaftler, sondern mit Rückgriff auf eine Systematik, die (spät-) antike und mittelalterliche Wurzeln hat.
Das gesamte Fachschrifttum ist bestimmten *artes* (Künsten) gewidmet. Wir können folgende drei *artes*-Großgruppen differenzieren, die in sich weiter untergliedert sind, sowie Schriften zur medizinischen Theorie und Rechtskunde, die etwas außerhalb der übrigen *artes*-Gruppen stehen:

(1) Die *septem artes liberales* (die sieben freien Künste), unterteilt in zwei Abteilungen:

(1.1.) *Trivium* (Dreiweg):	Grammatik, Rhetorik, Dialektik (= die ‚redenden' Künste)
(1.2.) *Quadrivium* (Vierweg):	Arithmetik, Geometrie, Astronomie, Musik (= die ‚rechnenden' Künste)

(2) Die *septem artes mechanicae* (die sieben mechanischen Künste, auch ‚Eigenkünste' genannt)

Handwerk/Alchemie
Kriegswesen
Seefahrt, Erdkunde, Handel
Landbau und Haushalt
Tiere, Jagd und Wald

Heilkunde (vor allem Praxis: Chirurgie, Bader-/Aderlasswesen, Zahnbrecher u.a.)
Hofkünste

(3) Die *artes magicae* (die magischen und mantischen Künste, auch ‚verbotene Künste' genannt)

Nekromantie	(Totenbeschwörung)
Geomantie	(Wahrsagung aus der Erde)
Hydromantie	(Wahrsagung aus dem Wasser)
Aeromantie	(Wahrsagung aus der Luft)
Pyromantie	(Wahrsagung aus dem Feuer)
Chiromantie	(Wahrsagung aus den Handlinien)
Spatulamantie	(Wahrsagung aus dem Schulterblatt)
Gaunertum, Betrug	

(4) Medizin (als ‚secunda philosophia', zweite Philosophie)

vor allem medizinische ‚Theorie' (Humoralpathologie (dazu unten, S. 191, Fußnote 4) u.ä.)

(5) Juristisches Fachschrifttum

Gesetzestexte
gerichtspraktische Formeln
Stadt-, Land-, Lehnrecht u.a.

Eine solche Systematik ist freilich nicht vom Himmel gefallen, sondern hat eine lange Tradition, während der sich erst allmählich die oben skizzierten Schemata – und sie sind in dieser Form auch nicht die einzigen! – herausbildeten; die oft verworrenen Wege können hier nicht im einzelnen nachgezeichnet werden; besonders die Zuordnung der Medizin in solche Systeme wurde im Mittelalter lange Zeit unterschiedlich diskutiert (erste Hinweise bei Baufeld, 1992, Bibl.-Nr. 553 und Bernt/Hödl/Schipperges, 1980, Bibl.-Nr. 540).

Texte als Medien der Wissensvermittlung

Im Folgenden sollen die vier Großgruppen näher vorgestellt werden, wobei die wissenschaftsgeschichtliche Dimension hier weitgehend ausgeblendet werden muss; im Vordergrund sollen die deutschsprachigen Dokumente für die einzelnen *artes* stehen. Diese sind freilich ohne ihren langen Traditionsweg nicht adäquat zu ‚verstehen'. Darauf kann an dieser Stelle jedoch nur hingewiesen werden (erste Informationen bei Lindberg, 1994, Bibl.-Nr. 534). Einige ausschnitthafte Textbeispiele sollen die spezifische Form und den Sprachduktus dieses besonderen literarischen Typs verdeutlichen.

Die ‚septem artes liberales'

‚Frei' nannte man die Künste ursprünglich, weil sie eines ‚freien Mannes' würdig waren. Das Studium der sieben Disziplinen war Voraussetzung für dasjenige der Philosophie und Theologie, gleichzeitig aber waren sie auch bereits Bestandteil der Philosophie als einer alle Wissenschaften umfassenden ‚Oberwissenschaft'.
Die weitaus meisten Schriften der sieben Künste liegen in griechischer und im Mittelalter vor allem in lateinischer Sprache, der Sprache der Wissenschaften und Universitäten, vor. Eine deutsche schriftsprachliche *artes*-Kultur entwickelt sich erst recht spät, die meisten Zeugnisse stammen aus dem späten 13., dann vor allem aus dem 14. und 15. Jh.; beachtlich ist aber Notker Labeos (ca. 950–1022) althochdeutscher Traktat ‚De musica' (‚Über die Musik'). Ich greife als ein deutsches Textbeispiel eine kurze Passage aus Konrads von Megenberg (1309–1374) ‚Deutscher Sphaera' heraus, die der *ars* der Astronomie gewidmet ist (Text: Bibl.-Nr. 345, S. 13): Astronomie

Mittelhochdeutscher Text
Daz auch der himel sinbel sei, daz bezeugt maister Alfraganus und spricht also: ‚wer der himel sleht, so wer uns etleich stukdez himels neher wanne daz ander, und allermaist daz stůk, daz ob unserm haubt wer. So volgt darnach, daz ain stern an dem selben tail uns neher wer und bedeuht uns grözzer, wanne so der selb stern wer an ainem andern tail dez himels. Wanne daz selb dinch scheinet uns grözzer, so ez nahent ist, danne so ez verre ist' [...]

Neuhochdeutsche Übertragung
Dass auch der Himmel rund ist, beweist Meister Alfraganus und sagt: ‚Wäre der Himmel gerade, dann wäre uns mancher Himmelsteil näher als ein anderer, besonders der Teil über unserem Kopf. Daraus folgt, dass ein Stern/Planet an einem bestimmten Teil uns näher wäre und größer erschiene als an einem anderen Teil des Himmels. Denn eine Sache erscheint uns größer, wenn sie näher ist, [kleiner], wenn sie weiter weg ist' [...]

Der kleine Textausschnitt macht bereits eine Reihe von Eigentümlichkeiten mittelalterlicher deutscher Fachliteratur deutlich: Während die meisten poetischen Zeugnisse bis in das 14. Jh. hinein in gebundener Sprache (in Strophen, Reimpaarversen) konzipiert sind, begegnet Fachliteratur fast ausschließlich als Prosa (es gibt aber Ausnahmen, z.B. gereimte medizinische Traktate und Rezepte, was wohl der besseren Memorierbarkeit wegen geschehen ist). Der oben abgedruckte Text ist zum größten Teil ein Zitat: die Lehre stammt nicht von Konrad, sondern vom Meister Alfraganus. Dieser Alfraganus ist ein arabischer Astronom (gest. nach 861). Es wird also eine *Autorität* zitiert und als Gewährsmann für das Dargestellte herangezogen. Dieses Sich-Stützen auf Autoritäten ist der gesamten Fachliteratur eigen und

Autorität als Argument

begegnet immer wieder, sehr ausgeprägt auch im Bereich des medizinischen Schrifttums (was jedoch nicht bedeutet, dass einzelne Autoren nicht auch ‚innovativ' waren). Konrad geht nun nicht unmittelbar auf Schriften des Alfraganus aus dem 9. oder 10. Jh. zurück. Vielmehr rezipiert Konrad den Alfraganus über eine lateinische Vermittlungsstufe; hier ist es der ‚Tractatus de spera magistri' des Johannes von Sacrobosco (ca. 1200–1256). Die oben abgedruckte Passage beginnt bei Johannes so (Text in der Ausgabe von Konrads ‚Sphaera', Bibl.-Nr. 345, S. 65): *Item sicut dicit Alfraganus, si velum esset planum, aliqua pars caeli esset nobis propinquior alia, scilicet illa que esset supra caput nostrum* [usw.]. Das muss nicht eigens übersetzt werden, denn Konrad hat den lateinischen Text sehr genau in sein Mittelhochdeutsch übertragen.

Nun entstammt auch das Wissen des Alfraganus nicht nur dessen Zeit, sondern geht weiter zurück in die griechische Antike. Man sieht: Mittelhochdeutsche und frühneuhochdeutsche Fachliteratur stellt in den meisten Bereichen die Erschließung von Wissen in der Volkssprache dar, das über viele Jahrhunderte, meist in der Antike beginnend, rezipiert, tradiert und akkumuliert worden ist.

Die ‚artes mechanicae'

Im Gegensatz zu den *artes liberales* sind die *artes mechanicae* stärker praxisbezogen. Es sind im weitesten Sinn ‚handwerkliche', technische Künste. In vielen Fällen stellen die einzelnen Texte unmittelbare Handlungsanweisungen dar. Als Beispiel diene zum einen ein Kochrezept (der *ars* ‚Haushalt' zurechnend), zum anderen eine Anleitung zum Herstellen von Angelschnüren (der *ars* ‚Jagdwesen' angehörend). Das Kochrezept stammt aus dem ‚Buoch von guoter spîse' (‚Buch über gute Speise'; Text: Bibl.-Nr. 343, S. 16).

Zunächst zeigt die Abbildung das Rezept in der handschriftlichen Form; es folgen Umschrift und Übertragung (nächste Seite):

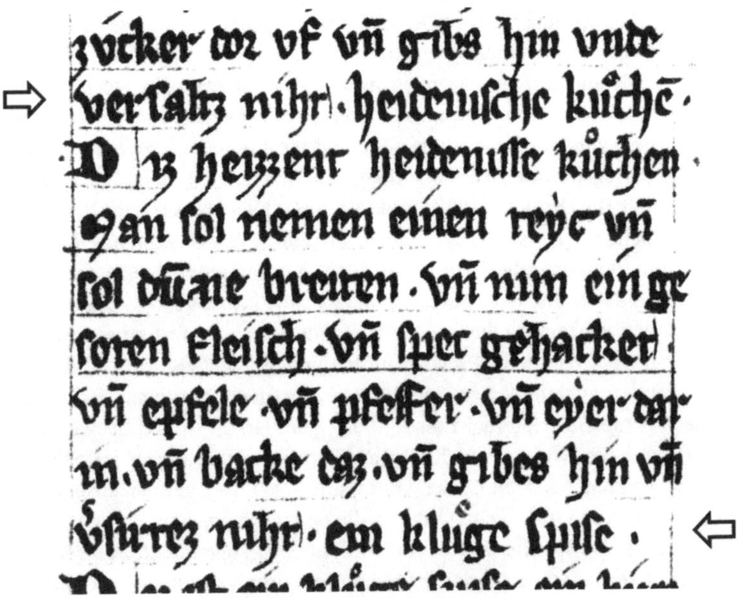
zvcker dar vf vñ gibs hin vnde
versaltz niht. heidenische kůchẽ.
Diz heizzent heidenisse kůchen.
Man sol nemen einen teyc vñ
sol dũne breiten. vñ nim ein ge
soten fleisch. vñ spec gehacket
vñ epfele. vñ pfeffer. vñ eyer dar
in. vñ backe daz. vñ gibes hin vñ
vᶜsirtez niht. ein klůge spise.

Abbildung 6: Rezept aus dem *Buoch von guoter spîse*, fol. 156ᵛ (Faksimile, Bibl.-Nr. 275)

Mittelhochdeutscher Text

Beginn des Rezeptes in der zweiten Zeile des oben wiedergegebenen Ausschnitts:
Heidenische kůchẽ. Diz heizzent heidenisse kůchen. Man sol nemen einen teyc vñ sol dũne breiten. vñ nim ein gesoten fleisch vn spec gehacket. vn epfele vn pfeffer vn eyer dar in. vn backe daz vn gibes hin vn vᶜsirtez niht. *[Die folgenden Worte* ein klůge spise *gehören wohl zum folgenden Rezept.]*

Neuhochdeutsche Übertragung
Heidnische Kuchen.
Dies nennt man heidnische Kuchen. Man soll Teig nehmen und den dünn ausbreiten. Nimm gekochtes Fleisch und gehackten Speck und Äpfel und Pfeffer und Eier. Und backe das und serviere es und versalze es nicht.

Das hier vollständig wiedergegebene Rezept stammt aus dem ältesten deutschen Kochbuch; die Handschrift datiert in die 40er Jahre des 14. Jhs. Wir können Folgendes erkennen: Das Rezept ist mit einer Überschrift versehen, und durch solche, zudem farbig hervorgehobene, Überschriften wird die gesamte handschriftliche Sammlung strukturiert. Die Kochanweisung ist sehr knapp gehalten, sprachlich (syntaktisch) sehr einfach, auffallend sind die vielen *vnd*-Konjunktionen. Mengenangaben, wie in heutigen Kochbüchern üblich, fehlen hier völlig; in anderen Rezepten begegnen Mengenangaben, häufig jedoch sind auch diese sehr vage und für uns heute schwer umsetzbar (dazu grundlegend mit vielen einschlägigen Hinweisen Ehlert, 1990, Bibl.-Nr. 545 und Bitsch [u.a.], 1987, Bibl.-Nr. 543). Den Hinweis am Ende, das Gericht nicht zu versalzen, findet man in sehr vielen Rezepten. Das rührt daher, dass im Mittelalter Salz vielfach zur Konservierung von Lebensmitteln verwendet wurde, so dass schon die Zutaten selbst genug gesalzen waren und sich ein nachträgliches Salzen verbot. Hier manifestiert sich unmittelbar kulturgeschichtliche Praxis in einer Handlungsanweisung.

Eine Menge mittelalterlicher Kochrezepte kann man auch heute gut ‚nachkochen' (viele Beispiele bei Ehlert, 1990, Bibl.-Nr. 545), und da vor allem Rezepte aus der ‚vornehmen' Küche auf Pergament und Papier festgehalten wurden, kann man seinen Gästen Gutes auftischen. Der germanistische Mediävist (beiderlei Geschlechts) hat hier die einmalige Chance, Philologie und je aktuelle Lebenspraxis zu verknüpfen. Das oben abgedruckte Rezept habe ich bereits mehrfach erfolgreich umgesetzt, leicht variiert und aktualisiert kann man die ‚heidnischen Kuchen' folgendermaßen ohne großen Aufwand herstellen (für 3–4 Personen):

Mittelalter-Rezeption

500 Gr. Rinderhack in Wasser kochen und erkalten lassen; 3–4 Äpfel schälen und sehr fein hacken; 200 Gr. kleine Speckwürfel dazu geben; 6 Eier untermischen; das kalte Hackfleisch in die Masse bröseln, pfeffern, wenig salzen, mit viel Liebstöckel durchsetzen und alles gut zu einer festen, aber insgesamt feuchten Masse kneten. Einen Teig aus ca. 300 Gr. Mehl, etwas Wasser, etwas Öl und 150 Gr. Schmalz kneten (man kann auch tiefgekühlten Hefe- oder Blätterteig nehmen), ausrollen, die Füllmasse auf den Teig legen, zu einer Brotform modellieren und mit dem Teig ringsum einhüllen. Oben mit einer Gabel mehrmals Löcher in den Teig stechen. Im Backofen bei ca. 180 Grad etwa 40–50 Minuten backen; nach 20 Minuten ein Eigelb auf den Teig streichen (das Auge isst mit). Nach dem Backen am besten mit einem elektrischen Messer Scheiben abschneiden und servieren. Dazu passt gut Cumberland-Sauce (anachronistisch!), Weißbrot und Rotwein.

Betrachten wir noch eine andere *ars mechanica*: Die folgende Anleitung zum Herstellen von Angelschnüren stammt aus dem ‚Tegernseer Angel- und Fischbüchlein' aus dem Ende des 15. Jhs. (Ausgabe: in Schmitt, 1972, Bibl.-Nr. 338, S. 66):

Mittelhochdeutscher Text

Wiltu ain gute angel snur machen zu den aschen, so mach zu vndtrischt ain snur, das du funff oder sechs stucklen pley daran magst gemachen. Das vassz besunder an ain snur, daspey Xij haren hab, vnd das das gantz herauf köm. Daran mach ain snur, als lang du die bedarfst, als lang du dann rüetten gehaben magst.

Neuhochdeutsche Übertragung
Wenn du eine gute Angelschnur für Äschen [eine Fischart] machen willst, dann mach zuunterst eine Schnur, sodass du fünf oder sechs Bleistücke daran hängen kannst. Befestige das gesondert an einer Schnur von etwa 12 Haaren Stärke und so, dass das ganz heraufkomme [?]. Daran befestige eine Schnur, die so lang ist, wie du sie brauchst, so lang wie deine Messlatte.

Text und Handlung

Auch hier wird aufgrund der sprachlichen Diktion der ‚Rezept'-Charakter deutlich: es dominiert der Imperativ Singular. Schritt für Schritt wird einem potentiellen Leser der Anweisung klargemacht, wie er vorzugehen hat. Ob die Anweisungen tatsächlich immer ‚klar' waren, steht dahin. In nicht wenigen Fällen tun wir uns heute schwer, Anleitungen wie diese und andere in allen Details nachzuvollziehen (was man durchaus empirisch zu tun versuchen muss, also: alle Materialien bereitlegen und nach Rezept anfangen zu ‚basteln'...). Grundsätzlich aber unterscheiden sich die mittelalterlichen Gebrauchs- und Herstellungsanweisungen in dieser Hinsicht gar nicht sehr von den unsrigen heute, denn wie oft sitzt man rätselnd über unverständlichen Computer-Benutzerhandbüchern oder brütet schwitzend über verklausulierten Heimwerkeranweisungen.

Die ‚artes magicae'

Magische Texte haben in allen Kulturen eine lange Tradition, so auch in der germanisch-deutschen (dazu grundlegend Kieckhefer, 1995, Bibl.-Nr. 535). Zwei alte deutsche magische Texte sind schon vorgestellt worden, die ‚Merseburger Zaubersprüche' (s. oben, S. 121f.). Magische Vorstellungen bleiben das ganze Mittelalter hindurch präsent, daran ändern weder die christliche Missionierung noch die massiven Anstrengungen der Kirche, Zauberei zu ‚verteufeln', etwas. Im Nonnenkloster Wienhausen z.B. fand man bei der Renovierung des Chorgestühls nicht nur kulturgeschichtlich hochinteressante frühe Brillen, sondern auch allerlei magisches Gerät, das von den Nonnen dort versteckt worden war. Magisches Handeln wurde vor allem im späteren Mittelalter (15. Jh.) auf (suspekte) Frauen übertragen: auf dann so genannte ‚Hexen', denen bekanntlich fürchterliche Prozesse gemacht wurden; der bedeutendste und erschreckendste Text, der diese Verfolgungen dokumentiert, ist der ‚Hexenhammer' der Inquisitoren Heinrich Institoris und Jakob Sprenger, der von 1487 bis ins spätere 17. Jh. hinein Auflagen erlebte und Grundlage für Hexenprozesse war. Dies aber ist eine Erscheinung des *ausgehenden* Mittelalters und der frühen Neuzeit; von der landläufig immer wieder anzutreffenden Fehleinschätzung, dass im Laufe des Mittelalters Hexen verbrannt worden seien, muss man sich lösen. Auch in dieser Hinsicht war das Mittelalter nicht so dunkel, wie es in populären Vorstellungen imaginiert wird.

Was bringt die Zukunft?

‚Mantik' und ‚Magie' können verstanden werden als „Praktiken der Zukunftserforschung und der Einwirkung auf die Wirklichkeit außerhalb der Naturgesetze" (Assion, 1973, Bibl.-Nr. 539, S. 159). Herausragender literarischer Vertreter dieser Thematik ist Johannes Hartlieb (um 1400–1468), „vielseitig gebildet, welterfahren, zudem durch mächtige Gönner vor dem strafenden Arm der Kirche weitgehend sicher" (Eisermann/Graf, 1989, Bibl.-Nr. 346, S. 10). Sein ‚Buch aller verbotenen Künste' ist eine Art Enzyklopädie; den beschriebenen Praktiken steht er jedoch oft genug kritisch und warnend gegenüber, wie folgendes Beispiel zeigt (Text: Bibl.-Nr. 346, S. 108ff.):

Mittelhochdeutscher Text
Item die maister sprechen, wer ainen weitten tisch hab, der werd reich, wer ain große lyni des tisch hab, der sech geren essen, wer lyni hab in seinem bett, sovil der sind, sovil weiber müß er haben, und wieviel liny sind an dem pallen des mynnsten vingers, sovil kind müß er haben. [...] Der sag ist gar vil und in wårhaitt es ist chain grunt noch wårhait in der kunst. Darumb sol dein fürstlich genad chainen glauben daran haben. [...] Das alles ist ain ungelaub, wann die puncten und lyni, die chomen, so sich die hawt rümpfft oder sich sonst schürpfft, und nicht das sy bös oder gůts bedewten. Das solt du gelauben und nit anders. Gelaubst du aber anders, so tůst du allweg ain tottsünd und treibst uncristenliche ding.

Neuhochdeutsche Übertragung (von Eisermann/Graf)
Die Meister sagen, wer einen großen Tisch habe, der werde Reichtum erlangen, und wer eine lange Tischlinie habe, der äße gerne. Wer Linien in seinem Bett habe, der werde soviel Frauen haben, wie es Linien sind. Und so viele Linien sich auf dem Ballen befinden, der dem kleinen Finger vorgelagert ist, so viele Kinder werde er haben. [...] Davon wird viel geredet, aber in Wahrheit besitzt diese Kunst weder eine Grundlage noch Wahrhaftigkeit. Darum, Fürstliche Gnaden, sollt Ihr nicht an sie glauben. [...] Natürlich ist das Aberglaube, denn die Punkte und Linien entstehen, weil sich die Haut in Falten legt oder geschürft wird, und sie bedeuten nichts Gutes oder Schlechtes. Das sollt Ihr glauben und nichts anderes. Glaubt Ihr es dennoch, so begeht Ihr in jedem Fall eine Todsünde, weil Ihr Euch unchristlicher Dinge befleißigt.

Manche Details des Textes bleiben für uns zunächst unklar, vor allem was die Begrifflichkeit von ‚Tisch' und ‚Bett' angeht. In anderen Abschnitten hat Hartlieb das erläutert. Es handelt sich um eine ‚Fachterminologie' der Chiromantiker: sie bezeichnen damit verschiedene Partien der Handflächen. Der Beispieltext zeigt auch, dass Hartliebs ‚Buch aller verbotenen Künste' mindestens zwei Funktionen erfüllt: Zum einen dokumentiert es mantischmagische Praktiken *kritisch*, zum anderen kann es als eine Art ‚Fürstenspiegel' verstanden werden, als ein Werk, das sich, wie oben zu lesen ist, an *ewr genad* richtet und lehrend Einfluss ausüben will.

Medizin

Medizinisches Wissen in Texten

Das wissenschaftliche Gebäude der mittelalterlichen Medizin ist hochkomplex (dazu einführend Schipperges, 1985, Bibl.-Nr. 542) und kann hier auch nicht andeutungsweise zur Erläuterung gelangen. Es sei nur soviel gesagt, dass grundsätzlich über viele Jahrhunderte hinweg (von der Antike bis ins spätere Mittelalter) zwischen medizinischer Theorie und (chirurgischer) Praxis unterschieden wurde. Das eine, die Theorie, war das Universitätsfach, den gelehrten *doctores* vorbehalten, das andere, das Aderlassen, Starstechen (Augenoperation), Zahnbrechen oder Amputieren, gehörte zunächst nicht zu dieser akademischen Welt und war eine *ars mechanica.* Die medizinische Theorie des Mittelalters hat eine lange und verzweigte Tradition. Die Wurzeln bilden das so genannte ‚Corpus Hippocraticum', Schriften von oder um den Griechen Hippokrates (ca. 460–377 v. Chr.). Sie werden in der römischen Welt rezipiert und erweitert, dieses konglomerierte Wissen wird von der arabischen Welt des 8-11. Jhs. aufgenommen und erneut auf- und bearbeitet, bis es schließlich in Spanien (Toledo) im 11. Jh. ins Lateinische übersetzt und damit dem mitteleuropäischen Abendland bekannt gemacht wird, zunächst in den seit dem 12. Jh. vermehrt gegründeten Universitäten. Aber recht bald beginnen auch (auszugsweise) Umsetzungen von Theoremen in die Volkssprache (Deutsch).
Betrachten wir in einem kleinen Ausschnitt, wie Konrad von Megenberg in seinem ‚Buch der Natur' (entstanden um 1348/50, Text: Bibl.-Nr. 340, S. 6f.; hier wird die ältere Ausgabe zitiert) die Anatomie des Gehirns beschreibt:

Mittelhochdeutscher Text
Daz hirn ist kalter nâtûr, als Aristotiles spricht, und daz herz ist heizer nâtûr, und darumb ist daz hirn gesetzt über daz herz, daz des herzen hitz des hirns kelten senftig. alsô sint auch andreu glider an dem menschen widerwärtig, wan ainz ist veucht, daz ander trucken, ainz kalt, daz ander warm. [...]

Neuhochdeutsche Übertragung
Das Gehirn ist von Natur aus kalt, wie Aristoteles sagt, und das Herz ist von Natur aus heiß, und deshalb wurde das Gehirn über dem Herzen angelegt, damit die Hitze des Herzens die Kälte des Gehirns mäßige. In gleicher Weise sind auch andere Körperteile des Menschen gegensätzlich, denn eins ist feucht, das andere trocken, eins ist kalt, ein anderes warm. [...]

So kurz der Textausschnitt auch ist, er gibt manches Wichtige zu erkennen: Wie bereits oben (zur Astronomie, S. 183) zu beobachten war, stützt man sich auch hier im Bereich der Medizin vielfach und immer wieder auf Autoritäten, in diesem Fall ist es der große Philosoph Aristoteles. Konrad geht freilich nicht unmittelbar auf Aristoteles zurück, sondern zwischen ihm und dem antiken Denker liegen viele, im einzelnen schwer identifizierbare Vermittlungsstufen. Für uns immerhin gut greifbar ist Konrads Hauptquelle, der ‚liber de natura rerum' des Thomas Cantimpratensis (entstanden um 1228–1244), der seinerseits auf (z.T. ebenfalls vermittelte) Texte des Aristoteles, Ovid (43 v. Chr.–18 n. Chr.), Plinius des Älteren (23–79), Ptolemäus (Mitte 2. Jh. n. Chr.) u.a. basiert. Die medizinische Theorie, die Konrad hier referiert, wird pauschal mit dem Begriff ‚Humoralpathologie'[4] versehen. Demnach setzt sich die ganze Welt und auch der Mensch aus den vier Grundqualitäten Erde, Wasser, Feuer und Luft zusammen. Diesen Qualitäten werden Grundeigenschaften beigeordnet; das Feuer ist warm und trocken, das Wasser feucht und kalt, die Erde kalt und trocken und die Luft feucht und warm. Im Laufe großer Zeiträume wird dieses Vierersystem immer weiter ausgebaut, und schließlich werden auch Körpersäfte (Blut, Schleim, Galle) und ‚Temperamente' in das Schema integriert, sodass etwa das Blut der Luft und den Qualitäten feucht/warm zugewiesen wird und diese Konstellation das Temperament des ‚Sanguinikers' (von lat. *sanguis* = das Blut) begünstigt. Der Mensch ist dann gesund, wenn er alle vier Qualitäten/Säfte in ausgewogener Weise in sich vereint und dann ein im Sinn des Wortes ausgeglichenes ‚Temperament' hat (von lat. *temperare* = mischen). Der Textausschnitt aus Konrads ‚Buch der Natur' zeigt diese Theorie: Das Gehirn ist kalt, daher muss, um die Kälte im Menschen nicht dominant werden zu lassen, etwas zum Mischungsausgleich hinzutreten, hier ist es das Herz, das primär heißer Natur ist. Etwas später im Abschnitt über das Gehirn wird die Theorie gar noch stärker veranschaulicht: Das Gehirn hat demnach ausschließlich die Funktion eines biologischen Kühlaggregats: *Daz hirn ist in dem menschen neur durch ain behaltung der nâtûr, reht als deu kelten in dem kelr ist durch die behaltung des weins* (‚Das Gehirn ist nur deshalb da, um die Natur aufrecht zu erhalten, so wie die Kälte im Keller dazu da ist, dass der Wein nicht verdirbt').

Reiche Traditionen bis in die Antike

4 Pathologie: Lehre von den Krankheiten. Humoral-: zu lat. *humores* = ‚Säfte'. ‚Humoralpathologie' bedeutet also: Lehre von Krankheiten, die durch Unausgewogenheit der (Körper-) Säfte bedingt sind.

Rechtstexte

Zum Abschluss dieses Kapitels über deutschsprachige Fachliteratur sei auf das Gebiet der Rechtswissenschaft hingewiesen. Rechtstexte selbst sind alt und stellen ein Stück Zivilisationsgeschichte dar. Lateinischsprachige Rechtssammlungen, die sich auf germanische Stämme beziehen, sind bereits aus voralthochdeutscher Zeit bekannt. Erste (Teil-)Übersetzungen ins Althochdeutsche begegnen gleichfalls früh; die Tradition bricht bis in das späte Mittelalter hinein nicht ab. Nicht immer sind es große Rechtssammlungen, die in der Volkssprache begegnen, sondern auch kleinere Texte wie ‚Markbeschreibungen' und ‚Trauformeln' (einführend Johanek, 1987, Bibl.-Nr. 544).

‚Verbrieftes Recht' — vertextetes Recht

Eine der berühmtesten deutschsprachigen Rechtssummen stellt der ‚Sachsenspiegel' Eikes von Repgow dar (dazu Schmidt-Wiegand/Hüpper, 1991, Bibl.-Nr. 552), in vielen Handschriften verbreitet, darunter finden sich vier, die auch bebildert sind. Der Verfasser ist ein anhaltischer Ritter aus dem Dorf Reppichau bei Dessau. Er dürfte zwischen 1180 und 1190 geboren worden sein; den ‚Sachsenspiegel' hat er um 1225/35 fertiggestellt. Der ‚Sachsenspiegel' ist in mittelniederdeutscher Sprache abgefasst. Er stellt einen Sachtext dar, der eine unmittelbare lebenspraktische Relevanz besitzt oder besitzen soll und der zu großen Teilen eine „Zusammenfassung ungeschriebener geltender ostfälischer Rechtsgewohnheiten aus der Gerichtspraxis und aus dem täglichen Rechtsleben" darstellt (Schlosser, 1971, Bibl.-Nr. 538, Sp. 807). Eike ist Vermittler von Recht und verweist darauf, dass er nichts selbst ‚erfindet', sondern Erdachtes der Vorfahren schriftlich fixiert und einer Tradition überantwortet (Text: Bibl.-Nr. 344, S. 41, V. 151ff.):

Mittelniederdeutscher Text	*Neuhochdeutsche Übertragung*
Dit recht hebbe ek selve nicht irdacht,	Dieses Recht habe ich nicht selbst erdacht,
it hebbet van aldere an unsik gebracht	es haben uns aus alter Zeit
Unse guden vorevaren	unsere guten Vorfahren überliefert.

Dieses ‚Vorwort' hat Eike in Reimpaarversen geschrieben.
Die einzelnen Rechtsparagraphen sind in Prosa formuliert. Ein Beispiel (Text: Bibl.-Nr. 344, S. 269, Landrecht III 90 § 3):

Mittelniederdeutscher Text	*Neuhochdeutsche Übertragung*
Valt sek en man, oder wert he gewundet	Wird ein Mensch krank, oder wird er verwundet oder so sehr geschlagen,
oder geslagen also sere, dat he to dorpe	dass er

nicht komen ne mach; swe den in dreget,	nicht ins Dorf gehen kann; wer den zu sich aufnimmt,
unde stirft he danne binnen sinen geweren,	und wenn der dann bei dem, der ihn
he scal is bliven ane scaden. Sine erven	aufnimmt, stirbt, so soll dieser
scolen eme san sine kost gelden [...]	dafür nicht zur Rechenschaft gezogen werden. Die Erben [des Toten] sollen dem, der ihn aufgenommen hat, die Unkosten erstatten.

Dieser Rechtsgrundsatz wird in der Heidelberger Bilderhandschrift des ‚Sachsenspiegels' (Cpg[5] 164), die um 1330 entstanden ist, wie folgt ikonographisch umgesetzt (Bibl.-Nr. 276, S. 108):

Das Recht im Bild

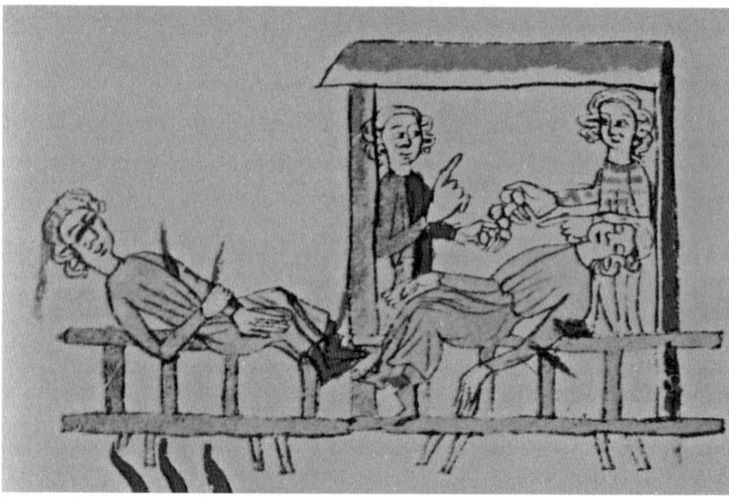

Abb. 7: Links sehen wir einen Verletzten, noch lebend und außerhalb eines Hauses; rechts befindet sich der Verletzte, nun verstorben, im Haus der links stehenden Person, die von der Person rechts Geld erhält (Unkostenerstattung). Die übergroße Hand (mit ausgestrecktem Zeigefinger) der Person links gehört zu einem elaborierten Zeichen- und Gestensystem, das immer wieder in bildlichen Darstellungen von Rechtshandlungen begegnet.

5 Cpg = **C**odex **p**alatinus **g**ermanicus; so werden deutsche Handschriften der Universitätsbibliothek Heidelberg bezeichnet.

8. Praktische Hinweise für Studienanfänger

Im Folgenden sollen knapp und möglichst übersichtlich einige Hinweise auf den sinnvollen und verständigen Umgang mit wichtigen Hilfsmitteln des Faches gegeben werden. Eine strikte Auswahl war hier nötig: (1) Da der und die Studierende der germanistischen Mediävistik hauptsächlich mit *mittelhochdeutscher* Literatur zu tun hat und von daher auf das Konsultieren *mittelhochdeutscher* Wörterbücher angewiesen ist, gebe ich zunächst einige Erläuterungen zum ‚kleinen' und ‚großen' Lexer sowie zum ‚BMZ', dem Wörterbuch von Benecke, Müller und Zarncke. (2) Aus gleichem Grund stelle ich die im akademischen Unterricht vielfach eingesetzte ‚Mittelhochdeutsche Grammatik' von Paul, Wiehl und Grosse näher vor. (3) Schließlich soll aus der Fülle von Nachschlagewerken das für den germanistischen Mediävisten bedeutendste herausgehoben werden: das ‚Verfasserlexikon' in der 2. Auflage.

8.1. Wörterbücher

Unverzichtbar: die lexikographische Arbeit

Wer sich einen mittelhochdeutschen Text erschließen will, muss beim einzelnen Wort anfangen. Ein Anfänger wird immer und immer wieder ein Lexikon zur Hand nehmen müssen. Es gibt derer mehrere (Bibl.-Nrr. 606–616). Mit Ausnahme des Lexikons von Beate Hennig gehen alle Wörterbücher auf Arbeiten des 19. Jhs. zurück. Aufgrund der dort vorherrschenden Methoden und aufgrund der – verglichen mit heute – beschränkteren Sicht der Dinge weisen diese Wörterbücher manche Defizite auf. Aber: Bis heute liegen keine ‚besseren' Nachschlagewerke vor, und man ist nach wie vor auf die Arbeiten unserer ‚Väter' angewiesen. Allerdings hat man in den letzten Jahrzehnten begonnen, mit kleinen Schritten die lexikographische Situation zu bessern; darüber hinaus wird z.Zt. ein neues mittelhochdeutsches Wörterbuch vorbereitet (dazu Bibl.-Nr. 595–597). Das Wörterbuch von Beate Hennig (Bibl.-Nr. 614) ist jüngeren Datums und zudem preiswerter als der ‚kleine' Lexer. Man kann mit diesem Wörterbuch durchaus arbeiten. Aber: Im Gegensatz zum ‚kleinen' Lexer (in Verbindung mit dem ‚großen') ist Hennigs Lexikon kein ‚wissenschaftliches' Instrumentarium, denn der Benutzer ist den Bedeutungsangaben auf Treu und Glauben ausgeliefert, er erhält keine Möglichkeit, selbst die Bedeutungsangaben an den zugrunde liegenden Kontexten zu überprüfen (wie dies beim ‚Lexer' geschehen kann, erläutere ich weiter unten).

Auf der Suche nach der rechten Bedeutung

Stellen wir uns eine konkrete Situation vor: Wir sitzen über einem mittelhochdeutschen Text, in dem u.a. das Verb *blæjen* steht, das wir nicht kennen. Wir blättern zunächst im handlichen ‚kleinen' Lexer (Bibl.-Nr. 607) und finden zwei Lemmata (Stichwörter) ausgewiesen: (1) *blæjen* und diverse Nebenformen mit verschiedenen Bedeutungsangaben; (2) *blæjen* und diverse Nebenformen mit nur einer Bedeutungsangabe: ‚blöken'. Nehmen wir nun an, dass wir die Bedeutung ‚blöken' für unseren Text von vornherein ausschließen können, und konzentrieren wir uns daher auf den Fall (1), den ich hier faksimiliert wiedergebe; darunter stehen Erläuterungen zu den einzelnen Einträgen:

blæjen, blægen, blæwen blæn swv. intr. blasen. — tr. u. refl. blähen, aufblähen; schmelzen und durch schmelzen bereiten.
blæjen, blægen, blæn swv. blöken.

● Fett hervorgehoben ist das Lemma (Stichwort), hier sind es gleich mehrere; das bedeutet: In den einzelnen Texten findet sich das Verb in unterschiedlicher Lautung, meist dialektal bedingt.

● Die Abkürzung ‚swv.' bedeutet: ‚schwaches Verb'; die Abkürzung ‚intr.' bedeutet ‚intransitiv', d.h., dass das Verb kein Akk.-Objekt hat [alle in einzelnen Wortartikeln benutzten Abkürzungen sind in einer Liste am Anfang des Lexikons aufgelöst]. Nach diesen grammatikalischen Erläuterungen folgt eine Bedeutungsangabe: ‚blasen'.

● Der waagerechte Strich deutet an, dass das Verb grammatikalisch auch anders erscheinen kann, nämlich ‚tr.' = ‚transitiv' (mit Akk.-Objekt verbunden) und ‚refl.' = ‚reflexiv'.

● In den zuletzt genannten grammatikalischen Funktionen hat das Verb andere Bedeutungen: einmal: ‚blähen' und ‚aufblähen'. Das folgende Semikolon weist darauf hin, dass noch weitere Bedeutungen vorliegen, die aber von der ersten (‚blähen') recht weit entfernt sind, nämlich: ‚schmelzen und durch schmelzen bereiten'.

In den meisten Fällen werden wir mit den Informationen zufrieden sein und können mit unserer Übersetzungsarbeit fortfahren. Es kann aber auch sein, dass wir mit den Bedeutungsangaben im ‚kleinen' Lexer nicht recht weiterkommen oder dass wir gerne wissen möchten, worauf die Bedeutungsangaben beruhen. Dann müssen wir uns den dreibändigen ‚großen' Lexer vornehmen (Bibl.-Nr. 606), denn er stellt die Grundlage für den ‚kleinen' dar. Dort finden wir den folgenden Artikel (siehe die nächste Seite), auch hier faksimiliert wiedergegeben, darunter Erläuterungen:

blæjen *swv.* (I. 196ª) *prät.* blæte, blâte, *part.* geblæt *u. st.* geblân (*s.* Gr. I², 935); *nebenff.* blæwen Berth. 395, 11. blægen Mart. 104, 93. Netz 382. 5417. 5434 *u. öfter.* blêgen Mart. 76, 7. *dritte pers.* bleit (: bitterkeit) Diut. 3, 6. *contrah.* blæn: *intr. blasen* Ms. mir ist ein lop erloschen, dem ich doch vil dicke zuo mit guoten sprüchen blæte Msh. 3, 16ᵇ; *tr. u. refl. blähen, aufblähen eigentl. u. bildl.* Erinn. (geblæt als ein slegel 631) Bon. Dietr. Helbl. dar under was diu hût geblæt Krone 19679. 19715. sich blæjen Renn. 12422. 14345. Mor. 1, 19679. 19715. Hpt. 7. 353, 4. die himele sich dô blæten sêr mit einem starken sturmwint Ls. 1. 344, 336; *im angeblasenen feuer schmelzen u. durch schmelzen bereiten* Schm. *Fr.* 1, 319. *figürl.* misselinge blæn Trist. 15064. — *mit* ûf; durch-, er-, ge-, under-, ver-, zer-. *zu lat.* flare Curt. 1, 265. Kuhn 8, 256. *vgl.* blâsen;

blæjen *stn.* (I. 196ᵇ) *das blähen, die blähung* Bon. Mgb. 404, 10. 411, 15; *pl.* diu plæen *ib.* 405, 13.

- Fett und ausgerückt: das Lemma; darauf folgt die Abkürzung ‚swv' = ‚schwaches Verb'.
- Sehr wichtig ist die Angabe in Klammern: ‚(I. 196ª)'. Sie verweist auf ein anderes ‚großes' Wörterbuch, das bereits vor dem ‚Lexer' existierte, nämlich das Mittelhochdeutsche Wörterbuch von Benecke, Müller und Zarncke (dazu unten mehr); ‚I' verweist auf den Band, ‚196' auf die Seite und das hochgestellte ‚a' auf die Spalte dieser Seite.
- Es folgen einige spezifische grammatikalische Informationen: das Verb zeigt mehrere Präterital- und Partizip-Perfekt-Formen; der Klammerhinweis ‚s. Gr. ...' verweist auf die Deutsche Grammatik von Jacob Grimm [alle solche Abkürzungen werden zu Beginn des Wörterbuchbandes aufgelöst].
- Es folgt eine Auflistung von Nebenformen (‚nebenff.'), und hier stoßen wir auf einen entscheidenden Unterschied zum ‚kleinen' Lexer: Während im ‚kleinen' Lexer die Nebenformen nur aufgezählt wurden, erhalten wir im ‚großen' Hinweise darauf, *in welchen Texten* diese Nebenformen zu finden sind, z.B.: ‚Mart. 104, 93'; eine Liste zu Beginn des Bandes löst das Kürzel: „Mart.: Martina von Hugo von Langenstein, herausg. v. Keller. Stuttgart 1856"; die Zahlen beziehen sich auf Seiten und Zeilen. Wir haben nun die Möglichkeit, diesen Text selbst einzusehen, und können prüfen, ob es stimmt, was Lexer verzeichnet.
- Es folgen die Bedeutungsangaben. Und auch hier ein kategorialer Unterschied zum ‚kleinen' Lexer: Wurden dort die Bedeutungen kommentarlos angegeben, finden wir hier einen kleinen Kontext mit abgedruckt, sodass wir sehen können, wie das Wort in einem syntaktischen und lexikalischen Zusammenhang begegnet; außerdem wird auch hier jeweils vermerkt, um welche Texte es sich handelt, sodass wir uns *selbst* mit den Bedeutungs-*vorschlägen* auseinandersetzen können. Insofern ist der ‚große' Lexer ein *wissenschaftliches* Wörterbuch (die Bedeutungsangaben im Wörterbuch von Beate Hennig hingegen kann man nicht in dieser Weise überprüfen).
- Am Ende des Artikels werden noch Hinweise auf präpositionale Verbindungen, Präfix-(Vorsilben-) Erweiterungen und Zusammenhänge mit nicht germanischen Sprachen gegeben.

Je nach Lage des Einzelfalles kann es sein, dass wir auch mit den Informationen im ‚großen' Lexer noch unzufrieden sind. Dann gewinnt für uns der Klammereintrag ‚(I. 196[a])' Bedeutung.

Matthias Lexer war nämlich nicht der erste, der sich daran machte, den mittelhochdeutschen Wortschatz zu erfassen. Dies taten vor ihm bereits drei andere Philologen: Georg Friedrich Benecke, Wilhelm Müller und Friedrich Zarncke (Bibl.-Nr. 608). Ihr großangelegtes Wörterbuch ist allerdings etwas benutzerunfreundlich angelegt. Die Lemmata sind nicht alphabetisch, sondern nach Wortwurzeln geordnet: So findet man z.B. das Wort *durchæhter* nicht unter ‚D', sondern unter ‚A', weil es zum Grundwort *âhte, æhte* zu stellen ist; das Beispiel ist noch ein einfaches, in anderen Fällen muss man eine gehörige Portion sprachhistorischen Wissens mitbringen, um ein Wort im BMZ überhaupt zu finden.

Handhabung der Wörterbücher

Das hatte bereits Matthias Lexer erkannt, der denn auch kein ganz neues Wörterbuch schuf, sondern zu großen Teilen auf den BMZ zurückging. Der Untertitel seines Lexikons veranschaulicht den prinzipiellen Status des ‚großen' Lexer:

„Mittelhochdeutsches Handwörterbuch von Dr. Matthias Lexer. *Zugleich als Supplement* [= Zusatz, Erweiterung] *und alphabetischer Index zum Mittelhochdeutschen Wörterbuche von Benecke-Müller-Zarncke.*"

Mit Hilfe der Klammereinträge im ‚großen' Lexer findet man sich im ‚BMZ' leicht zurecht.

Betrachten wir, was uns im ersten Band des BMZ auf Seite 196, Spalte a, zu unserem Problemverb geboten wird (siehe nächste Seite; hier wurde zur Demonstration der online-Version des BMZ der entsprechende Artikel per drag&drop von der Homepage des Kompetenzzentrums für elektronische Erschließungs- und Publikationsverfahren in den Geisteswissenschaften (http://germa83.uni-trier.de/MWV-online/) in die Textverarbeitung für dieses Buch übertragen):

BLÆJE *(prät.* blæte *oder* blâte, geblæt) *swv. blähe (ahd.* blâju Graff 3,234. *Diefenb. g. wb.* 1,310. *vgl.* Schmeller wb. 1,251).

1. *ohne objectivcasus, ich blase.* die winde die sô sêre wænt gegen mir von Barbarîe, daȥ si sô rehte unsüeȥe (unsuoȥe MS. H. 2,95. a) blænt... gebent mir grôȥ ungemüete MS. 2,68. b. *wäre* unsüeȥe *nicht adv., sondern accus. des substantives, so fiele dieser allerdings auffallende sprachgebrauch weg; denn* blænt MS. 2,13. a: der vogel wirt niht sanges lût die wîle Auster und Borêas sich hebent unde blænt *läßt sich mit dem accus.* sich *verbinden.*

2. *mit dem reflexiven accus.* sich *blähe mich, blase mich auf, schwelle an.* ist si (*die gerste*) viuhte und blæjet sich Griesh. pred. 1,22. diu krote blâte sich noch groȥȥer *dicker* MS. 2,172. b. MS. 2,13. a. *ist so eben angeführt.* vaste blâter sich Boner 46,12. 19. swer mit vergifter hôchvart geblæjet ist Boner 46,43. daȥ si sich blæjent wider dich Boner 84,37. wes blæjest du dich, esche Mart. 118. daȥ sich ein geswulst hin dan blæt ûf für mîniu wange Helbl. 3,164.

3. *mit transitivem accus.* nu schowe in an allen mitten dâ ist er geblæt als ein segel Heinr. tod. gehüg. 589. hôhe beginnent die winde wæn, die müeȥen kalten rîfen blæn warn. 1914. als blæjet diu hôchvart den menschen Griesh. pred. 1,115. dâ blæt der eiterîne nît dem friunde misselinge an iegelîchem dinge Trist. 15064. daȥ viuwer daȥ gienc vast entwer sam eȥ ein esse blæte Dietr. 91. a. daȥ viuwer ûȥ ir helmen pran sam eȥ ein blâsbalc blæte Rab. 47. b. diu mûs begunde ertrin. ken. von dem waȥȥer wart si geblân man sach si wider ûf gân *von dem wasser wurde sie aufgeblasen, und stieg wieder in die höhe* a. w. 3,177 (*sollte dieses starke particip, analog dem particip* lân *st.* lâȥen, *zu dem vollw.* ich blase *gehören?).*

Erläuterungen:

Zunächst fällt auf, dass das Verb nicht im Infinitiv, sondern flektiert (1. P. Sg. Präs.) als Lemma ausgewiesen wird.
Ansonsten entspricht der Aufbau und das Prinzip des Artikels dem ‚großen' Lexer. Aber: Der Artikel ist um einiges länger, und das heißt, es werden uns im BMZ weit mehr Belegstellen geboten als im ‚großen' Lexer. Das wiederum bedeutet: Der BMZ ist durch den ‚großen' Lexer keineswegs überholt. Sobald schwierige lexikalische und semantische Probieme auftreten, muss man also immer auch den BMZ zu Rate ziehen.

Eines sollte noch zu den Wörterbüchern insgesamt erwähnt werden: Die Lemmata und Kontexte gehen in den allermeisten Fällen auf *Editionen* zurück, nicht auf die Handschriften, die diesen Editionen zugrunde liegen. Und da die großen wissenschaftlichen Wörterbücher im 19. Jh. entstanden sind, begegnen die Stichwörter und die zitierten Kontexte in einer Form, die den Editionsprinzipien des 19. Jhs. verpflichtet ist. Das heißt vor allem: es sind *normalisierte* Sprachformen. Dies ist vor allem dann wichtig zu beachten, wenn man sich mit dialektalen Nebenformen von Wörtern befassen muss.

Alte Wörterbücher und neue Technologie

Seit einigen Jahren sind die gerade vorgestellten Wörterbücher auch in digitaler Form zugänglich, auf CD-ROM und – kostenlos zu nutzen! – im Internet. Das eröffnet sehr gute Arbeitsmöglichkeiten, gerade wenn man nicht die Möglichkeit hat, immer eine Bibliothek aufzusuchen. Am besten kommt man an die Wörterbücher über das für Altgermanisten derzeit beste Internetportal mediaevum.de. Dort findet man rasch eine Rubrik ‚Wörterbücher'. Was besonders attraktiv ist: die mittelhochdeutschen Wörterbücher sind untereinander verlinkt, sodass man von einem Lexer-Eintrag mühelos und sekundenschnell (vom Internetanschluss abhängig) zum korrespondierenden BMZ-Eintrag springen kann. Außerdem sind Nachträge zum Lexer sowie ein sogenanntes ‚Findebuch' verlinkt, das das Verifizieren von Textausgaben sehr schnell möglich macht.
Die Digitalisierung der Wörterbuchdaten ist sehr verlässlich vorgenommen worden; ein Pionier der modernen Datenverarbeitung in der Altgermanistik, Kurt Gärtner von der Universität Trier, hat alles vorbildlich organisiert und überwacht. (Informationen über das sehr aufwändige Digitalisierungsprojekt finden sich auf den entsprechenden Homepages der Wörterbücher.)

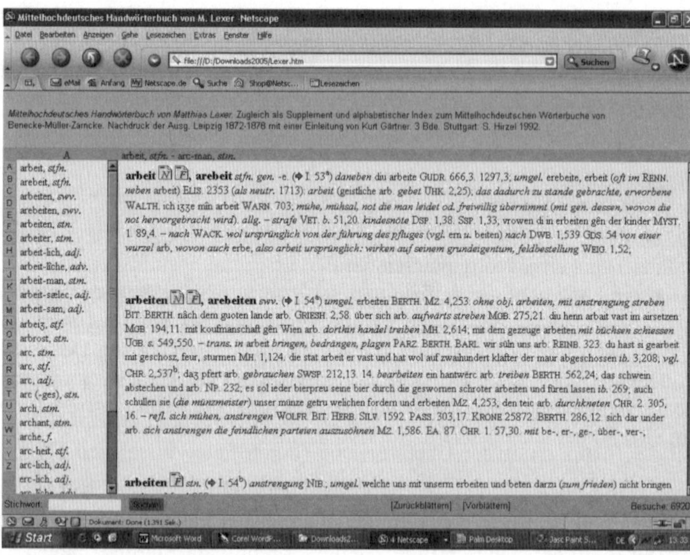

Abb. 1: Lexer online (Screenshot vom 29. Juni 2005)

Doch damit nicht genug! Auch das bislang umfangreichste und in vielerlei Hinsicht informativste Wörterbuch der deutschen Sprache, eben das ‚Deutsche Wörterbuch' der Brüder Jacob und Wilhelm Grimm (Bibl.-Nr. 594) liegt in digitaler Aufbereitung zur kostenfreien Nutzung im www bereit (ebenfalls über das Portal mediaevum.de leicht zu erreichen). Damit sind zur Zeit wirklich gute Arbeitsmöglichkeiten für die historische Wortforschung geschaffen.

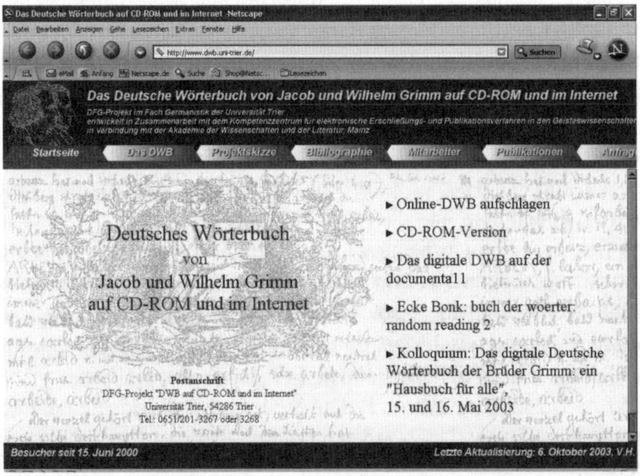

Abb. 2: Das Deutsche Wörterbuch der Brüder Grimm im Internet (Screenshot vom 29. Juni 2005)

8.2. Grammatiken

Verglichen mit den Wörterbüchern ist das Erscheinungsbild der Grammatiken und Sprachgeschichten um einiges vielfältiger (siehe Bibl.-Nr. 566–591). Wenn wir den Blick auf die *mittelhochdeutsche* Grammatik richten, zeigt sich indes, dass die Grundprobleme ähnlich sind: Die im akademischen Unterricht meist verwendete Grammatik von Paul/Wiehl/Grosse (Bibl.-Nr. 576) geht wie die Wörterbücher in das 19. Jh. (Hermann Paul) zurück, wenn auch der Status moderner Überarbeitung (durch Peter Wiehl und Siegfried Grosse) ein ganz anderer ist. Trotzdem darf nicht übersehen werden, dass die Deskription grammatischer Erscheinungen zumeist auf einem bereits durch Editoren ‚normalisierten' und konjizierten (verbesserten) Textkorpus gründet. Erst in jüngster Zeit hat man begonnen, eine grundlegend neue ‚Mittelhochdeutsche Grammatik' in Angriff zu nehmen, deren Basis *Handschriften* sind (das Projekt wird geleitet von Thomas Klein, Bonn, Hans Joachim

Solms, Halle, und Klaus-Peter Wegera, Bochum; bis diese Grammatik gedruckt vorliegt, werden allerdings noch einige Jahre vergehen).
Wie geht man mit einer mhd. Grammatik von der Art Paul/Wiehl/Grosses um? Ein Anfänger wird zunächst vor den über 600 Seiten zu Recht Berührungsängste haben. Als ‚Einstieg' ist die Grammatik nicht geeignet. Hier sollte besser zu kleineren Übersichtswerken gegriffen werden (z.B. Bibl.-Nrr. 566 und 590).
Hat man sich jedoch einige Grundlagen angeeignet, dann helfen bei spezifischeren Problemen diese kleinen Grammatiken nicht weiter. Der nächste Schritt ist dann, Paul/Wiehl/Grosse zu konsultieren. Je nach vorliegendem Problem kann man sich entweder systematisch im Inhaltsverzeichnis orientieren oder die beiden ausführlichen Register (Sachregister, Wortregister) konsultieren.

Nicht einfach: der Umgang mit einer historischen Grammatik

Bleiben wir, um ein Beispiel zu geben, bei unserem lexikalischen Problem *blæjen*. Wir wissen nun, was das Verb bedeuten kann, aber uns machen bestimmte flektierte Formen Kummer, deren grammatischer Status uns allerdings noch nicht klar ist, sodass wir nicht über das Inhaltsverzeichnis der Grammatik weiterkommen. In solchen Fällen empfiehlt sich ein Blick in das Wortregister, um nachzuschauen, ob unser Problemfall dort eigens vermerkt ist. Und in der Tat: Wir finden auf S. 579 das Stichwort *blæjen*: ‚*blæjen* swV: 253 A. 1; 262 A. 4; 268 A. 3'. Die Stellenangaben bedeuten: Paragraph 253, Anmerkung 1 usw. Uns werden an diesen Stellen folgende Informationen geboten:

253 A. 1: „Zur Vermischung zwischen st. und sw. Flexion bei *bûwen*, ***blæjen***, *dræjen, (h)eischen* vgl. § 268, Anm. 3 u. 4".

> Wir befinden uns mit dem § 253 in der Systematik der starken Verben. Aus den Wörterbüchern war uns nur bekannt, dass *blæjen* ein schwaches Verb sei. Hier nun lernen wir, dass das Verb wohl zu einer Gruppe gehört, die eine Mischkonjugation aufweist. Wir werden weiterverwiesen auf einen anderen Paragraphen und schauen dort nach:

268 A. 3 u. 4: „Auch die ehemals reduplizierenden Verben *bûwen*, ***blæjen***, *dræjen* sind ganz in die sw. Klasse übergegangen, nur haben sie noch neben dem schwachen ein altes starkes Part. Prät. bewahrt: *gebûwet – erbûwen* (seltener *gebûwen*); ***geblât – geblân***; *gedrât – gedrân*."

> Wir erfahren hier etwas über die grammatisch-sprachhistorische Vergangenheit des Verbs. Wenn man mit dem Terminus ‚reduplizierende Verben' nichts anfangen kann, schaut man in der Grammatik im Sachregister nach und erhält dort einschlägige Verweise. Wir erfahren ferner, dass Reste der alten starken Konjugation nur noch vereinzelt im Partizip Präteritum erscheinen. Auf das Phänomen als solches waren wir bereits durch den ‚großen' Lexer und den BMZ aufmerksam gemacht worden; hier finden wir eine Erklärung.

262, A. 4: In diesem Paragraphen werden wir, was unser *blæjen* angeht, nur weiterverwiesen auf den Paragraphen 268 A. 3, den wir bereits kennen: „Über ***blæjen****, dræjen, bûwen* s. § 268, Anm. 3".

> Man mag denken, dass dieser Querverweis nicht nötig ist. Das stimmt aber nicht ganz, denn mit dem Paragraphen 262 befinden wir uns in der Systematik der schwachen Verben der Klasse 1b, und dadurch erhalten wir einen weiteren Hinweis auf den grammatischen Status unseres Falles, können uns mit sonstigen Eigenarten dieser Verbklasse befassen und vieles mehr.

Das Beispiel zeigt: Wenn man mit der Grammatik arbeiten will, dann muss man sich auf einiges Blättern einlassen, auf ein vielfältiges Verweisen, Weiterverweisen und Zurückverweisen. Das kostet Geduld und Zeit. Hat man sich aber durch alle Verweise hindurchgearbeitet, werden einem eine Menge problematischer Dinge klarer sein. Manches Mal aber kann auch die Grammatik von Paul/Wiehl/Grosse nicht erschöpfend Auskunft geben. In solchen Fällen wird auf Spezialliteratur verwiesen, und der Benutzer muss die Grammatik zuschlagen und sich in sprachhistorische Einzelstudien einlesen.

Geduld ist gefragt

8.3. Nachschlagewerke

Gerade für Anfänger sind Handbücher, Übersichtswerke, Einführungen, Lexika und Nachschlagewerke eine große Hilfe bei einer ersten Orientierung über ein spezifisches Problem, über einen Autor, ein Werk, ein Motiv usw. Es liegen, auch aus jüngster Zeit, viele gute Arbeiten solcher Art vor (Bibl.-Nrr. 624–646). Immer wieder wird man sie mit Gewinn zur Hand nehmen. Es muss aber auch eine Warnung ausgesprochen werden: Diese Hilfsmittel stellen Sachverhalte notgedrungen stets sehr komprimiert dar, und es bleibt nicht aus, dass mancher komplexe Fall in einem Lexikonartikel simplifiziert erscheint. Von daher ist es geboten, nach Abschluss einer ersten Orientierungsphase sich weiter in Spezialliteratur einzuarbeiten, die meist zeigt, dass alles viel komplizierter ist. Und *hier* muss man dann mit eigener Forschungsarbeit ansetzen. Hilfsmittel sind das, was das Wort meint: ‚Hilfen' und keine Forschungen. Es geht in den meisten Fällen nicht an, in einer wissenschaftlichen Arbeit als Beleg für eine eigene These einen Lexikonartikel zu zitieren (was aber immer wieder geschieht); der ‚Schülerduden', das ‚Abiturwissen Kompakt', das ‚Lexikon für die ganze Familie' mögen im Alltag hier und da nützlich sein, es sind aber keine wissenschaftlichen Referenzwerke!

Sinnvoll recherchieren

Es liegt jedoch für die Germanistik insgesamt mittlerweile ein großartig gelungenes dreibändiges Handbuch vor: das ‚Reallexikon der deutschen Literaturwissenschaft' (Bibl.-Nr. 628). Hier findet man ganz aktuell recherchierte

und sehr gut und systematisch aufbereitete Artikel zu zentralen Begriffen und Themen der Germanistik (z.B. zum Drama, zum Roman, zum Minnesang, zur Textkritik, zum Autor usw. – kein Begriff von Bedeutung, der hier nicht mit vielen Literaturhinweisen vorbildlich aufbereitet wäre!)
Für die germanistische Mediävistik gibt es darüber hinaus noch ein anderes Großlexikon, das alle anderen Hilfsmittel ähnlicher Art qualitativ und quantitativ bei weitem übertrifft: das ‚Verfasserlexikon' in der zweiten Auflage (Bibl.-Nr. 627), das gute bis exzellente Basisinformationen zu Autoren und anonymen Texten des deutschsprachigen Mittelalters bereit hält. Ich demonstriere an einem Beispiel kurzen Umfangs, wie die Artikel dieses Lexikons in aller Regel aufgebaut sind (‚Die Minne und die Ehre' (Bd. 6, 1987, Sp. 549)); links der Artikel faksimiliert, rechts Erläuterungen:

'Die Minne und die Ehre'

Minnerede des 15. Jh.s vom Typ Minnegericht.

Überlieferung. Donaueschingen, cod. 104 (→ 'Liedersaal-Handschrift'), 217vb–219rb (234 vv.); Heidelberg, cpg 313, 318^{v}–322^{r} (229 vv.).

Ausgabe. Liedersaal III, Nr. 205, S. 241–247.

In der gattungskonventionell mit Spaziergang als Einleitung und Gedenken an die Geliebte als Epimythion aufgebauten Minnerede (Titel: 'Reise zum Gericht der Minne') begegnet der Dichter einem reichgeschmückten Wagen, auf dem drei schöne Damen gefahren werden. Er folgt dem Gefährt bis zum Ziel der Reise: dem Gericht der Frau Venus. Eine der drei Damen ist Frau Ehre, die jetzt Frau Minne anklagt, die Menschen vom Pfad der Tugend abzubringen. Minne verteidigt sich mit dem Argument, daß ihr Feuer Würdige und Unwürdige erfasse. Es gelingt ihr, die Anwesenden von ihrer Unschuld zu überzeugen, und die Gerichtsszene endet mit dem fröhlichen Aufbruch aller Beteiligten im Morgengrauen.

Metrisch auffällig an dem inhaltlich konventionellen Text ist das manierierte Reimschema, das unter Ausnützung von Homonymie mit einem Reimwort für den Paarreim auskommt.

Literatur. BRANDIS, Minnereden, Nr. 456; W. BLANK, Die deutsche Minneallegorie, 1970, S. 66 Anm. 63.

ALFRED KARNEIN

- Auf den Titel des Textes folgt eine knappe Bestimmung der Textsorte sowie eine ungefähre Datierung.
- Wichtig sind die Angaben zur Überlieferung, hier mit einem Querverweis auf einen anderen Lexikonartikel (→ Liedersaal-Handschrift), der weitere Informationen bietet. Gleichfalls äußerst wichtig sind die Angaben zur Textausgabe, damit man als Benutzer weiß, wie man zur Lektüre kommt.
- Es folgt eine knappe Inhaltsangabe, hier vermengt mit Hinweisen auf die Gattungstradition und Formeigentümlichkeiten.
- Am Ende aller Artikel finden sich Verweise auf wichtige Forschungsliteratur, geordnet nach Erscheinungsjahren.
- Jeder Artikel ist namentlich gezeichnet, und das bedeutet, dass in der Regel die Artikel von entsprechend ausgewiesenen Fachleuten verfasst wurden, was das Niveau des ganzen Lexikons begründet.

Das ‚Verfasserlexikon' ist das ambitionierteste Nachschlagewerk der germanistischen Mediävistik. Die alphabetisierte Artikelgliederung führt natürlich dazu, dass übergeordnete Prinzipien, Modelle und Theoreme literaturgeschichtlicher Art nicht vorhanden sind. Eigene, versuchsweise durchgeführte ‚Experimente' im akademischen Unterricht haben indes gezeigt, dass das Verfasserlexikon durchaus auch für eine literaturgeschichtliche Darstellung funktionalisiert werden kann, z.B. dann, wenn man systematisch Artikel zusammensichtet und sie einem Gattungsbegriff, einer enger gefassten Periode oder einem Raum zuordnet. Ähnliches gilt auch für den ‚Neuen Kindler'

(Bibl.-Nr. 631; eine Neuauflage dieses ‚Neuen' ist in Planung – Erscheinungstermin ca. 2007), der zwar im Einzelnen weniger spezifische Informationen für die *deutsche* Literatur enthält, demgegenüber aber die Chance bietet, die Perspektive auf den europäischen Literaturraum zu vergrößern.

8.4. Die Altgermanistik im Internet

Das Internet ist inzwischen auch aus dem Universitätsalltag nicht mehr wegzudenken. Fast jeder Studierende verfügt über einen PC und hat meist auch einen privaten Internetzugang. Bei der Frage jedoch, wie sinnvoll das www für ein Studium der (Alt-) Germanistik ist, spielt die Medienkompetenz des Benutzers eine ganz entscheidende Rolle.

Medien-Kompetenz

Im Gegensatz zu manchen Naturwissenschaften sind die Geistswissenschaften bislang noch nicht wirklich ‚wissenschaftlich seriös' im Internet verankert. Das hat viele Gründe, die nicht zuletzt auch zu tun haben mit Urheberrechten an künstlerischen und wissenschaftlichen Leistungen.

Das beste Portal ist z.Zt. das schon genannte mediaevum.de. Hier finden sich eine Menge von gut aufbereiteten Links auf e-Texte, Faksimiles, Wörterbücher, Forschungsvorhaben, Institutionen und manches mehr.

Wenn es auch einerseits zu begrüßen ist, dass inzwischen eine recht große Menge von alt- und mittelhochdeutschen Texten in digitalisierter Form kostenfrei zugänglich ist, so muss andererseits nachdrücklich auf nicht selten gravierende Defizite hingewiesen werden (dazu Bein, 2004, Bibl.-Nr. 187a). In aller Regel werden gedruckte Texte digitalisiert, indem man sie abschreibt (das Einscannen ist nach wie vor mit einer sehr hohen Fehleranfälligkeit verbunden). Dieses Abschreiben generiert Fehler, die ein sehr genaues Korrigieren nötig machen. In vielen Fällen mangelt es hier aber noch an der erforderlichen Sorgfalt. Von daher kann man sagen: Gedruckte Texte sind fast durchweg zuverlässiger als digitalisierte.

Ein weiteres Problem kommt noch hinzu: Kostenlos im Netz zur Verfügung gestellte Texte basieren meistens auf veralteten Editionen, an denen weder Verlag noch Editor mehr Urheberrechte geltend machen können. Wir stehen hier also vor dem paradoxen Phänomen, dass in einem hochmodernen, dynamischen Medium veraltete Inhalte verbreitet werden.

Neues Medium — Veralteter Inhalt

Ich kann von daher nur dringend raten, niemals blindlings auf e-Texte (Quellentexte) zurück zu greifen. Man sollte zuvor Kontakt mit einer Dozentin/ einem Dozenten aufnehmen und sich Rat holen.

Ganz abgeraten werden muss von www-Informationen zu Autoren, Epochen, Werken usw. Gibt man beispielsweise in eine Suchmaschine wie google einen Autornamen ein, so wird man zugeschüttet mit Hunderten bis Tausenden

Vorsicht bei Recherchen im Internet

von Fundstellen – und fast durchweg ist die Qualität der angebotenen Informationen schlecht und wissenschaftlich völlig unbrauchbar. (Das gilt übrigens auch für die immer häufiger von Studierenden genutzte ‚freie‘ Enzyklopädie ‚Wikipedia‘; die dort zu findenden Informationen entbehren jeder überprüfbaren Basis! Man sollte die Finger davon lassen!)

Eine ‚analoge‘ Bibliothek mit echten Büchern ist in unserem Fach immer noch dem www weit überlegen. Die Bücher, seien es wissenschaftliche Spezialuntersuchungen, seien es Handbücher und Lexika, sind in aller Regel von kompetenten Fachvertretern erarbeitet worden; sie haben in Redaktionen und Verlagen verschiedene Qualitätsfilter passieren müssen und bieten meist zuverlässige und vor allem überprüfbare Informationen.
Das ‚Lexikon des Mittelalters‘, das ‚Verfasserlexikon‘ und das ‚Reallexikon der deutschen Literaturwissenschaft‘ (Bibl.-Nrr. 629, 627, 628) sind allen schön aussehenden Pseudomedien im www überlegen. Hier also sollte die Recherchearbeit beginnen!

Eigene Kompetenzen entwickeln

Ganz abzuraten ist schließlich vom Download von ins Netz gestellten Hausarbeiten anderer Studierender. Ein jeder, der das tut, betrügt nicht nur den Dozenten, sondern, was eigentlich schlimmer ist, sich selbst. Wir steuern ohnehin schon auf eine Bildungslandschaft zu, die sich mehr und mehr auf oberflächlichem Lexikonwissen-Niveau bewegt: Wissen aus dritter und vierter Hand sozusagen. Ich kann nur auffordern, sich diesem Trend zu verweigern. Eine eigene, authentische Kompetenz in einem bestimmten Fachgebiet zu erlangen, sollte das Maß aller Dinge sein.

Nur in einigen wenigen Bereichen hat das Internet analogen Büchern etwas voraus. Dies ist insbesondere bei der historischen Wortforschung der Fall. Die Recherche von Wörtern und Bedeutungen kann am PC schneller geschehen; und auch die Suche nach Parallelstellen für Wörter und Begriffe wird durch rasches maschinelles Durchsuchen großer Textcorpora einfacher. Hingewiesen sei hier auf die im Aufbau befindliche ‚Mittelhochdeutsche Begriffsdatenbank‘: http://mhdbdb.sbg.ac.at:8000/index.de.html (29. Juni 2005).

9. Tabelle: Politische Geschichte – Literatur

Die folgende tabellarische Übersicht dient einer schnellen Orientierung, kann aber (daher) nur eine grobe Auswahl von Daten bieten (auch in der Spalte ‚Herrscher/Päpste' finden sich freilich nur einige ausgewählte Namen). Der Zeitraum des 12. und 13. Jhs. enthält mehr Details, da besonders Anfänger gerade mit der Literatur jener Periode am ehesten konfrontiert werden. Nachdrücklich sei auf das umfangreiche Übersichtswerk ‚Das Mittelalter in Daten' (Bibl.-Nr. 633) hingewiesen.

ZEIT	EREIGNISSE	(weltl.) HERRSCHER	PÄPSTE	DEUTSCHE LITERATUR
700-800	Kloster- u. Bistumsgründungen ◆ Christianisierung der Sachsen	Pippin d. Kleine Karl d. Große	Gregor II. Gregor III. Hadrian I. Leo III.	erste dt. Schriftzeugnisse ◆ Übersetzungen aus dem Lat. ◆ Zauber- und Segensformeln ◆ ‚Wörterbücher' ◆ liturgische Formeln
800-900	Kaiserkrönung Karls d. Gr. ◆ Christianisierung der Sachsen u. Friesen ◆ Bildungspolitik Karls d. Großen ◆ fränkische Kloster- u. Domschulen ◆ Teilung des Frankenreiches durch Ludwig I.	Karl d. Große Ludwig I. Lothar I. Ludwig II. Karl II. Karl III.	Gregor IV. Leo IV. Nikolaus I. Hadrian II. Hadrian III.	*Hildebrandslied* (aufgeschrieben) ◆ *Wessobrunner Schöpfungsgedicht* ◆ *Straßburger Eide* ◆ Bibeldichtung ◆ Otfrid v. Weißenburg: *Evangelienharmonie* ◆ *Ludwigslied* ◆ *Georgslied* ◆ *Petruslied*
900-1000	Sieg Ottos I. über die Ungarn	Ludwig III. Heinrich I. Otto I. Otto II. Otto III.	Johannes X. Leo VI. Benedikt VI. Johannes XIV. Johannes XV.	Segensformeln ◆ *Merseburger Zaubersprüche* (aufgeschrieben) ◆ Notker III.: Übersetzungen ◆ Beicht- u. Predigttexte

1000-1100	Bistumsgründungen ◆ Schisma: lat. u. griech. Kirche ◆ erster Kreuzzug	Heinrich II. Konrad II. Heinrich III. Heinrich IV.	Silvester II. Benedikt VIII. Benedikt IX. Leo IX. Alexander II. Gregor VII. Urban II.	Notker III.: Übersetzungen ◆ Segensformeln ◆ Bibeldichtung (*Altdt. Genesis*) ◆ Ezzos *Gesang* ◆ Williram v. Ebersberg: *Hoheliedparaphrase* ◆ *Physiologus* ◆ *Annolied*
1100-1150	Investiturstreit ◆ Wormser Konkordat ◆ Wendenkreuzzug	Heinrich V. Lothar III. Konrad III.	Paschalis II. Calixtus II. Honorius II. Innozenz II.	Bibeldichtung ◆ altdt. Medizinbücher ◆ frühmhd. religiöse Dichtung ◆ *Kaiserchronik*
1150-1200	Thronstreit zwischen Otto IV. u. Philipp v. Schwaben ◆ 3. Kreuzzug	Friedrich I. (Barbarossa) Heinrich VI. Otto IV. Philipp v. Schwaben	Hadrian IV. Innozenz III.	frühmhd. religiöse Dichtung ◆ Anfänge des Minnesangs ◆ Spielmannsepik ◆ Minnesang: Reinmar, Walther ◆ Beginn polit. Sangspruchdichtung ◆ Lamprecht: *Alexander* ◆ Eilhart v. Oberg: *Tristan* ◆ Heinrich v. Veldeke: *Eneit* ◆ Hartmann v. Aue: *Erec, Armer Heinrich, Gregorius*
1200-1250	Ermordung Philipps ◆ Kaiserkrönung Ottos ◆ Friedrich II. Gegenkönig ◆ Niederlage Ottos IV. gegen franz.-welfische Koalition ◆ 4. u. 5. Kreuzzug ◆ 1250: Tod Friedrichs II.	Friedrich II. Heinrich (VII.) Konrad IV. Heinrich Raspe Wilhelm v. Holland	Honorius III. Gregor IX. Innozenz IV.	Hochphase des Minnesangs ◆ Sangspruchdichtung ◆ didaktische Literatur ◆ schwankhafte Kleinepik ◆ aventiurehafte Dietrichepik ◆ Artusepik ◆ Chronistik ◆ *Nibelungenlied* ◆ Hartmann v. Aue: *Iwein* ◆ Wolfram v. Eschenbach: *Parzival, Willehalm, Titurel* ◆ Neidhart: Lyrik ◆ Gottfried v.

				Straßburg: *Tristan* ◆ Eike v. Repgow: *Sachsenspiegel*
1250-1300	Sieg Rudolfs I. gegen Ottokar II. v. Böhmen ◆ Grundlegung d. habsburgischen Hausmacht	Richard v. Cornwall Alfons X. Rudolf I. Adolf Albrecht I.	Alexander IV. Nikolaus III. Nikolaus IV.	Rezeption: Artusepik, Minnesang ◆ liturgische Spiele ◆ Sangspruchdichtung ◆ relig. Lyrik ◆ Antike-Epik ◆ Maeren-Dichtung ◆ Chronistik ◆ Predigten ◆ hist. Dietrichepik ◆ ◆ Fachliteratur ◆ Anfänge mystischer Literatur
1300-1350	Doppelwahl Ludwig IV. u. Friedrich III. ◆ letzte große Auseinandersetzung zw. Papsttum u. Kaisertum (keine päpstl. Bestätigung der Königswahl)	Heinrich VII. Friedrich III. Ludwig (V.) IV. Karl IV.	Clemens V. Johannes XXII. Benedikt XII. Clemens VI.	(Lyrik-) Sammelhandschriften ◆ Passionsspiele, geistl. Spiele ◆ Minneallegorien ◆ Chronistik ◆ Fachliteratur ◆ Mystik: Meister Eckhart u.a. ◆ Johann v. Würzburg ◆ Heinrich v. Neustadt ◆ *Friedrich v. Schwaben* ◆ Claus Wisse/ Philipp Colin: *Der ‚neue' Parzival* ◆ Konrad v. Ammenhausen: *Schachzabelbuch*
1350-1400	Karl IV. macht Böhmen zum Kernland d. Reiches ◆ Ausbildung der Stadtverfassung	Wenzel	Innozenz VI. Urban VI. Bonifatius IX.	Fachliteratur ◆ Minnereden u. -allegorien ◆ Mystik ◆ Chronistik ◆ Reiseliteratur ◆ Mariendichtung ◆ geistl. Spiele ◆ Heinrich v. Mügeln: Lyrik ◆ Heinrich d. Teichner: Reimpaargedichte ◆ Konrad v. Megenberg: *Buch d. Natur* ◆ Mönch v. Salzburg: Ly-

				rik ◆ Hugo v. Montfort: Lyrik ◆ Bruder Berthold: Rechtssumme
1400-1450	Hussitenkriege	Albrecht II. Friedrich (IV.) III.	Gregor XII. Eugen IV.	geistl. Spiele, Fastnachts-/ Neidhartspiele ◆ Chronistik ◆ Predigtliteratur ◆ Fachliteratur ◆ Maerendichtung ◆ Reiseliteratur ◆ Johannes Hartlieb: Fachliteratur ◆ Oswald v. Wolkenstein: Lyrik ◆ Michel Beheim: Lyrik ◆ Johannes v. Tepl: *Ackermann aus Böhmen* ◆ Heinrich Wittenwiler: *Der Ring* ◆ Muskatblut: Lyrik
1450-1500	Eroberung Konstantinopels ◆ Entdeckung Amerikas	Maximilian I.	Nikolaus V. Pius II. Paul II. Sixtus IV. Alexander VI.	Fachliteratur ◆ Maeren ◆ Spiele ◆ Chronistik ◆ Reiseberichte ◆ Liederbuchsammlungen ◆ Prosaauflösungen ◆ Thüring v. Ringoltingen: *Melusine* ◆ Niklas v. Wyle: *Translatzen* ◆ Heinrich Steinhöwel: *Griseldis, Apollonius v. Tyrus* ◆ Ulrich Füetrer: *Buch der Abenteuer* ◆ Sebastian Brant: *Narrenschiff*

10. Tabelle: Zur Aussprache des Mittelhochdeutschen

Die Tabelle soll helfen, aus gedruckten Editionen leichter korrekt (laut) zu lesen; verzeichnet sind nur Fälle, die Anfängern immer wieder Probleme bereiten; im Einzelnen muss auf Kapitel zur Phonetik/Phonologie in Sprachgeschichten und Grammatiken verwiesen werden (ab Bibl.-Nrr. 566).

SCHRIFTZEICHEN	AUS-SPRACHE	BEISPIELE, HINWEISE
Vokale mit Apex (Längezeichen): â, ê, î, ô, û	als Langvokale	*mâne* (ma:ne): ‚Mond' *sêre* (se:re): ‚sehr' (im Nhd. ist die Vokalquantität durch ein ‚h' markiert.) Hinweis: die Längezeichen sind in der Regel Zutaten der Herausgeber.
æ (auch ae), œ (auch oe), iu	lange Umlaute	*mære* (mä:re): ‚Erzählung' *liute* (lü:te): ‚Leute' *tœten* (tö:ten): ‚töten' Hinweis: im Althochdeutschen wird ‚iu' nicht ‚ü:', sondern ‚i-u' gesprochen.
ou, uo, ie, öi, üe, ei	Diphthonge (Doppellaute)	*ruofen* (r-u-o-fen): ‚rufen' Hinweis: es werden jeweils *beide* Laute artikuliert.
c im Auslaut (und zuweilen auch im Anlaut)	wie ‚k'	*mac* (mak): ‚kann'
h vor (meist) s, t	wie nhd. ‚ch' [χ]	*naht* (naχt): ‚Nacht'
z im Anlaut	wie nhd. ‚ts'	*ziehen* (tsi-e-hen): ‚ziehen'
z im In- u. Auslaut nach Vokal (in manchen Editionen: ʒ)	wie nhd. stimmloses ‚s'	*daz* (dass): ‚das' und ‚dass' *mâze* (ma:ße): ‚Maß'
s vor Konsonant	s (nicht: sch)	*slange* (s-lange): ‚Schlange' *starc* (s-tark): ‚stark' (nhd.: schtark) Hinweis: s+Kons. im Mhd. wie heute im Norden artikulieren
auslautende weiche Konsonanten (b, d, g)	wie die harten Varianten (p, t, k)	*wîb* (wi:p): ‚Weib'

11. Auswahlbibliographie

Die Bibliographie soll den Benutzern Wege in die Forschung weisen. Es handelt sich (notwendigerweise) um eine *Auswahl*bibliographie, doch sind eine Menge Titel zusammengekommen. Damit vor allem Studienanfänger angesichts dieser Menge nicht abgeschreckt werden, sind zu Beginn der einzelnen Abschnitte wichtige Standardwerke, Grundlagenartikel, Handbücher usw. durch einen Pfeil ➔ hervorgehoben; sie sind einer *ersten weiterführenden Orientierung* dienlich; die übrigen bibliographischen Hinweise markieren in ihrer Abfolge keine Rangstufung. – Die fortlaufende Nummerierung hat den Sinn, die im darstellenden Teil zitierten Autoren und Werke der Primär- und Sekundärliteratur rasch auffinden zu können. Aus Gründen der Handhabbarkeit schien es mir sinnvoll, nur *eine Gesamt*bibliographie in dieses Buch aufzunehmen. Das hat an einigen Stellen den Nachteil, dass Titel mit sehr spezieller Fragestellung (die aber im darstellenden Teil Verwendung fanden) scheinbar unvermittelt neben Überblickswerken zu stehen kommen. Dies sei hiermit erklärt und sollte Benutzer der Bibliographie nicht verwirren.
Gegenüber der 1. Auflage dieser Einführung habe ich die Bibliographie für die nun vorliegende 2. Auflage an einigen Stellen umgearbeitet. Die Notwendigkeit ergab sich zum einen daraus, dass es im Fach eine Reihe von Neuerscheinungen gegeben hat, die auch hier ihre Dokumentation finden sollten. Zum anderen hatten Studierende häufiger den doch recht großen Umfang der Bibliographie beklagt (manche fühlten sich trotz des ‚Pfeil'-Systems mit Titeln überschüttet). Ich habe von daher alle Titel noch einmal gründlich in Augenschein genommen und einige herausgenommen, um auf Grund der neu hinzugekommenen Titel das Gesamtvolumen nicht noch zu erhöhen.

Die Bibliographie ist wie folgt gegliedert:

Einige häufiger gebrauchte Abkürzungen:

Art.:	Artikel
Beiträge:	Beiträge zur Geschichte der deutschen Sprache und Literatur. Unter Mitwirkung von Hermann Paul und Eduard Sievers hg. von Wilhelm Braune
DVjS:	Deutsche Vierteljahresschrift
Hg(g):	Herausgeber (Singular bzw. Plural); hg.: herausgegeben
VL:	Verfasserlexikon; ^{1} = 1. Auflage; ^{2} = 2. Auflage
ZfdA:	Zeitschrift für deutsches Altertum
ZfdPh:	Zeitschrift für deutsche Philologie

Allgemeine Einführungen in die Epoche des Mittelalters und das Fach ‚Germanistische Mediävistik'

1 → Werner Goez: Gestalten des Hochmittelalters. Personengeschichtliche Essays im allgemeinhistorischen Kontext. Darmstadt 1983
2 → Hilkert Weddige: Einführung in die germanistische Mediävistik. 5., durchgesehene Auflage. München 2003
3 → Rüdiger Brandt: Grundkurs germanistische Mediävistik/Literaturwissenschaft. München 1999
4 → Das Mittelalter. Ein Lesebuch aus Texten und Zeugnissen des 6. bis 16. Jahrhunderts. Hg. von Hartmut Boockmann. München 1988 (3. Aufl. 1997)
5 → Modernes Mittelalter. Neue Bilder einer populären Epoche. Hg. von Joachim Heinzle. Frankfurt/M., Leipzig 1994
6 → Mittelalter und Moderne. Entdeckungen und Rekonstruktionen der mittelalterlichen Welt. Hg. von Peter Segl. Sigmaringen 1997
7 → Roswitha Peilicke: Gibt es eine Germanistik des Mittelalters? Zur gegenwärtigen Forschungssituation aus sprachhistorischer Sicht. In: In: Forschungsberichte zur Germanistischen Mediävistik. Band 5/1. Hg. von Hans-Joachim Schiewer. Bern [u.a.] 1996 [1997] [= Jb. f. Intern. Germanistik Reihe C, Abtlg. 5], 153–189
8 Alexander Schwarz [u.a.]: Alte Texte lesen. Textlinguistische Zugänge zur älteren deutschen Literatur. Bern, Stuttgart 1988
9 Die Deutschen und ihr Mittelalter. Themen und Funktionen moderner Geschichtsbilder. Hg. von Gerd Althoff. Darmstadt 1992
10 Peter von Moos: Gefahren des Mittelalterbegriffs. Diagnostische und präventive Aspekte. In: Modernes Mittelalter. Neue Bilder einer populären Epoche. Hg. von Joachim Heinzle. Frankfurt/M., Leipzig 1994, 33–63

Politische Geschichte (und Literatur)

11 → Eduard Winkelmann: Philipp von Schwaben und Otto IV. von Braunschweig. Zweiter Band. Kaiser Otto IV. von Braunschweig. 1208–1218. Leipzig 1878
12 → Handbuch der europäischen Geschichte. Hg. von Th. Schieder. 3 Bde. Stuttgart 1976, 1987, 1971
13 → Hartmut Boockmann: Einführung in die Geschichte des Mittelalters. München 1981 [und Folgeauflagen]
14 → Heinz Löwe: Deutschland im fränkischen Reich. In: Bruno Gebhardt: Handbuch der deutschen Geschichte. Bd. 1: Frühzeit und Mittelalter. Hg. von Herbert Grundmann. München [6]1981
15 → Werner Goez: Gestalten des Hochmittelalters [Bibl.-Nr. 1]
16 → Werner Rösener: Bauern im Mittelalter. München 1986
17 → Lust an der Geschichte: Leben im Mittelalter. Ein Lesebuch. Hg., eingeleitet und übersetzt von Ernst Pitz. München, Zürich 1990
18 → Steven Runciman: Geschichte der Kreuzzüge. München 1995
19 → *Besonders der zahlreichen, außergewöhnlichen Bilddokumente wegen empfehlenswert:* Petrus de Ebulo: Liber ad honorem Augusti sive de rebus Siculis. Eine Bilderchronik der Stauferzeit aus der Burgerbibliothek Bern.

Eine Bilderchronik der Stauferzeit aus der Burgerbibliothek Bern. Sigmaringen 1994
20 → Alfred Heit/Ernst Noltmer: Bibliographie zur Geschichte des Mittelalters. München 1997
21 Johann Friedrich Böhmer: Regesta imperii V. Die Regesten des Kaiserreiches unter Philipp, Otto IV., Friedrich II., Heinrich (VII.), Conrad IV., Heinrich Raspe, Wilhelm und Richard. 1198–1272. Nach der Neubearbeitung und dem Nachlasse Johann Friedrich Böhmer's neu hg. und ergänzt von Julius Ficker [1. u. 2. Bd.] und Eduard Winkelmann [2. Bd.]. 1. Bd. (I. und II. Abtheilung). Kaiser und Könige, Innsbruck 1881–1882. - 2.Bd. (II. und IV. Abtheilung). Päpste und Reichssachen. Innsbruck 1892–1894
22 Geschichtsdenken und Geschichtsbild im Mittelalter. Ausgewählte Aufsätze und Arbeiten aus den Jahren 1933 bis 1959. Hg. und eingeleitet von W. Lammers. Darmstadt 1965
23 Philologie und Geschichtswissenschaft. Demonstrationen literarischer Texte des Mittelalters. Hg. von Heinz Rupp. Heidelberg 1977
24 Eberhard Büssem/Michael Neher (Hgg.): Arbeitsbuch Geschichte. Mittelalter (3. bis 16. Jahrhundert). Repetitorium. Bearbeitet von Karl Brunner. 5., verbesserte Auflage. München 1977
25 Bruno Gebhardt: Handbuch der deutschen Geschichte. Bd. 1: Frühzeit und Mittelalter. Hg. von Herbert Grundmann. München ^{6}1981
26 Hans Eberhard Mayer: Geschichte der Kreuzzüge. Sechste, überarbeitete Auflage. Berlin [u.a.] 1985
27 Geschichtsbewußtsein in der deutschen Literatur des Mittelalters. Tübinger Colloquium 1983. Hg. von Christoph Gerhardt, Nigel F. Palmer und Burghart Wachinger. Tübingen 1985
28 Das Rittertum im Mittelalter. Hg. von Arno Borst. Darmstadt ^{2}1989
29 Trude Ehlert: Deutschsprachige Alexanderdichtung des Mittelalters. Zum Verhältnis von Literatur und Geschichte. Frankfurt/M. 1989
30 Bernd Ulrich Hucker: Kaiser Otto IV. Hannover 1990
31 Heinz Thomas: Die Staufer im Nibelungenlied. In: ZfdPh 109, 1990, 321–354
32 Heinz Thomas: Dichtung und Politik um 1200: Das Nibelungenlied. In: Pöchlarner Heldenliedgespräch. Das Nibelungenlied und der mittlere Donauraum. Hg. von Klaus Zatloukal. Wien 1990, 103–129
33 Pierre Riché: Die Karolinger. Eine Familie formt Europa. München 1991
34 Birgit Studt: Fürstenhof und Geschichte. Legitimation durch Überlieferung. Köln, Weimar, Wien 1992
35 Wolfgang Stürner: Friedrich II. Teil 1: Die Königsherrschaft in Sizilien und Deutschland 1194–1220. Darmstadt 1992
36 Peter Czendes: Heinrich VI. Darmstadt 1993
37 Wilfried Hartmann: Der Investiturstreit. München 1993
38 Hartmut Boockmann: Fürsten, Bürger, Edelleute. Lebensbilder aus dem späten Mittelalter. München 1994
39 Thomas Bein: Politische Lyrik und Chronistik. Zur Rekonstruktion von Zeitgeschehen am Beispiel Walthers von der Vogelweide (L. 105, 13). In: Zeitgeschehen und seine Darstellung im Mittelalter. L'actualité et sa représentation au Moyen Age. Hg. von Christoph Cormeau. Bonn 1995, 118–135
40 Die Welfen und ihr Braunschweiger Hof im hohen Mittelalter. Hg. von Bernd Schneidmüller. Wiesbaden 1995

41 Spannungen und Konflikte menschlichen Zusammenlebens in der deutschen Literatur des Mittelalters. Bristoler Colloquium 1993. Herausgegeben von Kurt Gärtner, Ingrid Kasten und Frank Shaw. Tübingen 1996
42 Gerd Althoff: Spielregeln der Politik im Mittelalter. Kommunikation in Frieden und Fehde. Darmstadt 1997

Kultur- und Zivilisationsgeschichte

43 ➔ Arno Borst: Lebensformen im Mittelalter. Frankfurt/M., Berlin, Wien 1973
44 ➔ Norbert Elias: Über den Prozeß der Zivilisation. Soziogenetische und psychogenetische Untersuchungen. 2 Bde. Frankfurt/M. 1978ff.
45 ➔ Die Musik in Geschichte und Gegenwart. Hg. von F. Blume. 17 Bde. Kassel 1949–1986
46 ➔ Hans Peter Duerr: Der Mythos vom Zivilisationsprozeß. 3 Bde. Frankfurt/M. 1988ff.
47 ➔ Edith Ennen: Frauen im Mittelalter. Dritte, überarbeitete Auflage. München 1987
48 ➔ Joachim Bumke: Höfische Kultur. Versuch einer kritischen Bestandsaufnahme. In: Beiträge 114, 1992, 414–492
49 ➔ Hans-Werner Goetz: Frauen im frühen Mittelalter. Frauenbild und Frauenleben im Frankenreich. Weimar, Köln, Wien 1995
50 Norbert Elias: Die höfische Gesellschaft. Untersuchungen zur Soziologie des Königtums und der höfischen Aristokratie mit einer Einleitung: Soziologie und Geschichtswissenschaft. Neuwied, Berlin 1969
51 Otto Borst: Alltagsleben im Mittelalter. Mit zeitgenössischen Abbildungen. Frankfurt/M. 1983
52 Werner Rösener: Bauern im Mittelalter. München 1986
53 Brigitte Spreitzer: Die stumme Sünde. Homosexualität im Mittelalter. Mit einem Textanhang. Göppingen 1988
54 Geschichte des privaten Lebens. Bd. 2: Vom Feudalzeitalter zur Renaissance. Hg. von Georges Duby. Übersetzt von Holger Fliessbach. Frankfurt/M. ^{4}1994
55 Jagd und höfische Kultur im Mittelalter. Hg. von Werner Rösener. Göttingen 1997

Religionsgeschichte, Geschichte des Christentums

56 ➔ Horst Fuhrmann: Von Petrus zu Johannes Paul II. Das Papsttum: Gestalt und Gestalten. München 1980
57 ➔ Owen Chadwick: Die Geschichte des Christentums. Aus dem Englischen von Friederike Börner und Cäcilie Plieninger. Stuttgart 1996
58 ➔ Arnold Angenendt: Geschichte der Religiosität im Mittelalter. Darmstadt 1997 (2. Aufl. 2000)
59 Anselm Salzer: Die Sinnbilder und Beiworte Mariens in der deutschen Literatur und lateinischen Hymnenpoesie des Mittelalters. Mit Berücksichtigung der patristischen Literatur. Eine literar-historische Studie. Linz 1893
60 Christoph Cormeau: Hartmanns von Aue ‚Armer Heinrich' und ‚Gregorius'. Studien zur Interpretation mit dem Blick auf die Theologie zur Zeit Hartmanns. München 1966
61 Jan de Vries: Altgermanische Religionsgeschichte. Berlin ^{3}1970

62 Cluny. Beiträge zu Gestalt und Wirkung der cluniazensischen Reform. Hg. von Helmut Richter. Darmstadt 1975
63 Atlas zur Kirchengeschichte. Die christlichen Kirchen in Geschichte und Gegenwart. Hg. von Hubert Jedin und Jochen Martin. Freiburg [3]1988
64 Kurt Ruh: Geschichte der abendländischen Mystik. 3 Bde. München 1990–1996
65 Karl Suso Frank: Geschichte des christlichen Mönchtums. Darmstadt [5]1993
66 Arnold Angenendt: Heilige und Reliquien. Die Geschichte ihres Kultes vom frühen Christentum bis zur Gegenwart. München 1994
67 Georges Minois: Die Hölle. Zur Geschichte einer Fiktion. München 1994
68 Bernhard Schimmelpfennig: Das Papsttum. Von der Antike bis zur Renaissance. Darmstadt [4]1996
69 Wolfgang Beutin/Thomas Bütow (Hgg.): Europäische Mystik vom Hochmittelalter zum Barock. Eine Schlüsselepoche in der europäischen Mentalitäts-, Spiritualitäts- und Individuationsentwicklung. [...] Frankfurt/M. [u.a.] 1998

Kulturelle Voraussetzungen für (deutschsprachige) Literatur

Medialität – Mündlichkeit – Schriftlichkeit

70 ➔ Manfred Günter Scholz: Hören und Lesen. Studien zur primären Rezeption der Literatur im 12. und 13. Jahrhundert. Wiesbaden 1980
71 ➔ Paul Zumthor: Einführung in die mündliche Dichtung. Berlin 1990
72 ➔ ‚Aufführung' und ‚Schrift' in Mittelalter und Früher Neuzeit. Hg. von Jan-Dirk Müller. Stuttgart, Weimar 1996
73 ➔ Horst Wenzel: Medialität von Literatur als Problem der Literaturwissenschaft. In: Germanistik: Disziplinäre Identität und kulturelle Leistung. Vorträge des deutschen Germanistentages 1994. Hg. von Ludwig Jäger. Weinheim 1995, 121–137
74 ➔ Medienwechsel. Erträge aus zwölf Jahren Forschung zum Thema ‚Mündlichkeit und Schriftlichkeit'. Hg. von Wolfgang Raible. Tübingen 1998
75 ➔ Achim Diehr: Literatur und Musik im Mittelalter. Eine Einführung. Berlin 2004
76 Michael Curschmann: Hören – Lesen – Sehen. Buch und Schriftlichkeit im Selbstverständnis der volkssprachlichen literarischen Kultur Deutschlands um 1200. In: Beiträge (Tübingen) 106, 1984, 218–257
77 Paul Zumthor: Die orale Dichtung: Raum, Zeit, Periodisierungsproblem. In: Epochenschwellen und Epochenstrukturen im Diskurs der Literatur- und Sprachhistorie. Hg. von Hans Ulrich Gumbrecht und Ursula Link-Heer. Unter Mitarbeit von Friederike Hassauer, Armin Biermann, Ulrike Müller-Charles, Barbara Ullrich. Frankfurt/M. 1985, 359–375
78 Paul Zumthor: Die performance. Mündlichkeit und Schrift. In: Paul Zumthor: Die Stimme und die Poesie in der mittelalterlichen Gesellschaft. Aus dem Französischen von Klaus Thieme. München 1994, 35–58 [frz. Original: La poésie et la voix dans la civilisation médiévale. Paris 1984]
79 Ursula Schaefer: Zum Problem der Mündlichkeit. In: Modernes Mittelalter. Neue Bilder einer populären Epoche. Hg. von Joachim Heinzle. Frankfurt/M., Leipzig 1994, 357–375
80 Horst Wenzel: Hören und Sehen. Schrift und Bild. Kultur und Gedächtnis im Mittelalter. München 1995

81 Thomas Cramer: „Waz hilfet âne sinne kunst?" Lyrik im 13. Jahrhundert. Studien zu ihrer Ästhetik. Berlin 1998

Schriftkultur, Schreibtechnik

82 →Karin Schneider: Paläographie und Handschriftenkunde für Germanisten. Eine Einführung. Tübingen 1999 [*die z.zt. zweifellos kompetenteste und beste Einführung in die Materie der Handschriftenkunde*]
83 → Geschichte der Textüberlieferung der antiken und mittelalterlichen Literatur [in: Bibl.-Nr. 257]
84 → Bernhard Bischoff: Paläographie des römischen Altertums und des abendländischen Mittelalters. 2., überarbeitete Auflage. Berlin 1986
85 → Harald Haarmann: Universalgeschichte der Schrift. Frankfurt/M., New York 1990
86 Erich Petzet/ Otto Glauning (Hgg.): Deutsche Schrifttafeln des IX. bis XVI. Jahrhunderts aus Handschriften der K. Hof- und Staatsbibliothek in München. Bd. I–III München 1910–12, Bd. IV–V Leipzig 1924–30
87 Adriano Cappelli: Lexikon Abbreviaturarum. Wörterbuch lateinischer und italienischer Abkürzungen, wie sie in Urkunden und Handschriften besonders des Mittelalters gebräuchlich sind, dargestellt in über 14000 Holzschnittzeichen. Zweite, verbesserte Auflage Leipzig 1928 (ital. Ausgabe: Milano ^{6}1987)
88 H. J. Koppitz: Artikel ‚Buch' I–III. In: Lexikon des Mittelalters [Bibl.-Nr. 629], Bd. II, 1983, Sp. 802–807

Literarische Kultur und sozialer Raum, Bildungsvoraussetzungen

89 → Joachim Bumke: Höfische Kultur. Literatur und Gesellschaft im hohen Mittelalter. München 1997
90 Herbert Grundmann: Litteratus – Illiteratus. Der Wandel einer Bildungsnorm vom Altertum zum Mittelalter. In: Archiv für Kulturgeschichte 40, 1958, 1–65
91 Literatur und Laienbildung im Spätmittelalter. Symposion Wolfenbüttel 1981. Hg. von Ludger Grenzmann und Karl Stackmann. Stuttgart 1984
92 Wolfger von Erla. Bischof von Passau (1191–1204) und Patriarch von Aquileja (1204–1218) als Kirchenfürst und Literaturmäzen. Hg. von Egon Boshof, Fritz Peter Knapp. Heidelberg 1994

Siehe auch Bibl.-Nrr. 43–55.

Mentalität/Geschichte der Emotionen

93 → Europäische Mentalitätsgeschichte. Hauptthemen in Einzeldarstellungen. Hg. von Peter Dinzelbacher. Stuttgart 1993 [*mit weiterführender Literatur*]
94 →Affekte. Philosophische Beiträge zur Theorie der Emotionen. Hg. von Stefan Hübsch und Dominic Kaegi. Heidelberg 1999
95 →Baisch, Martin/Haufe, Hendrikje/Mecklenburg, Michael/Meyer, Matthias/Sieber, Andrea (Hgg.): Aventiuren des Geschlechts. Modelle von Männlichkeit in der Literatur des 13. Jahrhunderts. Göttingen 2003
96 →Baisch, Martin/Eming, Jutta/Haufe, Hendrikje/Sieber, Andrea (Hgg.): Inszenierungen von Subjektivität in der Literatur des Mittelalters. Königstein/Taunus 2005

97 →Benthien, Claudia/Fleig, Anne/Kasten, Ingrid (Hgg.): Emotionalität. Zur Geschichte der Gefühle. Köln, Weimar, Wien 2000
98 →Bennewitz, Ingrid/Kasten, Ingrid (Hgg.): Geschlechterdiskurse und Körperbilder. Eine Bilanzierung nach Butler und Laqueur. Münster 2002
99 →Jaeger, C. Stephen/Kasten, Ingrid (Hgg.): Codierungen von Emotionen im Mittelalter – Emotions and Sensibilities in the Middle Ages. Selected Papers from the International Conference, September 6–8, 2002, University of Illinois, Urbana/Champaign. Redaktionelle Mitarbeit Hendrikje Haufe und Andrea Sieber. Berlin 2003
100 →Jean Delumeau: Angst im Abendland. Die Geschichte kollektiver Ängste im Europa des 14. bis 18. Jahrhunderts. Deutsch von Monika Hübner, Gabriele Konder und Martina Roters-Burck. Reinbek bei Hamburg 1985 [*und folgende Auflagen*]

Geschichte der Germanistik

Quellen

101 → Briefwechsel der Brüder Jacob und Wilhelm Grimm mit Karl Lachmann. Im Auftrag und mit Unterstützung der preußischen Akademie der Wissenschaften hg. von Albert Leitzmann. Mit einer Einleitung von Konrad Burdach. 2. Bde. Jena 1927
102 Martin Opitz: Buch von der Deutschen Poeterey (1624). Hg. von Cornelius Sommer. Stuttgart 1970
103 Johann Christoph Gottsched: Versuch einer critischen Dichtkunst. Darmstadt ^{5}1962 [= Unveränderter photomechanischer Nachdruck der 4., vermehrten Auflage. Leipzig 1751]
104 Johann Jakob Bodmer/Johann Jakob Breitinger: Schriften zur Literatur. Hg. von Volker Meid. Stuttgart 1980
105 Erduin Julius Koch: Grundriss einer Geschichte der Sprache und Literatur der Deutschen von den ältesten Zeiten bis auf Lessings Tod. 2 Bde. Berlin 1795/1798 [= Compendium der Deutschen Literatur-Geschichte von den ältesten Zeiten bis auf Lessings Tod. 2 Bde. Zweite vermehrte und berichtigte Ausgabe. Berlin 1795/1798]
106 August Wilhelm Schlegels Vorlesungen über schöne Literatur und Kunst. Erster Teil (1801–1802). Die Kunstlehre. Heilbronn 1884
107 Karl Rosenkranz: Geschichte der Deutschen Poesie im Mittelalter. Halle 1830 [Reprint der Ausgabe 1830: Zürich 1977]
108 Georg Gottfried Gervinus: Handbuch der poetischen National = Literatur der Deutschen. Leipzig 1842
109 Wilhelm Scherer: Über den Ursprung der deutschen Litteratur. Vortrag gehalten an der Universität Wien am 7. März 1864. In: Ders.: Vorträge und Aufsätze zur Geschichte des geistigen Lebens in Deutschland und Oesterreich. Berlin 1874, 71–100
110 Johann Gottfried Herder: Andenken an einige ältere Deutsche Dichter. In: Johann Gottfried Herder. Sämtliche Werke XVI. Hg. von Bernhard Suphan. Hildesheim 1967 (ND der Ausgabe Berlin 1887)
111 Hermann Paul: Methodenlehre. In: Grundriss der Germanischen Philologie. Unter Mitwirkung von K. von Amira, W. Arndt [u.a.] hg. von Hermann Paul. I. Band. Straßburg 1891, 152–237

112 Ludwig Uhland: Die wissenschaftliche Darstellung. In: Ludwig Uhland: Werke. Bd. IV: Wissenschaftliche und poetologische Schriften, politische Reden und Aufsätze. Mit einem Nachwort zur Gesamtausgabe, Anmerkungen, Zeittafel, Bibliographie und Registern hg. von Hartmut Fröschle. München 1984, 655–657

113 Ludwig Uhland: Walther von der Vogelweide, ein altdeutscher Dichter (1822). In: Ludwig Uhland: Werke. Bd. IV: Wissenschaftliche und poetologische Schriften, politische Reden und Aufsätze. Mit einem Nachwort zur Gesamtausgabe, Anmerkungen, Zeittafel, Bibliographie und Registern hg. von Hartmut Fröschle. München 1984, 31–103

114 Jacob Grimm: Deutsche Grammatik. Erster Theil. Zweite Ausgabe. Göttingen 1822

115 Karl Lachmann: Vorrede. In: Iwein. Eine Erzählung von Hartmann von Aue. Mit Anmerkungen von G. F. Benecke und K. Lachmann. Zweite Ausgabe. Berlin 1843

116 Wilhelm Dilthey: Von deutscher Dichtung und Musik. Aus den Studien zur Geschichte des deutschen Geistes. Mit einer Handschriftenprobe. Leipzig und Berlin 1933

Forschung

117 ➔ Josef Dünninger: Geschichte der deutschen Philologie. In: Deutsche Philologie im Aufriß. 2., überarbeitete Auflage. Unter Mitarbeit zahlreicher Fachgelehrter hg. von Wolfgang Stammler. Bd.I. Berlin 1957, Sp. 83–222

118 ➔ Die Grimms, die Germanistik und die Gegenwart. Hg. von Volker Mertens. Wien 1988

119 ➔ Harald Weigel: „Nur was du nie gesehn wird ewig dauern". Carl Lachmann und die Entstehung der wissenschaftlichen Edition. Freiburg 1989

120 ➔ Wozu noch Germanistik? Wissenschaft - Beruf - Kulturelle Praxis. Hg. von Jürgen Förster, Eva Neuland und Gerhard Rupp. Stuttgart 1989

121 ➔ Jost Hermand: Geschichte der Germanistik. Reinbek bei Hamburg 1994

122 ➔ Beiträge zur Methodengeschichte der neueren Philologien. Zum 125jährigen Bestehen des Max Niemeyer Verlages. Hg. von Robert Harsch-Niemeyer. Tübingen 1995

123 Internationales Germanistenlexikon 1800–1950. Hg. von Christoph König. Drei Bände. Berlin 2002

124 Nationalismus in Germanistik und Dichtung. Dokumentation des Germanistentages in München vom 17.–22. Oktober 1966. Hg. von Benno von Wiese und Rudolf Henß. Berlin 1967

125 Klaus Weimar: Zur Geschichte der Literaturwissenschaft. Forschungsbericht. In: DVjS 50, 1976, 298–364

126 Ruth Römer: Der Germanenmythos in der Germanistik der dreißiger Jahre. In: Literatur und Germanistik nach der ‚Machtübernahme'. Colloquium zur 50. Wiederkehr des 30. Januar 1933. Studium Universale und Germanistisches Seminar der Universität Bonn. Vorträge am 27. und 28. Januar 1983. Hg. von Beda Allemann. Bonn 1983, 216–231

127 Eckhard Grunewald: Friedrich Heinrich von der Hagen. 1780–1856. Ein Beitrag zur Frühgeschichte der Germanistik. Berlin, New York 1988

128 Jürgen Fohrmann: Das Projekt der deutschen Literaturgeschichte. Entstehung und Scheitern einer nationalen Poesiegeschichtsschreibung zwischen Humanismus und Deutschem Kaiserreich. Stuttgart 1989

129 Klaus Weimar: Geschichte der deutschen Literaturwissenschaft bis zum Ende des 19. Jahrhunderts. München 1989

130 Ulrich Wyss: Mediävistik als Krisenerfahrung – Zur Literaturwissenschaft um 1930. In: Die Deutschen und ihr Mittelalter. Themen und Funktionen moderner Geschichtsbilder vom Mittelalter. Hg. von Gerd Althoff. Darmstadt 1992, 127–146

131 Thomas Bein: Walther von der Vogelweide: ein „unheimlich naher Zeitgenosse". Werkprofil und nationalsozialistische Mißdeutung. In: Leuvense Bijdragen 82, 1993, 363–381

132 Wissenschaftsgeschichte der Germanistik im 19. Jahrhundert. Hg. von Jürgen Fohrmann und Wilhelm Voßkamp. Mit Beiträgen von Uwe Meves [u.a.]. Stuttgart, Weimar 1994

Methodologie (der germanistischen Mediävistik)

Allgemeines

133 ➔ Themenband ‚Hermeneutica' der DVjS (58, 1984)

134 ➔ Psychologie in der Mediävistik. Gesammelte Beiträge des Steinheimer Symposions. Hg. von Jürgen Kühnel, Hans-Dieter Mück, Ursula Müller, Ulrich Müller. Göppingen 1985

135 ➔ *Der frowen buoch.* Versuche zu einer feministischen Mediävistik. Hg. von Ingrid Bennewitz. Göppingen 1989

136 ➔ Helmut Seiffert: Einführung in die Hermeneutik. Die Lehre von der Interpretation in den Fachwissenschaften. Tübingen 1992

137 ➔ Gerhard Hahn/Hedda Ragotzky (Hgg.): Grundlagen des Verstehens mittelalterlicher Literatur. Literarische Texte und ihr historischer Erkenntniswert. Stuttgart 1992

138 ➔ Karl Stackmann: Neue Philologie? In: Modernes Mittelalter. Neue Bilder einer populären Epoche. Hg. von Joachim Heinzle. Frankfurt/M., Leipzig 1994, 398–427

139 ➔ Ursula Peters: Zwischen New Historicism und Gender-Forschung. Neue Wege der älteren Germanistik. In: DvjS 71, 1997, 363–396 [*dort zahlreiche weitere Titel zur Gender-Forschung*]

140 ➔ Philologie als Textwissenschaft. Alte und neue Horizonte. Hg. von Helmut Tervooren und Horst Wenzel [= Sonderheft der ZfdPh 116, 1997]

141 ➔ Rainer Baasner (unter Mitarbeit von Maria Zens): Methoden und Modelle der Literaturwissenschaft. Eine Einführung. Berlin 1996 (3. Aufl. 2005)

142 ➔ Christian Kiening: Anthropologische Zugänge zur mittelalterlichen Literatur. Konzepte, Ansätze, Perspektiven. In: Forschungsberichte zur Germanistischen Mediävistik. Band 5/ 1. Hg. von Hans-Joachim Schiewer. Bern [u.a.] 1996 [1997] [= Jb. f. Intern. Germanistik Reihe C, Abtlg. 5], 11–129

143 ➔ Neue Wege der Mittelalter-Philologie. Landshuter Kolloquium 1996. Hg. von Joachim Heinzle, L. Peter Johnson, Gisela Vollmann-Profe. Berlin 1998

144 ➔ Rückkehr des Autors. Zur Erneuerung eines umstrittenen Begriffs. Hg. von Fotis Jannidis, Gerhard Lauer, Matias Martinez und Simone Winko. Tübingen 1999

145 → Thomas Bein: Praxis und Theorie der Literaturgeschichtsschreibung. In: Forschungsberichte zur Internationalen Germanistik. Germanistische Mediävistik. Hg. von Hans-Jochen Schiewer unter Mitarbeit von Jochen Conzelmann. Teil 2. Bern, Berlin [usw.] 2003, 9–53 [= Jb. für Intern. Germanistik. Reihe C. Forschungsberichte. Bd. 6]
146 Hermann Paul: Methodenlehre. In: Grundriss der Germanischen Philologie. Unter Mitwirkung von K. von Amira, W. Arndt [u.a.] hg. von Hermann Paul. I. Band. Straßburg 1891, 152–237
147 Sigmund Freud: Der Dichter und das Phantasieren (1907/8). In: Ders.: Studienausgabe. Hg. von Alexander Mitscherlich [u.a.]. Bd. X: Bildende Kunst und Literatur. Frankfurt/M. 1969, 169–179
148 Ferdinand de Saussure: Grundfragen der allgemeinen Sprachwissenschaft. Hg. von Charles Bally. Berlin u.a. 1931 [und folgende Auflagen]
149 Emil Staiger: Die Kunst der Interpretation [1951]. In: Emil Staiger: Die Kunst der Interpretation. Studien zur deutschen Literaturgeschichte. Zürich 1955
150 Friedrich Schleiermacher: Hermeneutik. Hg. von H. Kimmerle. Heidelberg 1959
151 Hugo Kuhn: Zur zwölften Ausgabe. In: Die Gedichte Walthers von der Vogelweide. Hg. von Karl Lachmann. Dreizehnte, aufgrund der zehnten von Carl von Kraus bearbeiteten Ausgabe neu hg. von Hugo Kuhn. Berlin, New York 1965
152 Hans-Georg Gadamer: Wahrheit und Methode. Grundzüge einer philosophischen Hermeneutik. Tübingen ^{2}1965
153 Claude Lévi-Strauss: Strukturale Anthropologie. Frankfurt/M. 1967
154 Jurij M. Lotmann: Die Struktur literarischer Texte. München 1972
155 Heide Göttner: Logik der Interpretation. Analyse einer literaturwissenschaftlichen Methode unter kritischer Betrachtung der Hermeneutik. München 1973
156 Peter Szondi: Einführung in die literarische Hermeneutik. Hg. von J. Bollack und H. Stierlin. Frankfurt/M. 1975
157 Helmut Birkhan: Neidhart von Reuental und Sigmund Freud. Allgemeines und Spezielles zur psychoanalytischen Interpretation mittelalterlicher Texte. In: Neidhart von Reuental. Aspekte einer Neubewertung. Herausgeber Helmut Birkhan. Wien 1983, 34–73
158 Ulrich Müller: Die Ideologie der Hohen Minne: Eine ekklesiogene Kollektivneurose? Überlegungen und Thesen zum Minnesang. In: Minne ist ein swaerez spil. Neue Untersuchungen zum Minnesang und zur Geschichte der Liebe im Mittelalter. [...] Hg. von Ulrich Müller. Göppingen 1986, 283–315
159 Bernard Cerquiglini: Éloge de la variante. Histoire critique de la philologie. Paris 1989
160 Klaus-Michael Bogdal (Hg.): Neuere Literaturtheorien. Eine Einführung. Opladen 1990
161 Stephen G. Nichols: Introduction: Philology in a Manuscript Culture. In: Speculum 65, 1990, 1–10
162 Judith Butler: Das Unbehagen der Geschlechter. Gender Studies. Frankfurt/M. 1991
163 Jürgen Hauff/Albert Heller [u.a.]: Methodendiskussion. Arbeitsbuch zur Literaturwissenschaft. Bd. 1: Positivismus, Formalismus/Strukturalismus. Frankfurt/M. ^{6}1991

164 Walter Schönau: Einführung in die psychoanalytische Literaturwissenschaft. Stuttgart 1991
165 Karl Eibl: Sind Interpretationen falsifizierbar? In: Vom Umgang mit Literatur und Literaturgeschichte. Positionen und Perspektiven nach der ‚Theoriedebatte'. Hg. von Lutz Danneberg und Friedrich Vollhardt in Zusammenarbeit mit Hartmut Böhme und Jörg Schönert. Stuttgart 1992, 169–183
166 Manon Maren-Grisebach: Methoden der Literaturwissenschaft. Zehnte Auflage. Tübingen 1992
167 Ann Marie Rasmussen: Feminismus in der Mediävistik in Nordamerika. In: Mitteilungen des Deutschen Germanistenverbandes 39, 1992, 19–27
168 Kerry Shea: The H(I)men Under the Kn(eye)fe: Erotic Violence in Hartmann's Der Arme Heinrich. In: Exemplaria 6, 1994, 385–403
169 Beiträge zur Methodengeschichte der neueren Philologien. Zum 125jährigen Bestehen des Max Niemeyer Verlages. Hg. von Robert Harsch-Niemeyer. Tübingen 1995
170 Ina Schabert: Gender als Kategorie einer neuen Literaturgeschichtsschreibung. In: Genus. Zur Geschlechterdifferenz in den Kulturwissenschaften. Hg. von Hadumod Bußmann und Renate Hof. Stuttgart 1995, 162–204
171 Natascha Würzbach: Einführung in die Theorie und Praxis der feministisch orientierten Literaturwissenschaft. In: Literaturwissenschaftliche Theorien, Modelle und Methoden. Eine Einführung. Hg. von Ansgar Nünning unter Mitwirkung von Sabine Buchholz und Manfred Jahn. Trier 1995, 137–152
172 Werner Schröder: Die ‚Neue Philologie' und das ‚Moderne Mittelalter'. In: Germanistik in Jena. Reden aus Anlaß des 70. Geburtstags von Heinz Mettke. 10. Januar 1995. Von Georg Machnik, Klaus Manger, Heinz Endermann, Jens Haustein, Werner Schröder. Jena 1996, 33–50
173 Ingrid Bennewitz: Alte „Neue" Philologie? Zur Tradition eines Diskurses. In: ZfdPh 116, 1997, Sonderheft: Philologie als Textwissenschaft. Alte und neue Horizonte. Hg. von Helmut Tervooren und Horst Wenzel, 46–61
174 Thomas Bein: ‚Mit fremden Pegasusen pflügen'. Untersuchungen zu Authentizitätsproblemen in mittelhochdeutscher Lyrik und Lyrik-Philologie. Berlin 1998
175 Jutta Osinski: Einführung in die feministische Literaturwissenschaft. Berlin 1998

Editionswissenschaft

176 → Geschichte der Textüberlieferung [in: Bibl.-Nr. 257]
177 → Karl Stackmann: Mittelalterliche Texte als Aufgabe. In: Festschrift für Jost Trier zum 70. Geburtstag. Hg. von William Foerste und Karl Heinz Borck. Köln, Graz 1964, 240–267
178 → Text und Edition. Positionen und Perspektiven. Hg. von Rüdiger Nutt-Kofoth, Bodo Plachta [u.a.]. Berlin 2000
179 → Thomas Bein: Textkritik. Eine Einführung in Grundlagen der Edition altdeutscher Dichtung. Göppingen 1990 [*im Handel vergriffen*]
180 → Altgermanistische Editionswissenschaft. Hg. von Thomas Bein. Frankfurt/M. [u.a.] 1995 [*mit umfangreicher Bibliographie*]
181 → Thomas Bein: Die mediävistische Edition und ihre Methoden. In: Text und Edition. Positionen und Perspektiven. Hg. von Rüdiger Nutt-Kofoth,

Bodo Plachta, H.T.M. van Vliet und Hermann Zwerschina. Berlin 2000, 81–98

182 Alphonse Dain: Les manuscrits. Nouvelle édition revue. Paris 1964 [[1]1949]

183 Jürgen Kühnel: Der „offene Text". Beitrag zur Überlieferungsgeschichte volkssprachiger Texte des Mittelalters (Kurzfassung). In: Akten des V. Internationalen Germanisten-Kongresses Cambridge 1975. Heft 2. Hg. von Leonard Forster und Hans-Gert Roloff. Bern, Frankfurt/M. 1976, 311–321

184 Günther Schweikle: Zur Edition mittelhochdeutscher Lyrik. Grundlagen und Perspektiven. In: ZfdPh 104, Sonderheft, 1985, 2–18

185 Peter F. Ganz: Lachmann as an Editor of Middle High German Texts. In: Probleme mittelalterlicher Überlieferung und Textkritik. Oxforder Colloquium 1966. Herausgegeben von Peter F. Ganz und Werner Schröder. Berlin 1968, 12–30

186 Werner Schröder: Editionsprinzipien für deutsche Texte des Früh- und Hochmittelalters. In: Sprachgeschichte. Ein Handbuch zur Geschichte der deutschen Sprache und ihrer Erforschung. Hg. von Werner Besch, Oskar Reichmann, Stefan Sonderegger. Erster Halbband. Berlin, New York 1984

187 Thomas Bein: Editionsprinzipien für deutsche Texte des späten Mittelalters und der frühen Neuzeit. In: Sprachgeschichte. Ein Handbuch zur Geschichte der deutschen Sprache und ihrer Erforschung. Zweite, vollständig neu bearbeitete und erweiterte Auflage. Hg. von Werner Besch, Anne Betten, Oskar Reichmann, Stefan Sonderegger. 1. Teilband. Berlin, New York 1998, 923–931

187a Thomas Bein: Anmerkungen zu digitalen Editionen alt- und mittelhochdeutscher Texte. In: Klaus van Eickels, Ruth Weichselbaumer und Ingrid Bennewitz (Hgg.): Mediaevistik und Neue Medien. Ostfildern 2004, S. 29–40

Poetologie, Literaturtheorie

188 ➔ Walter Haug: Literaturtheorie im deutschen Mittelalter von den Anfängen bis zum Ende des 13. Jahrhunderts. Eine Einführung. Darmstadt 1985 (2., überarbeitete u. erg. Aufl. 1992)

189 ➔ Max Wehrli: Literatur im deutschen Mittelalter. Eine poetologische Einführung. Stuttgart 1984

190 ➔ Hennig Brinkmann: Mittelalterliche Hermeneutik. Darmstadt 1980

191 ➔ Heinz Meyer/Rudolf Suntrup: Lexikon der mittelalterlichen Zahlenbedeutungen. München 1987

192 ➔ Walter Haug: Strukturen als Schlüssel zur Welt. Kleine Schriften zur Erzählliteratur des Mittelalters. Tübingen 1989

193 ➔ Friedrich Ohly: Vom geistigen Sinn des Wortes im Mittelalter. In: ZfdA 89, 1958/59, 1–23

194 ➔ Klaus Haberkamm: Art. Prolog. In: Reallexikon der deutschen Literaturwissenschaft. Neubearbeitung des Reallexikons der deutschen Litertaurgeschichte, gemeinsam mit Georg Braungart, Harald Fricke, Klaus Grubmüller, Friedrich Vollhardt und Klaus Weimar hg. von Jan-Dirk Müller. Band III, Berlin, New York 2003, 163–166

195 Henri de Lubac: Exégèse médiévale. Les quatre sens de l'écriture. 4 Bde. Paris 1959–64

196 Hennig Brinkmann: Der Prolog im Mittelalter als literarische Erscheinung. In: Wirkendes Wort 14, 1964, 1–21
197 Hugo Kuhn: Text und Theorie. Stuttgart 1969
198 Willi Hirdt: Untersuchungen zum Eingang in der erzählenden Dichtung des Mittelalters und der Renaissance. In: Arcadia 7, 1972, 47–64
199 Ernst Hellgardt: Zum Problem symbolbestimmter und formalästhetischer Zahlenkomposition in mittelalterlicher Literatur. Mit Studien zum Quadrivium und zur Vorgeschichte des mittelalterlichen Zahlendenkens. München 1973
200 Christoph Huber: *Wort sint der dinge zeichen*. Untersuchungen zum Sprachdenken der mittelhochdeutschen Spruchdichtung bis Frauenlob. München 1977
201 Friedrich Ohly: Schriften zur mittelalterlichen Bedeutungsforschung. Darmstadt 1977
202 Werner Schröder: Zum Typologie-Begriff und Typologie-Verständnis in der mediävistischen Literaturwissenschaft. In: The Epic in Medieval Society. Aesthetic and Moral Values. Hg. von H. Scholler. Tübingen 1977, 64–85
203 Horst Dieter Schlosser: Literaturtheorie bei Otfried von Weissenburg. In: Otfrid von Weissenburg. Hg. von Wolfgang Kleiber. Darmstadt 1978, 387–396
204 Walter Haug: Strukturalistische Methoden und mediävistische Literaturwissenschaft. In: Wolfram-Studien 5, 1979, 8–21
205 Carl Lofmark: The Authority of the Source in Middle High German Narrative Poetry. London 1981
206 Klaus Düwel: Werkbezeichnungen der mittelhochdeutschen Erzählliteratur (1050–1250). Göttingen 1983
207 K. Stierle/R. Warning (Hgg.): Das Gespräch. München 1984 [*zur Intertextualität*]
208 Intertextualität. Formen, Funktionen, anglistische Fallstudien. Hg. von Ulrich Broich/Manfred Pfister. Tübingen 1985
209 Rüdiger Krohn: Zwischen Finden und Erfinden. Mittelalterliche Autoren und ihr Stoff. In: Felix Philipp Ingold/ Werner Wunderlich (Hgg.): Fragen nach dem Autor. Positionen und Perspektiven. Konstanz 1992, 43–59
210 Thomas Bein: Das hochmittelalterliche deutsche Lied als überlieferungsgeschichtliche, poetologische und philologische Größe. Eine Problemskizze. In: Jahrbuch für Internationale Germanistik XXV, Heft 2, 1993, 36–49
211 Monika Schmitz-Emans: Überleben im Text? Zu einem Grundmotiv literarischen Schreibens und einigen Formen seiner Reflexion im poetischen Medium. In: Colloquia Germanica 26, 1993, 135–161
212 Walter Haug: Brechungen auf dem Weg zur Individualität. Kleine Schriften zur Literatur des Mittelalters. Tübingen 1995
213 Peter Kern: *Der den tzirkel tichte senewel vmme*. Überlegungen zu einer Spruchstrophe Rumelants von Sachsen. In: ‚Ir sult sprechen willekomen'. Grenzenlose Mediävistik. Festschrift für Helmut Birkhan zum 60. Geburtstag. Hg. von Christa Tuczay, Ulrike Hirhager und Karin Lichtblau. Bern [u.a.] 1998, 619–628

Sozialgeschichte der (mittelalterlichen) Literatur

214 ➔ Joachim Bumke: Studien zum Ritterbegriff im 12. und 13. Jahrhundert. 2. Aufl. mit einem Anhang: Zum Stand der Ritterforschung 1976. Heidelberg 1977

215 ➔ Joachim Bumke: Mäzene im Mittelalter. Die Gönner und Auftraggeber der höfischen Literatur in Deutschland. 1150–1300. München 1979

216 ➔ Adelsherrschaft und Literatur. Hg. von Horst Wenzel. Bern [u.a.] 1980

217 ➔ Literarisches Mäzenatentum. Ausgewählte Forschungen zur Rolle des Gönners und Auftraggebers in der mittelalterlichen Literatur. Hg. von Joachim Bumke. Darmstadt 1982

218 ➔ *Ein instruktives Kapitel zur ‚Ministerialität' in:* Hartmann von Aue. Epoche – Werk – Wirkung. Von Christoph Cormeau und Wilhelm Störmer. Zweite, überarbeitete Auflage. München 1993

219 ➔ Cord Meyer: Die deutsche Literatur im Umkreis König Heinrichs (VII.). Literarhistorische Studien zu Dichtern des ‚spätstaufischen Hofkreises'. Frankfurt/M. 2006 [im Druck, Stand: Juni 2005]

220 Eduard Wechssler: Das Kulturproblem des Minnesangs. Studien zur Vorgeschichte der Renaissance. In zwei Bänden. Bd. 1: Minnesang und Christentum. Halle/S. 1909

221 Paul Kluckhohn: Der Minnesang als Standesdichtung. In: Archiv für Kulturgeschichte 11, 1914, 389–410 (Wiederabdruck in: Der deutsche Minnesang. Aufsätze zu seiner Erforschung. Hg. von Hans Fromm. Bd. I. Darmstadt 1961, 58–84)

222 Erich Köhler: Ideal und Wirklichkeit in der höfischen Epik. Studien zur Form der frühen Artus- und Graldichtung. Tübingen 1956 (2., erg. Aufl. 1970)

223 Erich Köhler: Vergleichende soziologische Betrachtungen zum romanischen und deutschen Minnesang. In: Der Berliner Germanistentag 1968. Hg. von Karl Heinz Borck [u.a.]. Heidelberg 1970, 61–76

224 Joachim Bumke: Ministerialität und Ritterdichtung. Umrisse der Forschung. München 1976

225 Das Rittertum im Mittelalter. Hg. von Arno Borst. Darmstadt 1976

226 Herrschaft und Stand. Hg. von Josef Fleckenstein. Göttingen 1977

227 Stauferzeit. Geschichte, Literatur, Kunst. Hg. von Rüdiger Krohn, Bernd Thum, Peter Wapnewski. Stuttgart 1979

228 Gert Kaiser: Minnesang, Ritterideal und Ministerialität. In: Der deutsche Minnesang. Aufsätze zu seiner Erforschung. Hg. von Hans Fromm. Bd. II. Darmstadt 1985, 160–184

229 Jan-Dirk Müller: Aporien und Perspektiven einer Sozialgeschichte mittelalterlicher Literatur. Zu einigen neuen Forschungsansätzen. In: Historische und aktuelle Konzepte der Literaturgeschichtsschreibung. Zwei Königskinder? Zum Verhältnis von Literatur und Literaturwissenschaft. Hg. von Wilhelm Voßkamp, Eberhard Lämmert. Tübingen 1986, 56–66

230 Theodor Nolte: Höfische Idealität und konkrete Erfahrung. Stuttgart 1991

231 Horst Wenzel: Zur Deutung des höfischen Minnesangs. Anregungen und Grenzen der Zivilisationstheorie von Norbert Elias. In: Norbert Elias und die Menschenwissenschaften. Studien zur Entstehung und Wirkungsgeschichte seines Werkes. Hg. von Karl-Siegbert Rehberg. Frankfurt/M. 1996, 213–239

Mittelalter-Rezeption

232 ➔ Mittelalter-Rezeption. Gesammelte Vorträge des Salzburger Symposions ‚Die Rezeption mittelalterlicher Dichter und ihrer Werke in Literatur, bildender Kunst und Musik des 19. und 20. Jahrhunderts'. Hg. von Jürgen Kühnel, Hans-Dieter Mück, Ulrich Müller. Göppingen 1979

233 ➔ Das Weiterleben des Mittelalters in der deutschen Literatur. Hg. von James F. Poag, Gerhild Scholz-Williams. Königstein/Ts. 1983

234 ➔ Mittelalter-Rezeption. Ein Symposion. Hg. von Peter Wapnewski. Stuttgart 1986

235 ➔ Die Nibelungen. Ein deutscher Wahn, ein deutscher Alptraum. Studien und Dokumente zur Rezeption des Nibelungenstoffs im 19. und 20. Jahrhundert. Hg. von Joachim Heinzle und Anneliese Waldschmidt. Frankfurt/M. 1991

235a Sabine B. Sattel: Das ‚Nibelungenlied' in der wissenschaftlichen Literatur zwischen 1945 und 1985. Ein Beitrag zur Geschichte der Nibelungenforschung. Frankfurt/M. 2000

236 Deutsches Geistesleben und Nationalsozialismus. Eine Vortragsreihe der Universität Tübingen mit einem Nachwort von Hermann Diem. Hg. von Andreas Flitner. Tübingen 1965

237 Materialien zur Ideologiegeschichte der deutschen Literaturwissenschaft. Von Wilhelm Scherer bis 1945. Mit einer Einführung herausgegeben von Gunter Reiss. Bd. 2. Vom Ersten Weltkrieg bis 1945. Tübingen 1973

238 Karl Otto Conrady: Ehrfurchtslose Germanistik? Notwendige Notizen zum Thema „Literaturwissenschaft im Dritten Reich". In: Ders.: Literatur und Germanistik als Herausforderung. Skizzen und Stellungnahmen. Frankfurt/M. 1974, 233–238

239 Ulrich Müller: ‚Our Man in Camelot'. Mittelalter-Rezeption in der Literatur, aufgezeigt an Artus-Romanen der Jahre 1970–1983. Mit einem Verzeichnis zur internationalen Artus-Rezeption 1970–1985. In: Forum. Materialien und Beiträge zur Mittelalter-Rezeption. Bd. I. Hg. von Rüdiger Krohn. Göppingen 1986, 3–32

240 Karin Lauff-Immesberger: Literatur, Schule und Nationalsozialismus. St. Ingbert 1987

241 Susanne Himmelheber: Kunsthandwerkliche Reproduktionen nach Manesse-Motiven. In: Codex Manesse. Katalog zur Ausstellung vom 12. Juni bis 4. September 1988. Universitätsbibliothek Heidelberg. Hg. von Elmar Mittler und Wilfried Werner. Heidelberg 1988, 462–466

242 Roland Richter: Wie Walther von der Vogelweide ein „Sänger des Reiches" wurde. Eine sozial- und wissenschaftsgeschichtliche Untersuchung zur Rezeption seiner ‚Reichsidee' im 19. und 20. Jahrhundert. Göppingen 1988

243 Thomas Dörfelt: Autoren mittelhochdeutscher Dichtung in der literarischen Biographik der siebziger Jahre. (Th. Mülhause-Vogeler, F. Torberg, P. Rühmkorf, E. Hilscher, B. Gloger, D. Kühn). Göppingen 1989

244 Siegrid Schmidt: Mittelhochdeutsche Epenstoffe in der deutschsprachigen Literatur nach 1945. Beobachtungen zur Aufarbeitung des Artus- und Parzival-Stoffes in erzählender Literatur für Jugendliche und Erwachsene mit einer Bibliographie der Adaptionen der Stoffkreise Artus, Parzival, Tristan, Gudrun und Nibelungen 1945–1981. Bd. 1. Untersuchungen und Dokumen-

tation. Bd. 2. Reprint des Artus-Romans von Wilhelm Kubie Mummenschanz auf Tintagel (1946). Göppingen 1989

245 Siegfried Grosse/Ursula Rautenberg: Die Rezeption mittelalterlicher deutscher Dichtung. Eine Bibliographie ihrer Übersetzungen und Bearbeitungen seit der Mitte des 18. Jahrhunderts. Tübingen 1989

246 Mittelalter-Rezeption IV: Medien, Politik, Ideologie, Ökonomie. Gesammelte Vorträge des 4. Internationalen Symposions zur Mittelalter-Rezeption an der Universität Lausanne 1989. Hg. von Irene von Burg, Jürgen Kühnel, Ulrich Müller, Alexander Schwarz. Göppingen 1991

247 Thomas Bein: Walther von der Vogelweide: ein „unheimlich naher Zeitgenosse". Werkprofil und nationalsozialistische Mißdeutung. In: Leuvense Bijdragen 82, 1993, 363–381

Textausgaben (Primärliteratur)

Hier sind vor allem jene Werke berücksichtigt, auf die im darstellenden Teil Bezug genommen wurde bzw. die vielfach zum ‚Kanon' des akademischen Unterrichts zählen (von einigen Textausgaben sind inzwischen neue Auflagen, meist indes nur wenig oder gar nicht modifiziert, erschienen; die Benutzer/innen dieser Bibliographie seien aufgefordert, im konkreten Fall die aktuelle Auflage einer Edition bibliographisch selbst zu ermitteln).

Vulgata-Bibel

248 Biblia Sacra. Vulgatae Editionis. [...] Die Heilige Schrift des Alten und Neuen Testamentes. Mit dem Urtext der Vulgata. Übersetzt und mit erklärenden Anmerkungen versehen von Augustin Arndt S.J. 3 Bde. 4., vermehrte Auflage. Regensburg, Rom, New York, Cincinnati 1907

Griechische, lateinische und romanische Texte (hier sind ***nur*** *Werke verzeichnet, auf die im darstellenden Teil Bezug genommen wurde; für weitergehende Angaben sei auf Einführungen in die anderssprachigen Philologien verwiesen; vgl. hier die Bibl.-Nrr. 375–392)*

249 Patrologiae cursus completus sive bibliotheca universalis [...] omnium ss. patrum, doctorum, scriptorumque ecclesiasticorum, qui ab aevo apostolico ad usque Innocentii II tempora floruerunt. Hg. von J[aques] P[aul] Migne. Series Latina. Bd. 1–221. Paris 1844ff.

250 Patrologiae cursus completus sive bibliotheca universalis [...] omnium ss. patrum, doctorum, scriptorumque ecclesiasticorum, sive Latinorum, sive Graecorum, qui ab aevo apostolico ad aetatem Innocentii III [...] pro Latinis et ad Photii tempora [...] pro Graecis floruerunt. Hg. von J[aques] P[aul] Migne. Series Graeca. Bd. 1–161. Paris 1857ff.

251 Aurelius Augustinus: Confessiones. Bekenntnisse. Lateinisch/deutsch. Eingeleitet, übersetzt und erläutert von Joseph Bernhart. München 1955

252 Chrestien de Troyes: Yvain. Übersetzt und eingeleitet von Ilse Nolting-Hauff. München 1962

253 Riccardo da Bury: Philobiblon. Edizione critica a cura di Antonio Altamura. con VIII tavole fuori testo. Napoli MCMLIV (deutsch: Helmut Presser: Das Buch vom Buch. Mit einer Übersetzung des Philobiblons von Lutz Mackensen und einer Bibliographie von Hans Wegener. Bremen 1962)

254 Carmina Burana. Die Gedichte des Codex Buranus. Lateinisch und deutsch. Übertragen von Carl Fischer. Übersetzungen der mittelhochdeutschen Texte von Hugo Kuhn. Anmerkungen und Nachwort von Günter Bernt. Zürich und München 1974

255 Aurelius Augustinus: De Civitate Dei. Der Gottesstaat. Lateinisch/deutsch. Übersetzt von Carl Johann Perl. 2 Bde. Paderborn [u.a.] 1979

256 Chrétien de Troyes: Erec et Enide. Erec und Enide. Altfranzösisch/Deutsch. Übersetzt und hg. von Albert Gier. Stuttgart 1987

Handschriftenfaksimiles

Wichtige und aufschlussreiche Informationen zur Überlieferungsgeschichte sowie weitere bibliographische Nachweise von Faksimiles bieten:

257 ➔ Geschichte der Textüberlieferung der antiken und mittelalterlichen Literatur. Band 1: Antikes und mittelalterliches Buch- und Schriftwesen. Überlieferungsgeschichte der antiken Literatur. Von Herbert Hunger [u.a.] Zürich 1961. Band 2: Überlieferungsgeschichte der mittelalterlichen Literatur. Von Karl Langosch [u.a.]. Zürich 1964

258 ➔ Deutsche Handschriften 1100–1400. Oxforder Kolloquium 1985. Hg. von Volker Honemann und Nigel F. Palmer. Tübingen 1988

259 ➔ Franz-Josef Holznagel: Wege in die Schriftlichkeit. Untersuchungen und Materialien zur Überlieferung der mittelhochdeutschen Lyrik. Tübingen, Basel 1995

***

260 ➔ *Einen Querschnitt durch zahlreiche Überlieferungs- und Schrifttypen repräsentiert*: Walther von der Vogelweide. Die gesamte Überlieferung der Texte und Melodien. Abbildungen, Materialien, Melodietranskriptionen. Hg. von Horst Brunner, Ulrich Müller, Franz Viktor Spechtler. Mit Beiträgen von Helmut Lomnitzer und Hans-Dieter Mück. Geleitwort von Hugo Kuhn. Göppingen 1977

261 ➔ *Leicht zugänglich sind die Bände der Reihe ‚Litterae. Göppinger Beiträge zur Textgeschichte'. Herausgegeben von Ulrich Müller, Franz Hundsnurscher und Cornelius Sommer. In dieser Reihe sind u.a. erschienen:* Die große Heidelberger Liederhandschrift (Nr. 1); Heinrich von Morungen (Nr. 2); Hartmann von Aue: Der arme Heinrich (Nr. 3); Wolfram von Eschenbach: Parzival (Nr. 4/ 34); Walther von der Vogelweide (Nr. 7); Die Jenaer Liederhandschrift (Nr. 10); Neidhart (Nr. 11/ 15); Oswald von Wolkenstein (Nr. 12/ 16); Ulrich von Lichtenstein (Nr. 17); Die Mainauer Naturlehre (Nr.18); Gottfried von Straßburg: Tristan (Nr.19); Nibelungenlied (Nr. 23); Hartmann von Aue: Iwein (Nr. 24); Die Kolmarer Liederhandschrift (Nr. 35); Litterae ignotae (Nr.50); Hugo von Montfort (Nr. 56–58); Codex Vind. 2721 (frühmittelhochdeutsche Sammelhandschrift) (Nr. 79); Heliand (Nr.103)

262 Biblia pauperum. Deutsche Ausgabe von 1471. [Hg.: R. Ehwald]. Weimar 1906

263 Die deutschen Gedichte der Vorauer Handschrift. <Kodex 276 – II. Teil>. Faksimile=Ausgabe des Chorherrenstiftes Vorau unter Mitwirkung von Karl Konrad Polheim. Graz 1958

264 Das Nibelungenlied und die Klage. Handschrift C der F.F. Hofbibliothek Donaueschingen. Kommentar bearbeitet von Heinz Engels. Stuttgart 1968

265 Die Weingartner Liederhandschrift. 2 Bde. (Faksimile; Textband mit Beiträgen von W. Irtenkauf, K. H. Halbach, R. Kroos und einer Transkription von O. Ehrismann). Stuttgart 1969

266 Das Rolandslied des Pfaffen Konrad. Einführung zum Faksimile des Codex Palatinus Germanicus 112 der Universitätsbibliothek Heidelberg von Wilfried Werner und Heinz Zirnbauer. Wiesbaden 1970

267 Wolfram von Eschenbach: Parzival. Titurel. Tagelieder. Cgm. 19 der Bayerischen Staatsbibliothek München. Transkription der Texte von Gerhard Augst, Otfried Ehrismann und Heinz Engels mit einem Beitrag zur Geschichte der Handschrift von Fridolin Dreßler. Stuttgart 1970

268 Sammlung kleinerer deutscher Gedichte. Vollständige Faksimile-Ausgabe des Codex FB 32001 des Tiroler Landesmuseums Ferdinandeum. Einführung: Norbert Richard Wolf. Graz 1972 (= Codices Selecti XXIX)

269 Ambraser Heldenbuch. Vollständige Faksimile-Ausgabe im Originalformat des Codex Vindobonensis Series Nova 2663 der österreichischen Nationalbibliothek. Kommentar Franz Unterkircher. Graz 1973

270 Walter Blank: Die Kleine Heidelberger Liederhandschrift [A]. Cod. Pal.Germ.357 der Universitätsbibliothek Heidelberg. Einführung. Wiesbaden 1972. – Die Kleine Heidelberger Liederhandschrift. Cod.Pal.Germ.357 der Universitätsbibliothek Heidelberg. Einführung. Faksimile-Teil. Wiesbaden 1972

271 Die Lieder Reinmars und Walthers von der Vogelweide. Aus der Würzburger Handschrift 2° Cod. Ms. 731 der Universitätsbibliothek München [E]. I. Faksimile. Mit einer Einführung von Gisela Kornrumpf. Wiesbaden 1972

272 Otfrid von Weissenburg: Evangelienharmonie. Vollständige Faksimile-Ausgabe des Codex Vindobonensis 2687 der Österreichischen Nationalbibliothek. Einführung Hans Butzmann. Graz 1972 (= Codices Selecti XXX)

273 Hartmann von Aue: ‚Der arme Heinrich'. Fassung der Handschrift Bb – Abbildungen aus dem Kaloczaer Kodex. Hg. von Cornelius Sommer. Göppingen 1973

274 Wolfram von Eschenbach: Willehalm. Mit der Vorgeschichte des Ulrich von dem Türlin und der Fortsetzung des Ulrich von Türheim. Vollständige Faksimile-Ausgabe im Originalformat des Codex Vindobonensis 2670 der österreichischen Nationalbibliothek. Kommentar: Hedwig Heger. Graz 1974 (= Codices Selecti XLVI)

275 Daz buoch von guoter spîse. Abbildungen zur Überlieferung des ältesten deutschen Kochbuches. Eingeleitet und hg. von Gerold Hayer. Göppingen 1976

276 Der Sachsenspiegel in Bildern. Aus der Heidelberger Bilderhandschrift ausgewählt und erläutert von Walter Koschorreck. Frankfurt/M. 1976

277 Oswald von Wolkenstein. Handschrift A. Vollständige Faksimile-Ausgabe im Originalformat des Codex Vindobonensis 2777 der österreichischen Nationalbibliothek. Kommentar: Francesco Delbono. Graz 1977 (= Codices Selecti LIX)

278 Gottfried von Straßburg: Tristan und Isolde. Mit der Fortsetzung Ulrichs von Türheim. Faksimile-Ausgabe des Cgm. 51 der Bayerischen Staatsbibliothek München. Textband mit Beiträgen von Ulrich Montag und Paul Gichtel. Stuttgart 1979

279 Codex Manesse. Katalog zur Ausstellung vom 12. Juni bis 4. September 1988. Universitätsbibliothek Heidelberg. Hg. von Elmar Mittler und Wilfried Werner [...]. Heidelberg o.J. [1988]
280 Heinrich Wittenwiler: Der Ring. Eine Abbildung der Meininger Handschrift. Hg. von Rolf Bräuer, George F. Jones, Ulrich Müller. Göppingen 1990

Althochdeutsche und frühmittelhochdeutsche Zeit

Anthologien (Textsammlungen)

281 ➔ Althochdeutsche Literatur. Mit altniederdeutschen Textbeispielen. Auswahl mit Übertragungen und Kommentar von Horst Dieter Schlosser. 2., überarbeitete und erweiterte Auflage. Berlin 2004
282 ➔ Frühe deutsche Literatur und lateinische Literatur in Deutschland 800–1150. Hg. von Walter Haug und Benedikt Konrad Vollmann. Frankfurt/Main 1991
283 ➔ Althochdeutsche poetische Texte. Althochdeutsch/Neuhochdeutsch. Ausgewählt, übersetzt und kommentiert von Karl A. Wipf. Stuttgart 1992
284 ➔ *Vor allem aufgrund der nhd. Übersetzungen und der Kommentare ist zum Einlesen nützlich*: Frühmittelhochdeutsche Literatur. Mittelhochdeutsch/ Neuhochdeutsch. Auswahl, Übersetzung und Kommentar von Gisela Vollmann-Profe. Stuttgart 1996
285 Die althochdeutschen Glossen. Gesammelt und bearbeitet von Elias Steinmeyer und Eduard Sievers. Dritter Band. Sachlich geordnete Glossare. [...]. Berlin 1895
286 Denkmäler deutscher Prosa des 11. und 12. Jahrhunderts. Hg. von Friedrich Wilhelm. Nachdruck: München 1960 [[1]1914]
287 Die religiösen Dichtungen des 11. und 12. Jahrhunderts. Nach ihren Formen besprochen und hg. von Friedrich Maurer. 3 Bde. Tübingen 1964, 1965, 1970
288 Althochdeutsches Lesebuch. Zusammengestellt und mit Wörterbuch versehen von Wilhelm Braune, fortgeführt von Karl Helm. 14. Auflage bearbeitet von Ernst A. Ebbinghaus. 2. Druck. Tübingen 1965 (und folgende Auflagen)
289 Kleinere deutsche Gedichte des 11. und 12. Jahrhunderts. Nach der Auswahl von Albert Waag neu hg. von Werner Schröder. 2 Bde. Tübingen 1972

Einzelausgaben

290 Heinrich von Veldeke. Hg. von Ludwig Ettmüller. Leipzig 1852
291 Lamprechts Alexander. Nach den drei Texten. Mit dem Fragment des Alberic von Besançon und den lateinischen Quellen hg. und erklärt von Karl Kinzel. Halle/S. 1884
292 Deutsche Chroniken und andere Geschichtsbücher des Mittelalters. Hg. von der Gesellschaft für ältere deutsche Geschichtskunde. Erster Band. Deutsche Kaiserchronik. Trierer Silvester. Annolied. Nachdruck: Berlin, Zürich 1964 [[1]Berlin 1895] [= MGH, tomus I]
293 Eilhart von Oberg: Tristrant. Synoptischer Druck der ergänzten Fragmente mit der gesamten Parallelüberlieferung. Hg. von Hadumod Bußmann. Tübingen 1969

294 Otfrids Evangelienbuch. Hg. von Oskar Erdmann. Sechste Auflage besorgt von Ludwig Wolff. Tübingen 1973

295 Otfrid von Weißenburg: Evangelienbuch. Bd. I: Edition nach dem Wiener Codex 2687. Hg. und bearbeitet von Wolfgang Kleiber unter Mitarbeit von Rita Hauser. Teil 1: Text, Teil 2: Einleitung und Apparat. Mit Beiträgen von Wolfgang Haubrichs, Norbert Kössinger, Otto Mazal, Norbert H. Ott und Michael Klaper. Tübingen 2004

296 Der Reinhart Fuchs des Elsässers Heinrich (der Glichezare). Unter Mitarbeit von Katharina von Goetz [u.a.] hg. von Klaus Düwel. Tübingen 1984

297 *Zu Karl dem Großen und seinem Einfluss auf die deutsche Schriftsprachlichkeit*: Einhard: Vita Karoli Magni. Das Leben Karls des Großen. Lateinisch/Deutsch. Übersetzung, Anmerkungen und Nachwort von Evelyn Scherabon Firchow. Stuttgart 1989

298 Das Rolandslied des Pfaffen Konrad. Mittelhochdeutsch/Neuhochdeutsch. Hg., übersetzt und kommentiert von Dieter Kartschoke. Stuttgart 1993

299 Heinrich von Melk: Von des todes gehugde. Mahnrede über den Tod. Mittelhochdeutsch/Neuhochdeutsch. Übersetzt, kommentiert und mit einer Einführung in das Werk herausgegeben von Thomas Bein, Trude Ehlert, Peter Konietzko, Stephan Speicher, Karin Trimborn (†) und Rainer Zäck. Mit Beiträgen zu Text, Übersetzung und Kommentar von Susanne Kramarz-Bein. Stuttgart 1994

Mittelhochdeutsche Zeit

Anthologien (Textsammlungen): *Lyrik*

300 ➔ Politische Lyrik des deutschen Mittelalters. Texte. Hg. von Ulrich Müller. 2 Bde. Göppingen 1972ff.

301 ➔ Epochen deutscher Lyrik. 10 Bde. Hg. v. Walther Killy. Bd. 1: Gedichte von den Anfängen bis 1300. Nach den Handschriften in zeitlicher Folge hg. v. Werner Höve und Eva Kiepe. München 1978

302 ➔ Deutsche Liederdichter des 13. Jahrhunderts. Hg. von Carl von Kraus. Band I: Text. Zweite Auflage, durchgesehen von Gisela Kornrumpf. Tübingen 1978. Band II: Kommentar. Besorgt von Hugo Kuhn. Zweite Auflage, durchgesehen von Gisela Kornrumpf. Tübingen 1978

303 ➔ Des Minnesangs Frühling. Unter Benutzung der Ausgaben von Karl Lachmann und Moriz Haupt, Friedrich Vogt und Carl von Kraus bearbeitet von Hugo Moser und Helmut Tervooren. Teil I. Texte. 38., erneut revidierte Auflage. Mit einem Anhang: Das Budapester und Kremsmünsterer Fragment. Stuttgart 1988

304 ➔ Günther Schweikle: Mittelhochdeutsche Minnelyrik. Bd. I. Frühe Minnelyrik. Texte und Übertragungen, Einführung und Kommentar. Stuttgart, Weimar 1993

305 ➔ Deutsche Lyrik des frühen und hohen Mittelalters. Edition der Texte und Kommentar von Ingrid Kasten. Übersetzungen von Margherita Kuhn. Frankfurt/M. 1995

306 Friedrich Heinrich von der Hagen: Minnesinger. Deutsche Liederdichter des zwölften, dreizehnten und vierzehnten Jahrhunderts [...]. IV Bde. Leipzig 1838

307 Deutsche geistliche Dichtung. Hg. v. Friedhelm Kemp. Neuausgabe. München 1987

308 Mutabilität im Minnesang. Mehrfach überlieferte Lieder des 12. und frühen 13. Jahrhunderts. Hg. von Hubert Heinen. Göppingen 1989

309 Die Schweizer Minnesänger. Nach der Ausgabe von Karl Bartsch neu bearbeitet und herausgegeben von Max Schiendorfer. Bd.1: Texte. Tübingen 1990

310 Frauenlieder des Mittelalters. Zweisprachig. Übersetzt und herausgegeben von Ingrid Kasten. Stuttgart 1990

311 Deutsche Gedichte des Mittelalters. Mittelhochdeutsch/Neuhochdeutsch. Ausgewählt, übersetzt und erläutert von Ulrich Müller in Zusammenarbeit mit Gerlinde Weiss. Stuttgart 1993

312 Repertorium der Sangsprüche und Meisterlieder des 12. bis 18. Jahrhunderts. (RSM). Hg. v. Horst Brunner und Burghart Wachinger unter Mitarbeit v. Eva Klesatschke u. a. Leitung der Datenverarbeitung Paul Sappler. 16 Bde. Tübingen 1988–1996

Anthologien (Textsammlungen): Epik

313 ➔ König Artus und seine Tafelrunde. Europäische Dichtung des Mittelalters. In Zusammenarbeit mit Wolf-Dieter Lange neuhochdeutsch hg. von Karl Langosch. Stuttgart 1980

Anthologie (Textsammlung): Lyrik und Epik

314 ➔ Dichter über Dichter in mittelhochdeutscher Literatur. Hg. von Günther Schweikle. Tübingen 1970

Einzelausgaben: Epik

315 Heinrich von Veldeke. Hg. von Ludwig Ettmüller. Leipzig 1852

316 Konrad von Würzburg: Der Trojanische Krieg. Nach den Vorarbeiten K. Frommanns und F. Roths zum ersten Mal herausgegeben durch Adelbert von Keller. Stuttgart 1858 (Nachdruck Amsterdam 1965)

317 Ulrich Füetrers ‚Iban'. In: Alice Carlson: Ulrich Füetrer und sein ‚Iban'. Diss. München. Riga 1927

318 Hartmann von Aue: Iwein. 4., überarbeitete Auflage. Text nach der siebenten Ausgabe von G.F. Benecke, K. Lachmann und L. Wolff. Übersetzung und Nachwort von Thomas Cramer. Berlin 2001

319 Gottfried von Straßburg: Tristan. Nach dem Text von Friedrich Ranke neu hg., ins Neuhochdeutsche übersetzt, mit einem Stellenkommentar und einem Nachwort von Rüdiger Krohn. Bd. I. Text (Verse 1–9982). Stuttgart ^{2}1981

320 Wolfram von Eschenbach: Willehalm. Text nach der Ausgabe von Werner Schröder. Völlig neubearbeitete Übersetzung, Vorwort und Register von Dieter Kartschoke. Berlin, New York 1989

321 Wolfram von Eschenbach: Willehalm. Nach der Handschrift 857 der Stiftsbibliothek St. Gallen hg. von Joachim Heinzle. Tübingen 1994

322 Hartmann von Aue: Der arme Heinrich. Hg. von Hermann Paul. 16., neu bearbeitete Auflage besorgt von Kurt Gärtner. Tübingen 1996 (17., durchges. Aufl. 2001)

323 Das Nibelungenlied. Mittelhochdeutsch/Neuhochdeutsch. Nach dem Text von Karl Bartsch und Helmut de Boor ins Neuhochdeutsche übersetzt und kommentiert von Siegfried Große. Stuttgart 1997

324 Wolfram von Eschenbach: Parzival. Mittelhochdeutscher Text nach der 6. Ausgabe von Karl Lachmann. Übersetzung von Peter Knecht. Einführung zum Text von Bernd Schirok. Berlin 1998

Einzelausgaben: Lyrik

325 Rumzlant (von Sachsen). In: Die Jenaer Liederhandschrift. Bd. I. Getreuer Abdruck des Textes. Hg. von Georg Holz. Hildesheim 1966

326 Frauenlob (Heinrich von Meissen): Leichs, Sangsprüche, Lieder. 1. Teil. Einleitungen, Texte. Auf Grund der Vorarbeiten von Helmuth Thomas hg. von Karl Stackmann und Karl Bertau. Göttingen 1981

327 Die Lieder Neidharts. Hg. von Edmund Wießner. Fortgeführt von Hanns Fischer. Vierte Auflage revidiert von Paul Sappler. Mit einem Melodienanhang von Helmut Lomnitzer. Tübingen 1984

328 Friedrich von Hausen: Lieder. Mittelhochdeutsch/Neuhochdeutsch. Text, Übersetzung und Kommentar von Günther Schweikle. Stuttgart 1984

329 Reinmar: Lieder. Nach der Weingartner Liederhandschrift (B). Mittelhochdeutsch/Neuhochdeutsch. Hg., übersetzt und kommentiert von Günther Schweikle. Stuttgart 1986

330 Hartmann von Aue: Lieder. Mittelhochdeutsch/Neuhochdeutsch. Hg., übersetzt und kommentiert von Ernst von Reusner. Stuttgart 1994

331 Walther von der Vogelweide: Leich, Lieder, Sangsprüche. 14., völlig neubearbeitete Auflage der Ausgabe Karl Lachmanns mit Beiträgen von Thomas Bein und Horst Brunner. Hg. von Christoph Cormeau. Berlin, New York 1996

*14. Jahrhundert und frühneuhochdeutsche Zeit (hier **nicht** nach Textsorten getrennt)*

332 → Frühneuhochdeutsches Lesebuch. Hg. von Oskar Reichmann und Klaus-Peter Wegera. Tübingen 1988

333 Mittelhochdeutsche Minnereden. Bd. I, hg. von Kurt Matthaei. 2. unveränderte Aufl., Bd. II, hg. von Gerhard Thiele. 2. unveränderte Auflage. Mit einem Nachwort von Ingeborg Glier. Dublin, Zürich 1967

334 Die Lieder Oswalds von Wolkenstein. Unter Mitwirkung von Walter Weiß und Notburga Wolf hg. von Karl Kurt Klein. Musikanhang von Walter Salmen. 3., neubearbeitete und erweiterte Auflage von Hans Moser, Norbert Richard Wolf und Notburga Wolf. Tübingen 1987

335 Romane des 15. und 16. Jahrhunderts. Nach den Erstdrucken mit sämtlichen Holzschnitten. Hg. von Jan-Dirk Müller. Frankfurt/M. 1990

336 Novellistik des Mittelalters. Märendichtung. Hg., übersetzt und kommentiert von Klaus Grubmüller. Frankfurt/M. 1996

337 Deutsche Spiele und Dramen des 15. und 16. Jahrhunderts. Hg. von Hellmuth Thomke. Frankfurt/M. 1996

Fachliteratur

Anthologien (Textsammlungen)

338 ➔ Deutsche Fachprosa des Mittelalters. Ausgewählte Texte. Hg., erläutert und mit einem Glossar versehen von Wolfram Schmitt. Berlin, New York 1972
339 ‚Wider allen den suhtin'. Deutsche medizinische Texte des Hoch- und Spätmittelalters. Herausgegeben, mit einer Einführung versehen und kommentiert von Thomas Bein. Stuttgart 1989

Einzelausgaben

340 ➔ *Jede/r Altgermanist/in sollte in diesem Buch einmal ‚stöbern'; hier erhält man einen unmittelbaren Zugang zu vielfältigen Bereichen der Kultur- und Wissenschaftsgeschichte*: Konrad von Megenberg: Das ‚Buch der Natur'. Bd. II: Kritischer Text nach den Handschriften. Hg. von Robert Luff und Georg Steer. Tübingen 2003
auch die alte Ausgabe ist noch benutzbar: Konrad von Megenberg: Das Buch der Natur. Die erste Naturgeschichte in deutscher Sprache. Hg. von Franz Pfeiffer. Stuttgart MDCCCLXI
341 ➔ Christa Baufeld (Hg.): Gesundheits- und Haushaltslehren des Mittelalters. Edition des 8° Ms 875 der Universitätsbibliothek Greifswald mit Einführung, Kommentar und Glossar. Frankfurt/M. [u.a.] *2002* [*sehr gut aufbereitete Textausgabe eines kompletten mittelalterlichen Fachliteratur-Codex; das Miteinander verschiedenster Inhalte in einem Buch wird hier besonders gut veranschaulicht.*]
342 Das Jagdbuch des Petrus de Crescentiis in deutschen Übersetzungen des 14. und 15. Jahrhunderts. Eingeleitet und hg. von Kurt Lindner. Berlin 1957
343 Daz buoch von guoter spise. Aus der Würzburg-Münchener Handschrift neu hg. von Hans Hajek. Berlin 1958
344 Eike von Repgow → [Eike von Repgow]: Sachsenspiegel. Bd. I. Landrecht. Hg. von Karl August Eckhardt. [...] Aalen 1973
345 Konrad von Megenberg: Die Deutsche Sphaera. Hg. von Francis B. Brévart. Tübingen 1980
346 Johannes Hartlieb: Das Buch aller verbotenen Künste, des Aberglaubens und der Zauberei. Hg., übersetzt und kommentiert von Falk Eisermann und Eckhard Graf. Ahlerstedt 1989
347 Steven Roger Fischer: Das Somniarium. Ein mittelalterliches Traumbuch. Bern [u.a.] 1989
348 Rosarium Philosophorum. Ein alchemistisches Florilegium des Spätmittelalters. Faksimile der illustrierten Erstausgabe Frankfurt 1550. Band 1 und 2. Herausgegeben und erläutert von Joachim Telle. Aus dem Lateinischen ins Deutsche übersetzt von Lutz Claren und Joachim Huber. Weinheim 1992

Literarhistorische Darstellungen

‚Allgemeine' Literaturgeschichten (zur deutschen Literatur des Mittelalters)

349 ➔ *gedrängt, preiswert und zur ersten Orientierung sehr nützlich*: Horst Brunner: Geschichte der deutschen Literatur des Mittelalters im Überblick. Stuttgart 1997

350 ➔ *eine preiswerte dreibändige Ausgabe*: Dieter Kartschoke: Geschichte der deutschen Literatur im frühen Mittelalter; Joachim Bumke: Geschichte der deutschen Literatur im hohen Mittelalter; Thomas Cramer: Geschichte der deutschen Literatur im späten Mittelalter. München 1990 [und Folgeauflagen]

351 ➔ Geschichte der deutschen Literatur von den Anfängen bis zum Beginn der Neuzeit. Hg. v. Joachim Heinzle:
Bd. 1: Von den Anfängen bis zum hohen Mittelalter.
Teil 1: Wolfgang Haubrichs: Die Anfänge: Versuche volkssprachiger Schriftlichkeit im frühen Mittelalter (ca. 700–1050/60). Frankfurt/M. 1988. [2., durchgesehene Aufl. Tübingen 1995]
Teil 2: Gisela Vollmann-Profe: Wiederbeginn volkssprachiger Schriftlichkeit im hohen Mittelalter (1050/60–1160/70). 2., durchgesehene Auflage Tübingen 1994
Bd. 2: Vom hohen zum späten Mittelalter.
Teil 1: Leslie Peter Johnson: Die höfische Literatur der Blütezeit. (1160/70–1220/30). Tübingen 1999
Teil 2: Joachim Heinzle: Wandlungen und Neuansätze im 13. Jahrhundert (1220/30–1280/90). Königstein 1984. [2., durchgesehene Aufl. Tübingen 1994]
Bd. 3: Vom späten Mittelalter zum Beginn der Neuzeit.
Teil 1: Johannes Janota: Orientierung durch volkssprachige Schriftlichkeit. 1280/90–1380/90).Tübingen 2004

352 Karl Bertau: Deutsche Literatur im europäischen Mittelalter. Bd. 1: 800–1197. München 1972; Bd. 2: 1195–1220. München 1972/1973

353 Hugo Kuhn: Entwürfe zu einer Literatursystematik des Spätmittelalters. Tübingen 1980

354 Max Wehrli: Geschichte der deutschen Literatur vom frühen Mittelalter bis zum Ende des 16. Jahrhunderts. Stuttgart 1980

355 Deutsche Literatur. Eine Sozialgeschichte. Hg. von Horst Albert Glaser. Band 1: Aus der Mündlichkeit in die Schriftlichkeit: Höfische und andere Literatur. 750–1320. Hg. von Ursula Liebertz-Grün. Reinbek bei Hamburg 1988

356 Deutsche Literatur von Frauen. Erster Band: Vom Mittelalter bis zum Ende des 18. Jahrhunderts. Hg. v. Gisela Brinker-Gabler. München 1988

357 Geschichte der deutschen Literatur. Von den Anfängen bis zur Gegenwart. Begründet von Helmut de Boor und Richard Newald. Zweiter Band. Die höfische Literatur. Vorbereitung, Blüte, Ausklang. 1170–1250. Von Helmut de Boor. Elfte Auflage bearbeitet von Ursula Hennig. München 1991

Regionale Literaturgeschichten

358 → Helmut Tervooren: Van der Masen tot op den Rijn. Ein Handbuch zur Geschichte der mittelalterlichen volkssprachigen Literatur im Raum von Rhein und Maas. Unter Mitarbeit von Carola Kirschner und Johannes Spicker. Berlin 2005

359 → Geschichte der Literatur in Österreich von den Anfängen bis zur Gegenwart. Hg. v. Herbert Zeman. Bd. 1: Fritz Peter Knapp: Die Literatur des Früh- und Hochmittelalters in den Bistümern Passau, Salzburg, Brixen und Trient von den Anfängen bis zum Jahre 1273. Graz 1994

360 Hartmut Beckers: Mittelniederdeutsche Literatur – Versuch einer Bestandsaufnahme. [1.] In: NdW [= Niederdeutsches Wort] 17/1977 (1978), S. 1–58. [2.] In: NdW 18/1978 (1979), S. 1–47. [3.] In: NdW 19/1979 (1980), S. 1–28

361 Die österreichische Literatur. Ihr Profil von den Anfängen im Mittelalter bis ins 18. Jahrhundert (1050–1750). Unter Mitwirkung von Fritz Peter Knapp (Mittelalter). Hg. v. Herbert Zeman. 2 Teile. Graz 1986

362 Literatur und Sprache im rhein-maasländischen Raum zwischen 1150 und 1450. Hg. v. Helmut Tervooren und Hartmut Beckers. ZfdPh Sonderheft. 1989

363 Wendelin Schmidt-Dengler/Klaus Zeyringer: Literaturgeschichte Österreichs. Eine Einführung in die Problematik. In: Literaturgeschichte: Österreich. Prolegomena und Fallstudien. Hg. von Wendelin Schmidt-Dengler, Johann Sonnleitner und Klaus Zeyringer. Berlin 1995

364 Herbert Zeman (Hg.): Literaturgeschichte Österreichs. Von den Anfängen im Mittelalter bis zur Gegenwart. Unter Mitwirkung von Werner M. Bauer, Dieter Breuer [u.a.]. Graz 1996

Zur Theorie der Literaturgeschichtsschreibung:

365 → Joachim Heinzle: Wie schreibt man eine Geschichte der deutschen Literatur des Mittelalters? In: Der Deutschunterricht 41, 1989, 27–39

366 Max Wehrli: Gibt es eine deutsche Literaturgeschichte? In: Jahrbuch für Internationale Germanistik II, 1970, 13–24

367 Heinrich Anz: Geschichte und Literaturgeschichte. Bemerkungen zu den Kategorien der Literaturgeschichtsschreibung. In: Geist und Zeichen. Festschrift für Arthur Henkel zu seinem sechzigsten Geburtstag dargebracht von Freunden und Schülern und hg. von Herbert Anton, Bernhard Gajek, Peter Pfaff. Heidelberg 1977, 19–27

368 Jan-Dirk Müller: Literaturgeschichte/Literaturgeschichtsschreibung. In: Erkenntnis der Literatur. Theorien, Konzepte, Methoden der Literaturwissenschaft. Hg. von Dietrich Harth und Peter Gebhardt. Stuttgart 1982, 195–227

369 Jürgen Fohrmann: Das Projekt der deutschen Literaturgeschichte. Entstehung und Scheitern einer nationalen Poesiegeschichtsschreibung zwischen Humanismus und Deutschem Kaiserreich. Stuttgart 1989

370 Wilhelm Voßkamp: Theorien und Probleme gegenwärtiger Literaturgeschichtsschreibung. In: Literaturgeschichtsschreibung in Italien und Deutschland. Tradition und aktuelle Probleme. Hg. von Frank Baasner. Tübingen 1989, 166–174

371 Joachim Bumke: Geschichte der mittelalterlichen Literatur als Aufgabe. Opladen 1991
372 Thomas Cramer: Brauchen wir eine neue Theorie der Literaturgeschichtsschreibung? In: Kultureller Wandel und die Germanistik in der Bundesrepublik. Hg. von Johannes Janota. Bd. 3: Methodenkonkurrenz in der germanistischen Praxis. Hg. von Johannes Janota. Tübingen 1993, 94–100
373 Ulrich Wyss: Gibt es eine Alternative zur Literaturgeschichte als Sozialgeschichte? In: Kultureller Wandel und die Germanistik in der Bundesrepublik. Hg. von Johannes Janota. Bd. 2. Germanistik und Deutschunterricht im historischen Wandel. Hg. von Johannes Janota. Tübingen 1993, 179–191
374 Thomas Bein: Praxis und Theorie der Literaturgeschichtsschreibung. In: Forschungsberichte zur Internationalen Germanistik. Germanistische Mediävistik. Hg. von Hans-Jochen Schiewer unter Mitarbeit von Jochen Conzelmann. Teil 2. (Jahrbuch für Internationale Germanistik. Reihe C. Forschungsberichte. Bd. 6). Bern, Berlin [u.a.] 2003, 9–53

Literarhistorische (Einzel-) Forschungen

Epochen- und gattungsübergreifende Arbeiten, europäische Zusammenhänge

375 → Ernst Robert Curtius: Europäische Literatur und lateinisches Mittelalter. Bern ^{2}1954
376 → Joachim Bumke: Die romanisch-deutschen Literaturbeziehungen im Mittelalter. Ein Überblick. Heidelberg 1967
377 → Karl Langosch: Mittellatein und Europa. Führung in die Hauptliteratur des Mittelalters. Darmstadt 1990
378 → *Einen schönen Querschnitt durch Epochen, Texttypen und Methoden bietet der Sammelband*: ‚Ir sult sprechen willekomen‘. Grenzenlose Mediävistik. Festschrift für Helmut Birkhan zum 60. Geburtstag. Hg. von Christa Tuczay, Ulrike Hirhager und Karin Lichtblau. Bern [u.a.] 1998
379 → Eine Epoche im Umbruch. Volkssprachliche Literalität 1200–1300. Cambridger Symposium 2001. Hg. v. Christa Bertelsmeier-Kierst. Tübingen 2003
380 M. Manitius: Geschichte der lateinischen Literatur des Mittelalters. 3 Bde. München 1911–1931
381 Martin de Riquer: Les Chansons de geste Françaises. Paris ^{2}1957
382 Franco Munari: Ovid im Mittelalter. Zürich 1960
383 Karl Stackmann: Ovid im deutschen Mittelalter. In: Arcadia 1, 1966, 231–254
384 Jan de Vries: Altnordische Literaturgeschichte. 2 Bde. Berlin 1964–67
385 Grundriß der romanischen Literaturen des Mittelalters. Hg. von Hans Robert Jauß, Erich Köhler [u.a.]. Bd. 1ff. Heidelberg 1968ff.
386 Karl-Heinz Göller: Geschichte der altenglischen Literatur. Berlin 1971
387 Mittellateinische Philologie. Beiträge zur Erforschung der mittelalterlichen Latinität. Hg. von Alf Önnerfors. Darmstadt 1975
388 Hans Robert Jauß: Alterität und Modernität der mittelalterlichen Literatur. München 1977
389 Klaus von See (Hg.): Europäische Heldendichtung. Darmstadt 1978

390 Hugo Kuhn: Liebe und Gesellschaft. Hg. von Wolfgang Walliczek. Stuttgart 1980 [*darin viele aufschlussreiche Arbeiten Kuhns zu Gattungen, Epochen, Strukturen*]
391 Heinrich Beck (Hg.): Heldensage und Heldendichtung im Germanischen. Berlin 1988
392 Kerstin Bartels: Musik in deutschen Texten des Mittelalters. Frankfurt/M. 1997

Zu Textsorten und ‚Gattungen'

393 ➔ Gattungen mittelalterlicher Schriftlichkeit. Hg. von Barbara Frank, Thomas Haye, Doris Tophinke. Tübingen 1997
394 ➔ Textsorten und literarische Gattungen. Dokumentation des Germanistentages in Hamburg vom 1. bis 4. April 1979. Hg. vom Vorstand der Vereinigung der deutschen Hochschulgermanisten. Berlin 1983
395 Hugo Kuhn: Stil als Epochen-, Gattungs- und Wertproblem in der deutschen Literatur des Mittelalters. In. Ders.: Dichtung und Welt im Mittelalter. Stuttgart 1959, 62–69
396 Christoph Cormeau: ‚Wigalois' und ‚Diu Crône'. Zwei Kapitel zur Gattungsgeschichte des nachklassischen Artusromans. Zürich, München 1977
397 Klaus Düwel: Werkbezeichnungen der mittelhochdeutschen Erzählliteratur (1050–1250). Göttingen 1983
398 Thomas Bein: Das hochmittelalterliche deutsche Lied als überlieferungsgeschichtliche, poetologische und philologische Größe. Eine Problemskizze. In: Jahrbuch für Internationale Germanistik XXV, Heft 2, 1993, 36–49

Althochdeutsche Zeit

399 ➔ J. Sidney Croseclose/Brian O. Murdoch: Die althochdeutschen poetischen Denkmäler. Stuttgart 1976
400 ➔ Otfrid von Weissenburg. Hg. von Wolfgang Kleiber. Darmstadt 1978
401 ➔ Althochdeutsch. In Verbindung mit Herbert Kolb, Klaus Matzel, Karl Stackmann hg. von Rolf Bergmann, Heinrich Tiefenbach, Lothar Voetz. Bd. I: Grammatik. Glossen und Texte. Bd. II: Wörter und Namen. Forschungsgeschichte. Heidelberg 1987 [*darin, für diejenigen, die am Sinn des Studiums althochdeutscher Sprache und Literatur zweifeln, S. 1551–1569*: Irmgard Frank: Zur Relevanz des Althochdeutschen für die wissenschaftliche Ausbildung von Deutschlehrern]
402 Norbert Voorwinden: Das Wessobrunner Gebet. In: Neophilologus 59, 1975, 390–404
403 Nikolaus Henkel: Studien zum Physiologus im Mittelalter. Tübingen 1976
404 Horst Dieter Schlosser: Literaturtheorie bei Otfrid von Weissenburg. In: Otfrid von Weissenburg. Hg. von Wolfgang Kleiber. Darmstadt 1978, 387–396
405 Klaus Düwel: Artikel ‚Hildebrandslied'. In: VL^2, 1981, Bd. 3, Sp. 1240–1256
406 Martin J. Schubert: 1200 Jahre Deutsch als Fremdsprache. Dumme Witze im Fremdsprachenunterricht seit den Kasseler Glossen. In: Poetica 28, 1996, 48–65

Frühmittelhochdeutsche Zeit

407 → C. Soeteman: Deutsche geistliche Dichtung des 11. und 12. Jahrhunderts. Stuttgart 1963
408 → Francis G. Gentry: Bibliographie zur frühmittelhochdeutschen geistlichen Dichtung. Berlin 1992
409 → Werner Schröder: Zur frühmittelhochdeutschen Literatur. Stuttgart 1993 [= W. Sch.: Kleinere Schriften Band IV]
410 Eberhard Nellmann: [Artikel] ‚Kaiserchronik'. In: VL², Bd. 4, 1983, Sp. 949–964
411 Tibor Friedrich Pézsa: Studien zur Erzähltechnik und Figurenzeichnung in der deutschen ‚Kaiserchronik'. Frankfurt/M. 1993

12. und 13. Jahrhundert

Epik (Allgemeines)

412 → Epische Stoffe des Mittelalters. Hg. von Volker Mertens und Ulrich Müller. Stuttgart 1984
413 → Interpretationen. Mittelhochdeutsche Romane und Heldenepen. Hg. von Horst Brunner. Stuttgart 1993 *[Einzelinterpretationen zu 20 bedeutenden Epen]*
413a → Erzähltechnik und Erzählstrategien in der deutschen Literatur des Mittelalters. Saarbrücker Kolloquium 2002. Hg. von Wolfgang Haubrichs. Berlin 2004

Spielmannsepik

414 → Walter Johannes Schröder: Spielmannsepik. 2., verbesserte Auflage. Stuttgart 1967
415 → Michael Curschmann: „Spielmannsepik". Wege und Ergebnisse der Forschung von 1907–1965. Mit Ergänzungen und Nachträgen bis 1967 (Überlieferung und mündliche Kompositionsform). Stuttgart 1968
416 Michael Curschmann: Der Münchener Oswald und die deutsche spielmännische Epik. Mit einem Exkurs zur Kultgeschichte und Dichtungstradition. München 1964
Zu den einzelnen Epen: Vgl. die entsprechenden Artikel im VL² (Bibl.-Nr. 627)

Artusepik

417 → Hartmann von Aue. Epoche – Werk – Wirkung. Von Christoph Cormeau und Wilhelm Störmer. Zweite, überarbeitete Auflage. München 1993
418 → Frank Roßnagel: Die deutsche Artusepik im Wandel. Die Entwicklung von Hartmann von Aue bis zum Pleier. Stuttgart 1996
419 → Joachim Bumke: Wolfram von Eschenbach. 7., völlig neu bearbeitete Auflage. Stuttgart, Weimar 1997 [und Folgeauflagen]
420 → Volker Mertens: Der deutsche Artusroman. Stuttgart 1998

421 ➔ Erzählstrukturen der Artusliteratur. Forschungsgeschichte und neue Ansätze. Hrsg. von Friedrich Wolfzettel unter Mitwirkung von Peter Ihring. Tübingen 1999
422 Hugo Kuhn: Erec. In: Festschrift Paul Kluckhohn und Hermann Schneider. Gewidmet zu ihrem 60. Geburtstag. Hg. von ihren Tübinger Schülern. Tübingen 1948, 122–147
423 Karl Otto Brogsitter: Artusepik. 2., verbesserte und ergänzte Auflage. Stuttgart 1971
424 Peter Kern: Interpretation der Erzählung durch Erzählen. Zur Bedeutung von Wiederholung, Variation und Umkehrung in Hartmanns ‚Iwein'. In: ZfdPh 92, 1973, 338–359
425 Peter Kern: Die Artusromane des Pleier. Untersuchungen über den Zusammenhang von Dichtung und literarischer Situation. Berlin 1981
426 Katia David: Wandel von Symbol und Motiv in den Tristan-Fassungen Eilharts von Oberge, Thomas' von Britannien und Gottfrieds von Straßburg. Berlin 1989
427 Carola L. Gottzmann: Artusdichtung. Stuttgart 1989
428 Alois Wolf: Gottfried von Straßburg und die Mythe von Tristan und Isolde. Darmstadt 1989
429 Silke Grothues: Der arturische Tristanroman. Werkabschluß zu Gottfrieds ‚Tristan' und Gattungswechsel in Heinrichs von Freiberg Tristanfortsetzung. Frankfurt/M. [u.a.] 1991
430 René Wetzel: Der Tristanstoff in der Literatur des deutschen Mittelalters. Forschungsbericht 1969–1994. In: Forschungsberichte zur Germanistischen Mediävistik. Band 5/1. Hg. von Hans-Joachim Schiewer. Bern [u.a.] 1996 [1997] [= Jb. f. Intern. Germanistik Reihe C, Abtlg. 5], 190–254
431 Thomas Bein: Hie slac, dâ stich! Zur Ästhetik des Tötens in europäischen ‚Iwein'-Dichtungen. In: Zeitschrift für Literaturwissenschaft und Linguistik 109, 1998, 38–58

Andere epische Stoffe und Formen

Heldenepik, Allgemeines

432 Carola L. Gottzmann: Heldendichtung des 13. Jahrhunderts. Siegfried – Dietrich – Ortnit. Frankfurt/M. 1987

Antikenromane

433 ➔ Elisabeth Lienert: Deutsche Antikenromane des Mittelalters. Berlin 2001

Das Nibelungenlied

434 ➔ Joachim Heinzle: Das Nibelungenlied. Eine Einführung. Frankfurt/M. 1996
434a Joachim Heinzle: Die Nibelungen. Lied und Sage. Darmstadt 2005
435 Jan-Dirk Müller: Das Nibelungenlied. Berlin 2005
436 Otfrid Ehrismann: Nibelungenlied. Epoche – Werk – Wirkung. München 1987

Auswahlbibliographie

437 Peter Göhler: Das Nibelungenlied. Erzählweise, Figuren, Weltanschauung, literaturgeschichtliches Umfeld. Berlin 1989

438 Werner Hoffmann: Nibelungenlied. 6., überarbeitete und erweiterte Auflage des Bandes Nibelungenlied von Gottfried Weber und Werner Hoffmann. Stuttgart, Weimar 1992

439 Ursula Schulze: Das Nibelungenlied. Stuttgart 2003

Dietrichepik

440 ➔ Joachim Heinzle: Einführung in die mittelhochdeutsche Dietrichepik. Berlin 1999

‚Willehalm'

441 ➔ Joachim Bumke: Wolframs Willehalm. Heidelberg 1959

442 Fritz Peter Knapp: Rennewart. Studien zu Gehalt und Gestalt des ‚Willehalm' Wolframs von Eschenbach. Diss. Wien 1970

443 Christian Kiening: Reflexion – Narration. Wege zum ‚Willehalm' Wolframs von Eschenbach. Tübingen 1991

444 John Greenfield, Lydia Miklautsch: Der ‚Willehalm' Wolframs von Eschenbach: eine Einführung. Berlin 1998

Verschiedenes

445 Carl von Kraus: Heinrich von Veldeke und die mittelhochdeutsche Dichtersprache. Mit einem Excurs von Edward Schröder: Veldeke und die Fremdwörter. Halle 1899

446 Theodor Frings/Gabriele Schieb: Drei Veldeke-Studien. Das Veldekeproblem. Der Eneideepilog. Die beiden Stauferpartien. (Abhandlungen der deutschen Akademie der Wissenschaften zu Berlin, phil.-hist. Klasse 1947, 6, 1949)

447 Robert Bossuat: Le Roman de Renard. Paris 1967

448 Helmut Tervooren: Maasländisch oder Mittelhochdeutsch? In: Heinric van Veldeken. Symposion Gent 23–24 oktober 1970. Verslag en lezingen uitgegeven door Gilbert A. R. de Smet. Antwerpen, Utrecht 1971, 44–69

449 Ludwig Wolff: Überlegungen zur sprachlichen Gestalt der Eneide Heinrichs von Veldeke. In: Dialog. Literatur und Literaturwissenschaft im Zeichen deutsch-französischer Begegnung. Festgabe für Josef Kunz. Hg. von Rainer Schönhaar. Berlin 1973, 11–21

450 Jürgen Kühnel: Zum ‚Reinhart Fuchs' als antistaufischer Gesellschaftssatire. In: Stauferzeit. Geschichte, Literatur, Kunst. Hg. von Rüdiger Krohn [u.a.]. Stuttgart 1979, 71–86

451 Klaus Düwel: [Artikel] ‚Heinrich, Verfasser des ‚Reinhart Fuchs''. In: VL^2, Bd. 3, 1981, Sp. 666–677

452 Ludwig Wolff/Werner Schröder: [Artikel] ‚Heinrich von Veldeke'. In: VL^2, Bd. 3, 1981, Sp.899–918

453 Eberhard Nellmann: [Artikel] ‚Pfaffe Konrad, Dichter des Rolandsliedes'. In: VL^2, Bd.5, 1985, Sp.115–131

454 Martin Pfennig: *erniuwen* – Zur Erzähltechnik im Trojaroman Konrads von Würzburg. Frankfurt/M. [u.a.] 1995

455 Elisabeth Lienert: Geschichte und Erzählen. Studien zu Konrads von Würzburg ‚Trojanerkrieg'. Wiesbaden 1996

Lyrik

Allgemeines

456 ➔ Franz-Josef Holznagel: Mittelalter. In: Franz-Josef Holznagel, Hans-Georg Kemper [u.a.]: Geschichte der deutschen Lyrik. Stuttgart 2004, 11–94 [*mit vielen Literaturangaben*]

457 ➔ Alfred Karnein: Die deutsche Lyrik. In: Neues Handbuch der Literaturwissenschaften. Hg. v. Klaus v. See. Bd. 8. Europäisches Spätmittelalter. Hg. v. Willi Erzgräber. In Verbindung mit Franz Brunhölzl [u.a.]. Wiesbaden 1978, S. 303–329

457a ➔ Das Lied im deutschen Mittelalter. Überlieferung, Typen, Gebrauch. Hg. von Cyril Edwards. Tübingen 1996

458 ➔ Olive Sayce: The Medieval German Lyric. 1150–1300. The development of its themes and forms in their European context. Oxford 1982

459 ➔ Geschichte der deutschen Lyrik vom Mittelalter bis zur Gegenwart. Hg. von Walter Hinderer. Stuttgart 1983

460 ➔ Gedichte und Interpretationen. Mittelalter. Herausgegeben von Helmut Tervooren. Stuttgart 1993

461 ➔ Walther von der Vogelweide. Epoche – Werk – Wirkung. Von Horst Brunner, Gerhard Hahn, Ulrich Müller, Franz Viktor Spechtler. Unter Mitarbeit von Sigrid Neureiter-Lackner. München 1996

462 ➔ Wolf, Alois: Das Faszinosum der mittelalterlichen Minne. Freiburg/Schweiz 1996

463 ➔ Thomas Bein: Walther von der Vogelweide. Stuttgart 1997

464 Helmut Tervooren: ‚Spruch' und ‚Lied'. Ein Forschungsbericht. In: Mittelhochdeutsche Spruchdichtung. Hg. von Hugo Moser. Darmstadt 1972, 1–25

465 Thomas Cramer: Über Perspektive in Texten des 13. Jahrhunderts – oder: wann beginnt in der Literatur die Neuzeit? In: Thomas Cramer (Hg.): Wege in die Neuzeit. München 1988, 100–121

466 Thomas Bein: Das hochmittelalterliche deutsche Lied als überlieferungsgeschichtliche, poetologische und philologische Größe. Eine Problemskizze. In: Jahrbuch für Internationale Germanistik XXV, Heft 2, 1993, 36–49

467 Wechselspiele. Kommunikationsformen und Gattungsinterferenzen mittelhochdeutscher Lyrik. Hg. von Michael Schilling, Peter Strohschneider. Heidelberg 1996

468 Walther-Studien. Hg. Von Thomas Bein. Frankfurt/M., Berlin [u.a.]
Bd. 1: Thomas Bein (Hg.): Walther von der Vogelweide. Beiträge zu Produktion, Edition und Rezeption. 2002. – Bd. 2: Thomas Bein (Hg.): Walther verstehen – Walther vermitteln. Neue Lektüren und didaktische Überlegungen. 2004. – Bd. 3: Manfred G. Scholz: Bibliographie zu Walther von der Vogelweide. 1967–2005 [Arbeitstitel; erscheint voraussichtlich Ende 2005; Stand Juni 2005]

Minnesang und Leichdichtung

469 ➔ Helmut Tervooren: Bibliographie zum Minnesang und zu den Dichtern aus ‚Des Minnesangs Frühling'. Mit einem Geleitwort von Hugo Moser. Berlin 1969

470 ➔ Der deutsche Minnesang. Aufsätze zu seiner Erforschung. Hg. von Hans Fromm. Bd. I. Darmstadt 1961, Bd. II. Darmstadt 1985

471 ➔ Hans Herbert S. Räkel: Der deutsche Minnesang. Eine Einführung mit Texten und Materialien. München 1986

472 ➔ Günther Schweikle: Minnesang. Stuttgart 1989 (2., korrigierte Aufl. 2005)

473 ➔ Mittelalterliche Lyrik. Probleme der Poetik. Hg. von Thomas Cramer und Ingrid Kasten. Berlin 1999

474 ➔ Harald Haferland: Hohe Minne. Zur Beschreibung der Minnekanzone. Berlin 2000

474a ➔ Harald Haferland: Minnesang bis Walther von der Vogelweide. Eine Forschungsdiskussion. In: Forschungsberichte zur Internationalen Germanistik. Germanistische Mediävistik. Hg. von Hans-Jochen Schiewer unter Mitarbeit von Jochen Conzelmann. Teil 2. Bern [u.a.] 2003, 54–160.

475 Christina Kreibich: Der mittelhochdeutsche Minneleich. Ein Beitrag zu seiner Inhaltsanalyse. Würzburg 2000

476 Carl von Kraus: Walther von der Vogelweide. Untersuchungen. Berlin 1935 [^{2}1965]

477 Carl von Kraus: Des Minnesangs Frühling. Untersuchungen. Leipzig 1939. Durch Register erschlossen und um einen Literaturschlüssel ergänzt. Hg. von Helmut Tervooren und Hugo Moser. Stuttgart 1981

478 Karl Bertau: Sangverslyrik. Über Gestalt und Geschichtlichkeit mittelhochdeutscher Lyrik am Beispiel des Leichs. Göttingen 1964

479 Peter Kesting: Maria – Frouwe. Über den Einfluß der Marienverehrung auf den Minnesang bis Walther von der Vogelweide. München 1965

480 Thomas Cramer: Minnesang in der Stadt. Überlegungen zur Lyrik Konrads von Würzburg. In: Gert Kaiser (Hg.): Literatur, Publikum, historischer Kontext. Bern [u.a.] 1977, 91–108

481 Minne ist ein swaerez spil. Neue Untersuchungen zum Minnesang und zur Geschichte der Liebe im Mittelalter. [...] Hg. von Ulrich Müller. Göppingen 1986

482 Burghart Wachinger: Was ist Minne? In: Beiträge zur Geschichte der deutschen Sprache und Literatur 111, 1989, 252–267

483 Eva Willms: Liebesleid und Sangeslust. Untersuchungen zur deutschen Liebeslyrik des späten 12. und frühen 13. Jahrhunderts. München, Zürich 1990

484 Hermann Apfelböck: Tradition und Gattungsbewußtsein im deutschen Leich. Ein Beitrag zur Gattungsgeschichte mittelalterlicher musikalischer ‚discordia'. Tübingen 1991

485 Rüdiger Schnell: Die ‚höfische Liebe' als Gegenstand von Psychohistorie, Sozial- und Mentalitätsgeschichte. Eine Standortbestimmung. In: Poetica 23, 1991, 374–424

486 Nico Unlandt: . . . E si fetz mantas bonas chansons . . . Techniques romanes dans le Minnesang allemand du treizième siècle. Amsterdam u. a. 1992

487 Ralf-Henning Steinmetz: Liebe als universales Prinzip bei Frauenlob. Ein volkssprachlicher Weltentwurf in der europäischen Dichtung um 1300. Tübingen 1994

488 Axel Eisbrenner: Minne, diu der werlde ir vröude mêret. Untersuchungen zum Handlungsaufbau und zur Rollengestaltung in ausgewählten Werbungsliedern aus ‚Des Minnesangs Frühling'. Stuttgart 1995 [*mit ausführlichem Forschungsresümee*]

489 Thomas Bein: Das Singen über das Singen. Zu Sang und Minne im Minnesang. In: ‚Aufführung' und ‚Schrift' in Mittelalter und Früher Neuzeit. Hg. von Jan-Dirk Müller. Stuttgart, Weimar 1996, 67–92

Sangspruchdichtung (Politik, Religion, (Minne-) Didaxe)

490 ➔ Geschichte der politischen Lyrik in Deutschland. Hg. v. Walter Hinderer. Stuttgart 1978

491 ➔ Helmut Tervooren: Sangspruchdichtung. 2., durchgesehene Auflage. Stuttgart 2001 [*mit vielen weiterführenden Titeln*]

492 ➔ Margreth Egidi, Volker Mertens, Nine Miedema (Hgg.): Sangspruchtradition. Aufführung – Geltungsstrategien – Spannungsfelder. Frankfurt/M. [u.a.] 2004

493 Friedrich Maurer: Die politischen Lieder Walthers von der Vogelweide. Dritte, durchgesehene Auflage. Tübingen 1972 [^{1}1954, ^{2}1964]

494 Peter Kern: Trinität, Maria, Inkarnation. Studien zur Thematik der deutschen Dichtung des späteren Mittelalters. Berlin 1971

495 Stefan Hohmann: Friedenskonzepte. Die Thematik des Friedens in der deutschsprachigen politischen Lyrik des Mittelalters. Köln, Weimar, Wien 1992

496 Matthias Nix: Untersuchungen zur Funktion der politischen Spruchdichtung Walthers von der Vogelweide. Göppingen 1993

497 Wechselspiele. Kommunikationsformen und Gattungsinterferenzen mittelhochdeutscher Lyrik. Hg. von Michael Schilling und Peter Strohschneider. Heidelberg 1996

498 Michael Baldzuhn: Vom Sangspruch zum Meisterlied. Untersuchungen zu einem literarischen Traditionszusammenhang auf der Grundlage der Kolmarer Liederhandschrift. Tübingen 2002

499 Margreth Egidi: Höfische Liebe. Entwürfe der Sangspruchdichtung. Literarische Verfahrensweisen von Reinmar von Zweter bis Frauenlob. Heidelberg 2002

500 André Schnyder: Das geistliche Tagelied des späten Mittelalters und der frühen Neuzeit. Textsammlung, Kommentar und Umrisse einer Gattungsgeschichte. Tübingen [u.a.] 2004

Literarische Kultur im späten 13., im 14. und 15. Jahrhundert (Epik, Lyrik, Anderes)

501 ➔ Johannes Janota: Artikel ‚Spätmittelalter'. In: Reallexikon der deutschen Literaturwissenschaft. Bd. III), siehe Bibl.-Nr. 628, 460–464

502 ➔ Thomas Cramer: Geschichte der deutschen Literatur im späten Mittelalter. München 1990

503 → Deutsche Dichter der frühen Neuzeit (1450–1600). Ihr Leben und Werk. Hg. von Stephan Füssel. Berlin 1993
504 → Klaus Grubmüller: [Artikel] ‚Mittelalter, spätes'. In: Literaturlexikon. Hg. von Walther Killy. Bd. 14: Begriffe, Realien, Methoden. Hg. von Volker Meid. Gütersloh, München 1993, 110–117
505 → Ursula Peters: Literatur in der Stadt. Studien zu den sozialen Voraussetzungen und kulturellen Organisationsformen städtischer Literatur im 13. und 14. Jahrhundert. Tübingen 1993
506 → Jan-Dirk Müller (Hg.): Wissen für den Hof. Der spätmittelalterliche Verschriftlichungsprozeß am Beispiel Heidelberg im 15. Jahrhundert. München 1994
507 → Literarisches Leben in Augsburg während des 15. Jahrhunderts. Hg. von Johannes Janota. Tübingen 1995
508 Bert Nagel: Meistersang. Stuttgart 1962
509 Friedrich-Wilhelm Wentzlaff-Eggebert: Deutsche Mystik zwischen Mittelalter und Neuzeit. Einheit und Wandlung ihrer Erscheinungsformen. Dritte erweiterte Auflage. Berlin 1969
510 Christelrose Rischer: Literarische Rezeption und kulturelles Selbstverständnis in der deutschen Literatur der ‚Ritterrenaissance' des 15. Jahrhunderts. Untersuchungen zu Ulrich Füetrers ‚Buch der Abenteuer' und dem ‚Ehrenbrief' des Jakob Püterich von Reichertshausen. Stuttgart [u.a.] 1973
511 Barbara Könneker: Die deutsche Literatur der Reformationszeit. Kommentar zu einer Epoche. München 1975
512 Eckhard Bernstein: Die Literatur des deutschen Frühhumanismus. Stuttgart 1978
513 Gerhard Köpf: Märendichtung. Stuttgart 1978
514 Frieder Schanze: Mittelalterliche Liedkunst zwischen Heinrich von Mügeln und Hans Sachs. Bd. I: Untersuchungen. München, Zürich 1983, Band II: Verzeichnisse. München, Zürich 1984
515 Literatur und Laienbildung im Spätmittelalter und in der Reformationszeit. Symposion Wolfenbüttel 1981. Hg. von Ludger Grenzmann und Karl Stackmann. Stuttgart 1984
516 Hans-Joachim Ziegeler: Erzählen im Spätmittelalter. Mären im Kontext von Minnereden, Bispeln und Romanen. München 1985
517 Herbert Walz: Deutsche Literatur der Reformationszeit. Eine Einführung. Darmstadt 1988
518 Der Ursprung von Literatur. Medien, Rollen, Kommunikationssituationen zwischen 1450–1650. Hg. von Gisela Smolka-Koerdt [u.a.]. München 1988
519 Kleinere Erzählformen im Mittelalter. Paderborner Colloquium 1987. Hg. von Klaus Grubmüller, L. Peter Johnson und Hans-Hugo Steinhoff. Paderborn [u.a.] 1988
520 Horst Brunner: Stand und Aufgaben der Meistergesangsforschung. In: Quaestiones in musica. Festschrift für Franz Krautwurst zum 65. Geburtstag. Hg. v. Friedhelm Brusniak und Horst Leuchtmann. Tutzing 1989, S. 33–47
521 Alois Maria Haas: Gottleiden – Gottlieben. Zur volkssprachlichen Mystik im Mittelalter. Frankfurt/M. 1989
522 Gertrud Jaron Lewis: Bibliographie zur deutschen Frauenmystik des Mittelalters. Mit einem Anhang zu Beatrijs van Nazareth und Hadewijch von Frank Willaert und Marie-José Govers. Berlin 1989

523 Dieter H. Meyer: Literarische Hausbücher des 16. Jahrhunderts. Die Sammlungen des Ulrich Mostl, des Valentin Holl und des Simprecht Kröll. Teil 1 und 2. Würzburg 1989
524 Karl-Heinz Fallbacher: Literarische Kultur in München zur Zeit Ludwigs I. und Maximilians II. München 1992
525 Bernd Bastert: Der Münchner Hof und Fuetrers ‚Buch der Abenteuer'. Literarische Kontinuität im Spätmittelalter. Frankfurt/M. [u.a.] 1993
526 Kleinere Erzählformen des 15. und 16. Jahrhunderts. Hg. von Walter Haug und Burghart Wachinger. Tübingen 1993
527 Kleinstformen der Literatur. Hg. von Walter Haug und Burghart Wachinger. Tübingen 1994
528 Erich Trunz: Deutsche Literatur zwischen Späthumanismus und Barock. Acht Studien. München 1995

Sach- und Fachliteratur

529 → Gerhard Eis: Mittelalterliche Fachliteratur. 2., durchgesehene Auflage. Stuttgart 1967
530 → Fachliteratur des Mittelalters. Festschrift für Gerhard Eis. Hg. von Gundolf Keil, Rainer Rudolf [u.a.]. Stuttgart 1968
531 → *Zahlreiche gut lesbare, mit vielen Quellentexten versehene Beiträge, die fast das gesamte Gebiet der Fachliteratur berühren, in*: Gerhard Eis: Forschungen zur Fachprosa. Ausgewählte Beiträge. Bern, München 1971
532 → Peter Assion: Altdeutsche Fachliteratur. Berlin 1973
533 → Wissensorganisierende und wissensvermittelnde Literatur im Mittelalter. Perspektiven ihrer Erforschung. Kolloquium 5.–7. Dezember 1985. Hg. von Norbert Richard Wolf. Wiesbaden 1987
534 → David C. Lindberg: Von Babylon bis Bestiarium. Die Anfänge des abendländischen Wissens. Aus dem Amerikanischen von Bettina Obrecht. Stuttgart, Weimar 1994
535 → Richard Kieckhefer: Magie im Mittelalter. München 1995
536 → Bernhard Dietrich Haage: Alchemie im Mittelalter. Ideen und Bilder – von Zosimos bis Paracelsus. Zürich 1996.
537 Dieter Richter: Die deutsche Überlieferung der Predigten Bertholds von Regensburg. Untersuchungen zur geistlichen Literatur des Spätmittelalters. München 1969
538 Horst Dieter Schlosser: [Artikel] ‚Eike von Repgow'. In: Handwörterbuch zur deutschen Rechtsgeschichte. I. Bd. Berlin 1971, Sp. 896–899
539 Fachprosaforschung. Acht Vorträge zur mittelalterlichen Artesliteratur. Hg. von Gundolf Keil und Peter Assion. Berlin 1974
540 G. Bernt/L. Hödl/H. Schipperges: [Artikel] ‚Artes liberales'. In: Lexikon des Mittelalters [Bibl.-Nr. 629], Bd. 1, 1980, Sp. 1058–1065
541 Rudolf Denk: ‚Musica Getutscht'. Deutsche Fachprosa des Spätmittelalters im Bereich der Musik. München, Zürich 1981
542 Heinrich Schipperges: Der Garten der Gesundheit. Medizin im Mittelalter. München, Zürich 1985
543 Essen und Trinken in Mittelalter und Neuzeit. Vorträge eines interdisziplinären Symposions vom 10.–13. Juni 1987 an der Justus-Liebig-Universität Gießen. Hg. von Irmgard Bitsch, Trude Ehlert und Xenja von

Ertzdorff unter redaktioneller Mitarbeit von Rudolf Schulz. Sigmaringen 1987

544 Peter Johanek: Rechtsschrifttum. In: Geschichte der deutschen Literatur. Von den Anfängen bis zur Gegenwart. Begründet von Helmut de Boor und Richard Newald. Bd. 3: Die deutsche Literatur im späten Mittelalter. 1250–1370. Teil 2: Reimpaargedichte, Drama, Prosa. Hg. von Ingeborg Glier. München 1987, 396–431

545 Das Kochbuch des Mittelalters. Rezepte aus alter Zeit, eingeleitet, erläutert und ausprobiert von Trude Ehlert. München, Zürich 1990

546 Volker Mertens/Hans-Jochen Schiewer: Erschließung einer Gattung. Edition, Katalogisierung und Abbildung der deutschsprachigen Predigt des Mittelalters. In: editio 4, 1990, 93–111

547 Nigel F. Palmer/Klaus Speckenbach: Träume und Kräuter. Studien zur Petroneller ‚Circa instans'-Handschrift und zu den deutschen Traumbüchern des Mittelalters. Köln, Wien 1990

548 Heinrich Schipperges: Die Kranken im Mittelalter. München 1990 [3., erg. Aufl. 1993]

549 Jürgen Martin: Die ‚Ulmer Wundarznei'. Einleitung – Text – Glossar zu einem Denkmal deutscher Fachprosa des 15. Jahrhunderts. Würzburg 1991

550 Reisen und Welterfahrung in der deutschen Literatur des Mittelalters. Vorträge des XI. Anglo-deutschen Colloquiums. 11.–15. September 1989. Universität Liverpool. Hg. von Dietrich Huschenbett und John Margetts. Würzburg 1991

551 Haushalt und Familie in Mittelalter und früher Neuzeit. Vorträge eines interdisziplinären Symposions vom 6.–9. Juni 1990 an der Rheinischen Friedrich-Wilhelms-Universität Bonn. Hg. von Trude Ehlert. Mit einem Register von Ralf Nelles. Sigmaringen 1991

552 Ruth Schmidt-Wiegand/Dagmar Hüpper (Hgg.): Der Sachsenspiegel als Buch. Frankfurt/M. [u.a.] 1991

553 Christa Baufeld: [Artikel] ‚Artesliteratur'. In: Literatur-Lexikon. Hg. von Walther Killy. Bd. 13. Begriffe, Realien, Methoden. Hg. von Volker Meid. Gütersloh, München 1992, 44–49

554 Thomas Bein: Lebensalter und Säfte. Aspekte der antik-mittelalterlichen Humoralpathologie und ihre Reflexe in Dichtung und Kunst. In: Les âges de la vie au moyen âge. Actes du colloque du Département d'Etudes Médiévales de l'Université de Paris-Sorbonne et de l'Université Friedrich-Wilhelm de Bonn. Provins, 16–17 mars 1990. Textes réunis par Henri Dubois et Michel Zink (Cultures et Civilisations Médiévales VII). Paris 1992, 85–106

555 Frank Fürbeth: Johannes Hartlieb. Untersuchungen zu Leben und Werk. Tübingen 1992

556 Bernhard Dietrich Haage: Studien zur Heilkunde im ‚Parzival' Wolframs von Eschenbach. Göppingen 1992

557 Die deutsche Predigt im Mittelalter. Internationales Symposion [...] 1989. Hg. von Volker Mertens und Hans-Jochen Schiewer. Tübingen 1992

558 Bernhard Dietrich Haage: Wissenstradierende und gesellschaftliche Konstituenten mittelalterlicher deutscher Fachsprache. In: Fachsprachentheorie. Bd. 1: Fachsprachliche Terminologie, Begriffs- und Sachsysteme, Methodologie. Hg. von Theo Bungarten. Tostedt 1993, 228–268

559 Thomas Bein: Maria als Vergrößerungsglas – außerliterarische Realien und poetische Bildlichkeit. In: Die Funktion außer- und innerliterarischer Fakto-

ren für die Entstehung deutscher Literatur des Mittelalters und der frühen Neuzeit. Tagung Greifswald, 18.9. bis 20.9.1992. Hg. von Christa Baufeld. Göppingen 1994, 117–139

560 Licht der Natur. Medizin in Fachliteratur und Dichtung. Festschrift für Gundolf Keil zum 60. Geburtstag. Hg. von Josef Domes, Werner G. Gerabek, Bernhard D. Haage, Christoph Weißer und Volker Zimmermann. Göppingen 1994

561 Martin Mosimann: Die ‚Mainauer Naturlehre' im Kontext der Wissenschaftsgeschichte. Tübingen und Basel 1994

562 William Crossgrove: Die deutsche Sachliteratur des Mittelalters. Bern [u.a.] 1994

563 Britta-Juliane Kruse: Verborgene Heilkünste. Geschichte der Frauenmedizin im Spätmittelalter. Berlin, New York 1996

564 Britta-Juliane Kruse: ‚Die Arznei ist Goldes wert'. Mittelalterliche Frauenrezepte. Berlin 1998

Hilfsmittel

Bibliographien / Recherchehilfsmittel

565 ➔ Germanistik. Internationales Referatenorgan mit bibliographischen Hinweisen. Tübingen 1960ff.

565a ➔ Ruth Weichselbaumer: Mittelalter virtuell. Mediävistik im Internet. Stuttgart 2005

Grammatiken, Sprachgeschichten (Alt-, Mittel-, Frühneuhochdeutsch)

566 ➔ Minimalgrammatik zur Arbeit mit mittelhochdeutschen Texten. Übersicht über die wichtigsten Abweichungen vom Neuhochdeutschen. Zusammengestellt von Kurt Gärtner und Hans-Hugo Steinhoff. 3., erweiterte Auflage. Göppingen 1979 [und folgende Auflagen]

567 ➔ Rolf Bergmann: Alt- und Mittelhochdeutsch. Arbeitsbuch zur Grammatik der älteren deutschen Sprachstufen und zur deutschen Sprachgeschichte. 5., überarb. Aufl. Göttingen1999

568 ➔ Fritz Tschirch: Geschichte der deutschen Sprache [...] 2 Bde. 3., ergänzte und überarbeitete Auflage, bearbeitet von Werner Besch. Berlin 1983 und 1989

569 ➔ Eckhard Meineke: Einführung in das Althochdeutsche. Paderborn [u.a.] 2001

570 ➔ Stefan Sonderegger: Althochdeutsche Sprache und Literatur. Eine Einführung in das älteste Deutsch. Darstellung und Grammatik. 3., durchges. und wesentlich erw. Aufl. Berlin 2003

571 ➔ Wilhelm Braune: Abriß der althochdeutschen Grammatik. Mit Berücksichtigung des Altsächsischen. 15., verbesserte Auflage bearbeitet von Ernst A. Ebbinghaus. Tübingen 1989 [und folgende Auflagen]

572 ➔ Werner König: dtv-Atlas zur deutschen Sprache. Tafeln und Texte. Mit 140 farbigen Abbildungsseiten. Graphiker: Hans-Joachim Paul. München ^{6}1985 [und folgende Auflagen]

573 ➔ Günther Schweikle: Germanisch-deutsche Sprachgeschichte im Überblick. Stuttgart 1986 [und folgende Auflagen]

574 → Karl Helm: Abriß der mittelhochdeutschen Grammatik. 6., durchgesehene Auflage bearbeitet von Ernst A. Ebbinghaus. Tübingen 1995 [und folgende Auflagen]
575 → Johannes Singer: Grundzüge einer rezeptiven Grammatik des Mittelhochdeutschen. Paderborn [u.a.] 1996
576 → Hermann Paul: Mittelhochdeutsche Grammatik. 24. Auflage. Überarbeitet von Peter Wiehl und Siegfried Grosse. Tübingen 1998 [*mit umfangreicher Bibliographie zu vielen Spezialgebieten der Sprachgeschichte und der Grammatik des Mittelhochdeutschen*]
577 → Schubert, Martin J.: Zielsprache Mittelhochdeutsch. Zur Didaktik der Altgermanistik. In: Amsterdamer Beiträge zur Älteren Germanistik 51, 1999, 197–207
578 Hugo Moser: Deutsche Sprachgeschichte. Tübingen ^{6}1969
579 Hans Krahe: Einleitung in das vergleichende Sprachstudium. Hg. von W. Meid. Innsbruck 1970
580 Adolf Bach: Geschichte der deutschen Sprache. 9., durchgesehene Auflage. Heidelberg 1970
581 Wilhelm Braune: Althochdeutsche Grammatik. 13. Auflage bearbeitet von Hans Eggers. Tübingen 1975 [und folgende Auflagen]
582 Herbert Penzl: Frühneuhochdeutsch. Bern, Frankfurt/M. [u.a.] 1984
583 Herbert Penzl: Althochdeutsch. Eine Einführung in Dialekte und Vorgeschichte. Bern [u.a.] 1986
584 Gerhart Wolff: Deutsche Sprachgeschichte. Ein Studienbuch. Originalausgabe. Frankfurt/M. 1986
585 Wilhelm Braune: Abriß der althochdeutschen Grammatik. Mit Berücksichtigung des Altsächsischen. Fünfzehnte, verbesserte Auflage, bearbeitet von Ernst A. Ebbinghaus. Tübingen 1989
586 Frédéric G. Hartweg/Klaus-Peter Wegera: Frühneuhochdeutsch. Eine Einführung in die deutsche Sprache des Spätmittelalters und der frühen Neuzeit. Tübingen 1989
587 Udo Gerdes/Gerhard Spellerberg: Althochdeutsch. Mittelhochdeutsch. Grammatischer Grundkurs zur Einführung und Textlektüre. 7. Aufl. Frankfurt/M. 1991
588 Robert Peter Ebert/Oskar Reichmann/Hans-Joachim Solms/Klaus-Peter Wegera: Frühneuhochdeutsche Grammatik. Tübingen 1993
589 Wilhelm Schmidt: Geschichte der deutschen Sprache. Ein Lehrbuch für das germanistische Studium. 6. Auflage, erarbeitet unter der Leitung von Helmut Langner. Stuttgart, Leipzig 1993
590 Hilkert Weddige: Mittelhochdeutsch. Eine Einführung. München 1996 [und Folgeauflagen]
591 Thorsten Roelcke: Periodisierung der deutschen Sprachgeschichte. Analysen und Tabellen. Berlin, New York 1995

Zum ‚Volksnamen Deutsch'

592 Der Volksname Deutsch. Hg. von Hans Eggers. Darmstadt 1970
593 Thomas Klein: Zum Alter des Wortes ‚deutsch'. In: Zeitschrift für Literaturwissenschaft und Linguistik 24, 1994, 12–25

Wörterbücher

594 ➔ Deutsches Wörterbuch von Jacob und Wilhelm Grimm. 33 Bde. (Nachdruck der XVI Bde. 1854–1971) München 1984
Im Internet unter http://www.DWB.uni-trier.de/index.html

Aktuelle Forschungen zur Lexikographie (Alt- und Mittelhochdeutsch), Forschungsberichte

595 ➔ Wolfgang Bachofer (Hg.): Mittelhochdeutsches Wörterbuch in der Diskussion. Symposion zur mittelhochdeutschen Lexikographie Hamburg, Oktober 1985. Tübingen 1988

596 ➔ Eberhard Nellmann: Die mittelhochdeutschen Wörterbücher. Ihre Qualitäten, ihre Grenzen, ihre mögliche Erneuerung. In: Begegnung mit dem Fremden. Akten des 8. internationalen Germanisten-Kongresses. Tokio 1990. Hg. von Eijiro Iwasaki. 11 Bde. Bd. 4. München 1991, 254–263

597 ➔ Kurt Gärtner: Ein neues Mittelhochdeutsches Wörterbuch. Prinzipien, Probeartikel, Diskussion. Göttingen 2000

598 Ingrid Kühn (Hg.): Lexikologie. Eine Einführung. Tübingen 1994

599 Deutschsprachige Wörterbücher. Projekte an Akademien, Universitäten, Instituten. Zusammengestellt in der Arbeitsstelle Göttingen des Deutschen Wörterbuchs von Jacob und Wilhelm Grimm. Göttingen 1996

600 Kurt Gärtner/Ralf Plate: Mittelhochdeutsches Wörterbuch 1050–1350. Middle High German Dictionary 1050–1350. In: Dictionaries of Medieval Germanic Languages. A Survey of Current Lexicographical Projects. Selected Proceedings of the International Medieval Congress. University of Leeds, 4–7 July 1994. Edited by K.H. van Dalen-Oskam [u.a.]. Turnhout, Brepols 1997, 75–79

601 Kurt Gärtner, Ralf Plate, Ute Recker: Textvorbereitung und Beleggewinnung für das Mittelhochdeutsche Wörterbuch. In: Literary and Linguistic Computing 13, 1998

Althochdeutsch

602 ➔ Rudolf Schützeichel: Althochdeutsches Wörterbuch. Dritte, durchgesehene und verbesserte Auflage. Tübingen 1981 [und Folgeauflagen]

603 ➔ Elmar Seebold: Chronologisches Wörterbuch des deutschen Wortschatzes. Der Wortschatz des 8. Jahrhunderts (und früherer Quellen) Berlin [u.a.] 2001

604 Elisabeth Karg-Gasterstädt/Theodor Frings: Althochdeutsches Wörterbuch. Auf Grund der von Elias Steinmeyer hinterlassenen Sammlungen im Auftrag der Sächsischen Akademie der Wissenschaften zu Leipzig bearbeitet und herausgegeben. Bd. Iff. Berlin 1952ff [*noch nicht abgeschlossen*]

605 Gerhard Köbler: Taschenwörterbuch des althochdeutschen Sprachschatzes. München 1994.

Mittelhochdeutsch

606 ➔ Der ‚große' Lexer → Mittelhochdeutsches Handwörterbuch von Dr. Matthias Lexer. Zugleich als Supplement und alphabetischer Index zum Mittelhochdeutschen Wörterbuche von Benecke-Müller-Zarncke. 3 Bde. Leipzig 1872ff.
Im Internet unter http://germa83.uni-trier.de/MWV-online/

607 ➔ *Für die tägliche Arbeit unersetzlich*: Der ‚kleine' Lexer → Matthias Lexers Mittelhochdeutsches Taschenwörterbuch. 37. Auflage (mit neubearbeiteten und erweiterten Nachträgen) Stuttgart 1979 [und folgende Auflagen]
Aufgrund der strengen alphabetischen Ordnung ist auch diese Ausgabe empfehlenswert: Matthias Lexer: Mittelhochdeutsches Taschenwörterbuch in der Ausgabe letzter Hand. Nachdruck der 3. Auflage von 1885 mit einem Vorwort von Erwin Koller, Werner Wegstein und Norbert Richard Wolf. Stuttgart 1989

608 ‚BMZ' → Mittelhochdeutsches Wörterbuch. Mit Benutzung des Nachlasses von Georg Benecke. Ausgearbeitet von Wilhelm Müller und Friedrich Zarncke. Leipzig 1854ff.
Im Internet unter http://germa83.uni-trier.de/MWV-online/

609 *dazu aus jüngerer Zeit*: Mittelhochdeutsches Wörterbuch. Alphabetischer Index. Von Erwin Koller [u.a.]. Stuttgart, Leipzig 1990

610 Rückläufiges Wörterbuch der Mittelhochdeutschen Sprache. Auf der Grundlage von Matthias Lexers Mittelhochdeutschem Handwörterbuch und Taschenwörterbuch bearbeitet und hg. von Wolfgang Bachofer [u.a.]. Stuttgart 1984

611 Erwin Koller [u.a.]: Neuhochdeutscher Index zum mittelhochdeutschen Wortschatz. Stuttgart 1990

612 Matthias Lexer: Mittelhochdeutsches Handwörterbuch. Nachdruck der Ausgabe Leipzig 1872–1878 mit einer Einleitung von Kurt Gärtner. 3 Bde. Stuttgart 1992

613 Kurt Gärtner [u.a.]: Findebuch zum mittelhochdeutschen Wortschatz. Mit einem rückläufigen Index. Stuttgart 1992

614 Beate Hennig: Kleines Mittelhochdeutsches Wörterbuch. In Zusammenarbeit mit Christa Hepfer und unter redaktioneller Mitwirkung von Wolfgang Bachofer. Tübingen 1993 [und folgende Auflagen]

Frühneuhochdeutsch

615 Frühneuhochdeutsches Wörterbuch. Hg. von Robert R[oland] Anderson, Ulrich Goebel, Oskar Reichmann. Berlin [u.a.] 1989ff.

616 Christa Baufeld: Kleines frühneuhochdeutsches Wörterbuch. Tübingen 1996

Metrik

617 ➔ Werner Hoffmann: Altdeutsche Metrik. Stuttgart 1967

618 Deutsche Versgeschichte. Mit Einschluß des altenglischen und altnordischen Stabreimverses dargestellt von Andreas Heusler. Zweiter Band. Teil III: Der altdeutsche Vers. Berlin und Leipzig 1927

619 Otto Paul/Ingeborg Glier: Deutsche Metrik. München ^{9}1974 [und folgende Auflagen]
620 Anthonius H. Touber: Deutsche Strophenformen des Mittelalters. Stuttgart 1975
621 Helmut Tervooren: Minimalmetrik zur Arbeit mit mittelhochdeutschen Texten. Göppingen 1979 [und folgende Auflagen]
622 Klaus von See: Stabreim und Endreim: Über neuere Arbeiten zur germanischen Verskunst. In: Beiträge 102, 1980, S. 399–417
623 Christian Wagenknecht: Deutsche Metrik. Eine historische Einführung. München 1993

Handbücher, Nachschlagewerke, Lexika, Begriffsglossare

Sprache

624 → Hadumod Bußmann: Lexikon der Sprachwissenschaft. 3., aktualisierte und erweiterte Aufl. Stuttgart 2002
625 → Wilhelm Schmidt: Geschichte der deutschen Sprache. Ein Lehrbuch für das germanistische Studium. 8., völlig überarbeitete Auflage, erarbeitet unter der Leitung von H. Langner und N. R. Wolf. Stuttgart, Leipzig 2000 [und Folgeauflagen]
626 David Crystal: Die Cambridge Enzyklopädie der Sprache. Übersetzt und bearbeitet von Stefan Röhrich, Ariane Böckler und Manfred Jansen. Studienausgabe. Frankfurt/M. 1995

Literatur, Kunst, Kultur, Geschichte

627 → VL^2 (Verfasserlexikon) → Die deutsche Literatur des Mittelalters. Verfasserlexikon. Begründet von Wolfgang Stammler, fortgeführt von Karl Langosch. Zweite, völlig neu bearbeitete Auflage, unter Mitarbeit zahlreicher Fachgelehrter. Hg. von Kurt Ruh zusammen mit Gundolf Keil, Werner Schröder, Burghart Wachinger, Franz Josef Worstbrock. Redaktion: Kurt Illing, Christine Stöllinger-Löser. Berlin, New York 1978ff.
628 → Reallexikon der deutschen Literaturwissenschaft. Neubearbeitung des Reallexikons der deutschen Literaturgeschichte. Bd. I (1997): Gemeinsam mit Harald Fricke, Klaus Grubmüller und Jan-Dirk Müller hg. von Klaus Weimar; Bd. II (2000): Gemeinsam mit Georg Braungart, Klaus Grubmüller, Jan-Dirk Müller, Friedrich Vollhardt und Klaus Weimar hg. von Harald Fricke; Bd. III (2003): Gemeinsam mit Georg Braungart, Harald Fricke, Klaus Grubmüller, Friedrich Vollhardt und Klaus Weimar hg. von Jan-Dirk Müller. Berlin, New York 1997–2003
629 → Lexikon des Mittelalters. Hg. von Robert-Henri Bautier, Robert Auty [u.a.]. 9 Bde. München, Zürich 1999 bzw. 2002 (dtv-Ausgabe)
630 → Metzler Literatur Lexikon. Stichwörter zur Weltliteratur. Hg. von Günther und Irmgard Schweikle. Stuttgart 1984 [und folgende Auflagen]
631 → Kindlers Neues Literaturlexikon. Hg. von Walter Jens. 20 Bde. München *1988–1992*
632 → Sachwörterbuch der Mediävistik. Unter Mitarbeit zahlreicher Fachgelehrter [...] hg. von Peter Dinzelbacher. Stuttgart 1992

633 → Das Mittelalter in Daten. Literatur, Kunst, Geschichte. 750–1520. Unter Mitwirkung von Hartmut Beckers [u.a.] hg. von Joachim Heinzle. Durchgesehene und ergänzte Neuausgabe. Stuttgart 2002
634 Handwörterbuch zur deutschen Rechtsgeschichte. Bd. 1ff. Berlin 1971ff.
635 Heinz Meyer/Rudolf Suntrup: Lexikon der mittelalterlichen Zahlenbedeutungen. München 1987
636 Elisabeth Frenzel: Motive der Weltliteratur. Ein Lexikon dichtungsgeschichtlicher Längsschnitte. Stuttgart ³1988 [und Folgeauflagen]
637 Wörterbuch der Mystik. Hg. von Peter Dinzelbacher. Stuttgart 1989
638 Gero von Wilpert: Sachwörterbuch der Literatur. Stuttgart ⁷1989
639 Wilhelm Volkert: Adel bis Zunft. Ein Lexikon des Mittelalters. München 1991
640 Eric M. Moormann/Wilfried Uitterhove: Lexikon der antiken Gestalten. Mit ihrem Fortleben in Kunst, Dichtung und Musik. Stuttgart 1995
641 Ehre und Mut, Aventiure und Minne. Höfische Wortgeschichten aus dem Mittelalter. Von Otfried Ehrismann. Unter Mitarbeit von Albrecht Classen [u.a.]. München 1995
642 Horst S. Daemmrich/Ingrid G. Daemmrich: Themen und Motive in der Literatur. Ein Handbuch. Tübingen, Basel ²1995
643 Mittelalter-Mythen. Bd. 1: Herrscher, Helden, Heilige. Hg. von Ulrich Müller und Werner Wunderlich. Mitarbeit und Redaktion: Lotte Gaebel. St. Gallen 1996
644 Claudia List/Wilhelm Blum: Sachwörterbuch zur Kunst des Mittelalters. Grundlagen und Erscheinungsformen. Stuttgart 1996
645 Horst Brunner/Rainer Moritz (Hgg.): Literaturwissenschaftliches Lexikon. Grundbegriffe der Germanistik. Berlin 1997
646 Elisabeth Frenzel: Stoffe der Weltliteratur. Ein Lexikon dichtungsgeschichtlicher Längsschnitte. Stuttgart ⁹1998

Einige nützliche Internetadressen, ihrerseits reichhaltig verlinkt (eingesehen: 13. Juli 2005)

Bestes online-Portal für germanistisch-mediävistische Recherchen:

→ http://www.mediaevum.de/

Historische Wörterbücher online:

→ http://germazope.uni-trier.de/Projects/MWV

Kompetenzzentrum für elektronische Erschließungs- und Publikationsverfahren in den Geisteswissenschaften:

→ http://germazope.uni-trier.de/Projects/KoZe2

Historische Hilfswissenschaften Kodikologie:

→ http://www.vl-ghw.uni-muenchen.de/kodikologie.html

12. Sachregister

Lehrbücher zur Mediävistik

HORST DIETER SCHLOSSER (HG.)

Althochdeutsche Literatur

Mit altniederdeutschen Textbeispielen. Auswahl mit Übertragungen und Kommentar

2., überarb. u. erw. Aufl. 2004, 214 S., € (D) 16,80/sfr. 29,–, ISBN 3 503 07903 3

www.ESV.info/3 503 07903 3

Der Band dokumentiert rund 60 althochdeutsche, altsächsische und altniederfränkische Texte aus dem Zeitraum zwischen 850 und 1000, darunter alle kleineren volkssprachlichen Überlieferungen und repräsentative Ausschnitte aus den größeren Werken wie Isidor, Heliand, Genesis, Otfried und Notker.

RÜDIGER BRANDT

Konrad von Würzburg

Kleinere epische Werke

1999, 158 S., € (D) 16,80/sfr. 29,–, ISBN 3 503 04946 0

Klassiker-Lektüren, Band 2

www.ESV.info/3 503 04946 0

CHRISTOPH HUBER

Gottfried von Straßburg: Tristan

2., verb. Aufl. 2002, 154 S., € (D) 16,80/sfr. 29,–, ISBN 3 503 06112 6

Klassiker-Lektüren, Band 3

www.ESV.info/3 503 06112 6

JAN-DIRK MÜLLER

Das Nibelungenlied

2., überarb. u. erg. Aufl. 2005, 184 S., € (D) 14,80/sfr. 25,–, ISBN 3 503 07951 3

Klassiker-Lektüren, Band 5

www.ESV.info/3 503 07951 3

ELISABETH LIENERT

Deutsche Antikenromane des Mittelalters

2001, 223 S., € (D) 19,95/sfr. 34,–, ISBN 3 503 06116 9

Grundlagen der Germanistik, Band 39

www.ESV.info/3 503 06116 9

BERNHARD BISCHOFF

Paläographie des römischen Altertums und des abendländischen Mittelalters

3., unveränd. Aufl. 2004, 377 S., € (D) 29,80/sfr. 51,–, ISBN 3 503 07914 9

Grundlagen der Germanistik, Band 24

www.ESV.info/3 503 07914 9

ACHIM DIEHR

Literatur und Musik im Mittelalter

Eine Einführung

2004, 156 S., 11 Abb, € (D) 34,80/sfr. 60,–, ISBN 3 503 07916 5

www.ESV.info/3 503 07916 5

Der Band bringt Lesern unterschiedlicher Fachrichtungen Theorie und Praxis der einstimmigen Musik des Mittelalters näher. Er informiert auf verständliche Weise über Instrumente, Musiker, Notationsformen und Grundlagen des mittelalterlichen Musikverständnisses, um dann das Zusammenspiel von Text und Melodie vor allem auf seinen Erkenntnisgewinn für die Literaturwissenschaft zu befragen.

ESV

ERICH SCHMIDT VERLAG

Postf. 30 42 40 • 10724 Berlin
Fax 030 / 25 00 85 275
E-Mail: PHILOLOGIE@ESVmedien.de
www.ESV.info

Weitere Informationen zu unserem philologischen Verlagsprogramm finden Sie auf unserer Website.